고려대학교 고고환경연구소 학술총서 제1집

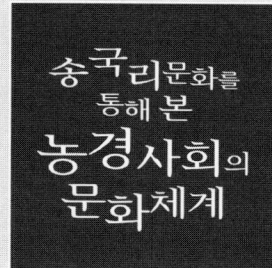

송국리문화를
통해 본
농경사회의
문화체계

고려대학교 고고환경연구소 편

서 경 문 화 사

● 저자

李弘鍾 : 고려대학교 고고미술사학과 교수, 고고환경연구소 소장
孔敏奎 : 중앙문화재연구원 연구원
李眞旼 : 국립 제주박물관 학예연구사
金範哲 : Pittsburgh대학교 박사과정
田崎博之(타사키 히로유키) : 일본 愛媛(에히메)대학교 법문학부 교수
深澤芳樹(후카사와 요시키) : 일본 奈良(나라)국립문화재연구소,
　　　　　　　　　　　　　　　平城宮址 發掘調査部 考古第三調査室長
孫晙鎬 : 고려대학교 고고환경연구소 선임연구원

● 번역

庄田愼矢(쇼다 신야) : 고려대학교 고고환경연구소 특별연구원

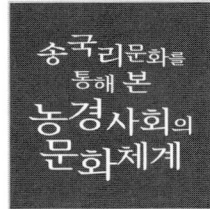

초판인쇄일 : 2005년 5월 25일
초판발행일 : 2005년 5월 25일

지 은 이 : 李弘鍾 · 孔敏奎 · 李眞旼 · 金範哲 · 田崎博之 · 深澤芳樹 · 孫晙鎬
발 행 인 : 김선경
발 행 처 : 도서출판 서경문화사
인   쇄 : 한성인쇄
제   책 : 반도제책사
등 록 번 호 : 제 1 - 1664호
주   소 : 서울 종로구 동숭동 199 - 15(105호)
전   화 : 743 - 8203, 8205
팩   스 : 743 - 8210
메   일 : sk8203@chollian.net

ISBN 89-86931-90-7   93900

정가 25,000원

序文

寬倉里遺蹟 發掘은 1994년부터 이듬해인 1995년에 걸쳐 만 1년 동안 이루어졌습니다. 發掘面積만도 238,550㎡으로 당시로서는 실로 어마어마한 규모였습니다. 4개 機關이 투입되어 調査한 후, 1개 機關에서 調査한 地域을 제외한 나머지 區域에 대해서는 이미 報告書가 刊行되었습니다. 저희 高麗大學校 埋藏文化財研究所에서 擔當한 區域에서는 98基의 竪穴住居址를 비롯해 수많은 高床家屋 痕迹, 土壙, 土器窯址 등이 조사되어 松菊里文化를 보다 深層的으로 研究할 수 있는 많은 資料를 얻을 수 있었습니다. 이 外에도 100餘基의 方形周溝墓가 調査되어 日本 獨自의 무덤이라는 日本 學界의 學說이 무너지고 이제는 日本 敎科書에도 우리나라와의 關聯性이 言及되고 있습니다.

報告書 作業은 遺構와 遺物의 整理에 매달린지 6年餘만에 겨우 完成하였습니다만 죄송스럽게도 考察을 쓰지 못하고 後日로 미루어 놓았습니다. 責任者인 저의 게으름 탓이 가장 컸습니다만 굳이 변명하자면 4개 機關의 報告書가 모두 完刊된 후에 세밀하게 검토해서 좀더 잘 쓰고 싶었던 욕심도 있었습니다. 비록 1개 機關의 報告書가 아직 刊行되지 않았습니다만 그간 관련된 遺蹟이 상당수 조사되어 많은 資料가 蓄積되었습니다. 그래서 더 이상 미루는 것도 변명에 지나지 않는다고 생각해서 충남지역 송국리문화의 전반적인 문화상에 대한 논고들을 모아 보았습니다. 만족스럽지는 않습니다만 이제 겨우 그 約束을 지키게 되어 한편으로는 죄송스러우면서도 조금은 짐을 덜은 것 같아서 그나마 다행스럽게 생각합니다. 그 동안의 게으름을 부디 너그러이 용서하시고 여러 先生님들의 研究에 조금이나마 보탬이 되었으면 하는 바램입니다.

6월 1일부터 저희 연구소는 考古環境研究所로 새롭게 개편되면서 다양한 연구주제를 설정하여 학술총서를 간행할 계획입니다. 본 책은 이제 그 첫걸음이오니 부족한 면이 많더라도 넓은 아량을 베풀어주시기 바랍니다.

本 冊을 만드는 데에는 바쁘신 가운데도 貴重한 原稿를 執筆해주신 田崎博之, 深澤芳樹, 손준호, 김범철, 이진민, 공민규 先生님들의 도움 없이는 불가능했을 것입니다. 이 자리를 빌어 執筆者 先生님들께 다시 한번 感謝드립니다. 그리고 원고수집부터 번역, 편집을 담당한 庄田愼矢군과 흔쾌히 出版을 맡아주신 書景文化社 金善景 社長님께도 깊은 感謝를 드립니다.

高麗大學校 考古環境研究所長　李 弘 鍾

차 례

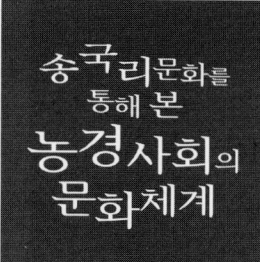

송국리문화를
통해 본
농경사회의
문화체계

1

中西內陸地域
可樂洞類型의 展開

孔敏奎 (中央文化財研究院 研究員)

Ⅰ. 머리말

가락동유형은 한반도 전기무문토기문화의 一類型으로서 흔암
리·역삼동유형과 함께 중부이남지역의 전기무문토기문화를 대표한다. 동 유형은 1960
년대 초반 최초로 학계에 보고된 소위 '가락동식토기'를 표지로 석기 등의 일부 요소를
취합 후 설정된 개념으로(이청규 1988), 현재의 인식과는 다소간의 차이가 있다.

과거 가락동식토기는 한반도 서북한지방에서 가장 선행하는 무문토기로 지적되어 온
팽이형토기의 영향(팽이형토기의 한강유역화 혹은 변형)또는 한강유역과 서북한지역과
의 문화접변하에 한강유역에서 최초로 출현한 것이라는 의견이 지배적이었다.(김원룡
1973, 윤무병 1987, 한영희 1983) 그러나 최근 대전·청주를 중심으로 하는 중서내륙지
역에서 가락동식토기를 반출하는 주거지의 조사예가 다수 확인됨으로서 동유형에 대한
보다 진전된 이해가 가능케 되었다. 즉 가락동식토기의 성립을 팽이형토기와의 관계속에
서 구하려는 종래의 입장에서 탈피하여, 팽이형토기문화권의 이북지역에 위치하는 압록
강~청천강유역 일원의 무문토기문화에서 그 시원을 구하려는 시도가 이루어지고 있다.

최근 중서내륙지역의 금강유역권에서 확인되는 가락동유형은 이중구연단사선문의

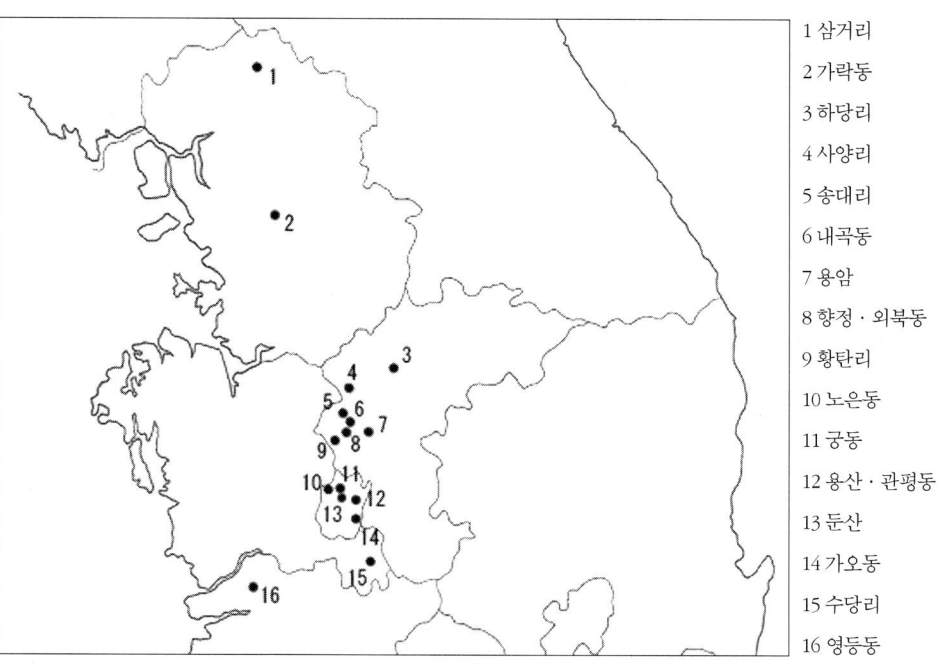

1 삼거리
2 가락동
3 하당리
4 사양리
5 송대리
6 내곡동
7 용암
8 향정·외북동
9 황탄리
10 노은동
11 궁동
12 용산·관평동
13 둔산
14 가오동
15 수당리
16 영등동

〈그림 1〉 중서부지역 가락동유형 관련유적 위치도

가락동식토기, 위석식노지와 석재초반이 설치된 장방형주거지를 가장 큰 특징으로 한다. 또한 절대연대상으로는 다소 유동적이지만 기원전 10~13세기를 전후로 하여 그 중심연대를 설정할 수 있다. 그리고 가락동유형의 이러한 특징적 요소는 한반도 서북지방의 압록강~청천강유역 일원에서도 확인되며, 조금 더 外緣을 넓혀 보면 遼河 以東의 선사문화내에서도 유사한 요소가 확인된다.

본고에서는 이러한 가락동유형이 집중적으로 확인되는 한반도 중서 내륙지역에서의 전개상을 검토하여 동 유형 문화가 중서부 지역에서 갖는 시·공간적 의미를 규명하고자 한다. 그것은 가락동유형이 중심이 되는 중서부 내륙지역 전기 무문토기 문화의 성격을 규명하는 노력일 것이며, 이후 송국리유형으로 대표되는 동 지역 중기 무문토기 문화의 기층문화를 밝히기 위한 작업이기 때문이다.

II. 자료의 검토

1. 關聯遺蹟

현재까지 중서내륙지역에서 조사된 가락동유형 관련유적은 미보고된 예를 합쳐 20개소를 상회한다. 이러한 결과는 한반도내에서 가장 높은 가락동유형의 유적 밀집도를 보이는 것이며, 각 유적에서 확인되는 가락동식토기와 위석식노지부장방형주거지간의 조합관계를 통해 볼 때 중서내륙지역을 가락동유형의 중심지역으로 판단하는데에는 무리가 없을 것이다.

본 장에서는 중서내륙지역의 가락동유형 관련유적 중 대표적인 몇 예를 소개하여 차후의 이해를 돕고자한다.

(1) 청주 내곡동유적(차용걸 1986)

이 유적은 충북 청주시 홍덕구 내곡동에 위치하며, 중부고속도로 건설공사로 인해 실시된 조사에서 확인되었다. 조사된 유구는 청동기시대 주거지 1기, 백제토광묘 1기, 중세이후 토광묘 3기 등이다. 주거지는 방형의 평면형태를 보이며, 내부에 위석식노지가 설치되어 있다. 유물은 이중구연단사선문토기 등의 토기류와 반월형석도편 등의 석기류 등이 출토되었다.

(2) 청주 용암유적(한국문화재보호재단 2000)

이 유적은 1999년 충북 청주시 용암동 일원에 조성된 택지개발지구의 발굴조사를 통해 확인되었다. 유적은 청주시내를 관통하는 무심천에서 약 1.5Km 정도 떨어져 위치하는데 이곳은 상당산에서 남쪽으로 뻗어 내린 구릉의 말단 지형이다. 용암유적에서는 청동기시대 주거지 13기를 비롯하여 총 523기의 유구가 확인되었다. 청동기시대 주거지는 대부분 (장)방형계의 평면형태가 주를 이루며, 위석식노지의 설치와 기둥을 받쳤던 초반의 존재 등이 특징이다. 시기는 일부를 제외하고는 청동기시대 전기에 해당되는 것으로 판단된다. 유물로는 이중구연단사선문토기, 심발형토기 등 토기류와 반월형석도, 석촉, 석부 등의 석기류가 출토되었다.

⑶ 진천 사양리유적(중앙문화재연구원 2001)

이 유적은 2001년 충북 진천군 문백면 사양리 일원의 농공단지 조성부지에 대한 발굴조사에서 확인되었다. 유적은 진천군 소재지의 북쪽을 가로질러 흐르는 백곡천의 남쪽에 위치한 해발 70~90m 내외의 구릉지에 입지하고 있다. 사양리유적에서는 청동기시대 주거지 5기를 비롯하여 삼국시대 목탄요 등 총 150기의 유구가 확인되었다. 청동기시대 주거지는 장방형의 평면형을 기본으로 하며, 내부에 위석식노지가 설치되고 기둥을 받쳤던 초반의 존재가 특징을 이룬다. 주거지의 시기는 대체적으로 청동기시대 전기에 해당될 것으로 판단된다. 유물은 이중구연단사선문토기 등의 토기류와 반월형석도, 석촉 등의 석기류가 출토되며, 특히 3호주거지에서는 소량의 어골문계 즐문토기편이 출토되어 주목된다.

⑷ 대전 둔산 유적(이강승 · 박순발 1995)

이 유적은 1991년 대전광역시 서구 둔산동에서 충남대학교박물관에 의해 조사되었다. 유적은 금강 지류인 갑천변에 위치한 구릉 상에서 확인되었으며, 신석기시대 수혈 15기와 청동기시대 주거지 3기가 조사되었다. 3기의 청동기시대 주거지는 (장)방형계의 평면형을 기본으로 하고 있으며, 위석식노지의 확인과 기둥을 받치는 초반의 존재가 특징적이다. 유물은 이중구연단사선문토기 등의 토기류와 석촉, 석부, 어망추 등의 석기류가 출토되었다.

⑸ 대전 용산동유적(성정용 · 이형원 2002)

이 유적은 1997~1998년에 걸쳐 대전광역시 유성구 용산동의 대전과학산업단지 예정부지 중 일부지역에 대한 발굴조사에서 확인되었다. 유적의 북쪽에는 북서에서 남동으로 流水方向을 갖는 갑천이 흐르고 있으며, 그 주변으로 비교적 넓은 평야가 형성되어 있다. 유적의 남쪽 및 남동쪽으로는 해발 100m 내외의 구릉지대가 펼쳐져 있다. 용산동 유적에서는 청동기시대 주거지 2기를 비롯하여 백제 주구토광묘 4기, 통일신라시대 석곽묘 2기 등 총 9기의 유구가 확인되었다. 청동기시대 주거지 2기는 모두 장방형계이나 2호의 경우 대부분 유실되어 전반적인 주거지 구조는 확인할 수 없다. 1호 주거지에서는 위석식노지와 2열의 礎盤列이 확인된다. 유물은 이중구연단사선문토기, 단도마연토기 등의 토기류와 석촉, 석부, 반월형석도 등의 석기류가 출토되었다.

⑹ 금산 수당리유적(충남대학교박물관 2002)

이 유적은 1999년 충남 금산군 제원면 수당리의 대전-통영간 고속도로 건설지역에 대한 발굴조사에서 확인되었다. 유적의 남쪽에는 금산군의 동쪽을 가로질러 금강에 합류되는 봉황천이 흐르고 있으며, 북쪽에는 와부천이 북서에서 남동쪽으로 흘러 봉황천에 합류된다. 따라서 유적의 동쪽면에는 범람원이 발달해 있다. 유적의 서북쪽에는 해발 236m의 비교적 높은 구릉지대가 발달해 있는데 이 구릉지의 동남쪽 말단부에 유적이 입지하고 있다. 수당리유적에서는 청동기시대 주거지 4기를 비롯하여 총 12기의 유구가 확인되었다. 청동기시대 주거지 4기 중 2기는 장방형의 평면을 보이는 주거지이며, 다른 2기는 원형의 평면형태를 보인다. 수당리유적 장방형주거지는 이미 교란이 심하게 진행되어 정확한 양상을 파악하기 어려우나, 주거지 내부에서 기둥을 받쳤던 초반이 일부 확인된다. 유물은 이중구연단사선문토기 및 구순각목토기, 鷄冠形把手土器, 節狀突帶土器 등의 토기류가 출토되었다.

2. 可樂洞 類型의 三要素

⑴ 토기

가락동식토기는 이중구연과 단사선문을 중심요소로 한다. 기형으로는 옹형토기가 주류를 이루는데, 본고에서의 가락동식토기는 이중구연의 옹형토기를 표지로 하는 개념이다. 토기에 시문되는 문양으로는 연속단사선문이 중심을 이루고, 일부 鋸齒文, 點列文, 豆粒文 등의 문양도 일부 확인되며, 공반토기 중 단도마연토기를 중심으로 網狀의 문양이 시문된 예도 있다. 문양의 시문은 이중구연부에만 시문되는 것이 일반적이나 동체부와 연결된 것도 일부 확인된다. 시문방식은 구연상부에서 아래로 내려 그은 것, 이중구연 하단에서 위로 올려 톱니형으로 시문한 것으로 구분할 수 있으며, 양자가 혼합된 것도 일부 확인된다. 또한 압인, 압인+음각, 음각 등 시문기법상의 차이도 일부 간취된다. 한편 구순부에 각목을 시문된 예도 최근 일부 확인되고 있다.

가락동식토기는 기형을 통해 화분형(I_1형식)과 동체부가 弧狀을 이루는 장동형(I_2형식)으로 분류할 수 있다. 화분형의 옹형토기는 가락동, 용암, 사양리, 영등동유적 등에서 확인되며, 가락동유적 출토품을 대표기형으로 볼 수 있다. 한반도의 무문토기 중 화분형의 기형은 공렬토기 관련유적의 대표적인 기형으로서 서북지방의 팽이형토기 관련유적에서는 거의 출토되지 않는다. 長胴形인 I_2형식은 둔산, 용암, 사양리, 영등동유적 등에서 출토되며, 둔산 2호 주거지 출토품이 대표적이다.양 형식의 기형상의 특징으로는 우선 I_1형식은 토기의 전체적인 器高나 口徑에 비해 작은 저부에서 짧게 축약을 이룬 후 비교적 급격히 외반되어 벌어져 오르다가 이중구연 하단부에 이르러 구연부까지 지속되거나 구연부에 이르러 거의 직립하는 기형이다. I_2형식은 전체적으로 長卵形과 유사한 동체를 이루는데 I_1형에 비해 안정된 저부에서 밋밋한 타원형의 동체를 이루며 이중구연 하단부에 이르러 내만하는 경향을 나타낸다. 이 I_2형식의 토기는 가락동식토기의 초기 형식으로 판단된다.

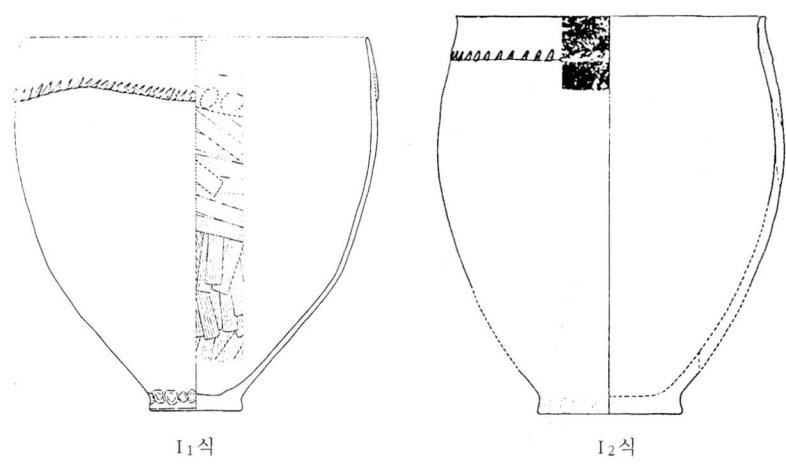

I_1식 I_2식

〈도면 1〉 가락동식토기의 분류

⑵ **석기**

각 유적에서 가락동식토기와 공반되는 석기는 반월형석도, 편평편인석부, 삼각만입형석촉, 마제석검, 능형석촉 등이 있으며 구체적으로는 〈표 4〉와 같다.

반월형석도는 용암 II-1호 주거지, 사양리 4호 주거지에, 영등동 7호 주거지, 내곡동

주거지에서 출토예가 확인된다. 용암유적 출토품 3점은 모두 대체적으로 直背 弧刃의 長舟形石刀이나, 한 점은 背部가 약간 弧線을 이루고 있다. 사양리유적 출토품은 3점으로 이 중 2점은 절반이상이 결실되어 자세한 형태를 판단하기 어려우나, 잔존형태상 용암유적과 같이 直背弧刃의 長舟形石刀로 판단되며, 비교적 완형에 가까운 석도 1점은 직배호인의 短舟形石刀이다.

마제석부류, 그 중에서 특히 兩刃石斧는 각 유적에서 고르게 확인되는데 대체적인 형태로는 梯形의 평면에 횡단면이 사릉식 혹은 장타원형에 가까우며 길이는 약 8~11cm 사이에 집중된다. 한편 주로 대팻날의 용도였을 것으로 지적되어온 편평편인석부가 주목

〈표 1〉 가락동유형 관련 주거지 속성표

遺構名	規模				平面形	柱					壁面	爐址			貯藏穴	廢棄
	長 (cm)	幅 (cm)	平面比	面積 (m²)		礎盤		柱穴		不定形		圍石式	無施設	土壙式		
						1列	2列	1列	2列							
내곡동 주거지	630	460	1.37:1	28.98	장방형							○	○			4	火災
용정동 I-1호	772	582	1.32:1	44.93	장방형		2×4					○	○			7	
용정동 II-1호	1094	558	1.96:1	61.04	장방형		2×6					○	○2			1	火災
용정동 II-3호	現 640	330			(세)장방형	○							○?				
용정동 II-4호	現 796	372			(세)장방형			○					○			3	火災
용정동 II-6호	618	現 426			장방형			○					○2				
용정동 II-7호	800	537	1.49:1	42.96	장방형					○			○			1	
용정동 II-8호	1074	357	3.0:1	38.34	세장방형								○2			4	
용정동 II-10호	現 1136	340			세장방형	○							○2				火災
사양리 1호							○추						○				
사양리 3호	1080	現 630	1.7:1	68	장방형		2×6						○				
사양리 4호	1260	560	2.25:1	70.56	장방형		2×7						○2			4	
둔산 1호	730	420	1.73:1	30.66	장방형							○	○			4	
둔산 2호	680	580	1.17:1	39.44	장방형		2×3						○			3	
둔산 3호	現 580	400			장방형								○				
용산동 1호	816	550	1.48:1	44.88	장방형	○						○	○			3	
수당리 1호	現 990	640			장방형								○?				
영등동 I-2호	436	310	1.40:1	13.51	장방형								○				
영등동 I-3호	1070	640	1.67:1	68.48	장방형						○	○		○3		1	火災
영등동 I-17호	829	645	1.28:1	53.47	장방형						○			○		1	
영등동 I-18호	850	574	1.48:1	48.79	장방형								○				
영등동 II-7호	1790	780	2.29:1	139.62	장방형			2×9				○	○2			2	火災

되는데 대체적인 형태는 방형에 가까운 평면을 보이며, 刃部는 偏刃이다. 이 扁平石斧는 몇몇 보고서에서 일부 석착과 비슷한 용도로 유추되기도 한다. 금강유역 전기무문토기 문화단계에서 확인되는 편평편인석부는 전면에 비교적 치밀한 마연이 가해졌으며, 전반적인 길이는 3.5~6cm 사이에 집중된다.

　석촉은 유경촉과 무경촉으로 구분되는데 대부분의 가락동유형 관련 유적에서는 삼각만입형석촉이 주를 이룬다. 이 삼각만입형석촉은 총 18점이 확인되며, 만입부는 ∧형을 이루는 것이 주류를 이루고 ∩형은 1점에 불과하다.

　그밖에 마제석검 중 완형 출토품은 둔산유적 지표채집품인 이단병식석검과 신대동 1호 석곽묘 출토의 유혈구이단병식석검 뿐이며(성정용 1997), 내곡동, 용암, 사양리유적에서는 갈판과 갈돌 등이 확인되기도 한다. 한편 익산 영등동유적에서는 어망추 28점이 확인되는데, 이 어망추는 둔산 및 내곡동유적에서도 일부 확인되며, 오창 송대리유적에서도 어망추가 출토된다.

　이상의 결과를 통해 가락동유형 관련유적에서의 석기류 출토상을 다음과 같이 종합할 수 있다. 즉 장주형의 반월형석도, 양인석부, 편평편인석부, ∧字形의 만입부와 함께 편평한 단면의 삼각만입형석촉의 출토가 주류를 이루고 있다. 그런데 이러한 석기출토상의 특징이 바로 가락동유형의 석기출토양상으로 정형화될 수는 없을 것이다. 그것은 종종 지적되어 온, 토기와 달리 석기는 시기적 혹은 지역적인 변화에 민감한 반응을 나타내지 않는 보수적 성향이 강한 것으로 인식되기 때문이다.

⑶ 주거

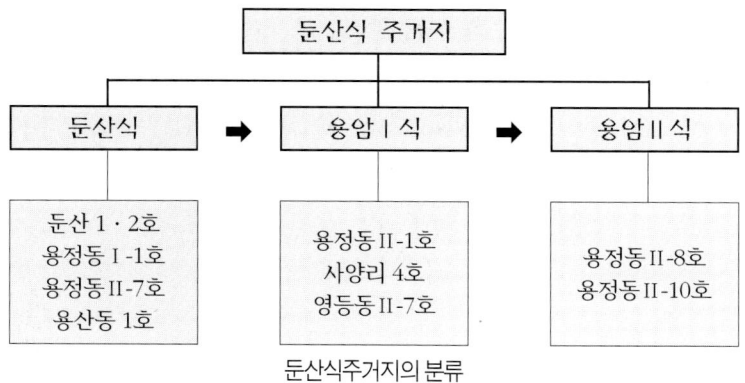

둔산식주거지의 분류

　가락동유형 주거지의 평면형태는 크게 장방형과 세장방형으로 구분할 수 있으며, 노지시설은 1~3개의 위석식노지가 마련되는 것이 일반적이나. 위석식노지와 함께 무시설식 또는 토광형의 노지가 병용된 조사예도 일부 확인되며, 순수하게 무시설식의 노지만

이 설치된 예도 있다. 주거지의 기둥은 초반을 이용한 것과 주혈을 이용하여 세운 것으로 구분되며, 주거지의 장축방향을 따라 2열로 배치된 것이 주를 이루며, 열과 無柱式도 확인된다.

최근 이러한 형식의 주거지를 둔산식 주거지로 명명하고자 하는 의견이 제기되기도 하였다(안재호 2000, 송만영 2001). 소위 '둔산식 주거지'의 설정에 대해 공감하는 부분이 적지 않으며, 나아가 조금 더 세분될 여지도 있다. 즉 기본적으로는 장방형으로 분류되나 방형에 가까운 평면형태, 2열의 기둥배치, 1기의 위석식노지의 설치를 기본 특징으로 하는 둔산식(둔산 2호, 내곡동 주거지, 용암 I-1호, II-7호, 용산동 1호), 둔산식에 비해 장방형화된 평면에 2개의 노지가 설치된 용암 I 식(용암 II-1호, 사양리 3·4호, 하당리 6호, 노은동 B-3호), 세장방형의 평면형태, 장축의 중심을 따라 1열의 기둥배치, 복수의 위석식노지의 설치를 기본으로 하는 용암II식(용암 II-8호·II-10호)으로 구분할 수 있다.

III. 가락동유형의 전개

1. 分期의 設定

가락동유형의 분기 설정에 관해서는 최근 이형원에 의해 자세히 논의된 바 있다.(李亨源 2002) 필자는 씨의 가락동유형 三分期 구분에는 공감하고 있으나, 그 세부내용에 있어 견해를 달리하는 관계로 별도의 장을 마련하여 私見을 개진코자 한다.

편년의 기본자료는 ^{14}C 등의 절대연대측정치를 참고로 하여, 앞장에서 전제한 주거형의 변화 및 가락동식토기의 기형변화, 문양의 결합도·소멸관계 등을 고려한다.

우선 〈표 2〉는 중서부지역의 가락동유형 관련유적에서 측정된 절대연대 현황이다.[1] 이에 따르면 일부 예외적인 경우를 제외한 가락동유형의 중심연대 또는 존속기간은 대체적으로 기원전 13세기에서 9세기까지로 볼 수 있을 것이다. 물론 이러한 절대연대가 가락동유형의 실연대로 치환될 수 없음은 분명한 것이나, 개략적인 연대관의 정립과 함께 종래 일반적인 중부이남지역 전기무문토기문화 연대가 상향되어야 함을 시사해주는

---

1) 각 유적의 절대연대 현황 중 대전지역의 절대연대측정치는 대부분 이형원(이형원 2002, pp.48~49)의 논문에 의거하였음을 밝혀 둔다. 참고로 씨는 보정연대의 산출에 있어 2σ을 이용하고 있다.

〈표 2〉 중서부지역 가락동유형 관련 유적 절대 연대

	유적명 · 유구 No.	¹⁴C연대	보정연대	측정방법	측정기관
청주 지역	사양리 1호		B.C. 1070±100	OSL	한국고환경연구소
	사양리 2호		B.C. 980±140	OSL	한국고환경연구소
	사양리 3호		B.C. 1100±140	OSL	한국고환경연구소
	용정동 I-1호	2930±50(B.P. yr±1σ)	B.C. 1270-930	¹⁴C	국립문화재연구소
	용정동 II-1호	2900±50(B.P. yr±1σ)	B.C. 1260-920	¹⁴C	국립문화재연구소
	용정동 II-4호 ①	3030±50(B.P. yr±1σ)	B.C. 1410-1080	¹⁴C	국립문화재연구소
	용정동 II-4호 ②	2490±50(B.P. yr±1σ)	B.C. 780-420	¹⁴C	국립문화재연구소
	용정동 II-7호 ①	2764±50(B.P. yr±1σ)	B.C. 1000-810	¹⁴C	국립문화재연구소
	용정동 II-7호 ②	2881±70(B.P. yr±1σ)	B.C. 1260-850	¹⁴C	국립문화재연구소
	용정동 II-11호	2818±60(B.P. yr±1σ)	B.C. 1120-830	¹⁴C	국립문화재연구소
	용정동 I-1호		B.C. 870±50	Archeomagnetic	고려대학교
	용정동 I-2호		B.C. 780±15	Archeomagnetic	고려대학교
	용정동 I-1호		B.C. 1340±210	TL	국립문화재연구소
	용정동 I-2호		B.C. 990±180	TL	국립문화재연구소
대전 지역	용산동 1호	2820±60B.P.	B.C. 1130-825	¹⁴C	미beta연구소
	용산동 1호	2860±70B.P.	B.C. 1250-835	¹⁴C	미beta연구소
	수당리 1호	2960±50B.P.	B.C. 1360-1355 B.C. 1315-1010	¹⁴C	미beta연구소
	궁동 2호	3030±70B.P.	B.C. 1430-1040	¹⁴C	미beta연구소
	궁동 2호	3370±130B.P.	B.C. 1975-1400	¹⁴C	미beta연구소
	궁동 13호	2980±80B.P.	B.C. 1415-975	¹⁴C	미beta연구소
	궁동 13호	2900±50B.P.	B.C. 1260-930	¹⁴C	미beta연구소
	상서동 8호	2900±70B.P.	B.C. 1285-900	¹⁴C	미beta연구소
	상서동 8호	2690±130B.P.	B.C. 1135-485 B.C. 465-425	¹⁴C	미beta연구소
	상서동 8호	2890±40B.P.	B.C. 1170-930	¹⁴C	미beta연구소
	노은동 3호	2810±60B.P.	B.C. 1120-825	¹⁴C	미beta연구소
	노은동 3호	2640±70B.P.	B.C. 910-760 B.C. 635-560	¹⁴C	미beta연구소
	노은동 3호	2860±80B.P.	B.C. 1265-825	¹⁴C	미beta연구소
	노은동 4호	2910±90B.P.	B.C. 1385-845	¹⁴C	미beta연구소
	노은동 4호	3240±150B.P.	B.C. 1885-1130	¹⁴C	미beta연구소
	노은동 4호	2800±60B.P.	B.C. 1110-820	¹⁴C	미beta연구소
	노은동 10호	2780±80B.P.	B.C. 1130-800	¹⁴C	미beta연구소
	신대동 1호	2760±70B.P.	B.C. 1045-800	¹⁴C	미beta연구소
	신대동 1호	2750±70B.P.	B.C. 1030-800	¹⁴C	미beta연구소
	신대동 2호	2750±70B.P.	B.C. 1030-800	¹⁴C	미beta연구소
	신대동 2호	2590±70B.P.	B.C. 845-515	¹⁴C	미beta연구소
	신대동 3호	3020±120B.P.	B.C. 1515-900	¹⁴C	미beta연구소
	신대동 3호	2720±50B.P.	B.C. 940-800	¹⁴C	미beta연구소
	신대동 4호	2740±80B.P.	B.C. 1045-790	¹⁴C	미beta연구소
	신대동 4호	2820±60B.P.	B.C. 1130-825	¹⁴C	미beta연구소
	신대동 5호	2720±70B.P.	B.C. 1005-790	¹⁴C	미beta연구소
	신대동 6호	2830±50B.P.	B.C. 1120-845	¹⁴C	미beta연구소
	신대동 7호	2740±100B.P.	B.C. 1130-780	¹⁴C	미beta연구소
	신대동 7호	2770±50B.P.	B.C. 1015-815	¹⁴C	미beta연구소
	신대동 7호	2730±50B.P.	B.C. 980-805	¹⁴C	미beta연구소
	신대동 7호	2680±50B.P.	B.C. 910-790	¹⁴C	미beta연구소
	신대동 8호	2900±90B.P.	B.C. 1380-1335 B.C. 1339-835	¹⁴C	미beta연구소
	신대동 9호	2580±100B.P.	B.C. 910-405	¹⁴C	미beta연구소

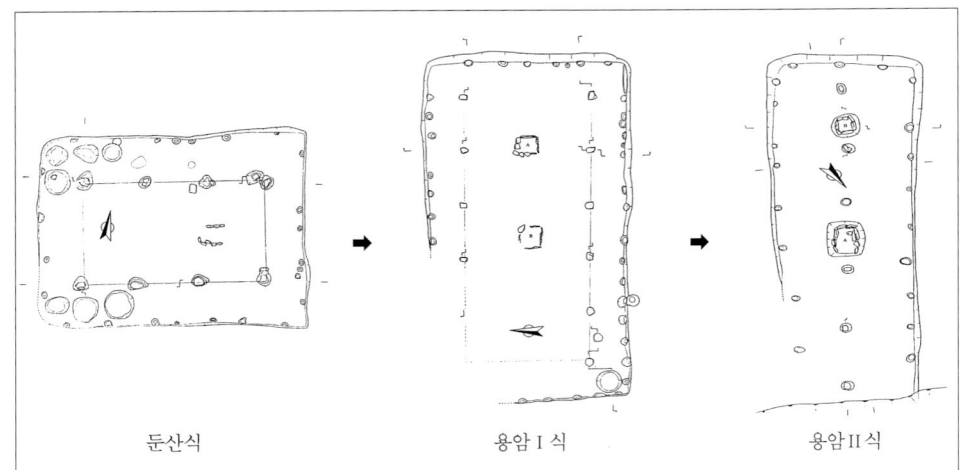

둔산식　　　　　　　　용암 I 식　　　　　　　　용암II식

〈도면 2〉 둔산식주거지 변천 모식도

결과로 받아들여도 좋을 것이다.

　　다음으로 가락동유형 특히 가락동식토기의 출현에 관한 문제에 있어, 우선 필자는 가락동유형이 최초 서북지방의 압록강~청천강유역 공귀리유형 II기 단계에 성립된 것으로 판단하고 있다.[2] 그리고 가락동식토기는 공귀리 II기 단계인 세죽리 II_1층 27호 주거지 출토품에서 그 시원을 찾을 수 있을 것이다.[3] 세죽리 II_1층 27호 주거지 출토품은 동체 중앙부가 강조된 장동형에 가까운 기형으로, 한반도에서 출토된 본격적인 이중구연단사선문토기이다.

　　그런데 이것과 거의 동형의 토기가 중서부지방에서도 확인되는데, 앞장에서 분류한 I_2식 옹형토기이다. 따라서 이 I_2식 토기는 가락동식토기 중 비교적 이른 시기로 위치될 수 있을 것이다. 중서부지역에서 I_2식토기가 출토된 유적은 둔산 2호 주거지, 용정동 I-1호, 사양리 4호, 용산동 1호 주거지 등이다. 한편 필자 분류의 I_1식 옹형토기는 현재까지 서북지방에서 세죽리의 1例를 제외하고는 그 예가 확인되지 않는데, I_2식에 비해 보편화되지 않은 기종으로 판단된다. 또한 이 I_1식 토기는 용정동 I-1호 주거지에서 I_2

---

2) 이에 관한 논의는 별고를 통해 보완할 예정이다.

3) 거시적으로 볼 때 여기에는 중국 동북지방 신석기시대 전기 이래의 이중구연토기 전통으로 부터 신석기시대 후기 또는 청동기시대 조기인 곽가촌상층 76IIT3F1 출토의 연속단사선문이 시문된 이중구연토기에 이르기 까지의 복잡다양한 성립배경이 있음도 부언할 수 있다.

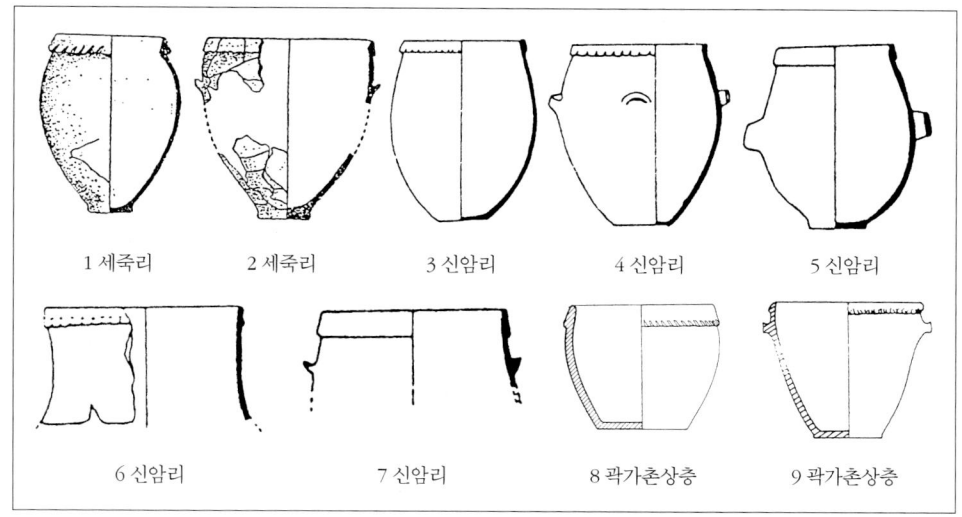

〈도면 3〉 서북지방 및 요녕지역의 이중구연토기

식과 공반되고 있어 대체적인 연대를 가늠할 수 있다. 그러므로 이러한 가락동식 옹형토
기의 존재유무 및 기형 변화를 통해 가락동유형의 분기설정에 접근할 수 있을 것으로
판단된다.

　그러면 이제 중서부지역 가락동유형의 분기설정에 관해 검토하기로 한다. 앞장에서
밝힌 바와 같이 가락동유형 주거지는 둔산식 - 용암Ⅰ식 - 용암Ⅱ식으로 구분할 수 있는
데, 여기에는 주거구조상의 변화와 함께 시간성이 내재되어 있는 것으로 이해된다. 즉
주거지의 변천를 통해 볼 때 둔산식 - 용암Ⅰ식 - 용암Ⅱ식은 각각 가락동유형 Ⅰ·Ⅱ·
Ⅲ기에 대응하는 것으로서 분기를 설정할 수 있는 것이다.

　가락동Ⅰ기는 둔산식주거지 단계가 해당된다. 이 단계는 최초 서북지방에서 성립된
가락동유형이 금강유역권에 출현하는 시기이다. 절대연대상으로는 잠정적으로 기원전
13~12세기에 해당되는 것으로 볼 수 있다. 주거지는 전술한 바와 같이 방형에 가까운 장
방형이며 단수의 위석식노지 설치 및 정연한 초반 배치를 특징으로 한다. 이 단계의 토
기는 둔산 2호 및 용암Ⅰ-1호 주거지 출토품을 특징으로 하는데, 앞에서 분류한 I$_1$식 및
I$_2$식의 甕을 표지로 한다. 이 중 I$_2$식은 앞서 검토한 바와 같이 서북지방 가락동유형 성
립기의 출현한 토기로서 내만구연의 장동옹이며, 가락동식토기의 最古式으로 판단된다.
출토토기 중 이중구연토기의 점유율이 비교적 높은 양상을 보이며, 문양의 시문은 단사
선문이 확인될 뿐, 그 외에 거치문 등은 확인되지 않는다. 석기류는 대부분의 주거지에
서 극히 적은 양이 출토되는데 양인석부와 석촉이 중심을 이룬다. 용정동Ⅰ-1호, 둔산 2

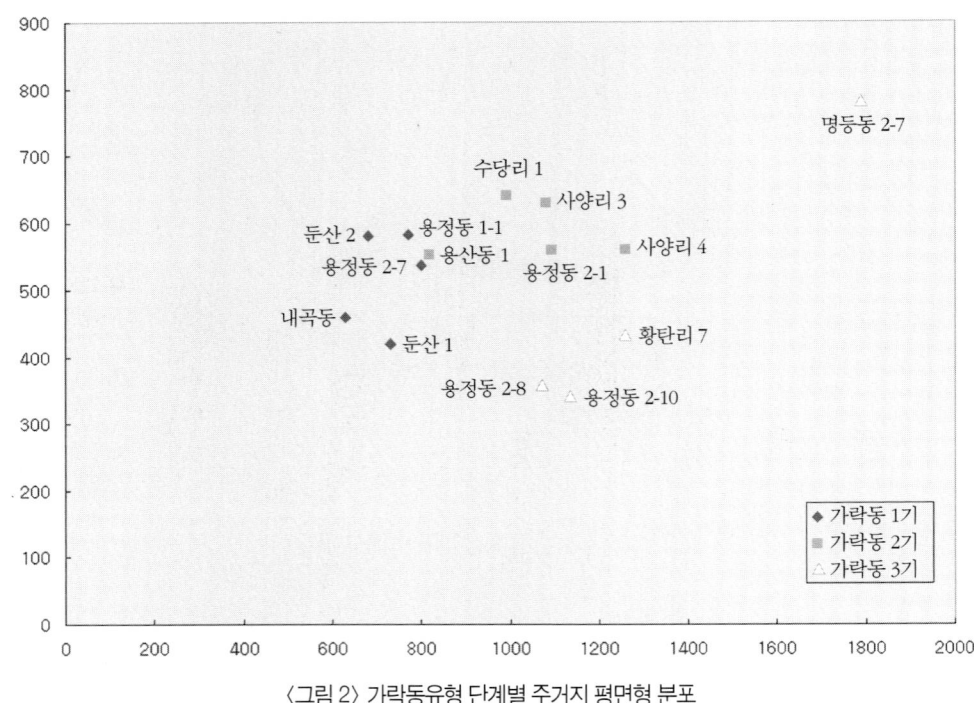

〈그림 2〉 가락동유형 단계별 주거지 평면형 분포

호, 내곡동주거지, 용정동 II-7호 등이 해당된다. 그리고 용산동 1호의 경우 주거구조상으로는 둔산식에 가까운 것으로 판단되나, 출토토기상, 구연의 직립화 경향이 강하고, 단사선문의 시문이 비규칙화 되는 점 등으로 볼 때, 가락동 I 기의 늦은 시점 또는 II기의 이른 시점에 위치시킬 수 있을 것으로 보인다.

　가락동II기는 용암 I 식 주거지단계가 해당되며, 서북지방에서 파급된 가락동유형이 금강유역의 각지로 확산되는 시기이다. 절대연대로는 11~10세기 전반대가 해당된다. 여기에는 가락동 I 기의 문화상이 일정부분 계속되면서, 주거지의 대형화 및 장방형화가 진행되며, 토기에 있어서는 홑구연토기의 점유율이 늘어난다. 주거지의 대형화는 복수의 위석식노지 설치 및 초반 등 柱施設의 확대를 수반하는데, I 기의 기둥배치가 주로 2열×4행 내외로 이루어지는데 반해 II기에는 2열×7행 이상의 기둥배치가 주류를 이루며, 문화의 확산과정중에 정연한 기둥의 배치가 쇠퇴하여 불규칙적으로 이루어지거나 초반의 설치가 소멸되는 것도 한 특징으로 볼 수 있다. 이 단계의 I_2식 토기는 구연형태에 있어 전단계의 내만구연에 비해 직립화의 경향이 현저해지며, 사양리 4호 주거지 출토품과 같이 이중구연단사선문 없이 I_2식의 기형만 수용한 토기도 다수 확인되고 있다. 토기의 장식요소로서는 일부 구순각목이 나타나기 시작하며, 단사선문이 이중구연부 하

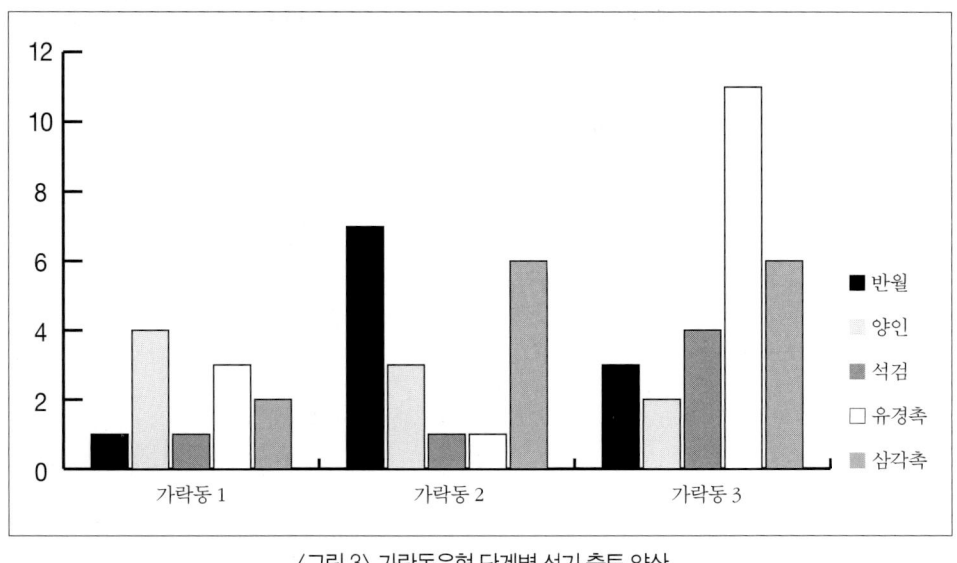

〈그림 3〉 가락동유형 단계별 석기 출토 양상

단의 동체부까지 연결되는 등 비규격화가 나타난다. 또한 문양의 종류에 있어 網狀의 사격자문이 시문되거나 연속거치문대가 구획된 단도마연토기가 확인되는 등 토기문양의 다양성이 나타나기 시작한다. 석기류는 반월형석도의 출토량이 증가되는 특징이 나타나며, 편평석부, 지석류의 출토량 역시 증가되고 있다. 용암 II-1호, 사양리 4호, 대전 노은동, 관평동유적 등이 해당된다.

가락동III기는 세장방형 주거지인 용암II식 단계가 해당된다. 이 단계는 대전·청주 중심의 가락동유형문화가 음성·보은 등 주변지역으로까지 확대되고, 주변문화와의 접촉을 통해 기존의 요소가 변질되어가는 과정으로 파악된다. 절대연대는 10세기 후반에서 9세기에 이르는 시기로 추정된다. 이 단계에도 지역적으로 위석식노지, 초반, 이중구연단사선문토기 등의 가락동유형 요소가 일부 지속되는 양상이 확인된다. 그러나 개별 주거지내에서 主爐址로 토광형 또는 무시설식의 노지가 채용되기 시작하며, 2열의 기둥배치도 일부 확인되고 있으나 주거지 평면의 세장화에 대응하여 일렬의 기둥배치가 본격화되는 것으로 이해된다. 이 단계 토기의 특징으로는 우선 이중구연단사선문토기의 퇴화·소멸과정이 진행되고 있다. 즉 세장방형의 용암 II-8호 출토 단사선문토기에서는 이중구연이 요소가 확인되지 않는다. 또한 용암 II-10호, 황탄리 007호, 음성 하당리 6호 주거지 역시 이중구연단사선문토기는 출토되지 않는다. 즉 III기에 이르러 이중구연단사선문은 거의 소멸되는 것으로 이해되며, 몇몇 유적의 예에서 볼 때 이중구연에 비해 단사선문이 비교적 오랜 기간 지속되는 것으로 판단된다. 그리고 전단계에 이어 거치문,

網狀文 등의 문양이 시문되는 등 토기문양의 다양화가 나타나는 점도 한 특징으로 지목할 수 있다. 석기류는 반월형석도를 비롯하여 석검, 석촉, 편평석부 등이 다양하게 나타나는데 특히 익산 영등동유적을 중심으로 유경촉 및 석검의 출토량이 증가한다.

한편 개별 주거지내에서 3기의 위석식노지가 시설된 예[4]가 최근 종종 확인되고 있다. 이러한 주거지에 관한 자세한 조사내용이 현재 미보고상태인 관계로 정확한 판단자료로서 제시할 수는 없으나, 필자의 실견에 따르면 동 주거지에서 이중구연토기는 전혀 출토되지 않고 있다. 이러한 점은 위석식노지 3기 설치 주거지의 연대가 가락동유형 중에서 비교적 늦은 시기에 속한다는 점을 시사해 주는 것이라고 판단된다. 그리고 이에 부연하여 〈그림 4〉에서 볼 수 있는 바와 같이 개별주거지내 노지의 개수는 주거지 평면형과 연관성이 있는 것으로 판단되는데, 1기의 위석식노지 설치 주거지가 주로 방형에 가까운 평면형을 나타내며 2기 이상은 장방형 또는 세장방형에 가까운 것으로 나타나고 있다. 그러므로 주거지 평면형과 연관된 노지의 개수차이는 일정부분 시간성을 반영하고 있을 가능성이 있다. 참고로 북한의 주거지 연구에 있어 개별 주거지내 노지의 개수 차이는

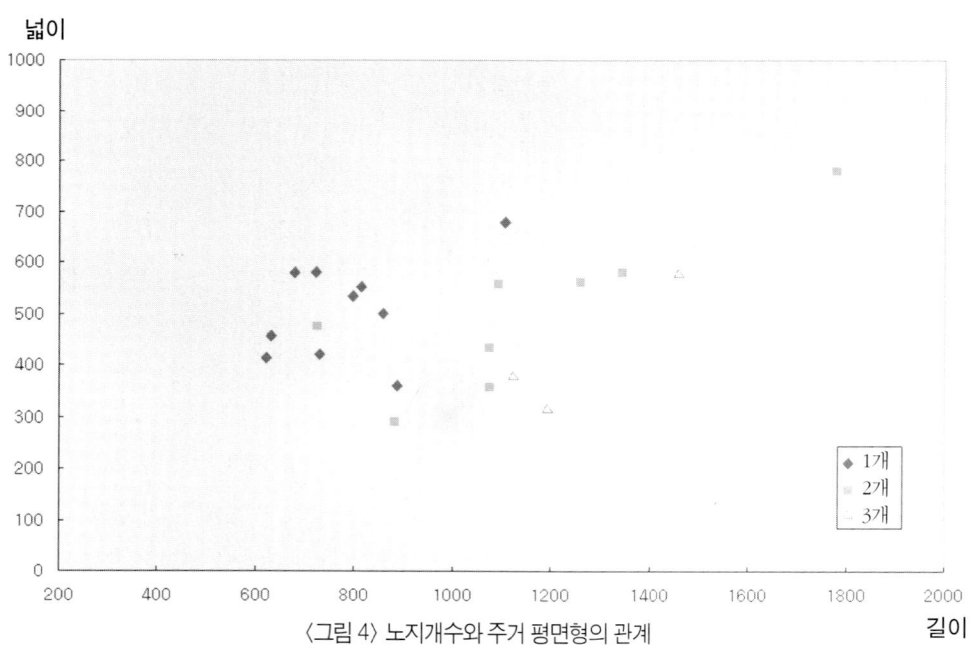

〈그림 4〉 노지개수와 주거 평면형의 관계

4) 음성 하당리유적, 대전 관평동유적, 청원 풍정리유적 등에서 조사예가 확인된다.

시간성을 반영하는 것이라는 결과가 있으며 역시 단수의 노지 설치 주거지가 가장 선행하는 것으로 인식되고 있다.(김용남 외 1975, 차달만 1973)

2. 可樂洞類型의 展開

다음으로 가락동유형이 구체적으로 금강유역에서 어떻게 전개되는지 살펴보기로 한다. 대전·청주지역 가락동유형 관련유적은 청주 내곡동을 위시하여, 향정·외북동, 용암, 청원 황탄리, 송대리, 풍정리, 대전 둔산, 노은동, 용산동, 궁동, 관평동, 가오동, 상서동, 신대동, 금산 수당리, 진천 사양리, 음성 하당리유적 등이 있다. 이들 제유적은 조사의 규모 및 성격에 따라 차이는 있으나 대부분 2~10기 내외의 장방형주거지로 구성된 소규모 취락유적이다.

가락동유형은 절대연대상으로 대략 기원전 13세기를 전후하여 금강유역인 대전·청주지역에 등장하는 것으로 이해된다. 동 유형은 한반도 서북의 압록강~청천강유역 일원에서 확인되는 문화와 연관성이 깊은 것으로 판단되는데, 특히 중부이남지역에서 확인되는 문화상을 통해 볼 때 주민의 직접적인 이주가 전제될 만큼 유사한 양상이 확인되고 있다. 이렇듯 한반도 서북지방을 그 직접적 기원으로 하고 있는 중서부지역의 가락동유형은 최초 파급시점에서부터, 기원지와 동일한 문화상을 나타내고 있다. 특히 위석식노지+초반이 결합된 독특한 장방형계 주거, 이중구연단사선문의 옹형토기 등은 동시기 한반도 여타지역에서는 확인되지 않는 독자적인 문화내용이다. 파급기에 해당되는 청주 용정동 I-1호 주거지 등 가락동 I기는 현재 대전 및 청주지역에서 소수의 예가 확인된다. 이 단계에는 주거지의 규모가 비교적 소형이며, 석기류의 출토는 극소량만이 확인될 뿐이다. 이는 곧 이 단계의 주거형태가 안정적인 정주형이라기보다는 이주 후 정착과정에서 나타나는 과도기적인 상황을 대변해 주는 것이라고 이해되는 것이다. 정착기에 해당되는 가락동 II기에 이르면 주거지의 규모가 대형화, 장방형화되기 시작한다. 또한 석도 및 석촉 등 석기류의 출토가 증가하여 생계경제에 있어서 적극성이 모색되기 시작하는 단계로 판단된다. 또한 현재까지의 자료를 통해 볼 때, I기에 비해 동 단계에 해당되는 유적의 조사예가 배수 이상으로 증가한다. 즉 II기에 이르러 가락동유형이 중서부지역에서 본격적으로 영역을 점유해 나간다고 볼 수 있는 것이다. 청주지역으로 볼 때는 청주 분지내의 미호천 및 무심천변의 내곡동, 용정동유적을 중심으로 하여 북쪽으로 영역이 확대되고 있는데, 진천 사양리, 청원 송대리 유적 등이 있다. 대전지역 역시 둔산 및 용산동유적 등 갑천변의 유적에서 노은동, 가오동, 금산 수당리 등으로 유적의 분포예가 확대되고 있는 상황이다. 다음으로 III기에 이르면 II기의 주거형태가 지속되는 가운데 주거지 평면의 세장화 경향이 심화되는데 정확한 근거자료의 제시는 어려우나 흔암리유형 등 주변문화의 영향관계 등을 고려해 볼 수 있을 것이다. 이 단계에는 음성, 보은, 익산 등 청주 및 대전지역으로부터 지리적으로 떨어진 지역에서 가락동유형 주거지 또는 그 요소가 나타나고 있다. 이러한 주변지역으로의 확산과정 중 가락동유형은 위석식노지 및 초반, 이중구연단사선문 등 주요소가 탈락되거나 변질되면서 지역적으로 수용되는 특징이 있다. 물론 중심지역내에서도 시간적인 변천에 의해 가락동유형이 쇠퇴·이질 화되어가는 과정을 밟게 된다.

결국 가락동유형 Ⅰ·Ⅱ·Ⅲ기의 전개과정은 한반도 서북지방으로부터 문화의 파급, 중서내륙지역을 독점적·배타적으로 점유한 안정적인 정착, 시·공간적 확산에 의한 문화적 결속력의 저하에 따른 쇠퇴로 요약할 수 있을 것이다.

끝으로 가락동유형 관련 취락의 규모에 대한 간단한 검토를 실시한다. 현재까지 조사된 자료에 근거한다면 가락동유형 관련 취락은 단순한 주거의 결집으로 이해된다. 즉 묘역, 경작지, 저장공간, 취락내 공동행사장, 의례공간 등이 확인되지 않고 주거지 만이 군집을 이루며 존재한다. 취락내의 주거지 수는 2~10기 내외이며, 간헐적으로 1기만이 독립적으로 확인되는 경우도 있다.

현재까지 가장 많은 수의 주거지가 확인된 가락동유형 관련유적은 대전 노은동(한국토지공사·충남대학교박물관 1998)과 청주 용암유적으로 양유적에서는 각각 12기·10기의 장방형계주거지가 조사되었다. 양유적은 택지개발과 관련된 구제발굴의 결과물로 전체적인 발굴조사 상황을 고려하면 해당지역에 부존된 대부분의 유구는 확인·조사된 것으로 인정된다.

따라서 만약 노은동 및 용암유적 각각의 주거지들이 큰 시기차 없이 동시기에 사용된 것이 타당한 가정이라면,(김권구 2001) 당시의 개별 취락내 가옥의 규모는 최대 10~12기를 넘지 않을 것으로 추정된다. 그리고 각 유적에서 확인되는 상황으로 미루어 일반적으로 2~5기 내외의 주거지가 군집을 이루며 하나의 소취락을 이루는 것으로 추정할 수 있다.

한편 최근의 연구성과에 따르면 가락동유형 관련 유적에서는 2기의 주거지가 하나의 주거군을 이루며 취락내에서 분포하고 있는 것으로 지적되고 있다.(송만영 2001) 이렇게 하나의 구릉을 2기의 주거지가 점유하고 있는 양상은 진천 사양리, 익산 영등동, 청주 용암유적(용정동 Ⅰ유적) 등에서 확인할 수 있다.

진천 사양리유적은 3개의 가지구릉으로 나누어지는데, 유적의 서쪽 구릉에 1기, 중앙에 2기, 동쪽에 2기의 주거지가 입지하고 있다. 익산 영등동유적은 Ⅰ지구와 Ⅱ지구에서 주거지가 확인되는데 Ⅰ지구에서는 지구의 남서쪽에 2호와 3호주거지가 20m 이내의 거

〈표 3〉 중서부지방 가락동유형의 전개

	토기	석기	주거지	비고
가락동Ⅰ기				1·19·20·37 둔산2호 15·16 둔산1호 18 둔산 지표 2·3·34 4·36 내곡동 5·17·12·35 용정동 Ⅱ-7호
가락동Ⅱ기				6·7·22-24· 26·38 용산동 1호 8·9·25·29 사양리 1호 27·28·39 용정동 Ⅱ-1호 10 둔산지표 11 수당리 1호 40 사양리 3호
가락동Ⅲ기				12·41 영등동 Ⅱ-7호 13 용정동 Ⅱ-8호 14 용정동 Ⅱ-9호 30-33·42 향탄리 7호 40 용정동 Ⅱ-10호

리에 인접하여 위치하고, 지구의 북쪽에는 17호와 18호주거지가 10m 이내의 거리에 인접하여 위치한다.

청주 용암유적의 용정동 I 유적은 東 → 西로 뻗은 구릉의 능선정상부에 2기의 주거지가 입지하고 있으며, 용정동 II-2유적에는 北東 → 南西로 뻗은 구릉에 가락동유형과 관련하여 8기의 주거지가 확인되는데 여기에서는 6~9호주거지가 군집을 이루며 입지하고, 1호 및 10호는 독립적으로 위치한다.

대전 노은동유적은 北西 → 南東으로 뻗은 긴 구릉의 능선정상부를 따라 장방형계주거지가 입지하고 있다. 우선 조사구역 북단에 2기의 세장방형주거지 위치하며, 중앙에는 5기의 (세)장방형주거지가 확인되는데, 여기에서도 주거지 2기가 하나의 주거군을 이루는 양상이 확인된다.(충-3호 · 4호 주거지) 또한 남쪽지역에서 4~5기 내외의 장방형주거지가 확인되는데 역시 주거지 2기가 하나의 주거군을 이루는 양상이 확인된다.(한 18호 · 21호)

따라서 이러한 조사상황을 고려할 때 제한적으로 가락동유형 관련유적의 취락규모는 개별가옥 2기가 하나의 주거군을 이루는 것으로 인정할 수 있으며, 나아가 이 소주거군 2개 내외가 결집되어 소규모의 취락(추연식 1994, 홍경희 1999)을 형성하고 있는 것으로 볼 수 있다. 따라서 본고에서는 가락동 유형 관련 취락의 규모를 주거지 최대 4 · 5기, 최소 2기 내외가 결집되어 구성된 것으로 판단된다.

IV. 맺음말

한반도 서북지방 압록강~청천강유역 일원의 무문토기문화와 직접적인 연관을 맺고 있는 가락동유형은 정형화된 주거구조, 안정적 생계지향의 취락입지, 동북아시아 토기문화의 전통이 내재된 이중구연단사선문의 가락동식토기 등을 통해 볼 때 한반도 전기무문토기문화 내에서 중요한 위치를 점유하고 있음을 알 수 있다. 동 유형은 기원전 13세기를 전후로 하여 중서부지역에 출현하게 되는데, 대전 · 청주지역을 중심으로 주변지역과 구별되는 문화전통과 배타적인 영역을 구축하여 전개되며, 기원전 9세기 이후 특정 시점에 완전히 소멸되어 중서부지역 무문토기문화전통에서 사라지게 된다.

중서부지역의 가락동유형은 개략적으로 3기로 나누어 설명할 수 있을 것이다. 이에 따르면 가락동 I 기에서 III기로의 변천에는 문화의 전파와 수용 · 확산에 따르는 諸過程이

포함되어 있으며, 이를 통해 제한적으로나마 중서부지역 전기무문토기문화의 발전과정
에 접근할 수 있게 되었다.

가락동 I 기는 출현기로서 기원전 13세기를 전후로 하여 서북지방 무문토기문화의 직
접적인 파급에 의해 중서부지역 일원에 가락동유형이 등장하게 된다. 이 단계의 문화내
용은 주거 및 유물상에 있어 비교적 단순하게 인식되는데, 이는 동 단계의 제한적 · 과도
적인 상황을 나타내주는 것으로 이해된다.

가락동 II 기는 정착기로서 가락동유형이 대전 · 청주지역을 거점으로 본격적인 전개
과정이 나타나게 된다. 이 단계에는 주거규모의 대형화 및 규격화에서 알 수 있듯이 안
정적 정주생활을 지향하기 위한 토대가 마련된다. 또한 양인석부 · 편평편인석부 등의
목재가공관련 석기류의 증가, 다수의 지석 출토 및 반월형석도의 출토량 증가에서 알 수
있는 식용자원의 채취 등 생계관련유물이 본격적으로 제작 · 사용된다. 토기에 있어서
도 기존의 이중구연단사선문토기와 더불어 口脣刻目, 網狀文, 鋸齒文의 새로운 문양요
소가 출현하는 등 토기문화의 다양성이 나타나게 된다.

가락동 III 기는 쇠퇴기로서 대전 · 청주를 중심으로 하던 가락동유형이 주변지역으로
확산되면서 주변문화와의 접촉을 통해 그 내용의 변화가 발생하며, 문화적 결속력의 저
하로 이어진다. 이 단계에는 전단계에 이어 주거의 대형화가 계속되는 가운데 평면형에
있어 세장화의 경향이 나타나기 시작한다. 또한 특징적으로 단위주거지내에 3기의 위석
식노지가 설치되는 등 대형화 · 세장화에 수반된 변화가 시작된다. 그리고 가락동식토
기의 이중구연단사선문 소멸과정이 나타나는데, 이 단계에 이르러 이중구연이 서서히
자취를 감추게 되며, 단사선문은 비교적 늦은 시기까지 잔존하는 것으로 판단된다.

이상과 같이 중서부지역 전기무문토기문화의 핵심으로서 가락동유형은 출현 · 정
착 · 쇠퇴의 과정을 거치면서 종국에는 소멸되기에 이른다. 이후 동지역에서의 무문토
기문화는 송국리유형으로 대표되는 새로운 문화가 등장하게 된다. 그러나 현재까지 이
지역에서 가락동유형과 송국리유형을 연결시킬 고리는 확인되지 않고 있다. 필자는 중
서부지역의 일군의 유적조사예를 통해 그 연결 가능성을 상정하고 있으나, 자료의 증가
를 조금 더 기다려야 할 것 같다.

〈표 4〉 구연형태 및 장식속성에 의한 각 유적 출토토기의 분류

유적명 \ 속성		홀구연	이중구연	이중구연+단사선문	이중구연+단사선문+구순각목	구순각목+단사선문	이중구연	단사선문	구순각목	기타
가락동 1기	내곡동		5	1	3		1			
	둔산 1호	6	1		1			2		점열문 1
	둔산 2호	2	2							
	둔산 3호	1						1		
	용암 I-1호	2	4	4						
	용암 II-7호	2	1	1					1	乳突形把手
가락동 2기	용암 II-1호	4	1	1						
	용암 II-3호	2								
	용암 II-6호	1								
	용암 II-9호	1							1	
	사양리 4호	4	6	6					2	
	용산동 1호	3	5	5						
	용산동 2호		2	1		1				
	수당리 1호	1	1	1						
가락동 3기	용암 II-8호	2				1			1	
	영등동 I-2호	6	4	4					3	
	영등동 I-3호	11				2			3	
	영등동 I-17호		2	2						
	영등동 I-18호	1								
	영등동 II-7호	11	2	1	1(거치문)				11	乳突形把手
계		58	36	29	6	3	1	3	22	

〈표 5〉 가락동유형 단계별 석기 출토 현황

구분	유구	석도	양인석부	편인석부	편평석부	석착	석검	유경촉	삼각만입촉	방추차	기타
가락동 1기	내곡동	1	1					1		1	갈판1 갈돌1
	둔산 1호		1	1	1	1		1			
	둔산 2호						1		2		
	용암 I-1호		1								
	용암 II-7호		1			1		1			갈돌1
가락동 2기	용암 II-1호	3					1		1	1	지석2
	용암 II-3호										
	용암 II-4호								1	1	지석2
	용산동 1호	1	2						1		지석3
	수당리 1호		1				1				
	사양리 4호	3			3	1			3		지석2갈돌1
가락동 3기	영등 I-3호	1			1		1	1	4	2	어망추4지석3
	영등 I-17호							1			어망추2
	영등 I-18호			1	1						
	영등 II-7호	2	2		1		2	8	1	1	지석9어망추28
	용암 II-10호								1	1	
계		11	9	2	8	3	6	15	14	6	

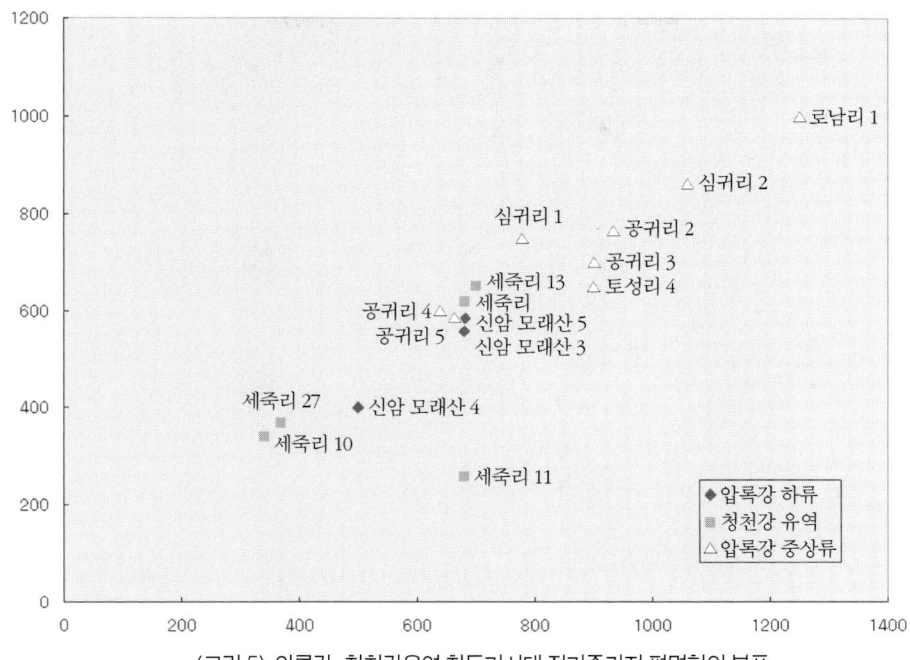

〈그림 5〉 압록강~청천강유역 청동기시대 전기주거지 평면형의 분포

〈그림 6〉 중서부지역 가락동유형의 전개과정

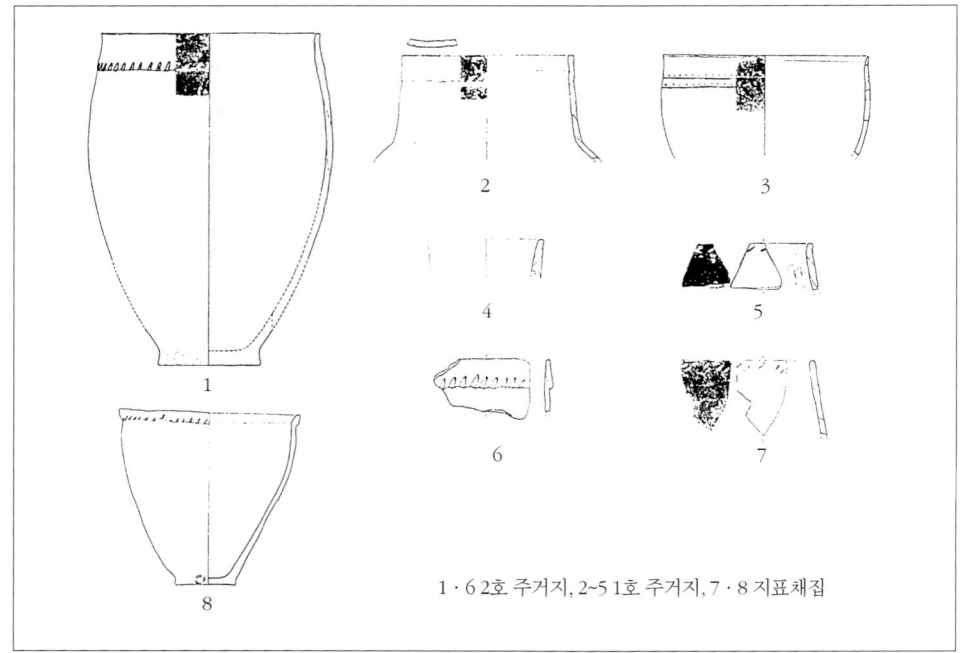

1·6 2호 주거지, 2~5 1호 주거지, 7·8 지표채집

〈그림 7〉 둔산유적 출토 토기

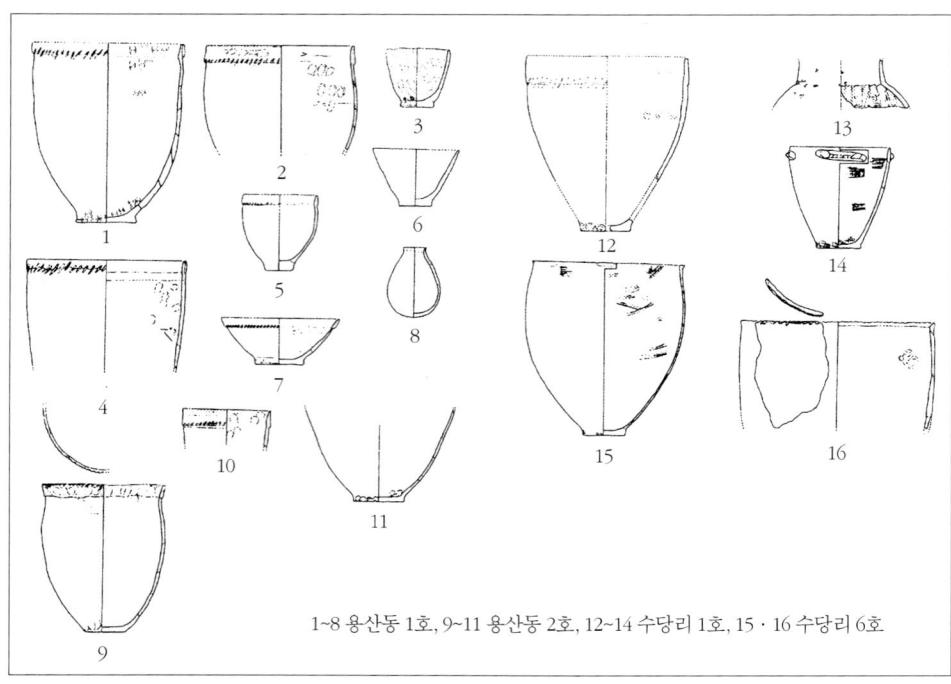

1~8 용산동 1호, 9~11 용산동 2호, 12~14 수당리 1호, 15·16 수당리 6호

〈그림 8〉 용산동 및 수당리유적 출토 토기

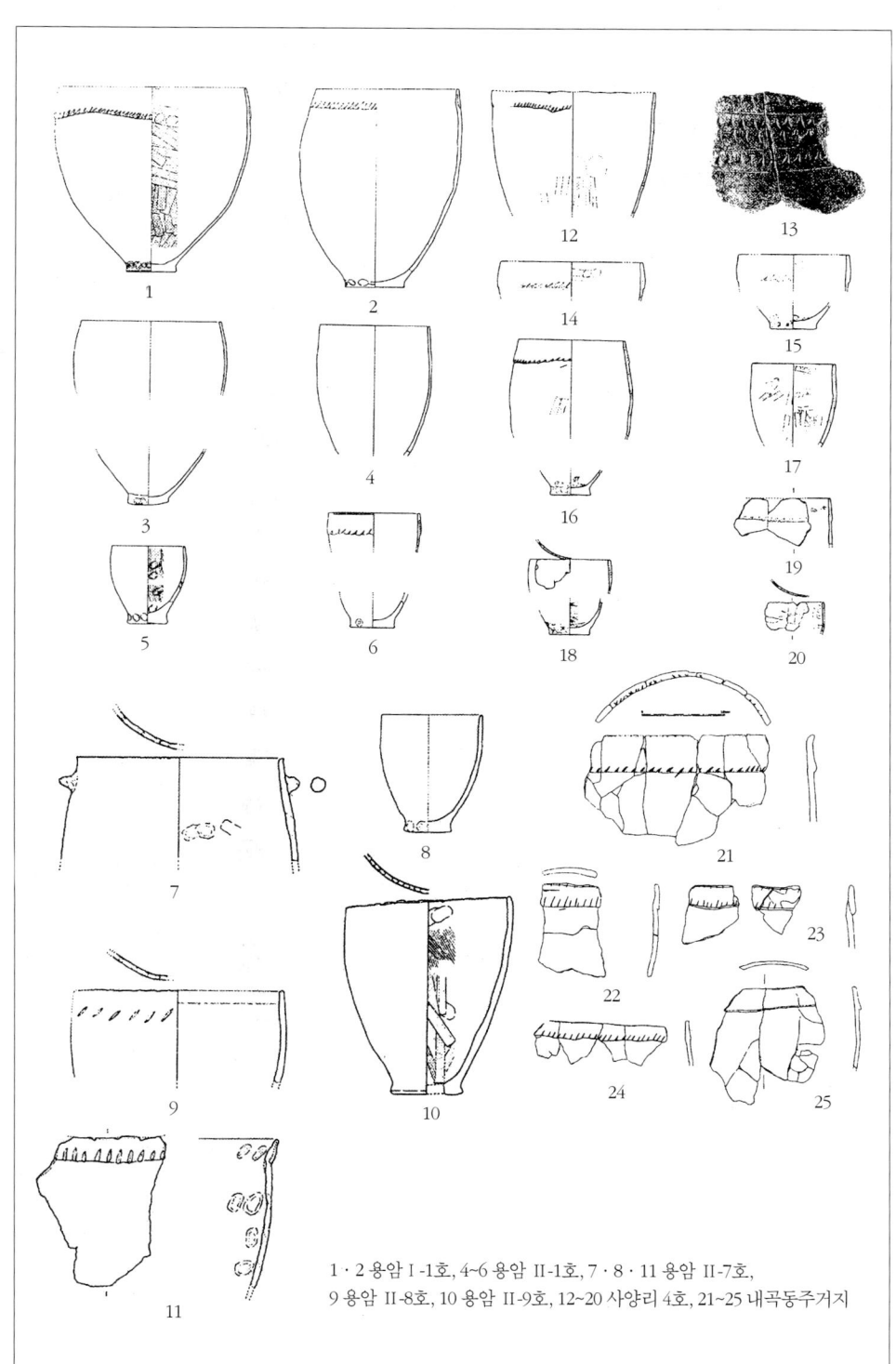

1 · 2 용암 I-1호, 4~6 용암 II-1호, 7 · 8 · 11 용암 II-7호,
9 용암 II-8호, 10 용암 II-9호, 12~20 사양리 4호, 21~25 내곡동주거지

〈그림 8〉 청주지역 가락동유형 관련유적 출토 토기

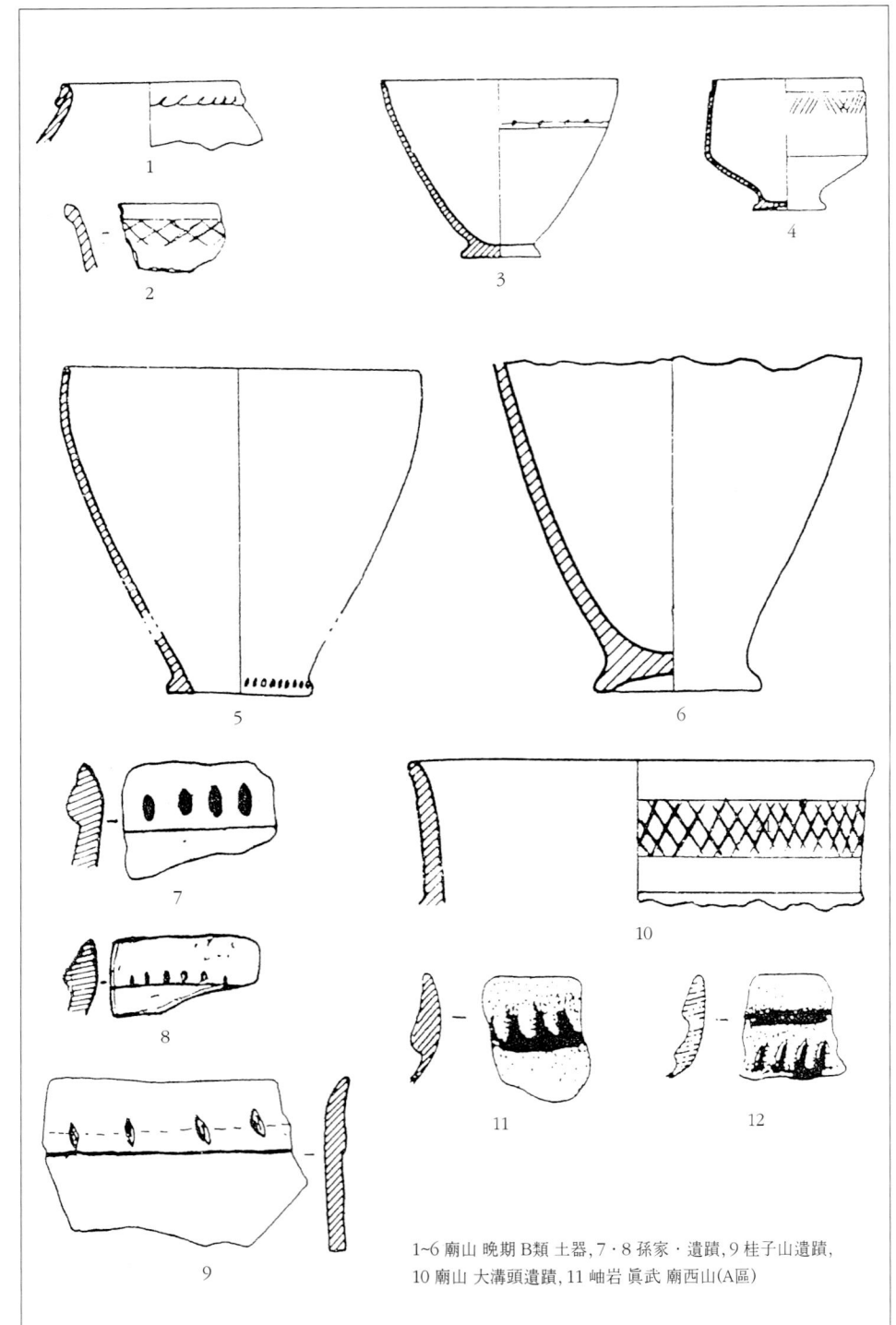

1~6 廟山 晚期 B類 土器, 7·8 孫家·遺蹟, 9 桂子山遺蹟,
10 廟山 大溝頭遺蹟, 11 岫岩 眞武 廟西山(A區)

〈그림 9〉 요녕지역 출토 가락동유형 관련 토기류

✤ 참고문헌

과학, 백과사전출판사, 1983, 『압록강, 독로강 류역 고구려 유적발굴보고』, 유적발굴보고 제13집

김권구, 2001, 「영남지방청동기시대마을의특성과지역별전개양상」, 『한국청동기시대연구의새로운성과와
　　　　과제』, 충남대학교박물관

김도경 · 주남철, 1999, 「靑銅器時代 움집의 平面과 構造에 관한 硏究」, 『大韓建築學會論文集 計劃系』15
　　　　권 6호, 大韓建築學會

김영우, 1964, 「세죽리 유적 발굴 중간 보고(2)」, 『고고민속』제 4호, 사회과학원출판사

김용간, 1959, 『강계시 공귀리 원시 유적 발굴 보고』유적발굴보고 제 6집, 과학원출판사

김용남, 김용간, 황기덕, 1975, 『우리나라 원시집자리에 관한 연구』, 사회과학출판사

金壯錫, 2001, 「흔암리 유형 재고 : 기원과 연대」, 『嶺南考古學』28, 영남고고학회

김정문, 1964, 「세죽리 유적 발굴 중간 보고(1)」, 『고고민속』제 2호, 사회과학원출판사

金廷鶴, 1963, 「廣州 可樂里 住居址 發掘 報告」, 『古文化』第 二輯, 韓國大學博物館協會

朴淳發, 1999, 「欣岩里類型 形成過程 再檢討」, 『湖西考古學』創刊號, 湖西考古學會

_____, 2002, 「錦山 水塘里 靑銅器時代 聚落의 時間的 位置」, 『錦山 水塘里遺蹟』, 忠南大學校博物館, 韓國
　　　　道路公社

성정용, 1997, 「大田 新岱洞 · 比來洞 靑銅器時代遺蹟」, 『호남고고학의 제문제』제 21회 한국고고학전국대
　　　　회 발표요지, 韓國考古學會

成正鏞 · 李亨源, 2002, 『龍山洞』忠南大學校 博物館叢書 第23輯, 忠南大學校博物館, 大田光域市

宋滿榮, 1997, 「中西部地方 無文土器文化의 展開」, 『崇實史學』第 10輯, 崇實大學校 史學會

安在晧, 1990, 『南韓 前期無文土器의 編年』, 慶北大學校大學院 考古人類學科 碩士學位論文

李康承 · 朴淳發, 1995 「II部 : 新石器 · 靑銅器時代 遺蹟 調査」, 『屯山』, 忠南大學校博物館

李白圭, 1986, 「漢江流域 前半期 민무늬토기의 編年에 대하여」, 『嶺南考古學』第 2號, 嶺南考古學會

李淸圭, 1988, 「南韓地方 無文土器文化의 展開와 孔列土器文化의 位置」, 『韓國上古史學報』第 一號, 韓國
　　　　上古史學會

李亨源, 2001, 「可樂洞類型 新考察」, 『湖西考古學』第 4 · 5合輯, 湖西考古學會

_____, 2002, 『韓國 靑銅器時代 前期 中部地域 無文土器 編年 硏究』, 忠南大學校大學院 碩士學位論文

林炳泰, 1986, 「韓國無文土器의 硏究」, 『韓國史學』7, 韓國精神文化硏究院

鄭漢德, 1992, 「嶺南地方無文土器文化에 대한 몇가지 問題」, 『伽耶考古學論叢』, (財)駕洛國史蹟開發硏究院.

中央文化財硏究院 · 鎭川郡, 2001, 『文百電氣 · 電子農工團地造成敷地內鎭川思陽里遺蹟』, 發掘調査報告
　　　　第 5冊

中央文化財硏究院 · (주)대덕테크노밸리, 2002, 『대덕테크노밸리事業地區內 大田 官坪洞遺蹟』, 發掘調査
　　　　報告 第 22冊

中央文化財硏究院 · 韓國土地公社, 2003, 『加午宅地開發事業地區內 大田 加午洞遺蹟』, 發掘調査報告 第
　　　　32冊

中央文化財研究院·大田地方國土管理廳, 2004, 『陰城-笙極間 道路 擴·鋪裝 工事區間內 陰城 下唐里遺蹟』, 發掘調査報告 第35册

中央文化財研究院·韓國道路公社, 2004, 『淸原-尙州間 高速道路 建設區間內 報恩 上長里遺蹟』, 發掘調査報告 第475册

차달만, 1993, 「청천강유역 청동기시대 유적들의 연대」, 『조선고고연구』제2호, 사회과학원 고고학연구소

車勇杰, 1986, 「淸州 內谷洞遺蹟 發掘調査 報告」, 『中部高速道路 文化遺蹟發掘調査報告書』, 忠北大學校博物館·韓國道路公社

秋淵植, 「聚落考古學의 世界的 研究傾向-韓國 취락고고학연구의 전망에 대신하여-」, 『마을의 考古學』第18回 韓國考古學全國大會 發表要旨, 韓國考古學會, 1994, pp.45~46

충남대학교박물관, 1999. 6, 『대전 궁동(弓洞) 유적 발굴 조사』

충남대학교박물관·(주)삼성전자, 2001. 9, 『아산테크노콤플렉스지방산업단지조성부지내 아산 명암리 유적』

忠南大學校百濟研究所·韓國道路公社, 2002, 『錦山 水塘里遺蹟』, 忠南大學校百濟研究所 學術研究叢書 第4輯

충남발전연구원, 2002. 8, 『天安 佛堂地區 宅地開發事業敷地內 文化遺蹟 發掘調査 槪略報告書』

崔完奎·金鍾文·金奎正, 2000, 『益山 永登洞 遺蹟』, 圓光大學校 馬韓·百濟文化研究所·益山市

韓國文化財保護財團·韓國土地公社, 1999, 『淸原 梧倉遺蹟』, 學術調査報告 第23册

韓國文化財保護財團·韓國土地公社, 2000, 『淸州 龍岩遺蹟(Ⅰ)』, 學術調査報告 第74册

韓國土地公社·忠南大學校博物館, 1998, 『大田老隱洞遺蹟發掘調査報告』

韓永熙, 1983, 「角形土器考」, 『韓國考古學報』14·15, 韓國考古學研究會

황기덕, 1984, 『조선의 청동기시대』, 사회과학출판사

洪慶姬, 『村落地理學』, 法文社, 1999

中部地域 無文土器時代 前·中期 文化에 대한 一考察

- 驛三洞 / 可樂洞 類型과 松菊里 類型 間 關係에 注目하여

李眞旼 (國立濟州博物館 學藝研究士)

I. 머리말

주거지 자료를 바탕으로 한 중부지역 무문토기시대 연구에 있어 가장 큰 성과라고 한다면 두 가지를 들 수 있다. 첫번째는 무문토기시대 중기의 설정이다. 그러나 무문토기시대 중기가 송국리 유형의 정착 및 확산으로 설명되어지면 송국리 유형이 나타나지 않는 지역 즉 한강 유역, 강원 영동, 영남 동남단 지방 무문토기 문화에 대한 새로운 인식이 요구되었다. 두번째는 금강 상류 일대를 중심으로 한 가락동 유형의 실체가 밝혀진 것이다. 한강 유역을 중심으로 한 역삼동 유형과 공간적 분포를 달리하는 가락동 유형의 존재는 흔암리 유형에 대한 전면적 검토를 불러일으켰다.

한반도 중부 지역은 무문토기시대 전・중기에 걸쳐 여러 유형들이 존재했었고 유형 간의 관계에 따라 유적마다 다양한 반응들이 있었을 것이라 예상할 수 있다. 현재 발굴된 유적과 출토 유물을 통해 무문토기시대 전・중기를 연구하는 데 있어 아직까지 혼란스럽고 일치를 보지 못하고 있는 부분들은 바로 이러한 당시의 다양하고 복잡한 상황들이 게재해 있기 때문일 것이다. 이러한 상황들을 이해하기 위해서는 전・중기에 나타나는 여러 유형들에 대한 포괄적인 분석이 시도되어야 할 것이다. 그러나 현재까지의 중부지역 무문토기시대 전・중기 문화 연구는 전기와 중기를 분리시켜 각각의 편년 및 유형 특성을 연구하는데 그치고 있다.

본고에서는 특히 역삼동 / 가락동 유형과 송국리 유형 간 관계에 주목하여 중부지역 역삼동 / 가락동 유형 내에서 중기 설정이 가능한지, 가능하다면 전기의 문화 내용과 어떤 차이가 있으며 송국리 유형과의 관계(자생 혹은 전파)는 무엇이었는지에 초점을 맞추었다.

전・중기 문화간 관계에 대해 언급한 연구는 크게 세가지 종류로 나누어볼 수 있다. 첫째는 중부지역 전기 무문토기 문화의 편년을 확립하는 과정에서 다루어지는 경우이다 (이형원 2001b ; 김장석 2001 ; 황은순 2003). 둘째는 송국리 유형의 성립・확산 과정을 연구하면서 다루어지는 경우이다(안재호 1992 ; 송만영 2001 ; 이홍종 2002 ; 우정연 2002). 셋째는 전기 무문토기문화와 송국리 문화 요소가 함께 나타나는 유적 자체를 분석하는 경우이다(송대남 2000 ; 유병린 2001).

기존 연구의 가장 큰 문제는 역삼동 / 가락동 유형과 송국리 유형 간 관계에 대한 연구 대부분이 송국리 유형의 확산 과정을 밝히는 과정에서 이루어졌다는 것이다. 물론 양 유형 간 관계에 대한 연구가 새로운 유형의 등장과 확산의 시각에서 이루어지는 것은 마땅하나 앞서 살펴본 바와 같이 전기 무문토기문화의 전개와 변화, 소멸의 측면에 대해서는 거의 고려하지 않았다는 점을 문제로 들 수 있다. 예를 들어 전기 무문토기문화가 지역적 범위를 달리하는 두 유형 즉, 역삼동 유형과 가락동 유형[1])으로 이루어져 있었음에도 불구하고 송국리 유형을 연구하는 측면에서는 이에 대한 고려가 전혀 없다. 또한 이러한 연구들은 대부분 송국리 유형이 외부로부터 일괄세트로, 즉 완성된 상태로 유입되었음을 전제하고 있는데 과연 송국리 유형에 속하는 요소들이 역삼동 / 가락동 유형으로부터의 발전했을 가능성은 없는지 역삼동 / 가락동 유형의 입장에서 재검토해볼 필요가 있다. 한편, 전기 무문토기문화를 연구하는 입장에서는 송국리 유형 요소의 등장을 유적들의 시간적 선후관계를 따지는 기준으로 사용했을 뿐 유형 간의 관계 측면에 대해서는 전혀 고려하지 않았다. 남한 지역 내에서의 송국리 유형의 확산이 이차적 확산(secondary spread)[2])일 가능성이 크다는 점에서 이를 설명하는 데 있어 앞서 존재하였던 역삼동 / 가락동 유형의 상황이나 새로운 문화 요소 등장에 따른 입장이 상당히 중요한 요소로 부각되어져야 할 것이다. 즉, 무문토기시대 전·중기 문화에 있어 어떤 유형을 연구하든 당시 중부지역에 계통을 달리하는 여러 유형의 존재와 유형 간 관계를 염두해 두고 진행해야 할 것이다.

이러한 문제를 해결하기 위해서는 먼저 현재 많은 논란이 되고 있는 무문토기시대 전·중기의 구분 기준 및 각 시기에 속하는 유형에 대한 규정을 명확히 하는 것이 필요하며 이를 바탕으로 유구·유물 분석을 통해 각 유형의 특성 및 유형 간 상사성과 상이성을 밝히는 작업을 이루어져야 할 것이다. 이러한 기초적인 규정과 분석은 소위 전기 무문토기문화라고 일컬어지는 역삼동 / 가락동 유형이 어떠한 시·공간적 변화 과정을 겪었으며 송국리 유형과는 어떠한 관계선상에 놓여져 있었는지에 대한 실마리를 제공해 줄 수 있을 것이다.

1) 기존에 남한의 전기 무문토기문화는 세가지 유형(assemblage) 즉 가락동 유형, 역삼동 유형, 흔암리 유형으로 구성된다는 주장이 보편적으로 받아들여졌다. 그러나 최근 김장석(2001)에 의해 흔암리 유형을 과연 유형이라고 부를 수 있는지에 대한 의문이 제기되었고 이에 대해 필자 역시 적극 공감하는 바 본고에서는 흔암리 유형 또는 흔암리 문화란 명칭을 사용하지 않겠다. 이형원(2001b)도 역시 김장석의 견해를 적극 수용하여 역삼동 유형과 흔암리 유형을 동일한 유형으로 규정, 역삼동·흔암리 유형이라는 명칭을 사용하였다.
2) 김장석은 새로운 기술, 물질 문화의 확산이 그것의 최초의 출현(initial appearance 또는 introduction)과 이차적 확산(secondary spread)으로 이루어지기 때문에 새로운 기술이나 물질 문화의 확산은 두 가지 매커니즘에 의해 설명될 수 있다고 주장하였다(Kim 2002, pp.128~30). 기존 연구 결과처럼 송국리 유형의 등장이 외부로부터 유입된 것이라면 송국리 유형의 남한 내에서의 최초의 출현에 있어서는 기원지와 이주민의 입장이 강조되지만 이차적 확산은 재지민의 상황, 재지민과 새로운 문화 및 유입자와의 관계가 강조된다고 할 수 있다.

II. 類型에 따른 遺蹟 分類와 分布

기존 무문토기시대는 전기 - 공렬토기, 중기 - 송국리식토기, 후기 - 점토대토기 문화로 나누어진다는 견해가 일반적으로 받아들여져 왔다. 그러나 90년대 이후 급증한 발굴 자료들을 바탕으로 위와 같은 편년이 남한 전 지역에 천편일률적으로 적용될 수 없다는 견해가 제기되었다. 특히 최근 자료들은 중부지역 전 · 중기 시기구분에 있어 혼란을 야기하고 있는데 역삼동 / 가락동 유형이 송국리 유형과 일부 동시기에 존재했을 가능성이 커지면서 송국리 유형의 상한을 10세기까지 올려보거나 전기 후반의 문화적 실체로 파악하는 견해가 제시되고 있기 때문이다. 그러나 시기 구분이 문화의 단절이 아닌 문화의 연속선상에서 변화의 획기를 나타낸다는 점을 고려할 때 중기는 그 상한이 올라간다 하더라도 송국리 유형의 등장 혹은 형성으로 규정짓는 것이 타당할 듯 싶다. 다만 최근의 발굴 자료를 통해볼 때 전기는 역삼동 / 가락동 유형, 중기는 송국리 유형으로 대표된다 하더라도 역삼동 / 가락동 유형이 반드시 전기에만 존재했었느냐에 대해서는 아닐 가능성이 크다는 점 즉, 지역차를 염두해 두어야 할 것이다.

현재 무문토기시대 전 · 중기에 해당한다고 설정된 유형으로는 미사리, 역삼동, 흔암리, 가락동, 관산리, 송국리, 휴암리 유형 등이 있다. '유형' 이라는 용어는 학자들에 따라 다르게 사용되고 있지만 대개 시 · 공간적으로 의미가 있는 유물 · 유구 복합체에 붙여지고 있기 때문에 문화의 개념에 가깝다고 볼 수 있다. 일부 학자들이 연구의 편의상 유형간 관계에 따라 나타나는 다양한 유물 · 유구상에 '유형' 이라는 명칭을 붙여 혼란을 야기하고 있는데 흔암리, 관산리, 휴암리 유형이 그러한 경우라고 할 수 있다. 유형이 집단차 혹은 시공간적으로 유의미한 유물 · 유구 복합체를 반영하는 개념이라면 그러한 개념을 적용시켜볼 수 있는 것은 미사리 / 역삼동 / 가락동 / 송국리의 네 유형이다. 그러나 미사리 유형의 경우 중부 지역에서는 미사리 유적에서만 한정적으로 나타나 그 중요성에도 불구하고 문화적 의미를 추출해내는데 있어 상당한 어려움이 있다. 따라서 본고에서 다루는 전 · 중기 문화는 미사리 유형을 제외한 역삼동 / 가락동 / 송국리 유형을 가리킨다.

유형에 따라 유적을 분류하는데 있어서 기준이 되는 것은 주거지의 평면 · 노지형태와 토기의 문양 · 형태이다. 그러나 유적의 유물 · 유구상이 어느 유형에 속하는 것인지 쉽게 규정짓지 못하는 경우도 상당수 있는데 이는 앞서 언급했던 바와 같이 동시기에 존재했던 여러 유형 간 관계에 따라 유적마다 다양한 반응들이 나타나기 때문이다. 즉 기존에 흔암리 유형이나 휴암리 유형이라 불렀던 유물 · 유구상이 나타나는 유적들을 어떻게 분류할 것인가의 문제가 발생하는 것이다. 역삼동 유형과 가락동 유형 간에 있어서는 토기 특히 그 문양을 일차적인 기준으로 삼고 토기에 의한 분류가 용이하지 않을 때는 이차적으로 주거지에 의해 판단할 것이다. 역삼동 / 가락동 유형과 송국리 유형 간에 있어서는 전형적인 역삼동 / 가락동식토기도 송국리식 토기도 나타나지 않는 경우가 많기 때문에 주거지를 통해 분류하되 이후 분석과 해석에 있어서는 다양한 유물 · 유구상이 역삼동 / 가락동 유형의 변화 · 소멸 과정 및 송국리 유형의 형성 또는 확산 과정에 실마리를 제공해줄 수 있다는 점을 고려할 것이다.

〈표 1〉 유형에 따른 유적 분류[3]

역삼동 유형	1.속초 조양동 2.양양 포월리 3.강릉 교동 4.강릉 방내리 5.춘성 내평 6.춘성 신매리 7.춘천 거두리 * 8.춘천 삼천동 9.춘천 하중도 10.횡성 화전리 11.연천 삼거리 12.파주 교하리 13. 파주 당하리 14.파주 옥석리 15.서울 역삼동 16.하남 미사리 17.양평 양수리 * 18.여주 흔 암리 19.부천 고강동 20.시흥 계수동 안골 * 21.안양 관양동 * 22.안산 대야미 23.수원 율 전 * 24.용인 죽전 * 25.화성 고금산 26.화성 천천리 * 27.평택 지제동 28.평택 현화리 29. 제원 양평리 30.중원 지동리 31.충주 조동리 32.천안 백석동 33.천안 불당동 * 34.천안 쌍 룡동 * 35.천안 용원리 36.천안 운전리 37.천안 청당동 38.아산 갈산리 * 39.아산 군덕리 40.아산 명암리 * 41.아산 신달리 42.아산 와우리 43.보령 관산리 44.보령 주교리 * 45.청양 학암리 *
가락동 유형	1.강화 삼거리 2.서울 가락동 3.진천 사양리 4.천안 두정동 5.청원 오창 송대리 6.청원 황탄 리 7.청주 내곡동 8.청주 봉명동 * 9.청주 용암 용정동 10.청주 향정동 11.공주 귀산리 12.대 전 궁동 * 13.대전 노은동 14.대전 둔산 15.대전 상서동 * 16.대전 신대동 * 17.대전 용 산동 18.금산 수당리 19.익산 영등동 20.금릉 송죽리 *
송국리 유형	1.서산 휴암리 2.아산 명암리 * 3.아산 신법리 4.천안 남관리 5.천안 대흥리 6.천안 두정동 7.천안 백석동 8.천안 석곡리 9.천안 업성동 10.청원 내수리 11.청원 황탄리 12.청주 봉명동 * 13.보령 관산리 14.보령 관창리 15.보령 소송리 16.보령 주교리 * 17.보령 죽청리 18.보 령 진죽리 * 19.보령 연지리 * 20.보령 평라리 21.공주 귀산리 22.공주 산의리 23.공주 안영 리 * 24.공주 장선리 * 25.공주 장원리 * 26.대전 구성동 27.대전 궁동 * 28.대전 노은동 * 29.대전 대정동 * 30.대전 상서동 * 31.서천 당정리 32.서천 오석리 33.서천 한성리 34.부여 나복리 * 35.부여 송국리 36.부여 합정리 37.논산 마전리 * 38.논산 원북리 39.논산 정지 리 * 40.금산 수당리 41.군산 도암리 * 42.군산 여방리 * 43.익산 영등동 44.이리 부송동

3) * 표시는 본고 작성 시 발굴보고서가 나오지 않아 분석에서 제외된 유적을 가리킨다. 유구 · 유물 분 석은 발굴보고서가 출간된 유적을 중심으로 하나 약보고서 등을 통해 유구 · 유물상이 어느 정도 파악 될 수 있는 경우 역시 참고자료로 활용할 것이다.

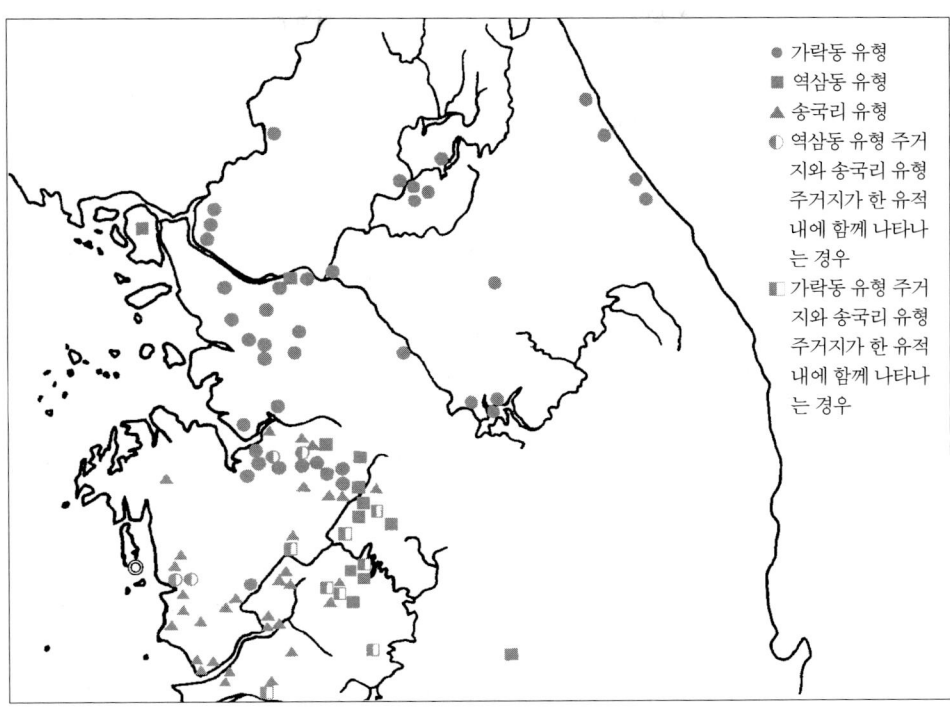

<도면 1> 무문토기시대 전·중기 유적 분포도

  유적 분포도를 통해 세 유형이 뚜렷한 지역적 차이를 보이고 있음을 알 수 있다. 역삼동 유형의 주 분포지역은 경기도, 강원도, 충남 이북 지역으로 충청남도 이남과 충청북도 이북에서도 유적이 일부 나타나고는 있으나 주변 지역으로 볼 수 있다. 가락동 유형은 충북 이서와 충남 이동지역 즉 진천 - 청원 - 청주 - 대전 - 금산을 중심으로 분포하고 있다. 반면 송국리 유형은 충청남도 전역과 충청북도 이서 지역에 걸쳐 나타난다. 역삼동 / 가락동 유형과 이보다 등장 시기가 늦은 송국리 유형의 유적 분포를 비교해 볼 때 흥미로운 사실은 역삼동 유형의 주 분포 지역인 경기, 강원 일대에는 송국리 유형 유적이 등장하지 않는 반면 가락동 유형의 주 분포 지역인 충북 이서와 충남 이동 지역에는 나타난다는 점이다. 즉 역삼동 유형과 송국리 유형의 분포권은 충남 지역을 제외하고는 거의 겹치지 않는데 비해 가락동 유형 분포권은 송국리 유형 분포권에 포함되는 것이다. 이러한 분포를 바탕으로 역삼동 / 가락동 유형과 송국리 유형 간 관계에 대해 다음과 같은 세 가지 가능성을 생각해볼 수 있다. 첫째는 송국리 유형이 역삼동 유형으로부터 파생된 경우이다. 송국리 유형이 역삼동 유형으로부터 파생되었다면 가장 가능성이 큰 지역은 서산 - 천안 - 아산 일대이다. 이 지역에서는 기존에 '선송국리 유형' 이라고 불린 역

삼동 유형 요소와 송국리 유형 요소의 혼재 양상이 가장 두드러진다. 이 경우 중서 해안 일대의 역삼동 유형에서만 왜 문화적 변화가 나타났는지,[4] 한강 유역 역삼동 유형과의 관계는 어떻게 설정해야하는지에 대한 검토가 이루어져야 할 것이다. 둘째는 송국리 유형이 가락동 유형으로부터 발생한 경우이다. 〈도면 1〉에서 보는 바와 같이 가락동 유형의 분포지에는 송국리 유형 역시 나타난다. 송국리 유형이 가락동 유형으로부터 발생한 것이라면 금강 중·상류 일대의 가락동 유형 전체 문화가 일정 기간을 거쳐 송국리 유형으로 완전 변모했다고 볼 수 있다. 기존 연구들은 송국리 유형의 등장·확산 과정과 관련하여 대부분 역삼동 유형에만 주목하였다. 이는 가락동 유형의 실체가 최근에 들어와서야 밝혀졌기 때문이다. 현재 가락동 유형에 대한 자료가 증가하고 있는 상황이기 때문에 '선송국리 유형' 혹은 '휴암리 유형' 으로 불리는 역삼동 유형의 유물·유구 상이 가락동 유형에도 존재하는지 검토해 볼 필요가 있다. 셋째는 송국리 유형이 외부로부터 유입된 경우이다. 송국리 유형의 주 분포지는 충남 지역으로 역삼동 유형과 배타적인 권역을 이루고 있다. 따라서 역삼동 / 가락동 유형 보다 뒤늦게 새로운 문화 요소들이 일괄 세트로 유입되어 기존 문화의 주변 지역에 정착했을 가능성이 있다. 이 경우 가락동 유형은 송국리 유형의 확산 과정에서 대체된 것으로 볼 수 있다.

이러한 세 가지 가설은 III장의 유구·유물 분석과 IV장의 역삼동 / 가락동 유형 편년을 통해 검토될 것이며 그 결과를 바탕으로 V장에서는 역삼동 / 가락동 유형과 송국리 유형 간 관계에 관한 시공간적 모식도를 제시할 것이다.

III. 驛三洞·可樂洞 類型의 特性과 例外性

역삼동 / 가락동 / 송국리 유형 각각에 대해 주거지, 토기, 석기의 전 속성 또는 형식들을 새롭게 살펴보고 유형 내에서의 특성 및 유형 간 상사성과 상이성을 밝히고자 한 목적은 다음과 같이 정리해볼 수 있다.

첫째, 역삼동 / 가락동 / 송국리 유형에서 관찰되는 속성 또는 형식간 공통점과 차이점을 통해 유형 간 거리를 구체적으로 밝힌다. 둘째, 역삼동 / 가락동 유형의 특성으로 이

---

4) 송국리 유형이 기존 문화로부터 발생했다고 보는 입장에서도 왜 발생했는가에 대해서는 역시 일정 부분 외부로부터의 영향을 상정하고 있다(안재호 1992, p.18).

미 알려진 요소 외에 간과되어온 속성 또는 형식들이 있는가를 살펴보고 이러한 예외적인 요소들이 각 유형 내에서 시간적・공간적 의미를 지니는 것인지를 판단한다. 방사성탄소연대상으로 볼 때 송국리 유형은 역삼동/가락동 유형에 비해 늦게 등장했음을 알수 있다. 이는 송국리 유형이 역삼동/가락동 유형으로부터 형성된 것인지 외부로부터 등장한 것인지의 여부를 떠나서 송국리 유형과 관련된 요소들이 나타나는 역삼동/가락동 유형 유적들은 역삼동/가락동 유형 내에서 늦은 시기의 것으로 세부 편년이 가능하다는 얘기이다. 따라서 역삼동/가락동 유형보다 늦게 등장한 송국리 유형으로부터 영향을 받았거나 동일한 속성 또는 형식으로 볼 수 있는 요소들이 역삼동/가락동 유형 내에 존재하는지를 파악하기 위함이다. 셋째, 역삼동/가락동 유형 내에서 송국리 유형과 관계된 혹은 송국리 유형과 동시기로 비정이 가능한 유물・유구상이 존재한다면 그러한 변화가 역삼동 유형과 가락동 유형 간에 차이가 있는지를 살펴본다.

1. 住居址

주거지는 평면형태, 면적, 내부시설(노지, 기둥받침, 구, 저장공)에 대해 살펴보았는데이 중 연속형 변수는 히스토그램을 작성하여 세 유형에 동일한 기준을 적용하였다.[5]

〈표 2〉 유형에 따른 평면형태와 면적[6]

유형	평면형태	면적
역삼동 유형	방형(22.3%)	소 〉 중 〉 대형
	장방형(47%)	소 〉 중 〉 대 〉 초대형
	세장방형(22.3%)	중 〉 대 〉 초대 〉 소형
	초세장방형(8.4%)	대 〉 중 〉 초대형
가락동 유형	방형(39.5%)	중 〉 대 〉 소형
	장방형(44.7%)	소・대 〉 중 〉 초대형
	세장방형(15.8%)	중 〉 소 〉 대형
송국리 유형	방형(38%)	소 〉 중 〉 대형
	장방형(3%)	소 〉 중 〉 초대형
	원형(59%)	소 〉 중 〉 대형

5) 장단비 : 1.5미만 → 방형(A), 1.5-2.7미만 → 장방형(B), 2.7-4.5미만 → 세장방형(C), 4.5이상 → 초세장방형(D)
  면적 : 24㎡미만 → 소형(a), 24-44미만 → 중형(b), 44-75미만 → 대형(c), 75이상 → 초대형(d)
6) 명암이 들어간 것은 각 유형에서 비중있게 나타나는 형태를 가리킨다.

    기존에 역삼동 / 가락동 유형 주거지의 평면형태는 장방형, 세장방형이 대표적인 것으로 알려져 왔다. 그러나 〈표 2〉에서 나타나듯이 역삼동 / 가락동 유형의 경우 장방형이 가장 많은 수를 차지하고 있으며 그 다음으로 세장방형 못지 않게 방형 역시 비중이 큼을 알 수 있다. 이 외에 역삼동 유형에서는 원형 계열의 주거지가 나타나기도 하는데 화성 천천리와 제원 양평리 유적을 들 수 있다. 가락동 유형 주거지에서는 초세장방형은 보이지 않으며 평면형태와 면적 간에 상관관계도 거의 없는 것으로 나타났다.

    〈표 3〉은 각 유형에 해당하는 주거지 내부시설의 특징들을 계량화한 것이다. 보는 바와 같이 기존에 알려져 있던 각 유형의 특성과 대체로 일치하고 있음을 알 수 있다. 그러나 〈도면 2〉에서와 같이 주거지 내부시설들을 조합해봤을 때 역삼동 유형의 경우 흥미로운 결과가 나타났다.[7]

〈표 3〉 유형에 따른 내부시설

유형	노지 형태	주공받침 형태	저장시설 유무	구 유무
역삼동 유형	토광식(58%) 〉 無(29%) 〉 무시설식(7%) 〉 위석식(3%) 〉 기타(3%)	주공(75%) 〉 無(24%) 〉 기타(1%)	無(54%), 有(46%)	세 유형 주거지 모두 없는 것이 있는 것보다 월등히 많아 차이 없음
가락동 유형	위석식(61%) 〉 無(14%) 〉 무시설식(11%) 〉 토광식(9%) 〉 기타(5%)	주공(47%) 〉 주공+초석(26%) 〉 無(16%) 〉 초석(11%)	有(76%) 〉 無(24%)	
송국리 유형	無(91%) 〉 有(9%)	無(34%) · 불규칙(34%) 〉 4주식(13%) 〉 벽주식(9%) 〉 2주식(4%) · 6주 식(4%) 〉 기타(2%)	無(86%) 〉 有(14%)	

    역삼동 유형의 경우 빈도수가 가장 많은 조합상은 Aa11, Aa12, Cc11이다. 즉, 역삼동 유형 주거지는 ① 토광식 노지+주공+저장공이 있거나 없음 ② 내부시설이 발견되는 않음의 두 부류로 크게 나눌 수 있다. 특히 내부 시설이 발견되지 않는 역삼동 유형 주거지

---

7) 조합 코드는 맨앞의 영어 대문자가 노지형태를, 영어 소문자는 기둥받침형태를, 두자리 숫자는 각각 구와 저장공의 유무를 나타낸다.
  • 노지형태 : A(토광식), B(무시설식), C(無), D(위석식) • 기둥받침 : a(주공), b(초석), c(無) • 구 : 1(無), 2(有) • 저장시설 : 1(無), 2(有)
  例 Aa11의 경우 A - 토광식, a - 주공, 1 - 구 무(無) 1 - 저장시설 무(無) ABab11의 경우 AB - 토광식 + 무시설식, ab - 주공 + 초석, 1 - 구 무(無) 1 - 저장시설 무(無)

들은 면적 소형에 평면형태 방형·장방형의 주거지와 밀접한 관련성을 나타냈다.

주거지에 대한 분석을 통해 예상할 수 있는 점들은 아래와 같이 정리해볼 수 있다.

첫째, 역삼동 유형과 가락동 유형 주거지는 기존에 알려진 기둥받침, 노지 형태 외에 평면 형태상에서도 차이가 나타난다. 전기의 특징적인 세장한 형태의 주거지는 주로 역삼동 유형에서 나타나기 때문에 노지수가 3개 이상인 주거지는 가락동

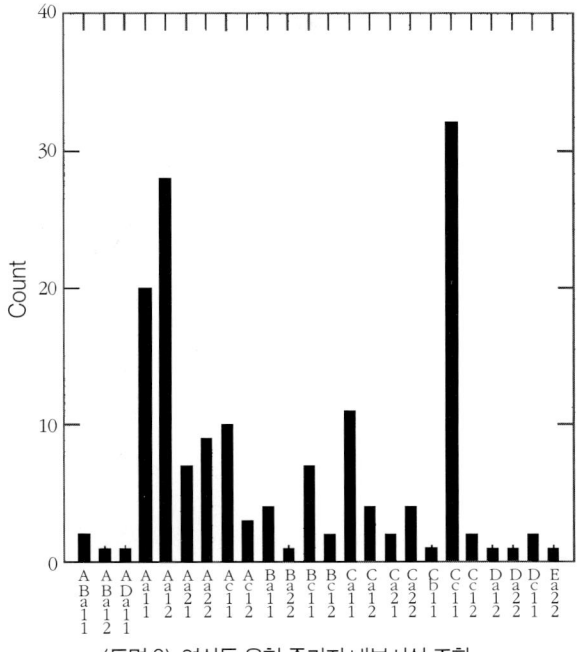

〈도면 2〉 역삼동 유형 주거지 내부시설 조합

유형에서 아직까지 발견된 바 없다. 또한 대개 장단비가 커질수록 면적이 커지는 경향이 있는데 가락동 유형 내에서는 이런 경향이 보이지 않는다. 주거지 장단비는 공간 확장이나 분할 등 주거지 내 공간 활용 및 가족 구성 더 나아가서는 생계 방식과도 연관이 있는 것으로 볼 수 있다. 구체적으로는 알 수 없지만 이를 통해 역삼동 유형과 가락동 유형 간에 생활 방식의 차이가 존재했으리란 점은 예상할 수 있다.

둘째, 기존에 역삼동 유형 주거지의 평면 형태는 장방형·세장방형이, 내부 시설은 토광식 노지와 주공이 대표적인 것으로 알려져 왔다. 그러나 역삼동 유형의 경우 평면 형태상 방형 역시 세장방형 못지않게 비중이 크며 내부 시설이 발견되지 않는 주거지도 다수 존재한다는 사실을 알 수 있었다. 특히 내부 시설이 발견되지 않는 주거지들 중 면적 소형의 방형·장방형 주거지가 77%를 차지하고 있어 이러한 주거지들이 가지는 의미를 시간적, 공간적, 기능적 차원에서 살펴볼 필요가 있다. 가락동 유형의 경우 case 수가 부족한 관계로 이러한 특징이 두드러지게 나타나지는 않지만 전형적인 가락동식 주거지의 특징을 갖추지 않은 주거지들이 확인되는바 역시 주목해볼 필요가 있다. 역삼동 유형에서 보이는 이러한 주거지들이 일정 지역에 집중되어 있지 않다는 점, 유구 간 중복관계에서 후에 축조된 주거지가 대부분 면적 소형의 방형·장방형 주거지라는 점,[8] 이러한 주거지들로만 이루어진 유적들이 존재한다는 점 등을 통해 공간적, 기능적인 의미보다

는 시간적인 의미를 지니는 것으로 예상해볼 수 있다. 특히 송국리 유형 주거지 분석에서 방형계열의 경우 평면형태 방형이 전체의 88%를 차지하고 원형과 방형계열 상관없이 면적 역시 소형이 대다수(75%)를 차지하고 있다는 점은 역삼동 / 가락동 유형 내에서의 세부 편년에 실마리를 제공해주고 있다.

셋째, 원형 주거지가 화성과 제원에서 확인되었는데 타원형 구덩이와 소공을 갖춘 전형적인 송국리식 주거지는 아니었으며 유물 역시 공렬토기가 주류를 이루었다. 역삼동 유형 내에서 원형 주거지가 확인된 유적들은 〈도면 1〉에서 볼 수 있듯이 분포상 역삼동 유형과 송국리 유형의 경계에 해당한다고 볼 수 있다. 반면 가락동 유형에서는 원형 주거지가 확인된 바 없다. 송국리 유형 주거지 내에서 나타나는 노지 형태나 기둥받침은 역삼동 유형에서 주로 나타나는 토광식 / 무시설식 노지, 주공이며 가락동 유형의 특징적인 노지 형태나 기둥받침인 위석식 노지, 초석은 확인된 바 없다. 이러한 사실들은 송국리 유형이 기존 문화로부터 파생되었을 경우 가락동 유형보다는 역삼동 유형으로부터 발생했을 가능성을 나타내주며 반대로 송국리 유형이 외부로부터 유입되었을 경우 가락동 유형에 비해 역삼동 유형과 오랜 기간 공존하였음을 나타내준다고 할 수 있다.

아래의 표는 기존 연구 성과와 본고의 분석 결과를 바탕으로 역삼동 / 가락동 유형의 편년을 위해 시간성을 반영할 가능성이 큰 주거지 속성들을 추출해놓은 것이다. 평면 형태와 면적은 앞서 언급했던 분류에 따르되 원형계열(E)을 새로이 추가하였으며 내부시설의 경우는 노지와 주공만을 살펴볼 것인데 22는 노지 유+주공 유, 21은 노지 유+주공 무, 12는 노지 무+주공 유, 11은 노지 무+주공 무를 나타낸다.

〈표 4〉 주거지 속성

주거지													
평면형태						면적				내부시설			
A	B1	B2	C	D	E	a	b	c	d	11	12	21	22

2. 土器

역삼동 / 가락동 / 송국리 유형 토기들은 크게 무문토기류와 마연토기류로 나누어볼 수 있으며 무문토기류나 마연토기류 모두 호, 발, 두형토기의 세 기종으로 세분될 수 있

---

8) 이러한 점은 최근 발굴된 화천 용암리 유적에서도 확인되었다(江原文化財研究所 2003).

다. 역삼동 / 가락동 유형은 세부 기종 비율에 있어 유사하나 송국리 유형과는 아래와 같이 큰 차이를 보인다. 무문토기류의 경우 기존에 알려진 바와 같이 역삼동 / 가락동 유형에서는 발이, 송국리 유형에서는 호가 가장 많은 수를 차지한다. 마연토기류에 있어서는 세 유형에서 모두 호가 가장 많이 나타나나 호 다음으로 역삼동 유형에서는 두형토기가, 송국리 유형에서는 발이 많은 수를 차지한다는 점에서 차이를 보인다.

〈표 5〉 유형에 따른 무문 / 마연토기류[9)]

무문 토기	역삼동 유형	발(79%) 〉 호(18%) 〉 두형토기(3%)
	가락동 유형	발(83%) 〉 호(16%) 〉 두형토기(1%)
	송국리 유형	호(66.9%) 〉 발(32.9%) 〉 두형토기(0.2%)
마연 토기	역삼동 유형	호(61%) 〉 두형토기(36%) 〉 발(3%)
	가락동 유형	호 2점
	송국리 유형	호(66%) 〉 발(33%) 〉 두형토기(1%)

호는 문양・구연부 형태・구경・목높이・기고・구연각・동체각을, 발은 구연부 형태・문양・구경・기고를, 두형토기는 신부형태와 각부형태를 각각 분석 대상으로 삼았다.

무문 호 분석 결과 역삼동 / 가락동 유형에서는 주로 직립형 직립(|)과 직립형 외반 (/)구연에 목높이가 높고, 동체각이 그리 크지 않은(상부 팽만도가 큰) 형태가 나타난 반면 송국리 유형에서는 직립형 외반과 외반형 구연(( )에 목높이가 중간이거나 낮으며 동체각이 비교적 큰(상부팽만도가 작은) 형태가 주로 나타남을 알 수 있

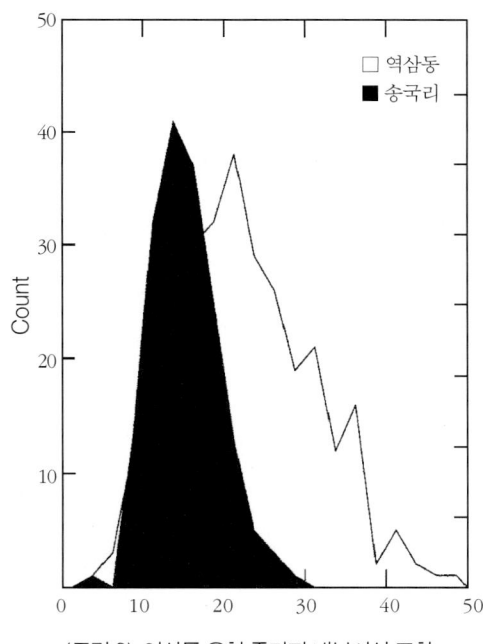

〈도면 3〉 역삼동 유형 주거지 내부시설 조합

---

9) 가락동 유형에서 기형 확인이 가능한 마연토기는 호 2점에 불과했다. 그 외에 출토된 마연토기는 구연편이나 저부편 등 계측이 불가능한 소편들이어서 분석 대상에서 제외하였다.

었다. 특히 송국리 유형 무문 호는 상부팽만도가 작아지면서 구연과 동체가 자연스럽게 연결돼 구분이 쉽지 않은 경우가 많았으며 문양은 거의 없지만 타날이 나타나는 등 역삼동 / 가락동 유형 무문 호와는 차이를 보였다. 세 유형 간 무문 발의 차이는 문양면에서 가장 두드러졌으며 역삼동 / 가락동 유형과 송국리 유형을 비교해볼 때 문양 외에 구연 형태와 구경에서도 차이가 있는 것으로 나타났다. 즉, 송국리 유형 무문 발에서는 내만 구연이 증가하는 양상이 보였으며 구경이 30cm 이하로 역삼동 / 가락동 유형에 비해 기고가 작아 소형발들이 주류를 이루고 있음을 알 수 있었다. 또한 송국리 유형 무문토기 저부 중에는 바닥에 구멍이 뚫린 것이 다수 있는데 이 역시 역삼동 / 가락동 유형 무문토기와는 차별되는 특징이라 하겠다.

마연 호는 여러 속성 가운데 최대경 위치와 저부 형태에 있어서 유형 간에 차이가 있다. 역삼동 / 가락동 유형 마연 호 중 단경호는 최대경 위치가 동체 하위에, 장경호는 동체 중위에 있으며 저부 형태는 대개 환저 또는 말각평저를 띠고 있는 반면 송국리 유형 단경호는 동체 중위에 최대경이 있으며 굽이 달린 저부 형태가, 장경호는 동체 중위 또는 하위에 최대경이 있으며 평저, 굽달린 저부, 플라스크형 저부 등 다양한 형태의 저부가 나타난다. 마연 발은 역삼동 유형에서 일부 나타나긴 하지만 주로 송국리 유형에서 출토되는 기종으로, 마연 두형 토기는 송국리 유형에서 일부 나타나긴 하지만 주로 역삼동 유형에서 출토되는 기종으로 양자간에 비교가 어려운 상태이다. 두형 토기는 유적마다 나타나는 기형의 차이로 인해 전기 문화 편년에 적극 이용되어 왔으며 유적에서 발견되는 대부분이 각부편이라는 점에서 각부의 형태가 편년의 기준이 되어왔다. 그러나 최근 연구 결과(강병학 2002)를 보면 후기로 갈수록 신부가 호, 심발에서 천발, 완, 접시로 뚜렷이 변화해감을 알 수 있어 각부의 형태만으로 유적의 시기를 추정하는 것은 다소 무리가 있다고 생각된다. 다만 각부 가운데 투공되지 않은 것들은 역삼동 / 가락동 유형에서 출토되는 일반적인 각부 형태와는 차이가 있으므로 시간성을 반영하는 것인지 검토해볼 필요가 있다.

이처럼 분석 결과는 각 유형의 특성이나 유형간 상이성과 상사성에 있어서 대체로 기존 연구 결과와 유사함을 알 수 있다. 그러나 토기에 대한 유형 간 비교를 통해 몇가지 주목해봐야 할 점들이 있으며 이는 아래와 같이 정리해볼 수 있다.

첫째, 토기 분석을 통해 유형 간 상사성과 상이성을 살펴봤을 때 역삼동 유형과 가락동 유형 간의 거리보다 역삼동 / 가락동 유형과 송국리 유형 간의 거리가 더 멀다는 사실을 알 수 있다. 특히 역삼동 - 송국리 유형과 가락동-송국리 유형 간에는 어느 것이 더 가깝고 머냐의 정도를 따질 수 없을 정도로 토기상의 상사성과 상이성에 있어 유사한 거리를 갖고 있다. 다만 한가지 짚고 넘어가야 할 점은 송국리 유형 유적에서는 공렬토기가 확인되는데 반해 이중구연토기는 출토된 바가 없다는 것이다. 그러나 이를 가지고 토기상에서 가락동-송국리 유형 간보다 역삼동-송국리 유형 간에 더 친연성을 지니고 있다는 보는 것은 무리가 있다. 송국리 유형에서 공렬토기가 확인된 유적들은 극히 드물 뿐만 아니라 분포상 송국리 유형과 역삼동 유형의 경계에 해당하는 지역에 있기 때문이다.

둘째, 유형 간 특히 역삼동 / 가락동 유형과 송국리 유형 간에 특징적으로 나타나는 속성 또는 형식에 있어 차이가 있지만 서로 배타적인 것은 아니다. 즉, 송국리 유형에서 특징적인 속성 또는 형식이 적은 수지만 역삼동 / 가락동 유형에서도 보이며 그 반대로 역삼동 / 가락동 유형에서 특징적인 속성 또는 형식이 송국리 유형에서도 보인다. 예를 들어 송국리 유형에서 주로 나타나는 타날, 구멍 뚫린 저부나 마연발이 역삼동 / 가락동 유형 내에서 극히 드물지만 출토되는 경우를 들 수 있다.

아래의 표는 본고의 분석 결과를 바탕으로 시간성을 반영할 가능성이 큰 토기의 속성들을 추출한 것이다. 무문 호의 구연형태에서 11은 직립형 내만(\ ), 12는 직립형 직립(|), 13은 직립형 외반(/), 3은 외반형 구연(( )을 가리키며 알파벳 소문자의 결합은 목 높이와 동체각의 조합코드를 나타낸다.[10]

무문 호 범주에 포함된 I(타날)와 J(구멍 뚫린 저부)는 송국리 유형과 관련하여 역삼동 / 가락동 유형 내에서 시간성을 반영할 수 있다는 점에서 추가된 것이다. 역삼동 유형에서 나타나는 타날 토기나 구멍 뚫린 저부는 송국리 유형과의 관계에서 중요한 의미를 지니나 동체 소편이나 저부편만 발견되어 아직까지 전체적인 기형이 확인된 바 없다. 그러나 송국리 유형에서 타날이 베풀어지거나 구멍 뚫린 저부의 토기 기종이 호라는 점에서 호 범주에 포함시켰다. 발 문양의 경우는 문양 요소간의 조합상이 워낙 다양해서 A(공렬+(구순각목)) B(구순각목) CD(이중구연+단사선) E(무문) F(공렬+(구순각목)+이중구연+단사선) G(공렬+(구순각목)+이중구연, 공렬+(구순각목)+단사선) H(이중구연+(구순각목), 단사선+(구순각목))로 단순화하였다. 마연 호의 저부는 1(환저) 2(말각평저 / 평저) 3(굽)을 가리키며 마연 발은 그 형태와는 상관없이 출현 여부만을 따질 것이다. 두형토기는 대부분 대각만 발견된다는 점에서 대각 투공 유무만을 고려할 것이다. a는 투공되지 않은 대각을, b는 투공된 대각을 가리킨다.

---

10) · 목높이 : 1.5㎝미만(a), 1.5-3.9미만(b), 3.9이상(c) · 동체각 : 50° 미만(a), 50-70 미만(b), 70 이상(c).

〈표6〉 토기 속성

토기																									
무문토기																				마연토기				두형토기	
호													발							호				각부	
구연 형태											문양	저부	A	E	B	C/D	F	G	H	1	2	3	발	b	a
11	12	13						3			I	J													
		ca	ba	cb	cc	bb	bc	ca	cb	bb															

3. 石器

　분석 대상으로 삼은 것은 석촉, 석검, 석도, 석부이다. 이 네 기종은 무문토기시대 석기의 대다수를 차지하고 있을 뿐 아니라 각 기종 당 세부형식에 있어 시간적 선후관계가 인정되는바 편년에 적극 이용되고 있다. 또한 출토 비율이나 각각의 형태가 생계방식의 차이와도 관련성을 지니고 있어 시기에 따른 혹은 지역에 따른 생계방식을 살피는데 유용한 자료로 활용되고 있다. 석촉은 삼각 · 삼각만입 · 이단1 · 이단2 · 일단 · 능형1 · 능형2 · 유엽1 · 유엽2로, 석검은 이단병식 · 일단병식 · 유경식으로, 석도[11]는 즐형 · 어형 · 장주형 · 단주형 · 역제형 · 역반제형 · 삼각형1(단주교인) · 삼각형2로, 석부는 원통부, 사릉부, 대팻날, 석착, 주상편인, 유구석부로 각각 형식 분류하였다. 석촉의 형식 분류는 대개 최성락의 분류(1982, p.10~6)을 따르고 있으나 간혹 동 형식에 대해 다른 명칭이 사용되고 있어 보다 구체적이고 명백한 기준을 세웠다.

〈표7〉 석촉 분류

무경식	삼각	
	삼각만입	
유경식	이단	1 : 경부에 단이 확실하며 단에 따라 다른 단면 형태가 나타나는 경우
		2 : 경부에 단이 지지는 않으나 두 개의 다른 단면 형태가 나타나는 경우
	일단	
중간식	능형	1 : 신부와 경부 구분 가능. 신부 하단에서 각이 지면서 경부로 이어지는 부위가 완만한 곡선을 이루는 경우
		2 : 신부와 경부 구분 가능. 신부 중간에서 각이 지며 경부와 사선으로 길게 연결되는 경우
	유엽형	1 : 신부와 경부 구분 가능. 신부 하단에서 각이 지지 않으며 신부에서 경부로 이어지는 부위가 완만한 곡선을 이루는 경우
		2 : 신부와 경부가 구분되지 않는 경우

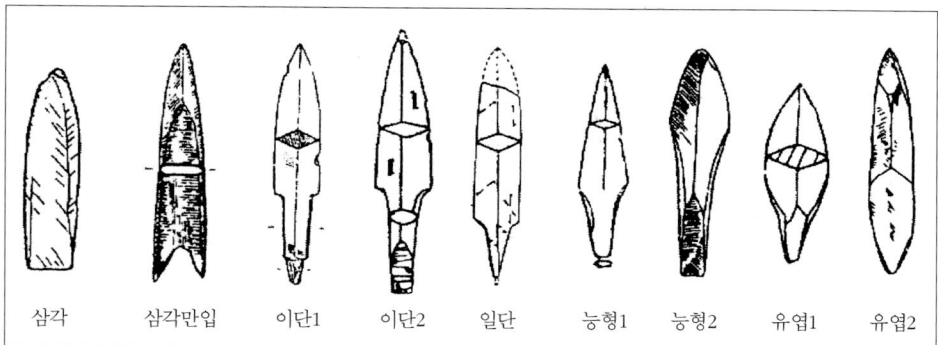

| 삼각 | 삼각만입 | 이단1 | 이단2 | 일단 | 능형1 | 능형2 | 유엽1 | 유엽2 |

〈도면 4〉 석촉의 각 형태

〈표 8〉 유형에 따른 석기 각 기종별 비율

유형	석촉	석검	석도	석부
역삼동 유형	이단(42%) > 삼각만입(35%) > 일단(14%) > 능형(5%) > 유엽(3%) > 삼각(1%)[12]	유병 이단(43%) > 유경(33%) > 유병 일단(24%)	장주형(52%) > 어형(29%) > 단주형(13%) > 즐형(3%)・역반제형(3%)	대팻날(52%) > 원통부(36%) > 사릉부(7%) > 석착(3%) > 유구석부(2%)
가락동 유형	삼각만입(37%)・일단(37%) > 이단(20%) > 능형(3%)・유엽(3%)	유병 이단(72%) > 유병 일단(14%)・유경식(14%)	장주형(60%) > 단주형(20%) > 어형(10%) > 기타(10%)	대팻날(52%) > 사릉부(22%) > 석착(15%) > 원통부(7%) > 주상편인(4%)
송국리 유형	능형(52%) > 일단(26%) > 유엽(14%) > 이단(6%) > 삼각・삼각만입(2%)	유경식(82%) > 유병 일단(18%)	삼각형(57%) > 역반제형(20%) > 어형(7%)・장주형(7%)・단주형(7%) > 역제형(2%)	대팻날(62%) > 석착(16%) > 원통부(10%) > 유구석부(7%) > 사릉부(2%) > 주상편인석부(2%) > 유단석부(1%)

11) 석도는 최근 발굴 자료들이 축적되면서 연구자에 따라 제형・역제형・편주형(손준호 2001), 한쪽변 축약형・양끝자른형(안민자 2000) 등이 새로이 설정되고 있다. 본고에서는 최근 자료를 반영한 손준호의 분류안이 가장 타당하다고 생각하는 바 기존 분류에 새롭게 역제형과 역반제형(편주형)을 추가하였다. 역제형은 마름모를 거꾸로 놓은 형태에 배부를 제외한 삼변에 모두 직인의 날을 지닌 석도로 대전 구성동 C-5호에서 출토되었다. 역반제형은 가로로 긴 직인(_____)과 또 다른 한 변에 사선(/)으로 짧은 직인을 지닌 석도를 가리킨다.

12) 삼각촉은 무문토기시대 후기 즉, 점토대토기 단계의 대표적인 석기로 알려져 있다. 그러나 역삼동 유형 유적에서 출토된 삼각촉은 형태상 삼각에 해당하지만 삼각만입촉의 재가공품내지 미완성품일 가능성이 큰 것들이다.

석촉의 형태는 그 등장이 삼각만입 → 이단 → 일단 → 능형·유엽 순으로 시간적 선후 관계를 반영한다고 알려져 왔다. 〈표 8〉에서 보는 바와 같이 송국리 유형 석촉은 역삼동 / 가락동 유형에 비해 능형이나 일단, 유엽형이 대부분을 차지한다. 따라서 역삼동 / 가락동 유형 내에서 나타나는 일단, 능형, 유엽형 석촉은 역삼동 / 가락동 유형 내 시간적 선후관계를 반영할 가능성이 크다. 석검의 경우 형식 간 차이를 지역차로 보는 경우와 시간차로 보는 경우가 있다. 지역적 차이로 보는 견해는 천선행(2003)에 의해 제기되었는데 무문토기시대 전기의 지역적 차를 설명하면서 한강과 금강 유역은 이단병식 석검으로 중서 해안지역은 유경식 석검으로 대표된다고 보았다. 그러나 유경식 석검이 중서부 해안 지역에서만 발견되는 것은 아니라는 점, 황석리 지석묘군의 유물상을 통해 볼 때 이단병식에 비해 일단병식이 후행하고 송국리 유형의 석검이 대부분 유경식이라는 점에서 석검의 형식은 시간적인 흐름을 반영하는 것이라 생각된다. 석도는 역삼동 / 가락동 유형의 경우 모두 장주형이, 송국리 유형의 경우 삼각형이 가장 많은 출토율을 보였다. 삼각형 석도는 보고서가 발간되지 않은 유적 중 가락동 유형의 경우 대전 신대동에서, 역삼동 유형의 경우 천안 쌍룡동에서 각각 1점씩 편으로 출토되었다. 송국리 유형에서 삼각형 석도 외에 양 변에 직선의 날을 세운 역반제형과 삼각형1로 분류된 단주교인형의 출토율이 높다는 점을 고려해 볼 때 단주형·역반제형도 삼각형 석도와 더불어 즐형·어형·장주형에 비해 늦게 등장했을 가능성이 크다. 석부는 크게 합인석부와 단인석부로 나눌 수 있으며 합인석부는 다시 원통부와 사릉부로, 단인석부는 편평석부(대팻날, 석착), 주상석부(주상편인, 유구석부)로 나눌 수 있다. 역삼동 / 가락동 유형과 송국리 유형 간에는 우선 합인석부와 단인석부의 비율에 있어 차이가 있는데 역삼동 유형에서 합인과 단인이 각각 44%, 56% 가락동 유형에서 33.3%, 66.7%를 차지했다면 송국리 유형에서는 12%와 88%로 단인석부의 비율이 상당히 증가한다. 세부적으로 살펴보면 역삼동 유형과 가락동 유형 간에는 합인석부의 세부 형태 즉 전자는 원통부, 후자는 사릉부의 출토율이 높다는 점에서 차이가 있다. 송국리 유형에서는 대팻날 외에도 주상편인석부를 축소해놓은 듯한 석착, 주상편인석부, 유구석부, 유단석부 등 단인 석부의 종류가 다양하게 나타난다. 반면 역삼동 / 가락동 유형에서는 대팻날 외에 다른 여러 단인석부의 종류들은 출토율이 매우 낮다. 따라서 대팻날을 제외한 단인석부류들은 역삼동 / 가락동 유형 내에서 시간성을 반영할 가능성이 크다.

지금까지 유형 간 석기 기종별 차이와 각 기종별로 시간성을 반영할 수 있는 형식들에 대해 살펴보았다. 이러한 형식들이 시간성을 반영하는 것이라면 늦은 시기에 해당하는 것들끼리 함께 출토될 빈도 역시 높을 것이다. 〈표 9, 10〉에서 나타나듯이 앞서 살펴본

석기 형식들 중 출현 시기가 늦다고 생각되는 형식들이 동 유적 내에서 함께 출토되는 빈도는 매우 높다. 주목해야 될 점은 역삼동 유형의 경우 이러한 유적들에서 나타나는 주거지의 대다수가 면적이 작은 방형·장방형의 형태를 띠고 있다는 것이다. 면적 중대형의 세장방형·장방형에 토광식 노지와 주공을 갖춘 전형적인 역삼동식 주거지가 확인된 유적으로는 부천 고강동, 천안 백석동, 보령 관산리 유적을 들 수 있는데 모두 한 유적 내에서 면적 소형의 방형·장방형 주거지와 혼재하며 중서부 해안지역에 위치하고 있다는 특징을 지닌다. 가락동 유형의 경우 늦은 시기의 석기 형식들이 출토되는 주거지들은 대부분 면적 중대형의 방형·장방형에 위석식 노지와 주공/초석을 갖춘 전형적인 가락동식 주거지였다. 그러나 역삼동 유형의 부천 고강동, 천안 백석동, 보령 관산리와 마찬가지로 이러한 유적들에서는 전형적인 가락동식 주거지와 함께 면적이 작거나 위석식 노지가 보이지 않는 주거지들이 함께 나타난다는 특징을 지닌다.

〈표 9〉 역삼동 유형[13]

유적	석촉		석검		석도			석부		
	능형	유엽	일단	유경	단주	역반제	삼각	석착	주상편인	유구석부
부천 고강동	●		●	●	●			●	◎	
보령 관산리					●	●				
아산 군덕리				●						
양양 포월리				◎	●					
여주 흔암리	●		●		●			●		
제원 양평리	●									
천안 백석동	●			●						
천안 용원리			●							
천안 쌍룡동							◎			
천안 청당동		●								
춘성 내평	●									
춘성 신매리						●				
춘천 삼천동	●									
춘천 하중도	●	●			●					
평택 지제동	●	●	●	●	●					●
횡성 화전리	●	●	●	●						

13) ◎ 표시는 편으로 출토되어 전체 형태가 명확하지 않은 경우를 가리킨다.

〈표 10〉 가락동 유형

유적	석촉		석검		석도			석부		
	능형	유엽	일단	유경	단주	역반제	삼각	석착	주상편인	유구석부
대전 신대동					●		◎		●	
익산 영등동	●		●					●	◎	
청원 황탄리								●		
청주 용정동		●		◎						

아래의 표는 유적 간 혹은 한 유적 내 유구 간의 시간차를 반영하는 석기 형식들을 등장 선후관계에 따라 배치한 것이다. 석촉은 삼각(A) 삼각만입(B) 이단1(C1) 이단2(C2) 일단(D) 능형1(E1) 능형2(E2) 유엽1(F1) 유엽2(F2)이고 석검은 이단병식(A) 일단병식(B) 유경식(C)[14]이다. 석도는 즐형(A) 어형(B) 장주형(C) 단주형(D) 역반제형(E) 삼각형(F)을, 석부는 원통부(A) 사릉부(B) 석착(C) 주상편인(D) 유구석부(E)를 각각 가리킨다.

〈표 11〉 석기 세부 형태

석기																				
석촉									석검			석도						석부		
A	B	C1	C2	D	E1	E2	F1	F2	A	B	C	A	B	C	D	E	F	A	B	C	D	E

4. 小結

지금까지 유구·유물 분석을 통해 유형 간 상사성과 상이성을 밝혔다. 또한 역삼동 /

---

14) 한반도 내 석검 출토 상황을 보면 유경식 석검은 송국리 유형 뿐만 아니라 서북 지방(대동강·청천강 유역)의 각형토기 문화와도 밀접한 연관성이 있음을 알 수 있다.(이영문 2002, p.33~40) 따라서 역삼동 / 가락동 유형에서 출토되는 유경식 석검의 계보 문제가 제기될 수 있다. 이러한 유경식 석검이 서북 지방 문화와 관련되어 있는 것이라면 역삼동 유형보다는 가락동 유형에서 그 출토율이 높아야 할 것이다. 그러나 가락동 유형에서 출토된 유경식 석검은 1점에 불과하며 최대폭이 3cm이고 검신이 반 이상 파손되어 있어 석창일 가능성이 있는 것이다. 오히려 유경식 석검의 출토율은 역삼동 유형에서 높다. 또한 〈표 8, 9〉에서 보는 바와 같이 역삼동 / 가락동 유형에서 출토되는 유경식 석검은 송국리 유형에서 주로 출토되는 다른 석기 기종 형식들과 공반되고 있기 때문에 그 등장이 송국리 유형과 관련되어 있다고 보는데는 큰 무리가 없을 듯 싶다. 다만 송국리 유형에서 출토율이 높은 역반제형 석도(석탄리식 석도), 석착, 능형촉 역시 서북 지방 각형토기 문화권에서 확인되고 있는 바(한영희 1983, p.103~13) 송국리 유형의 기원 문제와 관련하여 앞으로 서북 지방 자료들 역시 종합적인 검토가 필요하다 하겠다.

가락동 유형 편년을 위해 시간성을 반영하는 토기·석기의 속성 또는 형식들을 추출하였다. 유구·유물 분석 결과는 아래와 같이 정리해볼 수 있다.

첫째, 세 유형은 주거지·토기·석기상에 있어 차이를 보이나 유형 간 상사성과 상이성을 유형 간 거리로 따져볼 때 역삼동 유형과 가락동 유형 간 보다는 역삼동/가락동 유형과 송국리 유형 간의 거리가 더 멀다. 또한 역삼동-송국리 유형 간과 가락동-송국리 유형 간에 있어 유물의 상사성과 상이성의 정도는 대체로 등거리를 유지한다.

둘째, 원형 주거지가 역삼동 유형에 나타나거나 공렬토기가 송국리 유형에 나타나는 경우는 있어도 원형 주거지가 가락동 유형에 나타나거나 이중구연단사선토기가 송국리 유형에 나타나는 경우는 없다. 이를 통해 송국리 유형의 자생론적 입장에서 송국리 유형이 역삼동 유형으로부터 발생했다고 볼 수도 있을 것이다. 그러나 역삼동 유형에서 나타나는 원형 주거지나 송국리 유형에서 나타나는 공렬토기는 유형 내에서 극히 예외적인 존재로 분포상 역삼동 유형과 송국리 유형의 경계에서만 나타난다. 따라서 이러한 요소들은 양 유형이 지역을 달리하며 공존했을 때 그 경계에서 나타나는 현상으로 보는 것이 타당하다.

셋째, 유구 간 중복 관계나 공반 유물들은 내부시설이 없는 면적 소형의 방형·장방형 주거지가 역삼동 유형 내에서 늦은 시기에 해당함을 나타낸다. 특히 이러한 주거지들에서 송국리 유형과 관련된 유물들이 출토되고 있어 주목해볼 필요가 있다. 역삼동 유형에서 나타나는 면적 소형의 방형·장방형 주거지는 유구·유물 상에 있어 송국리 유형과 유사하다는 점에서 송국리 유형이 기존 문화로부터 발생했다는 주장을 뒷받침해주는 근거로 이용되어 왔다. 즉 역삼동 유형의 주거지가 면적 중대형의 장방형·세장방형 단계에서 면적 소형의 장방형·방형 단계를 거쳐 원형 단계로 이어졌다고 본 것이다. 그러나 송국리 유형 내에서 나타나는 유구 간 중복관계나 유물상은 장방형, 방형, 원형 주거지 간의 선후관계가 반드시 장방형·방형 → 원형임을 뒷받침해주지 않는다. 송국리 유형과 관련된 유물들이 출토된 주거지 가운데 전형적인 역삼동식 주거지는 보령, 천안, 부천에서 가락동식 주거지는 익산, 대전, 청주에서 확인된 바 있으나 이들은 동 유적 내에서 내부시설이 없거나 면적이 작은 주거지들과 함께 나타난다는 특징을 지닌다. 특히 이러한 유적들이 중서부 해안을 감싸는 분포를 보이고 있어 기존 학설과 마찬가지로 새로운 문화 요소가 중서부 해안으로 들어와 주변 기존 문화 요소들과 가장 먼저 접촉했을 가능성을 시사해 주고 있다. 송국리 유형이 기존 문화로부터 발생하였느냐 외부로부터 유입된 것이냐의 문제는 IV장의 편년을 통해 보다 명확해질 것이다.

IV. 驛三洞·可樂洞 類型의 編年 - 松菊里 類型과 關聯하여

중부 지역에서 중기의 시작을 송국리 유형의 등장으로 설명할 때 중부 지역 전·중기 문화 편년에 있어 가장 큰 문제는 한강 유역이 문화적 공백 상태로 남는다는 것이다. Ⅲ장에서 살펴봤듯이 소규모 면적의 방형·장방형 주거지들은 송국리 유형과 관련된 유물들이 출토된다는 점에서 역삼동 / 가락동 유형 내에서 늦은 시기를 반영한다고 볼 수 있다. 만약 이러한 유적들이 송국리 유형과 동시기로 비정될 수 있다면 역삼동 / 가락동 유형 내에서 전·중기 구분은 가능해질 것이며 한강 유역에서의 문화적 공백 문제 역시 풀릴 수 있을 것이다.

1. 驛三洞 類型

중부지역에서 발굴된 역삼동 유형 주거지 유적 가운데 발굴보고서가 출간된 31개소의 유적을 대상으로 하였다. 먼저 유구간 동시기성을 확보하기 위해 주거지간 중복관계를 먼저 살펴보았는데 이전 주거지를 파괴하고 조성된 주거지들이 평면 방형·장방형에 대부분 면적에 있어 축소되는 경향이 나타남을 알 수 있었다. 이는 유물 분석 결과를 뒷받침하는 것으로 한 유적 내에서 평면형태와 면적 상에 차이가 있는 두 부류의 주거지군이 존재한다면 일단 두 단계로 나누는 것이 가능하다. 그러나 주거지 간 중복관계가 나타나고 주거지 간 폭이 좁다 하더라도 유물상에서 큰 차이가 없다면 동시기로 간주할 수 있기 때문에 유구 간 동시기성을 확보하기 위해서는 공반 유물도 함께 살펴보아야 한다.

최근 들어 이루어지고 있는 중부지역 역삼동 유형 편년을 보면 세장방형 단계에 앞서 장방형 단계의 존재를 설정하는 경우가 있다(이형원 2001, 천선행 2003). 이러한 주장은 특히 미사리 유적에 대한 분석에 근거한 것인데 미사리 유적에서 나타나는 유구·유물상을 어떻게 보느냐에 따라 미사리 유적을 역삼동 유형 내에서 가장 이른 단계로 혹은 늦은 단계로 보는 현상이 나타나고 있다. 이러한 문제를 먼저 규명해보고자 먼저 미사리 유적 주거지들을 대상으로 주거지·토기·석기의 각 속성 혹은 형식들의 출현도를 살펴보았다. 하남 미사리에서는 주거지가 30기[15] 확인되었는데 주거지가 다수 발견되었음에도 불구하고 중복관계는 보이지 않는다. 〈표 12〉[16]에서 보는 바와 같이 미사리 유적은 평면 형태와 면적, 공반 유물 상에 있어 크게 두 시기를 상정해 볼 수 있다. 1기는 내부 시설이 없는 면적 소형의 방형·장방형 주거지가 중심이 되는 시기로 토기 문양은 공렬, 석기는 삼각만입촉·이단경촉1, 어형 석도, 원통부가 나타난다. 2기는 면적 중·대형의

〈표 12〉 미사리 유적 분기

주거지									토기										석기					
평면형태				연 적			내부시설				문양						마연					석촉	석검	석도	석부

(행 구분: 흔6, 고4, 고6, 고7, 경1, 고12, 한9, 경3, 고5, 고36, 고37, 숭10, 서3, 한18, 고30, 숭5, 서5, 서8 (1); 한10, 숭4, 서7, 숭8, 서5, 숭2, 숭3, 서6, 서9, 숭1, 숭9, 고34 (2))

장방형·세방장형 주거지가 중심이 되는 시기로 규모가 커짐과 동시에 내부시설의 발달이 보이며 토기 문양은 공렬 뿐만 아니라 이중구연, 단사선 등 여러 문양의 다양한 조합 양상이 나타난다. 무문 호의 경우 목높이나 상부팽만도가 낮아지며 마연 호에서는 굽 달린 저부가, 석기에 있어서는 이단경촉2와 일단경촉, 사릉부가 새로이 등장한다. 이처럼 미사리 유적은 여타 유적과는 달리 방형 → 장방형 → 세장방형·초세장방형으로의 시간적 흐름이 있다고 보는 것이 자연스럽다. 따라서 소규모 면적의 방형, 장방형의 주거지가 등장하는 유적이 무조건 늦은 시기에 해당하는 것은 아니며 유구 간 중복 관계에 의해 확인되지 않는 경우에는 공반 유물 등을 통해 검증해보는 절차가 필요하다 하겠다.

역삼동 유형 유적에서 나타나는 유구 간 중복 관계와 하남 미사리 유적을 통해 전·중기 역삼동 유형의 평면 형태와 면적은 시간에 따라 방형·장방형(면적 소형) → 장방형·세장방형·초세장방형(면적 중·대·초대형) → 장방형·방형·말각방형(면적 소형)으로 변화해나갔음을 알 수 있다. 또한 미사리 유적의 이른 단계에는 문양이 공렬에 한정되다가 시간이 흐르면서 이중구연, 단사선문 등 가락동 유형 문양 요소들이 등장한다는 점은 역삼동 유형과 가락동 유형의 등장 선후 관계에 대해 많은 점을 시사해준다. 즉 주거지의 변화와 더불어 문양 요소들은 공렬 → 공렬·이중구연·단사선문의 다양한 조합 → 공렬로의 변화를 보이는데 이를 바탕으로 역삼동 유형과 가락동 유형 간 관계에 있어 역삼동 유형의 한강 유역 선(先) 정착 → 금강 유역으로의 가락동 유형 유입과 두 유형 간 접촉 → 송국리 유형의 등장과 가락동 유형의 소멸(공렬이라는 전통적인 역삼동 유형 문양 요소만 지속)이라는 세 단계를 상정해볼 수 있다. 중원 지동리도 하남 미사리 유적 1기와 동시간대일 가능성이 있는데 이 단계에 해당하는 유적이 아직까지 소수에 불과하고 missing value 문제가 제기될 수 있는 등 아직까지 하나의 시기로 설정하는 데는 무리가 있는 바 면적 중대형의 장방형·세장방형 단계에 앞서는 면적 소형의 방형·장방형 단계는 그 가능성을 제시하는데 의의를 두도록 하겠다.

주거지 면적·평면 형태·내부 시설에 있어 두 부류의 주거지군 설정이 가능한 유적으로는 아산 신달리, 아산 와우리, 보령 관산리, 천안 백석동, 부천 고강동을 들 수 있다. 강릉 방내리나 여주 흔암리도 유구 간 중복관계를 통해 후에 축조된 주거지들의 면적이 작아지는 양상을 보이지만 위의 유적에서와 같이 확연한 차이는 아니다. 그런데 천안 백

석동을 제외하고 이러한 유적들은 두 부류의 주거지군 설정은 가능하지만 유물 상에서 큰 차이가 나지 않아 시간차를 상정하기에는 무리가 있다. 다만 이러한 유적들에서 보이는 두 부류의 주거지군은 동 시기 내에서 시간의 흐름에 따른 문화적 변화를 설명하는데 있어 유용하리라 생각된다.

　천안 백석동에서는 동 지역에 대해 이루어진 연차 발굴로 인해 주거지가 93기나 확인되었다. 중복 관계는 A 지역에서 2호와 3호 간에, 9호와 10호 간에 B 지역에서 94-B-8호와 94-B-4·7호 간에, 95-Ⅰ-13①과 95-Ⅰ-13② 간에, 95-Ⅰ-16①과 95-Ⅰ-16② 간에 각각 나타난다. 세장방형 주거지들인 95-Ⅰ-16①과 95-Ⅰ-16② 간의 중복 관계를 제외하면 모든 중복 관계에서 확인되는 양상은 주거지의 소규모화라고 할 수 있다. 그러나 평면 형태나 면적에 있어 차이가 나는 두 부류의 주거지군이 시간차를 반영하는지는 유물상을 통해 입증되어야 한다. 〈표 13〉[17]은 유구·유물 상을 파악할 수 있는 백석동 유적 주거지들을 대상으로 주거지·토기·석기의 각 속성 혹은 형식들의 출현도를 살펴본 것이다. 이를 통해 천안 백석동 유적은 면적 중대형의 장방형·세장방형 주거지가 중심을 이루는 단계와 소규모 면적의 방형·장방형 주거지가 중심을 이루는 단계의 두 시기 설정이 가능하다. 백석동 유적 1기에서 보이는 주거지의 평면형태·면적·내부시설, 발의 문양, 석촉 등은 미사리 유적 2기와 유사하기 때문에 동시간대로 비정이 가능하다. 백석동 유적 2기에는 구멍 뚫린 무문토기 저부, 마연 발, 투공되지 않은 두형토기 각부, 능형촉, 유경식 석검 등이 새로이 나타난다. 또한 면적 중대형의 장방형·세장방형·초세장방형 주거지가 소규모 면적의 방형·장방형 주거지로 변화하면서 노지와 주공을 갖춘 내부시설 역시 해체되는 양상을 보인다. 문양은 여러 문양 요소들의 다양한 조합에서 점차 공렬로 한정되는 경향이 나타난다.

　〈표 14〉[18]은 역삼동 유형 유적들에서 나타나는 주거지·토기·석기의 각 속성과 형식들의 출현도를 통해 편년을 시도한 것이다. 이를 바탕으로 역삼동 유형은 크게 Ⅰ, Ⅱ 기의 설정이 가능하고 Ⅰ기의 경우 다시 Ⅰ-1기와 Ⅰ-2기로 나뉘어진다. Ⅰ-1기는 면적 소형의 장방형·방형 주거지가 중심을 이루는 단계를, Ⅰ-2기는 면적 중대형의 장방형·세장방형 주거지가 중심을 이루는 단계(일부 지역에서 면적 초대형, 평면형태 초세장방형의 주거지도 보임)를, Ⅱ기는 면적 소형의 장방형·(말각)방형 주거지가 중심을

17) ■표시는 2기에 새로이 나타나는 형식 또는 속성들을 가리킨다.
18) ■표시는 Ⅱ기에 새로이 나타나는 형식 또는 속성들을 가리킨다.

〈표 13-1〉 백석동 유적 분기 1

	주거지				토기				마연토기		석축		석기			
	평면형태	면적	내부시설		무문	발	두형토기		마연호		석부		석검 석도			석부
94-A-2호																
94-A-5호																
94-A-6호																
94-B-13호																
99-3호																
99-10호																
94-A-9호																
94-B-15호																
94-B-16호																
94-B-19호																
94-B-21호																
95-I-12호																
95-I-23호																
95-I-24호																
95-II-1호																
95-II-9호																
95-I-16①호																
95-I-16②호																
95-III-4호																
95-II-5																
95-III-9호																
95-IV-1호																
95-iv-4호																
94-A-11호																
94-B-8호																
95-II-2호																
95-I-17호																
95-II-7호																
95-III-5호																
99-2호																

〈표 13-2〉 백석동 유적 분기 2

	주거지											토기												석기							
	평면형태				연적				내부시설				토광무호				토기					마연호		발달토기	두형토기	석촉				석검	석도	석부

(표 내용: 94-A-4호, 94-A-8호, 94-B-1호, 94-B-2호, 94-B-11호, 94-B-12호, 94-B-20호, 94-B-22호, 95-I-1호, 95-I-3호, 95-I-8호, 95-I-11호, 95-I-13①호, 95-II-6호, 95-II-10호, 95-III-3호, 95-IV-2호, 94-A-1호, 94-A-3호, 94-A-7호, 94-A-10호, 94-B-4호, 94-B-5②호, 94-B-7호, 94-B-14호, 94-B-17호, 94-B-18호, 95-I-2호, 95-I-13②호, 95-I-14호, 95-I-15호, 95-II-3호, 95-III-4호, 95-III-1호, 95-IV-3호, 99-7호, 99-11호)

〈표 14〉 역삼동 유형 편년

분류	(I-1)	하남 미사리1
		중앙 지동리
	1-2	평택 현화리
		강릉 교동
		연천 삼거리
		인천 대야미
		서울 역삼동
		화성 고금산
		하남 미사리2
		파주 교하리
		숙초 조양동
	1-1	파주 옥석리
		파주 리월리
		천안 백석동
		보령 관산리
		아산 신달리
		아산 여우리
		천안 구길리
		양양 포월리
		강릉 방내리
		순천 하중도
		천안 음원리
	II	천안 백석동2
		여주 흔암리
		천안 청당동
		아산 군덕리
		송주 조동리
		제원 양평리
		춘성 신매리
		춘성 내평
		춘천 산전동
		황성 화진리
		평택 지제동

이루는 단계를 각각 나타낸다. 문양 상에 있어서는 공렬 → 공렬·이중구연·단사선의 다양한 조합 → 공렬로의 변화가 나타난다.

I-1기에 해당하는 유적에는 하남 미사리1와 중원 지동리[19]가 있다. 이처럼 이 단계에 해당하는 유적이 아직까지 소수에 불과하기 때문에 missing value 문제가 제기될 수 있는 바 앞으로 자료가 축적되는 양상에 따라 완전한 하나의 단계로 설정될 수 있으리라 생각된다. 면적 중대형의 장방형·세장방형 주거지로의 발전을 보여주는 하남 미사리 유적은 역삼동 유형의 초기 발생과 성장에 있어 그것이 외부의 영향을 받았다고 하더라고 토착 문화에 근거한 발전이었음을 강하게 시사해준다. I-2기에 해당하는 유적에는 평택 현화리, 강릉 교동, 연천 삼거리, 안산 대야미, 서울 역삼동, 화성 고금산, 하남 미사리2, 파주 교하리, 속초 조양동, 파주 옥석리, 파주 당하리, 천안 백석동1이 있다. 이 시기에는 가락동 유형의 등장과 더불어 다양한 문양들이 등장하며 전형적인 역삼동 유형 주거지의 특징 즉 면적 중대형의 장방형·세장방형에 토광식 노지, 주공을 갖춘 주거지의 양상이 주류를 이룬다. 석촉에 있어서는 이단경촉2·일단경촉이, 석부에 있어서는 사릉부가 새로이 출현한다. 석검과 석도에 있어서는 이단병식 석검과 장주형 석도가 주류를 이룬다.

II기에 해당하는 유적에는 보령 관산리, 아산 신달리, 아산 와우리, 부천 고강동, 양양 포월리, 강릉 방내리, 춘천 하중도, 천안 용원리, 천안 백석동2, 여주 흔암리, 천안 청당동, 아산 군덕리, 충주 조동리, 제원 양평리, 춘성 신매리, 춘성 내평, 춘천 삼천동, 횡성 화전리, 평택 지제동이 있다. II기의 유적 내에서도 시간의 흐름에 따라 면적 중·소형에서 소형으로, 평면 형태 세장방형·장방형·방형에서 장방형·(말각)방형으로의 변화가 나타나며 원형계열의 주거지도 등장한다. 이는 유물상에 있어서도 마찬가지여서 석촉의 경우는 I기에 다수 출토되는 삼각만입·이단1이, 석검에 있어서는 이단병식이 점차 사라지고 이단식2·일단·능형·유엽촉과 일단병식·유경식 석검이 주로 나타난다. 석도에 있어서는 역반제형이, 석부에 있어서는 주상편인석부를 축소해놓은 듯한 석착, 주상편인석부와 유구석부가 새로이 출현한다. 또한 상부팽만도가 현저히 낮아진 호, 구멍

---

19) I-1기와 II기는 주거 양상뿐만 아니라 문양 요소에 있어서도 유사하다. 따라서 면적 소형의 방형·장방형 주거지들이 확인된 유적들은 유구 간 중복관계나 유물상, 방사성탄소연대 등 종합적 분석을 통해 어느 시기에 속하는 것인지 파악되어야 한다. 그러나 중원 지동리의 경우는 주거지 수뿐만 아니라 출토 유물 역시 적어 시기를 비정하는데 어려움이 있다. 여기서는 출토 유물상 II기로 비정할만한 유물이 없는 바 I-1기에 해당하는 것으로 보았다.

뚫린 무문토기 저부, 타날, 마연 발, 투공되지 않은 두형토기 각부도 새로이 나타난다.

표 15-1, 2는 Ⅰ, Ⅱ기에 해당하는 유적들의 방사성탄소연대치와 그 보정연대이다.[20]

Ⅰ기에 해당하는 유적의 방사성탄소연대는 3000-2800 BP가 중심이 되고 있는데 반해 Ⅱ기에 해당하는 유적들의 방사성탄소연대는 2700-2500 BP가 중심이 되고 있어 양 시기 간에 시간차가 뚜렷이 나타남을 알 수 있다. 각 시기의 상·하한을 정확히 알 수는 없지

〈표 15-1〉 역삼동 유형 주거지 유적 방사성탄소연대(Ⅰ기)[21]

	유적명	유구명	방사성탄소연대(BP)	오차	측정기관	1 sigma	2 sigma
	천안 백석동	99-3	4460	140	미국 Prime AMS 연구소	3340-2930	3500-2850
			3460	110		1920-1620	2150-1500
			2830	80		1130-890	1260-820
	강릉 교동	1	3390	60	문화재 연구소	1750-1530	1880-1520
	강릉 교동	3	3230	50	문화재 연구소	1600-1430	1630-1400
	평택 현화리	Ⅲ-2	3110	130	미국 지오크론 연구소	1520-1130	1700-1000
	강릉 교동	2	3100	50	문화재 연구소	1430-1260	1500-1210
	화성 고금산	1	2940	60	서울대 AMS연구실	1260-1040	1380-970
			2880	60		1190-940	1260-890
	연천 삼거리	9	2930	50	서울대 AMS연구실	1260-1040	1310-970
	평택 현화리	Ⅲ-4	2910	130	미국 지오크론 연구소	1290-920	1450-800
	천안 백석동	99-2	2860	80	미국 Prime AMS 연구소	1190-910	1270-830
			2790	80		1020-830	1130-800
Ⅰ-2	천안 백석동	94-B-13	2850	50	LLNLAC	1120-920	1220-840
	천안 백석동	95-Ⅱ-2	2840	60	LLNLAC	1120-900	1220-830
			2780	50		1000-830	1050-820
	평택 현화리	Ⅲ-3	2830	140	미국 지오크론 연구소	1210-830	1450-750
	속초 조양동	5	2830	60	문화재 연구소	1110-890	1190-830
	천안 백석동	95-Ⅱ-7	2820	60	LLNLAC	1050-860	1130-830
			2800	60		1010-830	1130-820
	천안 백석동	95-Ⅲ-5	2790	40	LLNLAC	1000-890	1020-830
			2770	70		1000-830	1130-800
	천안 백석동	94-B-15	2780	60	LLNLAC	1000-830	1080-800
	평택 현화리	Ⅲ-1	2715	130	미국 지오크론 연구소	1120-760	1300-400
	천안 백석동	94-B-19	2640	60	LLNLAC	900-760	930-540
			2550			810-540	830-410
	파주 옥석리		2590	105	미국 지오크론 연구소	900-520	950-400
	평택 현화리	Ⅲ-5	2525	150	미국 지오크론 연구소	800-410	1000-200

〈표 15-2〉 역삼동 유형 주거지 유적 방사성탄소연대(II기)

	유적명	유구명	방사성탄소연대(BP)	오차	측정기관	1 sigma	2 sigma
II	강릉 방내리	3	2930	50	문화재 연구소	1260-1040	1310-970
	춘성 내평		2930	60	원자력 연구소	1260-1020	1320-930
			2590	60		830-550	900-510
			2290	60		410-200	520-170
	부천 고강동	12	2910	70		1260-1000	1320-910
	보령 관산리	13	2920	70	미국 Beta 연구소	1260-1000	1370-920
	보령 관산리	4	2890	60	미국 Beta 연구소	1210-940	1270-900
	천안 백석동	94-B-14	2820	60	LLNLAC	1050-860	1130-830
	제원 양평리		2785	165	미국 지오크론 연구소	1220-790	1450-500
	보령 관산리	12	2780	70	미국 Beta 연구소	1000-830	1130-800
	천안 백석동	95-III-1	2760	60	LLNLAC	980-830	1050-800
	보령 관산리	9	2750	60	미국 Beta 연구소	970-820	1020-800
	충주 조동리	9	2715	75	미국 지오크론 연구소	930-800	1050-760
	강릉 방내리	2	2710	110	日本 名古屋大學	1020-780	1250-500
	평택 지제동	1	2700	180	한국자원연구소	1200-500	1400-400
	충주 조동리	1	2700	165	미국 지오크론 연구소	1150-500	1300-400
	부천 고강동	10	2690	50		900-800	970-790
	천안 백석동	94-B-2	2690	60	LLNLAC	900-800	1000-780
	천안 용원리	5	2660	80	미국 Prime AMS 연구소	920-760	1010-520
	충주 조동리	7	2660	300	미국 지오크론 연구소	1250-400	1600-0
	강릉 방내리	1	2650	170	日本 名古屋大學	1010-520	1300-350
	보령 관산리	11	2570	70	미국 Beta 연구소	820-540	840-410
	평택 지제동	2	2560	80	한국자원연구소	810-520	840-400
	강릉 방내리	4	2500	50	문화재 연구소	790-520	800-410
	횡성 화전리	I-1	2475	65	미국 지오크론 연구소	770-430	790-400

20) 보정연대는 Oxcal 3.8을 이용하여 직접 산출하였다.

21) 흔암리 유적의 경우 7, 8, 12, 13, 14호의 방사성탄소연대치를 보정한 결과 최고(古) 기원전 17세기에
서 기원후 4세기에 이르기까지 2000년이 넘는 시간폭을 지니는 것으로 나타났다. 유구 간 중복 관계
가 나타난다 할지라도 유물상이나 주거지상에서 2000년에 가까운 시간폭을 지니는 것으로 볼 수 없
는바 신뢰성이 없는 것으로 판단해서 흔암리 유적의 방사성탄소연대는 표상에서 제외하였다.

〈표 16〉 송국리 유형 주거지 유적 방사성탄소연대

유적명	유구명	방사성탄소연대(BP)	오차	측정기관	1 sigma	2 sigma
천안 업성동	I-4	2840	80	미국 Prime AMS 연구소	1130-900	1260-820
		2580	80		830-540	900-410
보령 관창리	B-40	2810	90	미국 Beta 연구소	1110-830	1260-800
부여 송국리	54-1	2665	60	원자력 연구소	900-790	1000-760
		2565	90		830-520	900-400
천안 석곡리	1	2650	50	서울대 AMS 연구실	900-790	920-760
보령 관창리	B-48	2630	70	미국 Beta 연구소	900-590	940-520
보령 관창리	F-21	2600	60	미국 Beta 연구소	840-550	900-520
서천 오석리	95-4	2580	50	LLNLAC	820-560	840-520
		2530	60		800-540	810-410
		2480	60		770-510	790-410
		2450	60		760-400	770-400
		2420	60		760-400	770-390
부여 송국리	54-5	2580	90	원자력 연구소	830-520	900-400
보령 관창리	F-7	2550	60	미국 Beta 연구소	810-540	830-410
천안 대흥리	2	2546	91	서울대 AMS 연구실	810-520	830-400
보령 관창리	F-26	2530	70	미국 Beta 연구소	800-520	810-410
천안 석곡리	2	2520	40	서울대 AMS 연구실	800-540	800-450
천안 석곡리	3	2490	40	서울대 AMS 연구실	770-520	790-410
보령 관창리	F-30	2480	70	미국 Beta 연구소	770-430	790-400
보령 관창리	B-42	2480	50	미국 Beta 연구소	770-510	790-410
보령 관창리	B-59	2480	70	미국 Beta 연구소	770-430	790-400
청원 황탄리	6	2470	50	서울대 AMS 연구실	770-410	770-400
보령 관창리	F-8	2460	60	미국 Beta 연구소	760-410	770-400
보령 관창리	F-10	2440	60	미국 Beta 연구소	760-400	770-400
청원 황탄리	3	2420	30	서울대 AMS 연구실	760-400	760-400
보령 관창리	B-20	2420	70	미국 Beta 연구소	760-400	770-390
보령 관창리	B-38	2400	90	미국 Beta 연구소	760-390	800-200
금산 수당리	7	2400	50	미국 Beta 연구소	760-390	770-390
금산 수당리	2	2540	120	미국 Beta 연구소	810-430	950-350
		2390	50		760-390	770-380
		2320	50		480-210	800-200
보령 관창리	B-77	1910	90	미국 Beta 연구소	0-220AD	120BC-340AD

만 방사성탄소연대의 중복치를 통해 I-2기의 상한은 대략 기원전 15~14세기, 하한은 기원전 10~9세기 정도로 볼 수 있다. II기의 상한은 기원전 10~9세기, 하한은 기원전 6~5세기로 볼 수 있다.

문제는 역삼동 유형 I, II기 가운데 송국리 유형과 동 시기로 비정이 가능한 단계, 즉 중기로 비정되는 단계가 있느냐하는 것이다. II기에 들어오면서 나타나는 면적 소형의 장방형・방형 주거지, 내부 시설이 없어지는 현상, 원형 주거지, 문양의 단순화, 타날, 구멍 뚫린 무문토기 저부, 상부 팽만도가 현저히 낮아진 무문 호, 마연 발, 능형・유엽촉, 역반제형 석도과 주상편인석부를 축소해놓은 듯한 석착・주상편인석부・유구석부 등은 II기에 해당하는 유적들이 송국리 유형과 동시기에 존재했을 가능성을 강하게 시사해주고 있다.

그렇다면 역으로 송국리 유형의 등장 시기에 대해 살펴볼 필요가 있는데 이는 송국리 유형에 해당하는 유적들의 방사성탄소연대를 통해 접근이 가능하다고 생각한다. 표 16은 중부지역 송국리 유형 주거지 유적들의 방사성탄소연대이다.

위의 표를 통해 우선적으로 파악될 수 있는 것은 보령, 천안 등 중서부 해안지역의 송국리 유형 유적이 청원 황탄리, 금산 수당리 등의 중부 내륙지역 유적에 비해 연대가 비교적 높게 나타난다는 점이다.[22] 다른 유적에 비해 다소 높게 나타나는 보령 관창리나 천안 석곡리 유적의 연대를 통해 송국리 유형의 등장 시기는 대략 기원전 10~9세기경으로 상정해볼 수 있다. 기원전 10~9세기는 앞서 살펴본 바와 같이 역삼동 유형 편년에 있어서 I-2기의 하한 또는 II기의 상한에 해당한다.

〈도면 5〉[23]은 역삼동 유형 II기와 송국리 유형의 방사성탄소연대를 비교한 것이다. 도면을 통해 알 수 있듯이 역삼동 유형 II기의 상・하한은 송국리 유형의 상・하한과 유사하다. 이처럼 역삼동 유형 II기에 출현하는 주거지・토기・석기상의 새로운 속성과 형식들 그리고 방사성탄소연대는 역삼동 유형 II기가 송국리 유형과 동시기임을 나타내준다. 또한 보령・천안 등 중서부 해안 지역의 송국리 유형 유적들이 청원 황탄리, 금산

---

22) 금산 수당리 2호에서 측정된 세 개의 연대치 가운데 한 개는 2540±120 BP로 다른 두 개의 연대측정치에 비해 다소 높게 나왔다. 그러나 보고서를 보면 이 연대가 나온 샘플이 주거지 바닥이 아닌 유물 포함층 상면에서 채취된 것임을 알 수 있다.

23) 한 유구 혹은 동시기로 생각되는 여러 유구들에서 측정된 각각의 연대치들이 차이가 많이 나는 경우 (예) 춘성 내평)나 여러 연대치 가운데 다른 것에 비해 너무 높게 나오거나(예) 강릉 방내리 3호) 낮게 나오는 경우(예) 보령 관창리 B-77호)는 제외하였다.

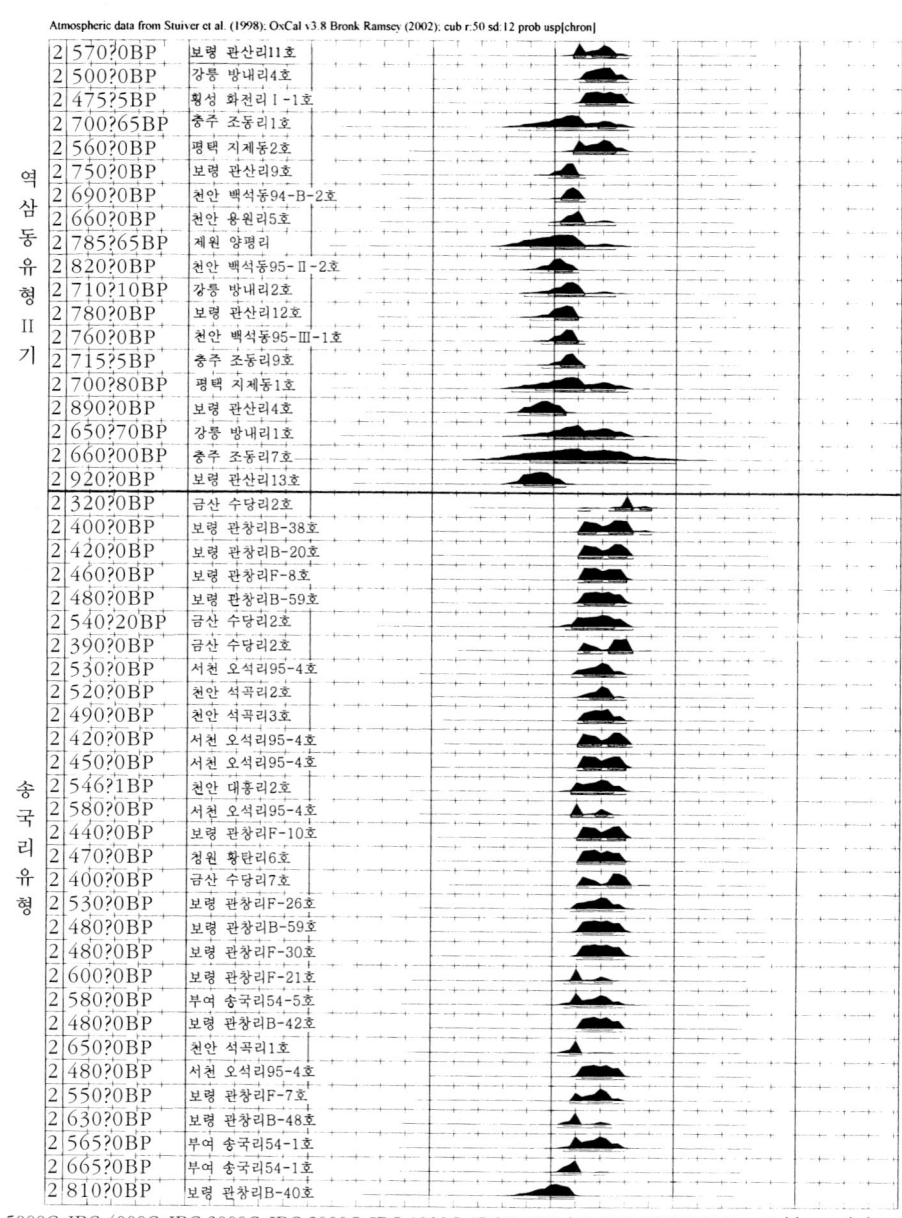

Atmospheric data from Stuiver et al. (1998): OxCal v3.8 Bronk Ramsey (2002): cub r:50 sd:12 prob usp[chron]

역
삼
동
유
형
Ⅱ
기

2	570?0BP	보령 관산리11호
2	500?0BP	강릉 방내리4호
2	475?5BP	횡성 화전리Ⅰ-1호
2	700?65BP	충주 조동리1호
2	560?0BP	평택 지제동2호
2	750?0BP	보령 관산리9호
2	690?0BP	천안 백석동94-B-2호
2	660?0BP	천안 용원리5호
2	785?65BP	제원 양평리
2	820?0BP	천안 백석동95-Ⅱ-2호
2	710?10BP	강릉 방내리2호
2	780?0BP	보령 관산리12호
2	760?0BP	천안 백석동95-Ⅲ-1호
2	715?5BP	충주 조동리9호
2	700?80BP	평택 지제동1호
2	890?0BP	보령 관산리4호
2	650?70BP	강릉 방내리1호
2	660?00BP	충주 조동리7호
2	920?0BP	보령 관산리13호

송
국
리
유
형

2	320?0BP	금산 수당리2호
2	400?0BP	보령 관창리B-38호
2	420?0BP	보령 관창리B-20호
2	460?0BP	보령 관창리F-8호
2	480?0BP	보령 관창리B-59호
2	540?20BP	금산 수당리2호
2	390?0BP	금산 수당리2호
2	530?0BP	서천 오석리95-4호
2	520?0BP	천안 석곡리2호
2	490?0BP	천안 석곡리3호
2	420?0BP	서천 오석리95-4호
2	450?0BP	서천 오석리95-4호
2	546?1BP	천안 대흥리2호
2	580?0BP	서천 오석리95-4호
2	440?0BP	보령 관창리F-10호
2	470?0BP	청원 황탄리6호
2	400?0BP	금산 수당리7호
2	530?0BP	보령 관창리F-26호
2	480?0BP	보령 관창리B-59호
2	480?0BP	보령 관창리F-30호
2	600?0BP	보령 관창리F-21호
2	580?0BP	부여 송국리54-5호
2	480?0BP	보령 관창리B-42호
2	650?0BP	천안 석곡리1호
2	480?0BP	서천 오석리95-4호
2	550?0BP	보령 관창리F-7호
2	630?0BP	보령 관창리B-48호
2	565?0BP	부여 송국리54-1호
2	665?0BP	부여 송국리54-1호
2	810?0BP	보령 관창리B-40호

5000CalBC 4000CalBC 3000CalBC 2000CalBC 1000CalBCCalBC / CalAD 1000CalAD   Calibrated date

〈도면 5〉 역삼동 유형 Ⅱ기와 송국리 유형 방사성탄소연대 비교[24]

24) 역삼동 유형 Ⅱ기와 송국리 유형 각각에 해당하는 방사성탄소연대들을 오차폭을 고려하여 연대순으로 배열하였다. 역삼동 유형 Ⅱ기에 해당하는 연대치들 일부가 오차폭이 크다는 데 문제가 있으나 상·하한을 살펴보는 데는 큰 무리가 없다. 이를 통해 역삼동 유형 Ⅱ기의 상·하한과 송국리 유형의 상·하한이 대체로 유사함을 알 수 있다.

수당리의 중부 내륙 지역 유적에 비해 연대가 높게 나타난다는 점은 역삼동 유형 유적 가운데 세장방형에서 면적 소형의 방형·장방형으로 주거지의 급격한 소규모화를 보이는 유적들 역시 보령, 천안, 아산 등 중서부 해안 지역에 밀접해 있다는 사실과 맞물린다. 이는 송국리 유형이 중서부 해안 지역에서 등장하였으며 역삼동 / 가락동 유형과의 접촉 및 상호영향은 초기에 최초 등장 지역 일부에 한정되었음을 나타내는 것이다.

표17는 역삼동 유형 각 시기의 상·하한 및 특징을 정리해놓은 것이다.

〈표 17〉 역삼동 유형 편년

		상·하한	특징
I (전기)	(I-1)	?-15·14세기	면적 소형의 장방형·방형 주거지가 중심이 되는 단계. 공렬토기, 삼각만입·이단경촉1, 어형 석도, 원통부. 가락동 유형 요소는 보이지 않음.
	I-2	기원전 15·14세기 ~10·9세기	면적 중대형의 장방형·세장방형에 토광식 노지와 주공을 갖춘 전형적인 역삼동식 주거지가 중심이 되는 단계.(일부 지역에서 면적 초대형, 평면형태 초세장방형의 주거지도 보임) 주거지·토기·석기에 있어서 가락동 유형 요소 보임. 문양상에 있어 공렬·이중구연·단사선 등이 다양하게 조합. 이단2·일단경촉, 사릉부가 새로이 출현. 이단병식 석검과 어형·장주형 석도가 주류.
II(중기)		기원전 10·9세기 ~6·5세기	면적 소형의 장방형·(말각)방형 주거지가 중심을 이루는 단계.(원형계열의 주거지도 등장). 가락동 유형 요소 점차 사라짐.(문양은 점차 공렬에 한정됨) 상부팽만도가 현저히 낮아진 호, 구멍 뚫린 무문토기 저부, 타날 토기, 마연발, 투공되지 않은 두형토기 각부가 새로이 출현. 일단·능형·유엽촉과 일단병식·유경식 석검이 점차 주류를 이룸. 역반제형 석도, 주상편인석부를 축소해놓은 듯한 석착, 주상편인석부, 유구석부가 새로이 등장.

2. 可樂洞 類型

중부지역에서 발굴된 가락동 유형 주거지 유적 가운데 발굴보고서가 출간된 14개소의 유적을 대상으로 하였다.[25]

가락동 유형 유적 가운데 유구 간 중복관계가 나타나는 유적은 대전 신대동이 유일한데 이전 시기의 주거지를 파괴하고 조성된 주거지들에서는 위석식 노지·초석과 같은 전형적인 가락동식 주거지의 특징들이 보이지 않으며 면적이 소규모화되는 양상을 나타낸다. 그러나 일부 알려진 유물상이나 방사성탄소연대를 통해 볼 때 이러한 두 주거지군이 큰 시간적 차를 지니지는 않는 것으로 보인다. 따라서 동 시기로 간주하되 동 시기 내에서 시간에 따른 문화적 변화를 설명하는데 유용하리라 생각된다.

가락동 유형 주거지들 가운데는 이처럼 위석식 노지나 초석이 아닌 토광식 / 무시설식 노지나 주공이 발견되는 경우가 있다. 이에 대해서는 두 가지의 경우를 생각해볼 수 있는데 첫번째는 역삼동 유형과의 접촉에 의한 결과이고 두번째는 송국리 유형 등장 이후 나타나는 가락동 유형의 해체 과정을 반영하는 것이다. 첫번째에 해당하는 유적으로는 천안 두정동을 들 수 있다. 천안 두정동의 경우 방사성탄소연대나 유구 · 유물상에 있어 늦은 시기로 볼 수 없기 때문에 역삼동 유형과의 접촉에 의한 결과라고 생각할 수 있다.[26] 두번째에 해당하는 유적에는 대전 신대동 · 노은동, 청주 용암 용정동, 익산 영등동을 들 수 있다. 6기의 주거지가 확인된 익산 영등동의 경우는 I지구 주거지와 II지구 주거지가 내부 시설에 있어 뚜렷한 차이를 보인다. 이중구연토기가 출토된다는 점에서는 같으나 II지구의 경우 가락동 유형 주거지의 특징인 위석식 노지가 나타나는데 반해 I지구 주거지들에서는 모두 토광식 노지만 나타난다. 익산 영등동 주거지의 양상은 대전 두정동의 주거지 양상과 유사한 것이나 공반 출토 유물을 통해 볼 때 이른 시기 역삼동 유형과의 접촉에 의한 결과가 아니라 송국리 유형 등장 이후 가락동 유형의 해체 과정을 반영하는 것이라고 생각된다.

〈표 18〉[27]는 가락동 유형 유적들에서 나타나는 주거지 · 토기 · 석기의 각 속성과 형식들의 출현도를 통해 편년을 시도한 것이다. I기는 위석식 노지와 초석을 갖춘 전형적인 가락동식 주거지가 중심이 되는 단계이다. 문양에 있어서는 이중구연단사선문이, 석기에 있어서는 삼각만입 · 이단경촉, 이단병식 석검, 장주형 석도, 사릉부가 주류를 이룬다. II기는 면적이 소형이거나 내부 시설에 있어 가락동식 주거지의 특징이 나타나지 않

---

25) 강화 삼거리에서 출토된 이중구연단사선문 토기는 중부지역 가락동 유형에서 일반적으로 나타나는 기형이 아니라 대동강 유역 각형토기 문화에서 나타나는 토기와 유사하다. 따라서 강화 삼거리 유적은 각형토기 문화와 관련하여 다른 시각에서 이해하는 것이 타당하다 판단한 바 편년에서 제외하였다.

26) 대개 이러한 유물 · 유구상은 역삼동 유형에 해당하는 것이나 천안 두정동 유적에서는 이중구연단사선문 토기만이 확인되었기 때문에 가락동 유형으로 분류하였다. 다만 천안 두정동 유적에서 출토된 유물 출토량이 적기 때문에 공렬토기가 존재했을 가능성도 배제할 수 없다.

27) 신대동의 경우는 약보고서를 통해 주거지 · 토기 · 석기의 출현도를 살펴보았다. 따라서 유물상에 있어 2 · 4 · 6 · 7호를 제외한 주거지는 포함되지 않았으며 주거지의 기둥받침에 대해서도 자세하게 기술되어 있지 않은 경우에는 표시하지 않았다.

<표 18> 가락동 유형 편년

는 주거지가 등장하는 시기이다. 무문이나 구순각목 토기의 수가 많아지며 타날문, 구멍 뚫린 무문토기 저부, 투공되지 않는 두형토기 각부도 새로이 나타난다.

석기에 있어서는 일단경촉·능형촉·유경촉, 일단병식·유경식 석검, 삼각형 석도, 주상편인석부를 줄여놓은 듯한 석착·주상편인석부 등이 출현한다. 여기서 주목해야 될 점은 일단경촉을 제외하고 가락동 유형 II기에서 새로이 나타나는 주거지·토기·석기의 속성 또는 형식들이 역삼동 유형 II기에서 새로이 나타나는 속성 또는 형식들과 동일하다는 것이다. 이러한 속성 또는 형식들이 송국리 유형과 관련되어 있음은 앞에서 이미 밝힌 바 있다. 역삼동 유형 II기와 가락동 유형 II기가 동시기라는 점이 방사성탄소연대를 통해 뒷받침되어진다면 이는 송국리 유형이 외부로부터 유입되었을 가능성을 강하게 시사해주는 것이라 할 수 있다. 즉 유구·유물상에서 차이가 있는 두 유형(역삼동 유형과 가락동 유형)에서 비슷한 시기에 주거지·토기·석기에 있어 동일한 새로운 속성 또는 형식들이 출현하는 현상은 기존

〈표 19〉 가락동 유형 주거지 유적 방사성탄소연대

	유적명	유구명	방사성탄성연대(BP)	오차	측정기관	1 sigma	2 sigma	OSL/고고지자기	측정기관
I	천안 두정동	1	3140	140	미국 지오크론연구소	1610-1130	1750-1000		
	금산 수당리	1	2960	50	미국beta연구소	1290-1050	1370-1010		
	천안 두정동	3	2930	60	미국 지오크론연구소	1260-1020	1320-930		
	진천 사양리	3						1100±140(O)	
	진천 사양리	1						1070±100(O)	
	대전 용산동	1	2860 / 2820	70 / 60	미국beta연구소	1130-920 / 1050-860	1260-830 / 1130-830		
	금산 수당리	6	2830	50	미국beta연구소	1050-900	1130-830		
	진천 사양리	2						980±140(O)	
II	청주 용암 용정동	II-4	3030 / 2490	50 / 50	국립문화재연구소	1390-1130 / 770-520	1410-1120 / 790-410		
	대전 신대동	3	3020 / 2720	120 / 50	미국beta연구소	1410-1050 / 910-820	1550-900 / 980-790	780±15BC(고)	고려대학교
	청주 용암 용정동	I-1	2930	50	국립문화재연구소	1260-1040	1310-970	870±50BC(고)	고려대학교
	청주 용암 용정동	II-1	2900	50	국립문화재연구소	1210-1000	1260-920		
	대전 신대동	6	2830	50	미국beta연구소	1050-900	1130-830		
	대전 신대동	4	2820 / 2740	60 / 80	미국beta연구소	1050-860 / 980-800	1130-830 / 1130-790		
	대전 신대동	7	2770 / 2740 / 2730 / 2680	50 / 100 / 50 / 50	미국beta연구소	980-830 / 1000-800 / 920-825 / 900-800	1020-810 / 1300-550 / 1000-800 / 930-790		
	대전 신대동	8	2900	90	미국beta연구소	1260-940	1400-800		
	대전 신대동	1	2760 / 2750	70 / 70	미국beta연구소	1000-820 / 980-820	1130-790 / 1080-790		
	청원 황탄리	5	2750	40	서울대 AMS연구실	920-830	1000-820		
	대전 신대동	2	2750 / 2590	70 / 70	미국beta연구소	980-820 / 830-540	1080-790 / 900-410		
	대전 신대동	5	2720	70	미국beta연구소	920-800	1050-780		
	대전 신대동	9	2580	100	미국beta연구소	840-520	900-400		

Atmospheric data from Stuiver et al. (1998); OxCal v3.8 Bronk Ramsey (2002); cub r:50 sd:12 prob usp[chron]

가락동유형 II기	2 730?0BP	대전 신대동7호	
	2 680?0BP	대전 신대동5호	
	2 750?0BP	대전 신대동4호	
	2 760?0BP	대전 신대동7호	
	2 720?0BP	대전 신대동1호	
	2 770?0BP	대전 신대동7호	
	2 750?0BP	청원 황탄리5호	
	2 740?0BP	대전 신대동8호	
	2 820?0BP	대전 신대동7호	
	2 740?00BP	대전 신대동6호	
	2 830?0BP	대전 신대동1호	
	2 900?0BP	대전 신대동4호	
	2 900?0BP	청주 용암 용정동 II-1호	
	2 930?0BP	청주 용암 용정동 I-1호	
송국리유형	2 320?0BP	금산 수당리2호	
	2 400?0BP	보령 관창리B-38호	
	2 420?0BP	보령 관창리B-20호	
	2 460?0BP	보령 관창리F-8호	
	2 390?0BP	보령 관창리B-59호	
	2 530?0BP	금산 수당리2호	
	2 520?0BP	금산 수당리2호	
	2 490?0BP	서천 오석리95-4호	
	2 420?0BP	천안 석곡리2호	
	2 420?0BP	천안 석곡리3호	
	2 450?0BP	서천 오석리95-4호	
	2 546?1BP	서천 오석리95-4호	
	2 440?0BP	천안 대흥리2호	
	2 470?0BP	서천 오석리95-4호	
	2 400?0BP	보령 관창리F-10호	
	2 530?0BP	청원 황탄리6호	
	2 480?0BP	금산 수당리7호	
	2 480?0BP	보령 관창리F-26호	
	2 480?0BP	보령 관창리B-59호	
	2 480?0BP	보령 관창리F-30호	
	2 550?0BP	보령 관창리F-21호	
	2 540?20BP	부여 송국리54-5호	
	2 580?0BP	보령 관창리B-42호	
	2 600?0BP	천안 석곡리1호	
	2 580?0BP	서천 오석리95-4호	
	2 565?0BP	보령 관창리F-7호	
	2 650?0BP	보령 관창리B-48호	
	2 630?0BP	부여 송국리54-1호	
	2 665?0BP	부여 송국리54-1호	
	2 810?0BP	보령 관창리B-40호	

4000CalBC 3000CalBC 2000CalBC 1000CalBC CalBC / CalAD 1000CalAD   Calibrated date

〈도면 6〉 가락동 유형 II기와 송국리 유형 방사성탄소연대 비교문화로부터 송국리 유형이 형성되었다기보다는 외부로부터 새로운 문화 요소가 유입되었을 가능성을 뒷받침해준다는 얘기이다.

〈표 19〉는 Ⅰ, Ⅱ기에 해당하는 유적들의 절대연대치와 그 보정연대이다.

가락동 유형 유적들의 경우에는 방사성탄소연대 뿐만 아니라 OSL이나 고고지자기연대도 측정되어졌다. Ⅰ기에 해당하는 유적의 방사성탄소연대는 2900-2800 BP가 중심이되고 있는데 반해 Ⅱ기에 해당하는 유적들의 방사성탄소연대는 2700 BP가 중심이 되고있어 양 시기간에 시간 차가 뚜렷이 나타남을 알 수 있다. Ⅰ기의 상한은 천안 두정동이나 금산 수당리를 통해 대략 기원전 13~12세기로 볼 수 있는데 이중구연단사선문 토기가 나타나는 역삼동 유적 강릉 교동의 연대가 더 이른 시기로 나타나고 있으므로 실제상한은 이보다 더 앞설 것이라 추정할 수 있다.

〈도면 6〉은 가락동 유형 Ⅱ기와 송국리 유형의 방사성탄소연대를 비교한 것으로 예상했던 바와 같이 상한은 유사하나 하한에 있어서는 차이를 보인다. 즉 송국리 유형이 보다 늦게까지 존속한 것으로 나타난다. 이러한 차이는 송국리 유형의 분포와 맞물려 가락동 유형이 송국리 유형으로 대체되었음을 뒷받침해주는 것이라고 할 수 있다.

〈표 20〉는 가락동 유형 각 시기의 상·하한 및 특징들을 정리해놓은 것이고 〈표 21〉은 역삼동 / 가락동 유형 내에서의 분기와 송국리 유형의 등장 시기에 대해 앞의 서술들을 종합해 놓은 것이다.

〈표 20〉 가락동 유형 편년

	상·하한	특징
Ⅰ (전기)	기원전 15·14세기 ~10·9세기	위석식 노지와 초석을 갖춘 전형적인 가락동식 주거지가 중심이 되는 단계.
		문양에 있어서는 이중구연단사선문이 예외없이 출현.
		석기에 있어서는 삼각만입·이단경촉, 이단병식 석검, 장주형 석도, 사릉부가 주류.
Ⅱ (중기)	기원전 10·9세기 ~9·8세기	면적이 소형이거나 내부 시설에 있어 가락동식 주거지의 특징이 나타나지 않는 주거지가 등장하는 시기.
		무문이나 구순각목 토기의 수가 많아지며 타날문, 구멍 뚫린 무문토기 저부, 투공되지 않는 두형토기 각부도 새로이 등장.
		석기에 있어서는 능형촉·유경촉, 일단병식·유경식 석검, 삼각형 석도, 주상편인석부를 줄여놓은 듯한 석착·주상편인석부가 새로이 출현.

〈표 21〉 중부지역 역삼동 / 가락동 유형의 분기와 송국리 유형

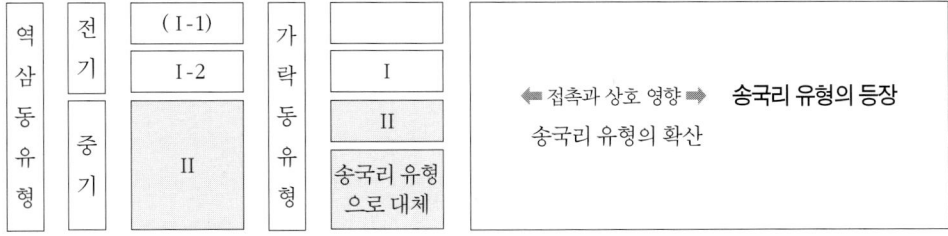

역삼동유형	전기	(I -1)	가락동유형	I	⟸ 접촉과 상호 영향 ⟹ 송국리 유형의 등장
		I-2		II	송국리 유형의 확산
	중기	II		송국리 유형으로 대체	

V. 中部地域 中期 無文土器 文化의 空間性

유구·유물상에서 차이가 있는 두 유형, 즉 역삼동 유형과 가락동 유형에서 비슷한 시기에 동일한 새로운 속성 또는 형식들이 출현하는 현상은 기존 문화로부터 송국리 유형이 형성되었다는 보다는 외부로부터 새로운 문화 요소가 유입되었을 가능성을 강하게 시사해준다. 따라서 송국리 유형 등장 이후의 역삼동 / 가락동 유형의 변화는 송국리 유형의 최초 등장 지역이 어디냐에 따라 다른 전개 양상을 띨 수 있다. 송국리 유형의 방사성탄소연대나 역삼동 / 가락동 유형에서 나타나는 변화는 송국리 유형이 중부 내륙 지역보다는 중서 해안 지역에서 최초로 등장했음을 나타낸다. 송국리 유형이 중서 해안 지역에서 등장한 이후 역삼동 / 가락동 유형에서 전개되는 지역적 변화에 대해서는 다음의 세 단계[29]를 상정해 볼 수 있다. 〈도면 7 - 9〉 첫번째는 중서 해안 지역에서 송국리 유형이 등장한 초기에 해당한다. 〈도면 7〉 즉 송국리 유형이 중서 해안 지역에서 등장한 이후 그 주변 지역 역삼동 / 가락동 유형과 접촉하는 단계이다. 〈도면 5〉를 보면 알 수 있듯이 역삼동 유형 II기에 해당하는 방사성탄소연대는 오차폭이 커서 동

29) 본고에서는 이 세 단계를 설명하기 위해 접촉, 확산, 전파, 동화 현상이라는 용어를 사용하였다. 이러한 용어들이 개념 규정 없이 고고학적 자료의 해석을 위해 남용되어왔다는 사실은 인정하나 시·공간에 따른 복잡하고 다양한 역삼동 / 가락동 유형의 변화를 설명하기 위해서 사용이 불가피하였다. 접촉은 말 그대로 지리적으로 가까이에 있는 두 유형 간의 접촉을 의미한다. 이 경우 각각의 유형에서는 상대 유형의 특성이 나타나긴 하지만 본래의 전통 역시 유지하고 있다는 특징을 지닌다. 확산은 두 유형이 동등한 관계에 있는 것이 아니라 한 쪽의 우세로 특징지워지며 송국리 유형의 확산은 송국리식 주거지의 출현을 표지로 한다. 전파는 직접적 접촉이 아닌 지리적으로 멀리 떨어져있는 경우에 나타날 수 있는 정보의 흐름을 가리킨다. 동화 현상은 두 유형이 동등한 관계로 오랜 기간 맞닿아 있는 상황에서 나타날 수 있으며 주로 경계 지역에서 보이는 양 유형 특성들의 혼합 현상을 가리킨다.

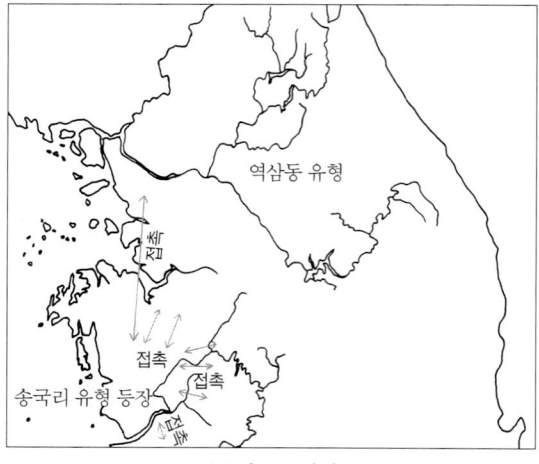

〈도면 7〉 1단계

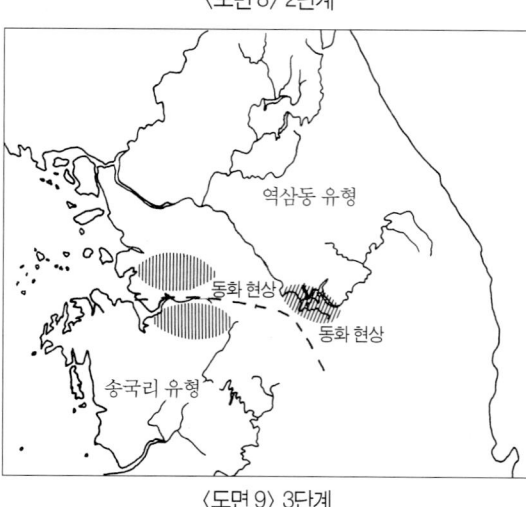

〈도면 8〉 2단계

시기 내에서 지역에 따른 시간 차를 파악하기에는 어려움이 있다. 그러나 역삼동 유형의 경우 중서 해안에 가까운 지역일수록 문화적 변화가 심한 반면 부천 고강동을 제외하고는 거리상으로 먼 한강, 강원 영동 일대에서는 그러한 현상이 나타나지 않는다. 즉 천안 백석동, 아산 신달리·와우리, 보령 관산리 등 보령-천안-아산 일대에 해당하는 유적들에서 가장 현저하게 주거지 면적이 작아지는 양상이 나타난다. 특히 보령 관산리나 천안 백석동에서는 면적 소형의 장방형·(말각)방형 주거지군과 더불어 송국리식 주거지도 나타난다. 송국리 유형의 등장 시기에 천안-아산 지역 역삼동 유형에서는 노지와 주공을 갖춘 세장방형 혹은 장방형 주거지에 공렬·이중구연·단사선 등 여러 문양 요소들이 토기에 나타나는 양상을 띠나 송국리 유형과의 접촉을 통해서 면적 소형의 장방형·(말각)방형 주거지에 문양이 공렬로 단순화된 토기가 등장하게 된다. 가락동 유형도 역삼동 유형과 마찬가지로 송국리 유형과의 최초 접촉 시기에는 위석식 노지를 갖춘 장방형 주거지에 이중구연·단사선문 등 전기적 문화 요소를 강하게 띠나 송국리 유형의 영향으로 이후 주거 면적이 줄어들고 내부 시설이 간소화된 주거지가 등장하게 된

〈도면 9〉 3단계

다. 금강 중·상류에 주로 분포하고 있었던 가락동 유형의 경우는 일부 지역이 아니라 전체 지역에서 면적이 작아지거나 내부에 위석식 노지 또는 초석이 보이지 않는 주거지가 나타나며 석기와 토기상에 있어 새로운 형식이 출현하는 등 역삼동 유형과는 다른 양상을 보인다.

둘째는 주변 지역으로 송국리 유형이 확산되는 단계이다. 〈도면 8〉 송국리 유형은 1차적으로는 천안-아산 지역으로 2차적으로는 중부 내륙 즉 금강 상류 지역으로 확산되는 양상을 보인다. 즉 역삼동 유형권 가운데서는 천안-아산 일대까지 송국리 유형이 확산된 것이며 가락동 유형은 송국리 유형으로 대체된 것으로 볼 수 있다. 앞서 언급했듯이 천안 백석동, 보령 관산리의 경우 면적 소형의 (말각)방형·장방형 주거지가 주가 되는 단계에 송국리식 주거지가 1기씩 나타난다. 이후 천안-아산 지역에서는 전형적인 송국리식 주거지와 타원형 구덩이·소공이 보이지 않는 원형·방형 주거지가 혼재하거나 유물상에 있어 전기 문화적 요소가 강한 유적들이 계속적으로 나타난다. 즉 천안-아산 지역은 전통적으로 역삼동 유형이 번성했던 지역으로 송국리 유형이 이 지역까지 확산되기는 하나 전형적인 송국리 유형의 양상은 보이지 않는 것이다. 송국리 유형이 주변 지역으로 확산되면서 중서 해안 지역으로부터 먼 지역 즉, 한강이나 강원 영동 지역에서도 직접적인 접촉 또는 전파에 의해 주거지 면적이 작아지거나 토기·석기상에 있어 새로운 형식이 등장하는 등 변화가 나타난다. 이들 지역에서 보이는 주거지상의 변화는 1단계 중서 해안 지역에서 보였던 것만큼 확연한 것은 아니며 서서히 진행된 것으로 보인다. 한편 가락동 유형의 송국리 유형으로의 대체는 전쟁 등에 의한 빠른 교체가 아니라 송국리 유형 등장 이후 서서히 문화적 정체성(identity)을 상실하면서 자연스럽게 이루어진 것으로 판단된다. 청원 황탄리나 금산 수당리 등 양 유형에 해당하는 유구가 함께 나타나는 유적의 방사성탄소연대를 보면 100~300년 가량 차이가 있으며 위석식 노지를 갖춘 주거지가 바로 송국리식 주거지로 대체된 것이 아니라 내부 시설이 없어지고 면적이 작아지는 일종의 문화 해체 과정을 밟았음은 유구상을 통해 파악할 수 있다.

셋째는 천안-아산-청주를 경계로 그 이북에는 역삼동 유형이 그 이남에는 송국리 유형이 존재하는 단계이다. 〈도면 9〉 특히 양 유형이 맞닿아있는 지역에서는 활발한 상호 접촉 및 교류, 동화 현상으로 인해 화성 천천리, 제원 양평리와 같이 역삼동 유형권 내에서 원형 주거지가 등장하기도 하고 평택 지제동과 같이 송국리 유형 요소들이 다수 나타나기도 한다. 특히 이 단계에 한강 유역에서는 소규모 면적을 띤 방형 주거지가 대거 등장하고 유물상에 있어서 가락동 유형 요소들이 사라지는 특징을 보인다. 따라서 문양 역시 공렬이 주류를 이룬다.

VI. 맺음말

지금까지 중부 지역 전·중기 무문토기문화에 대해 살펴보았다. 본고에서는 특히 역삼동 / 가락동 유형 내에서의 전·중기 구분 및 송국리 유형 등장 이후의 변화에 주목하였다.

본고에서 이루어진 분석을 통해 얻어진 결론은 다음과 같이 정리해 볼 수 있다.

첫째, 유물·유구 분석 결과를 바탕으로 역삼동 유형과 가락동 유형을 각각 Ⅰ·Ⅱ기로 나누었다. 방사성탄소연대상 역삼동 유형 Ⅱ기와 가락동 유형 Ⅱ기의 상한은 송국리 유형의 최초 등장 시점과 유사하며 역삼동 / 가락동 유형 Ⅱ기에 나타나는 주거지·토기·석기상의 새로운 속성 또는 형식은 송국리 유형과 밀접한 관련성을 지닌다. 가락동 유형 Ⅱ기의 하한은 역삼동 유형 Ⅱ기나 송국리 유형에 비해 2~3세기 정도 빠르며 가락동 유형과 송국리 유형의 분포상 가락동 유형은 송국리 유형으로 대체된 것으로 볼 수 있다.

둘째, 방사성탄소연대상 역삼동 Ⅱ기의 상·하한이 송국리 유형의 상·하한과 거의 일치하고 중서 해안 지역의 송국리 유형이 중부 내륙 지역보다 연대가 올라간다는 점, 역삼동 / 가락동 유형의 변화가 중서부 해안 일대를 둘러싸고 가장 빠르고 급격하게 변한다는 점 등은 기원지(origin)를 찾지 못했다는 커다란 맹점에도 불구하고 송국리 유형이 역삼동 혹은 가락동 유형으로부터 점차 발전하였다기보다는 외부로부터 유입되었을 가능성을 뒷받침해준다.

셋째, 송국리 유형 등장 이후 역삼동 / 가락동 유형의 전개 과정은 크게는 유형에 따라 세부적으로는 유형 내에서도 지역에 따라 차이가 있으며 이는 송국리 유형의 최초 등장 지역과 연관이 있음을 알 수 있었다. 같은 역삼동 유형 Ⅱ기 내에서도 중서 해안 지역에서 멀수록 변화의 정도는 크지 않고 서서히 진행되는 경향이 나타난다. 이러한 차이를 바탕으로 송국리 유형 등장 이후 역삼동 / 가락동 유형 내에서의 변화 과정을 세 단계(송국리 유형의 최초 등장 단계, 송국리 유형의 주변 지역으로의 확산 단계, 역삼동 유형과 송국리 유형의 양립 단계)로 상정하여 살펴볼 수 있었다.

송국리 유형이 왜 그리고 어떤 방식으로 중서 해안 지역에 유입되었는가는 그 기원지를 찾지 않으면 풀릴 수 없는 문제이다. 그러나 송국리 유형 등장 이후 확산 과정은 전적으로 기존 역삼동 / 가락동 유형과의 관계 속에서 이루어졌을 것이다. 송국리 유형 유적들에서 나타나는 유구·유물상을 보면 비중에 있어 차이가 있을 뿐 역삼동 / 가락동 유형 요소들을 쉽게 찾을 수 있다. 이는 중서부 해안 지역에서 송국리 유형이 등장해서 최초의 등장 지역 및 그 주변 지역에 영향을 끼쳤다 할지라도 새로운 요소들이 기존 문화를 완전히 변화시킬 만큼 강력한 것은 아니었으며 역삼동 / 가락동 유형과의 관계 속에서 새로이 정립해나갔음을 시사해주는 것이다. 특히 역삼동 유형은 송국리 유형과의 관계에 있어 인접 지역에서는 접촉·동화 현상에 의한, 양 유형의 중심지에서 서로 먼 지역에서는 직접적 접촉은 아닐지라도 전파(diffusion)에 의한 문화적 변화가 나타났으리라 상정해 볼 수 있다. 그러나 역삼동 유형의 경우 새로운 문화 요소의 등장이 일종의 자극제처럼 변화를 야기했다 할지라도 기존 문화의 틀 내에서 이루어진 것으로 공렬이라는 전통을 깰만큼 강력한 것은 아니었다고 볼 수 있다. 또한 송국리 유형의 남한 내에서의 확산이 무분별한 확산이 아닌 이해타산에 의한 확산 즉 생계나 취락 조성에 있어 유리한 지역으로의 확산이었을 가능성이 크다는 점에서 갈등이나 경쟁을 야기할 수 있는 한강 유역은 그다지 매력적인 지역은 아니었을 것이다. 이처럼 역삼동 유형과 송국리 유형이 오랜 기간 배타적인 권역을 지니며 공존할 수 있었던 데에는 여러 가지 요인이 복합적으로 작용했으리라 생각된다. 그렇다면 가락동 유형은 왜 송국리 유형으로 대체된 것일까? 본 분석을 통해 그 원인을 밝히는데는 한계가 있었으나 중부 지역에 가락동 유형이 등장하여 정착하는 과정을 생각해봤을 때 어느 정도 예상은 가능하다. 앞서 살펴봤듯이 가락동 유형은 역삼동 유형보다는 뒤늦게 중부 지역에 등장했을 가능성이 크며 그 계보는 서북 지방에서 찾을 수 있다. 가락동 유형이 금강 중·상류에 정착하는 과정에서 한강 유역 역삼동 유형에 일부 흡수·통합되었을 것이라는 최근 견해(김장석 2001)나 가락동 유형의 정착지가 역삼동 유형에 비해 상당히 제한적이라는 점은 역삼동 유형에 비해 가락동 유형의 기반이 약했음을 시사해주는 것이다. 또한 송국리 유형은 최초 등장 지역 주변 역삼동 유형을 변화시킬 만큼의 영향력은 지니고 있었는데 가락동 유형의 분포지는 최초 등장 지역 주변에 해당한다. 즉 가락동 유형은 송국리 유형 등장 이전에는 역삼동 유형과의 관계 속에서 송국리 유형 등장 이후에는 역삼동 유형과 송국리 유형과의 관계 속에서 문화적 정체성을 점차 상실했으리라 생각해 볼 수 있다.

✤ 참고문헌

江陵大學校博物館·襄陽市, 2002, 『襄陽 浦月里 住居址』

姜秉學, 2002, 「韓半島 無文굽다리土器 硏究」 漢陽大學校 大學院 碩士學位論文

江原文化財硏究所, 2003, 『華川生活體育公園 造成敷地內 龍岩里 遺蹟』

姜仁求·李健茂·韓永熙·李康承, 1979, 『松菊里』 I, 國立中央博物館

高麗大學校發掘調査團, 1994,『渼沙里』, 渼沙里先史遺蹟發掘調査團 · 京畿道公營開發事業團

國立文化財研究所, 1995,『先史遺蹟 發掘調査 報告書 -山淸 江樓里 · 淸原 內秀里-』

國立夫餘博物館 · 夫餘郡, 2000,『松菊里』Ⅵ

_____, 2000,『舒川 漢城里』

국립중앙박물관, 1987,『松菊里』Ⅲ

_____, 1995,『淸堂洞』Ⅱ

金吉植, 1993,『松菊里』Ⅴ, 國立公州博物館

金秉模 · 高才元, 1994,『多栗里, 堂下里 支石墓 및 住居址』, 漢陽大學校 文化人類學科

金壯錫, 2001,「흔암리 유형 재고 : 기원과 연대」,『嶺南考古學』28

金漢相, 2002,「松菊里文化의 發生과 展開」釜山大學校 大學院 문학석사 학위논문

盧爀眞, 1983,「江原地方의 磨製石斧」翰林大 論文集 第2輯

_____ 외, 2002,『춘천 삼천동 순환도로구간 문화유적 발굴조사 보고서』, 춘천시 · 翰林大學참고문헌校
　　　　博物館

文化財研究所 · 江陵大學校博物館, 1992,『江原嶺東地方의 先史文化研究Ⅱ』

渼沙里先史遺蹟發掘調査團 · 京畿道公營開發事業團, 1994,『渼沙里』1

柳基正 · 梁美玉, 2001,『天安 斗井洞 遺蹟』, (財)忠淸埋藏文化財研究院 · 天安市經營開發事業所

박성희, 2002,「하중도유적의 전환기적 성격에 대하여」강원고고학회 제1회 학술발표회 발표요지문

朴淳發, 1999,「欣岩里類型 形成過程 再檢討」,『湖西考古學』創刊號

_____, 2001,「南韓地方 農耕文化形成期 聚落의 構造와 變化에 대하여」,『한국 농경문화의 형성』제25회
　　　　한국고고학전국대회 발표요지

裵基同 · 盧希淑 · 姜玩錫, 1996,『富川 古康洞 先史遺蹟 發掘調査報告書』, 漢陽大學校博物館 / 文化人類
　　　　學科 · 富川市

배기동 · 이한용 · 김영연, 1998,『富川 古康洞 先史遺蹟 第2次 發掘調査 報告書』, 富川市 · 漢陽大學校 博
　　　　物館 / 文化人類學科

배기동 · 이한용 · 강병학, 1999,『富川 古康洞 先史遺蹟 第3次 發掘調査 報告書』, 富川市 · 漢陽大學校 博
　　　　物館 / 文化人類學科

배기동 · 강병학, 2000,『富川 古康洞 先史遺蹟 第4次 發掘調査報告書』, 富川市 · 漢陽大學校博物館 / 文化
　　　　人類學科

백홍기 외, 2000,『束草 朝陽洞 住居址』, 江陵大學校博物館 · 韓國土地公社

백홍기 · 지현병 · 박영구, 2002,『江陵 校洞 住居址』, 江陵大學校 博物館 · 강릉시

서울大學校 博物館, 1972~1977,『欣岩里住居址』1~4

_____, 1994,『渼沙里』, 渼沙里先史遺蹟發掘調査團 · 京畿道公營開發事業團

成均館大學校發掘調査團 · 漢陽大學校發掘調査團, 1994,『渼沙里』, 渼沙里先史遺蹟發掘調査團 · 京畿道
　　　　公營開發事業團

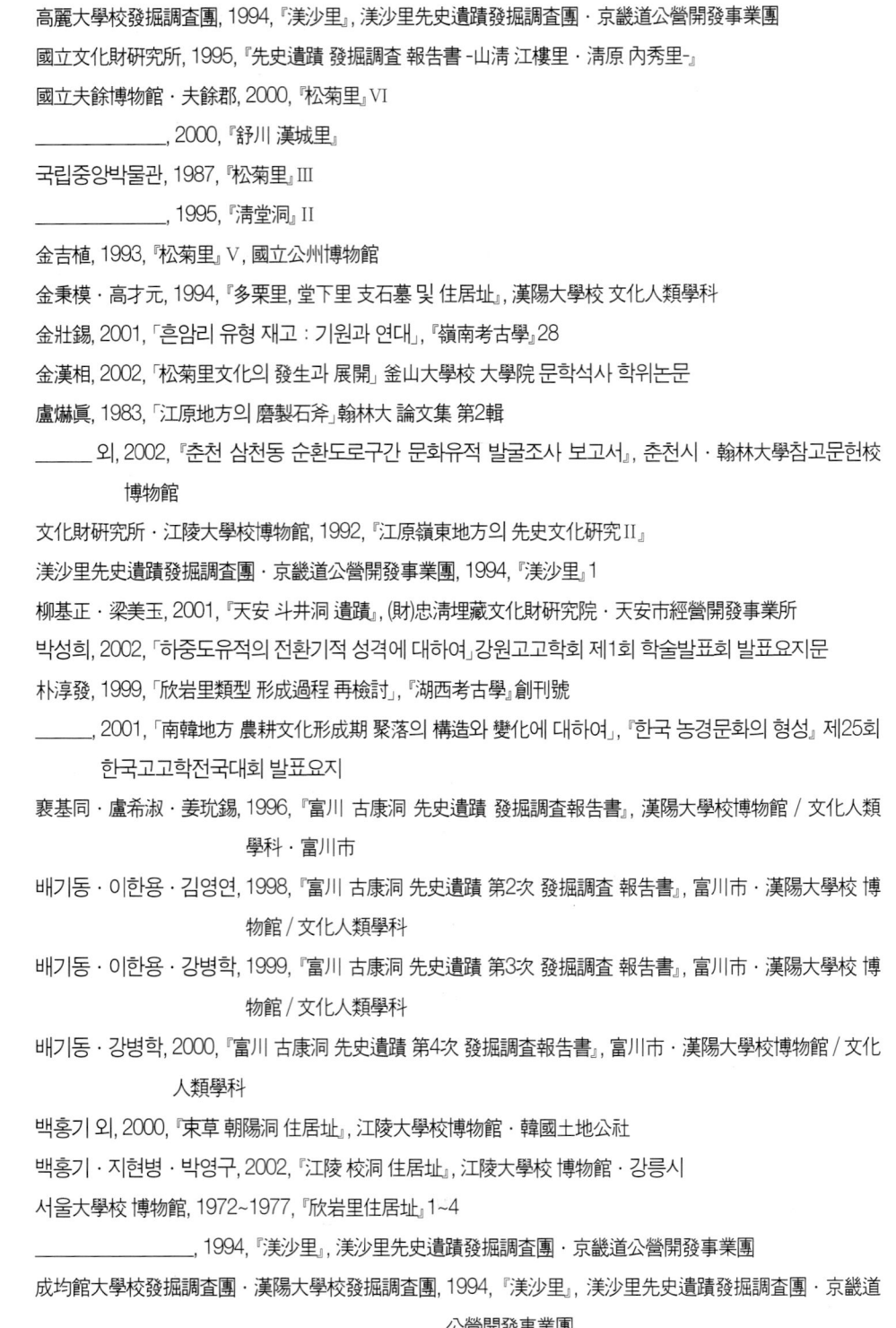

성정용, 1997,「大田 新垈洞・比來洞 靑銅器時代遺蹟」,『제21회 한국고고학전국대회 호남고고학의 제문
　　　　제』, 韓國考古學會

成正鏞・李亨源, 2002,『龍山洞』, 忠南大學校博物館・大田廣域市

孫晙鎬, 2001,「韓半島 出土 半月形石刀의 諸分析」, 高麗大學校 大學院 碩士學位論文

송대남, 2000,「충남 서해안지역의 무문토기 연구」, 전북대학교대학원 문학석사학위논문

宋滿榮, 1995,「中期 無文土器時代 文化의 編年과 性格」, 崇實大學校 大學院 碩士學位論文

_____, 2001,「南韓地方 農耕文化形成期 聚落의 構造와 變化」,『한국 농경문화의 형성』제25회 한국고고
　　　　학전국대회 발표요지

宋滿榮・李笑熙・朴敬信, 2002,『漣川 三巨里遺蹟』, 경기도박물관

崇實大學校博物館, 1994,『渼沙里』, 渼沙里先史遺蹟發掘調査團・京畿道公營開發事業團

安敏子, 2000,「前期無文土器時代 石器의 特性檢討」, 公州大學校 大學院 碩士學位論文

安承模, 1985,「韓國半月形石刀의 硏究」, 서울大學校 大學院 文學碩士學位論文

安在晧, 1992,「松菊里類型의 檢討」,『嶺南考古學』11

吳相卓・姜賢淑, 1999,『寬倉里遺蹟 -A・F區域 發掘調査報告書-』, 亞洲大學校博物館・高麗大學校埋藏文
　　　　化財硏究所・(株)大宇

禹姃延, 2002,「中西部地域 松菊里文化 硏究」, 서울大學校 大學院 文學碩士學位論文

圓光大學校 馬韓・百濟文化硏究所, 2000,『各地試・發掘調査報告書』

元重皓, 2000,「韓半島 有溝石斧 硏究」, 漢陽大學校 大學院 碩士學位論文

兪炳隣, 2001,「中西部海岸地域 無文土器時代에 대한 硏究」, 漢陽大學校大學院 文學 碩士學位論文

尹武炳, 1986,「淸州 香亭・外北洞遺蹟 發掘調査 報告」,『中部高速道路文化遺蹟發掘調査報告書』, 忠北大
　　　　學校 博物館・韓國道路公社

尹武炳・韓永熙・鄭俊基, 1990,『休岩里』, 국립중앙박물관

尹世英・李弘鍾, 1996,『館山里遺蹟(Ⅰ)』, 高麗大學校 埋藏文化硏究所・(株)大宇

李健茂 외, 1981,『中島 進展報告Ⅱ』, 國立中央博物館

_____, 1992,「松菊里型住居分類試論」,『澤窩許善道先生停年紀念韓國史論叢』, 一朝閣

이기성, 2000,「無文土器時代 住居樣式의 變化」서울대학교 대학원 문학석사학위논문

李南奭, 1995,『南館里遺蹟』, 公州大學校 博物館

_____, 1996,『君德里 住居遺蹟』, 公州大學校 博物館

_____, 1996,『烏石里遺蹟』, 公州大學校 博物館・韓國道路公社

_____, 1999,『公州 山儀里遺蹟』, 公州大學校 博物館・大田地方國土管理廳

李南奭・李勳・李賢淑, 1998,『白石洞遺蹟』, 公州大學校博物館・忠淸南道 天安市

李南奭・李賢淑, 2000,『새천안번영로 白石・業成洞遺蹟』, 公州大學校 博物館・忠淸南道 天安市

李白圭, 1974,「京畿道 出土 無文土器 磨製石器」,『考古學』3

李尙燁・吳圭珍, 2000,『公州貴山里遺蹟』, (財)忠淸埋藏文化財硏究院・(株)S・K建設

李榮文, 2002, 『韓國 靑銅器時代 硏究』, 주류성 ; 초판

李隆助 외, 1994, 『淸原 宮坪里 靑銅器遺蹟』, 忠北大學校 先史文化硏究所

李隆助 · 禹鍾允 편, 2001, 『忠州 早洞里 先史遺蹟(Ⅰ)』, 忠北大學校 博物館 · 忠州市

李殷昌 · 朴普鉉 · 金奭周, 2002, 『寬倉里遺蹟-C · E區域 發掘調査報告書』, 大田保健大學博物館 · 高麗大
　　　學校埋藏文化財硏究所 · (株)大宇

李淸圭, 1988, 「南韓地方 無文土器文化의 展開와 孔列土器文化의 位置」, 『韓國上古史學報』 創刊號

李宗哲, 2000, 「南韓地域 松菊里型 住居址에 대한 一考察」, 全北大學校 大學院 碩士學位論文

李賢淑, 2000, 「中西部地方 前 · 中期 無文土器文化의 地域性 檢討」, 『先史와 古代』 14

李亨源, 1998, 「口脣刻目土器의 變遷과 性格에 대하여」, 『百濟硏究』 28

＿＿＿, 2001a 「可樂洞類型 新考察」, 『湖西考古學』 4 · 5 合輯

＿＿＿, 2001b, 「韓國 靑銅器時代 前期 中部地域 無文土器 編年 硏究」 忠南大學校 大學院 文學碩士學位論文

李弘鍾, 2002, 「松菊里文化의 時空的 展開」, 『湖西考古學』 6 · 7 合輯

李弘鍾 · 孔敏奎 · 孫晙鎬, 2000, 『石谷里 遺蹟』, 高麗大學校 埋藏文化財硏究所 · (株)東山 C&G

李弘鍾 · 姜元杓, 2001, 『경부고속철도 대전 · 충청권 문화유적 발굴조사 보고서(Ⅰ) - 黃灘里遺蹟』, 고려대
　　　학교 매장문화재연구소 한국고속철도건설공단)

李弘鍾 · 姜元杓 · 孫晙鎬, 2001, 『관창리 유적 -B · G구역-』, 高麗大學校 埋藏文化財硏究所 · (株) 大宇

林尙澤, 1999, 『天安大興里遺蹟』, 忠南大學校博物館 · 서울大學校考古美術史學科

任孝宰 · 金成南 · 李眞旼, 2002, 『華城 古琴山遺蹟』, 서울대학교박물관

中央文化財硏究員 / 中小企業振興公團 · 論山市, 2001, 『論山 地方産業團地敷地內 論山 院北里遺蹟』

中央文化財硏究員 · 鎭川郡, 2001, 『文白 電氣 · 電子農工團地 造成敷地內 鎭川 思陽里遺蹟』

지건길 · 안승모 · 송의정, 1986, 『松菊里』 Ⅱ, 국립중앙박물관

趙現鐘, 1989, 「松菊里形土器에 대한 一考察」, 弘益大學校 大學院 碩士學位論文

지건길 · 이영훈, 1984, 『中島 進展報告 Ⅴ』, 국립중앙박물관

車勇杰, 1986, 「淸州 內谷洞遺蹟 發掘調査 報告」, 『中部高速道路文化遺蹟發掘調査報告書』, 忠北大學校 博
　　　物館 · 韓國道路公社

千羨幸, 2003, 「無文土器時代 前期文化의 地域性硏究」, 釜山大學校 大學院 文學碩士 學位論文

崔夢龍, 1984, 「堤原 陽坪里B地區 遺蹟發掘調査 報告」, 『忠州댐 水沒地區 文化遺蹟發掘調査綜合報告書』,
　　　忠淸北道

崔夢龍, 1986, 『驪州欣岩里先史聚落址』, 三和社

＿＿＿ 외, 1993, 『한강유역사』, 민음사 ; 초판

＿＿＿, 2000, 「21세기의 한국고고학: 선사시대에서 고대국가의 형성까지」, 『한국사론』 30, 국사편찬위원회

＿＿＿ 외, 2001, 『한국사』 1, 국사편찬위원회

崔夢龍 · 金仙宇 編著, 2000, 『韓國 支石墓 硏究 理論과 方法』, 주류성 ; 초판

崔秉鉉 · 柳基正, 1997, 『大田九城洞遺蹟』, 韓南大學校博物館 · 氣象廳

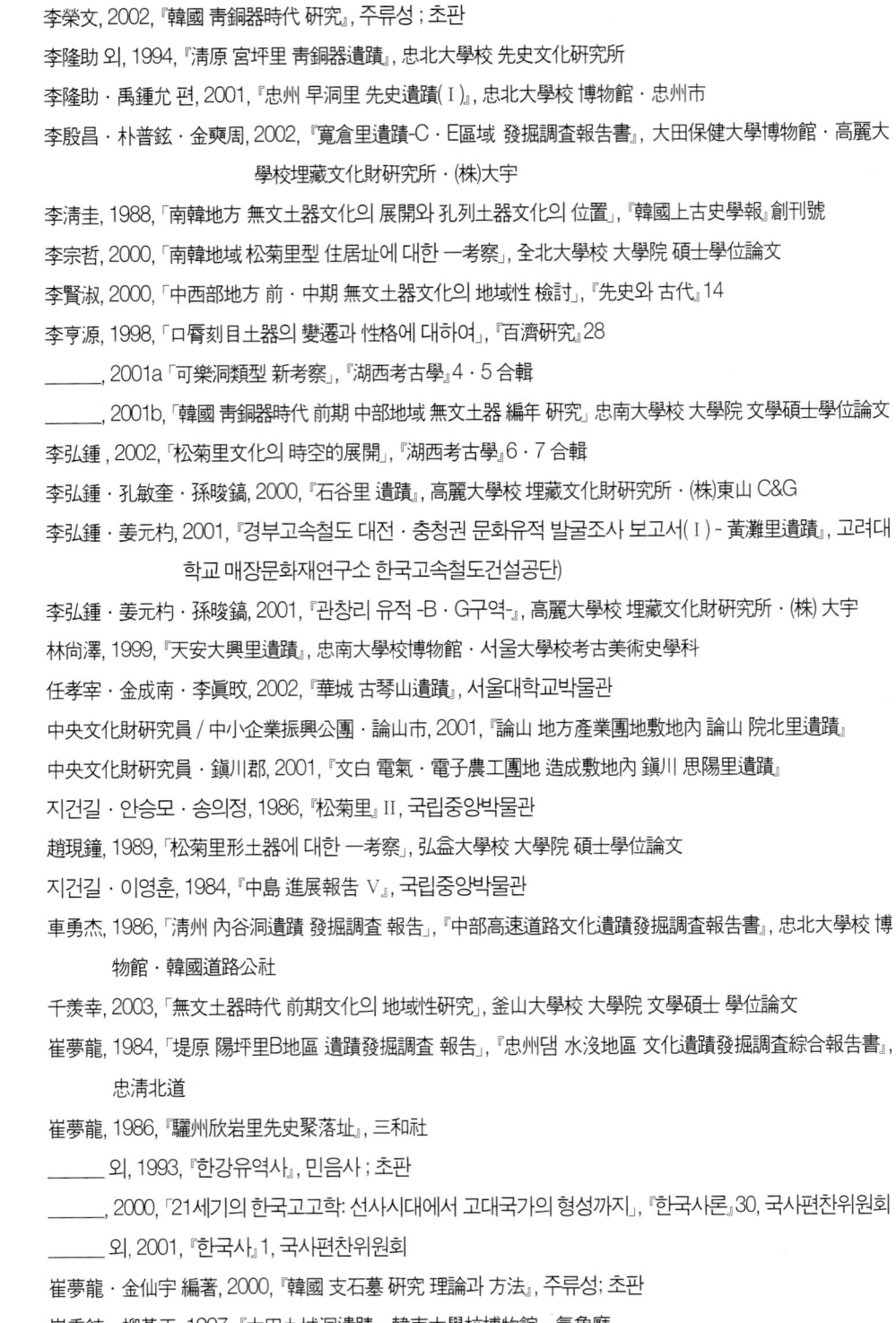

최복규·최승엽·이은희, 1998,『횡성 화전리 청동기·철기시대 집자리유적』, 강원고고학연구소

최영희 외, 2002,『춘천 하중도 제방공사 구간 문화유적 발굴조사 보고서』, 翰林大學校 博物館

崔完奎·金鍾文·金奎正, 2000,『益山 永登洞 遺蹟』, 圓光大學校 馬韓 百濟文化研究所·益山市

崔槙苾·河文植·皇甫 慶, 2000,『平澤 芝制洞遺蹟』, 世宗大學校博物館·韓國道路公社

忠南大學校博物館, 1995,『屯山』

충남대학교백제연구소·韓國道路公社, 2002,『錦山 水塘里遺蹟』

(財)忠淸埋藏文化財研究員·대림산업(주), 2001,『牙山 臥牛里·新法里 遺蹟』

平澤市 公營開發事業所·忠北大學校 先史文化研究所, 1996,『平澤 玄華里 遺蹟』

韓國文化財保護財團·韓國土地公社, 1999,『淸原 梧倉遺蹟(Ⅰ)』

_____, 2000,『西海岸高速道路(藍浦~熊川)建設區間內 文化遺蹟 發掘調査報告書』

韓國土地公社_忠南大學校博物館, 1998,『大田老隱洞遺蹟發掘調査報告』

한신大學校博物館, 2002,『華城 泉川里 遺蹟 현장설명회 자료』

韓永熙, 1983,「角形土器考」,『韓國考古學報』14·15 合輯

黃龍渾, 1984,「中原 紙洞里A地區 遺蹟發掘調査 報告」,『忠州댐 水沒地區 文化遺蹟發掘調査綜合報告書』, 忠淸北道

황은순, 2003,「韓半島 中部地域 無文土器文化 編年 研究」, 서울대학교 문학석사 학위논문

Clarke, David L., 1978, Analytical Archaeology(Columbia University)

Kim, Jangsuk, 2002, The Late Neolithic-Early Bronze Age Transition and Cessation of Island Exploitation in Central-Western Korea : The Spread of Territoriality into a Mobile Hunter-Gatherer Context. Ph.D. Dissertation (Arizona State University)

송국리문화를
통해 본
농경사회의
문화체계

3

錦江下流域 松菊里型 聚落의
形成과 稻作集約化

- 聚落體系와 土壤分布의 空間的 相關關係에 대한 GIS 分析을 中心으로

金範哲 (University of Pittsburgh 博士課程)

I. 머리말

최근 들어, 적지 않은 연구들이 한반도 중서부지역에서 松菊里類型 물질문화가 등장·파급되는 과정을 이 지역 청동기시대의 획기적 사회·정치적 변화와 관련지어 설명하고 있다(金承玉 2001; 金壯錫 2003; 安在晧 2004). 松菊里類型이 어디에서 기원하여, 언제부터 이 지역의 주도적인 물질문화상으로 자리했는지에 대해서는 상당한 의견 차이를 보이지만, 그러한 고고학적 문화상의 변화가 '複合社會의 登場'이라는 사회·정치적 변화와 궤를 같이 하는 것이며, 한편으로 그러한 사회·정치적 변화가 '集約的 稻作農耕의 擴大'라는 경제적인 변화와 직접적인 인과관계를 갖고 있다는 점에는 대체로 공감하는 듯하다. 결국, 특정작물생산의 집약화가 개별취락 혹은 소규모 공동체를 넘어서는 地域的 政治體 및 政治的 首長層 등장의 원인이 된다고 이해하는 셈이다.

이러한 이해는 전적으로 우리의 편년체계 내에서 두 현상의 共時性이 인정된다는 점에 근거하고 있다. 하지만, 복수 현상들의 공시성이 반드시 인과관계의 필요충분조건이 된다고 믿는 것은 논리적으로 문제가 있다. 더구나 중서부지역에서 청동기시대 중기를 대표하는 松菊里類型의 공시성의 범위가 대략 400년가량의 시간 폭임을 감안한다면, 더욱 그러할 것이다. 그렇다고 이러한 문제들이 단순히 編年의 細分化를 통해서 해결될 수 있다고 믿는 것도 지나치게 낭만적인 생각이 아닐지 싶다. 만약 지금보다 훨씬 세밀한 시간단위로 청동기시대 중기를 나누어 관찰할 수 있게 되고, 논농사의 확대, 위계적 취락관계의 형성, 특정취락으로의 인구집중과 같은 현상들의 공시성 혹은 선후관계에 확신을 갖게 되었다고 하자. 그럼, 이러한 현상들 사이에 순차적이고 인과적인 관계를 선명하게 상정할 수 있을까? 확언하기 어렵다. 왜냐하면 그러한 현상들의 결과로 나타난 고고학적 증거들 중, 각각의 현상을 반영하는 것이 어떠한 것이며, 그들이 공간적으로는 어떠한 관계를 갖고 있는가에 관한 정보가 빠져 있기 때문이다. 기왕의 편년체계 내에서 공시적으로 나타나는 현상들이 긴밀한 상관관계 속에서 설명되기 위해서는, 그것들이 반영된 다양한 정보들의 공간적인 상관관계를 검증해야 됨은 물론이거니와, 그러한 작업은 적절한 연구절차와 방법에 의거해야 한다.

上述한 사회·경제적 현상들을 반영하는 변수들의 공간적 상관관계를 파악하기 위해서 ① 적절한 고고학적 관찰의 범위(혹은 수준)와 단위는 무엇이며, ②개개 현상들을 반영할 적절한 고고학적 변수를 추출하는데 고려할 점은 어떤 것들이 있고, ③ 어떻게 실제자료에 근거하여 이들의 관련을 분석하는 할 수 있는지 등이 본고의 일차적인 관심거리이다.

　이러한 기본적인 과정을 통해 축적될 정보를 간과한 채, 최근의 몇 연구들은 중서부지역 송국리형 취락들의 형성을 도작집약화를 위한 노동력 집중의 결과로 결론내리고 있다. 본고의 또 다른 관심은 과연 그러한 결론이 실제 고고학 자료의 분포를 설명할 수 있는지의 여부이다. 따라서 본고의 각종 분석은 궁극적으로 松菊里類型의 중심지역의 하나로 일컬어지는 錦江下流域에서 대규모 취락들이 과연 도작집약화를 위한 노동력 집중의 결과로 형성된 것인가를 검증하는 작업의 근거가 될 것이며, 더 나아서는 그러한 취락에서 성장했었을 정치적 지배층의 성격을 이해하는 기초를 제공하게 될 것이다.

II. 錦江下流域 靑銅器時代 政治·經濟的 變化에 대한 考古學的 理解의 基礎

1. 錦江下流域 靑銅器時代 政治·經濟的 變化에 대한 考古學的 觀察의 範圍· 單位·對象

　흔히, 고고학적 연구에서 복합사회의 등장과 발전은 공동체 내부에서 보이는 個人 혹은 家口(household) 간의 階層化와 더불어 個別聚落 혹은 單位共同體 간의 社會·經濟的 差別化라는 두 현상이 어느 정도 심화되었는지 그리고 어떠한 방향으로 진척되고 있는지에 따라 판단될 수 있다(Carneiro 1998; Renfrew 1974; Trubitt 2000).

　전자의 경우, 개별 주거지 및 분묘에서 확인되는 증거들의 양·질적 차이에서 인지될 수 있다. 이러한 차이를 구분하는 고고학적 작업은 결국, 일상과 매장행위에서 보이는 구성원 개개인의 차별화에 주목하는 셈이며, 더 나아가, 사회구성원 중 소수가 富나 優越한 地位를 독점해가는 과정이 복합사회의 발전과정이라는 생각에 근거하고 있다. 최근 들어 '松菊里型 墳墓'에 대한 연구들은 이러한 변화를 설명하고 있으며, 더 나아가, 특정 분묘 혹은 분묘군을 수장(층)의 분묘(군)로 지목하고 있기도 하다(金吉植 1998; 金承玉 2001). 또한, 그러한 수장층의 분묘가 광범한 지역에서 특정 유적에 한정되고 있음에 근거해, 적어도 개별취락 혹은 단위공동체의 범주를 넘어서는 광역적 정치체와 그에 기반한 권력의 발생을 암시하고 있다. 유사한 맥락에서, 松菊里遺蹟과 같은 특정 취락을 사회·정치적 중심취락으로 상정하고 있다(金吉植 1998; 金承玉 2001). 그런데 이러한 결론은 지역에 대한 취락분포유형에 대한 체계적인 연구에 근거 한 것이라기보다는 수장이 거주하는 곳이니 중심취락이라는 추정과 이 유적이 우리의 경험에 비추어 무척 큰 유적이라는 점에 기초하고 있는 듯하다. 일면 개연적일 수 있고, 필자도 많은 부분 공감 하고는 있으나, 그 논리적 배경은 그다지 공고해 보이지 않을 뿐만 아니라, 다소 인상주 의적인 판단이라는 느낌을 버릴 수 없다.

고고학적 연구에서 개별 취락간의 사회·경제적 차별화 및 상호의존적 관계에 관한 규명은 취락의 위계화와 기능분화를 파악하는 것으로 인식되고 있다. 많은 고고학자들 이 특히, 지역적 범위에서 '聚落規模의 位階'가 형성되어가는 과정을 인지해 냄으로써 복합사회의 형성·발전을 밝히고자 한다(Billman 1996; Steponaitis 1981). 방법론적 측면에서, 취락체계가 多層化되는 정도를 社會複合度를 측정하는 대략적인 기준으로 사 용하는 것은 이미 보편화된 일이다. 뿐만 아니라, 취락의 규모는 인구규모를 반영하며, 인구규모의 차이는 기본적으로 기능적 차이를 담보한다는 생각 또한 널리 공유되는 바 이다. 한 지역 내에 분포하는 여러 취락들 중 특정취락에 인구가 집중된다는 점은 그 취 락이 다른 취락이 제공하지 못하는 사회적 정치적 경제적 혜택이나 서비스를 제공하고 있다는 점을 반영하는 것이다. 따라서 대형취락은 정치, 교역, 각종 수공품 생산, 군사적 행위, 혹은 농업생산의 중심지로서 이미 주변 소규모 취락들과는 기능적으로 구별된다. 한편으로, 만약 그러한 취락이 주변의 잠재적 농업생산력에 의해 유지되기 어려운 큰 인 구규모를 가지고 있다면, 자연히 주변의 농업생산자적 취락에 생계자원을 의존하게 되 며, 반대급부로 농업생산물 이외의 서비스를 제공하게 되는데, 이 경우, 대형취락은 비 농업적 서비스의 공급자이며, 동시에 일차적 농산물의 소비자가 되는 것이다. 이러한 차 별화된 기능적 관계, 즉, 특정의 산물을 대상으로 형성되는 생산자-소비자 관계 또한 인 구규모의 차이, 보다 단순하게는 취락면적의 차이에 반영된다.

그런데, 이상에서 살핀 두 가지 척도에 대한 고고학적 판단은 상호보완적으로 최종적 인 해석에 이용되어야 한다. 특히, 특정 취락 혹은 소규모 공동체 내의 구성원 간 차이를 반영하는 고고학적 증거가 반드시 제도화·세습화된 신분차이에 의해서만 생성되는 것 은 아니며, 한시적인 成就地位(achieved status)에 의해서도 나타날 수 있기 때문에, 개 인 혹은 가구 간 계층화만에 의존하여, 복합사회를 판단하는 것은 자칫 오류를 범할 수 도 있다. 최근의 복합사회 등장에 대한 연구경향이 소급적 혹은 역행적 시각 즉, 국가발 생을 설명했던 방법론적 기제와 시각을 그에 선행하는 군장사회(chiefdom)의 등장에도 동일하게 적용해왔던 경향을 비판하면서(Arnold 1996), 복합사회의 등장 이전의 부족 (tribe)단계 사회들의 역동성과 소규모 공동체 내에 상존하는 사회·경제적 차별의 요소 (Arnold 1993; Flanagan 1989; Testart 198) 및 自己擴大(self-aggrandizement)를 꾀

하는 개인들의 다양한 행위들에 주목하고 있다는 점(Hayden 1995 · 1996 · 2001; Hayden and Gaggett 1990; Clark and Blake 1994)도 유의해 볼만하다. 따라서 개별 유적에 대한 발굴조사와 분석을 통해 밝혀질 수 있는 분묘나 주거지 간의 차별적 요소(부장의 다소, 묘형의 상이, 묘규모의 대소, 주거지 출토유물의 질 · 양적 차이)는 지역적 취락체계의 맥락 속에서 다루어질 때, 보다 생산적으로 설명될 수 있을 것이다.

이러한 설명의 시도는 복합사회의 등장과 발전이라는 대주제와 관련된 여러 문제들을 다루고자 할 때 '地域的 接近法(regional approaches)'이 중요시되어 온 경향과 궤를 같이 한다(Bermann 1994; de Montmollin 1988). 지역적 접근이란, 체계론적 관점에서 지역적 정치체를 이루는 세 차원의 구성요소들, '개별가구(household)-공동체(community) - 지역적 정치체(regional polity)'[1]들이 유기적으로 연관되어 있으며, 특정차원에서의 변동은 다른 차원의 변화와 밀접한 관련이 있다는 패러다임이라 할 수 있다. 물론 선사 및 고대사회에 대한 연구패러다임으로서의 지역적 접근은 구체적인 연구방법론으로서의 지역적 취락분포유형(regional settlement patterns) 조사와는 전혀 다른 것이다. 하지만 많은 고고학자들은 연구관점으로 지역적 접근을 위한 일차적이고 가장 효과적인 방법으로서 광역적인 지표조사를 통한 지역적 취락분포유형 복원을 강조하고 있다. 그것은 '복합사회의 등장'이라는 문제가 개념적 혹은 경험적으로 이미 단위공동체를 넘어서는 지역적 정치체와 그것을 통제하는 정치엘리트의 발생, 지역적 정치체의 구성요소인 단위공동체들 간의 집단적 관계 등을 전제로 하기 때문이다(Drennan 2000).

이러한 관점에서 보자면, 錦江下流域에서 松菊里類型의 파급시점에 나타난 정치 · 경제적 변화를 올바로 이해하기 위해서는 고고학적 관찰은 적어도 개별유적을 넘어서는 범위에서, 지역적 취락분포유형에 대한 복원을 바탕으로 이루어져야 함은 재론의 여지가 없을 것이다. 또한 도작의 집약화가 그러한 변화의 원인이 되었다고 전제한 바에야, 궁극적인 분석의 대상은 분석단위로서 개별취락 혹은 단위공동체들 간 도작집약화의 정도를 반영하는 요소의 차별화이어야 함을 알 수 있다. 특히, 지역적 취락체계 내에서의 상 · 하위 집단의 차별성에 대한 분석이 그 중심에 있어야 할 것이다.

---

1) 형태와 규모면에서 개별 취락들은 더 세분될 수 있을 것이다. 그런데 이러한 물리적 구분을 사회조직의 복원문제와 결부시킨다면, 이와 같은 세 수준정도가 타당할 것으로 보인다(Parsons 1972; Trigger 1968).

2. 稻作集約化의 社會組織의 理解 : 考慮되어야 할 問題들

중서부지역 청동기시대의 정치·경제적 변화는 '인구증가와 인구압', '농토에 대한 경쟁', '집단간의 갈등' 등을 주요어로 삼아 설명되어왔다 (朴淳發 2002; 國立中央博物館 2000; 宋滿榮 1996). 그리하여, 地域政治體와 정치엘리트의 등장을 당시 사회가 직면했던 인구압, 농토부족, 사회적 갈등 등의 문제에 대한 정치적 해결책으로, 도작의 집약화를 경제적 대안으로 선택되었던 것으로 이해하고 있다. 이러한 설명의 논리적 시발점은 후빙기 이후의 지속적인 인구성장에 대한 믿음이다. 하지만 인구성장이 登落없이 전 기간에 걸쳐 계속 되었을까? 현재로선 알 수가 없다. 주요한 선사시대의 전환기—예를 들어, 신석기 - 청동기 전환기, 청동기시대 전-중기 전환기 등—에 있었던 사회·경제적 변화에 대한 설명에 '인구'라는 요소를 끌어들이기 위해서 필요한 것은 후빙기 이후 현재까지의 인구성장에 대한 거시적 정보가 아니라, 특정시점 전후의 인구변화에 대한 미시적인 정보이다. 이러한 정보는 관념적 추정이 아닌 경험적이고 체계적인 정보수집에 의해서만 이루어질 수 있다. 뿐만 아니라, '인구성장'을 인구압 혹은 인구-자원 간 불균형 상태와 연결시키기 위해서는 특정시점의 인구규모와 잠재적 자원생산력의 상관관계에 대한 정보가 필수적이다. 만약 그러한 정보의 축적이 없이 검증되지 않은 전제를 바탕으로 현재의 자료 혹은 추후 축적될 자료들이 해석·설명된다면, 우연히 그 결론이 맞고 틀림을 떠나 선사시대에 대한 우리의 이해를 잘못된 방향으로 유도할 수도 있다. 사실, 인구변화와 사회·정치변동의 관계를 설정한 현재의 설명은 농경의 발생이나 집약화와 관련된 서구의 고전적 모델(Boserup 1965; Cohen 1977)에 상당부분을 의존하고 있다. 하지만, 최근의 사례 연구들은 이러한 모델들의 실효성을 의심하고 있는 상태이다 (Brumfiel 1976; Drennan 1987·1988·1991; Earle 1991). 물론 다른 지역의 사례연구의 결과가 우리상황에 어떻게 적용될지는 섣불리 판단하기 어려운 문제이다. 그러나 그러한 점이 피상적인 人口觀에 근거한 관념적 설명이 청동기시대 사회·경제적 변화에 대한 이해의 기초를 이루어도 된다는 것을 보증하는 것은 더더욱 아니다.

이상에서 언급한 선사시대 인구관의 저변에는 인구를 부양의 대상으로만 파악하는 시각이 크게 자리하고 있는 듯하다. 하지만, 인구는 부양의 대상인 동시에 노동력의 원천이다. 따라서 인구의 분포는 노동력 동원과 관련된 사회조직의 반영이기도 하다. 최근의 몇 연구들은 해상도를 달리해가며, 노동력 사회조직의 문제를 직·간접적으로 논하고 있다.

미시적 관점에서 고해상도를 가지는 연구는 주로 송국리형 취락 내부의 주거지 배치에 주목하여, 취락 혹은 공동체 내부의 생산조직의 변화에 주목하고 있다(權五榮 1997;

Kim, S.G. 1996; 安在晧 1996). 한편, 청동기시대 전기 특히 驛三洞類型과 松菊里類型의 집중분포지역이 매우 선명하게 구분되는 점에 착안하여, 지역적 차원에서 대규모 인구이동이나 인구유입을 언급하는 연구들이 거시적 관점에서의 연구들로 분류할 수 있다 (金壯錫 2003; 金承玉 2001; 禹姃延 2002; 李眞旼 2003). 비록, 거시적 안목에서의 연구들 모두가 구체적으로 노동력의 문제를 다루고 있지는 않지만, 본고의 주된 분석단위가 소규모 공동체 이상의 수준인 바, 이들에 대해서는 좀 더 깊이 논의를 해보기로 하겠다.

주지하다시피, 거시적 차원의 연구들 간에는 松菊里類型의 물질문화의 등장배경을 바라보는 시각에서 상당한 차이가 있다. 일군의 연구자들이 그 移入性을 상정(金承玉 2001; 禹姃延 2002; 李眞旼 2003; 李弘鍾 2002)하는 반면, 다른 연구자들은 '先松菊里類型'에 주목하면서 후행하는 松菊里類型의 在地性을 강조(金壯錫 2003; 安在晧 1992) 하고 있다. 따라서 지역적 범위에서의 인구변화의 문제를 설명하는 논리에서도 큰 차이를 보일 것으로 생각된다. 현재까지 移入性을 강조하는 연구들은 지역적 차원의 인구변화와 노동력동원의 사회조직의 문제를 적극적으로 설명하지는 않고 있다. 하지만, 외부로부터의 인구유입을 전제한 바에야 특정시점―예를 들어, 驛三洞類型과 松菊里類型이 중복되는 기간(李眞旼 2003)―에서 인구증가를 상정하지 않을 수 없다. 한편, 在地性을 강조하는 입장에서는 인구의 증가보다는 중서부지역, 좀 더 엄밀하게 말하자면, 충청(남)도 지역 내에서의 人口移動에 더욱 주안하고 있다(金壯錫 2003).

그러한 측면에서 보자면, 전자의 입장이 충남 남부지역에서 인구증가에 대해서 설명해야 할 부담이 적은 대신 후자는 지역 내부에서 대규모 인구분포의 변화가 왜 발생했는지를 설명해야 하는 부담이 생긴다. 외부에서 이미 완성된 형태의 사회·경제적 시스템으로서 '松菊里文化'를 保持했던 集團이 선주민과의 갈등을 피해 '空白地帶'에 정착했다는 논리로 현재의 유적분포상황을 설명한다면, 전자의 입장에서는 가장 선명하게 해답을 제시하는 셈이 되겠다. 물론, 기원지역의 양상과 유입된 주민의 규모에 대한 증거만 확보된다면, 상당한 설득력을 가질 것으로 보이지만, 현재로선 그러한 문제들의 해결이 지난해 보인다.

한편, 후자의 입장에서 안고 있는 부담감은 두 가지 핵심적인 문제와 관련이 있다. 왜 '先松菊里段階'에서 급격히 감소·분산되었던 충청지역의 인구가 급격히 다시 증가하는지와 급증한 인구가 왜 금강 중하류지역에만 집중하는지[2]가 바로 그것이다. 金壯錫의 연구(2003)는 이러한 문제에 대한 해결의 실마리를 도작농경의 집약화에 따른 노동력 확보에서 찾고 있다. 그러한 설명은 지역적 인구분포양상을 노동력동원의 사회조직과 결부시키려했다는 측면에서 보자면, 진일보한 것이 될 수 있겠지만, 결론에 앞서 고려(혹은 선결)되어야 할 몇 가지 중요한 문제들을 간과하고 있어 그 설득력에 한계를 보이기도 한다.

그의 논고에서는 충청지역에서 송국리형 취락이 형성되는 과정에서 ① 논농사의 보편화, ② 노동력 수요의 급증, ③ (특정 취락에) 인구의 밀집, ④ 노동조직을 통제하는 정치엘리트의 발생 등이 인과적이고 순차적으로 일어났던 것으로 설명되고 있다. 이 논리대로라면, 우선 ① 논농사의 보편화는 개개 가구 혹은 소규모 집단의 독자적이고 자발적인 선택이었으며, ② 청동기시대 논농사는 일시에 많은 노동력이 소요되는 것이었으며, ③ 인구가 밀집된 취락은 그만큼 주변에 개발될 자원, 즉 논농사에 적합한 토양이 많이 분포한다는 것이며, ④ 새로이 발생한 정치엘리트는 관리자적 지도권(managerial leadership)[3]을 행사했던 것이라는 점이다. 여기에 몇 가지 질문을 던져보자.

첫째, 개별가구의 生計戰略的 선택으로서 논농사는 왜 이 무렵에 보편화되었을까? 다시 말해, '先松菊里段階'에서는 '적응적 방산'을 했던 개별 가구가 충남 전역에서 이 시기엔 왜 공통적으로 (다시) 집약적 농업방식을 선택했을까? 소위 '비용과 혜택(cost and benefit)'의 측면에서 보면 노동력이 많이 소요되는 논농사를 택했을 때 무슨 반대급부를 기대한 것일까?

양극화하여 구분해 볼 때, 농업생산의 집약화에 소요되는 기술의 확보나 물리적 기반의 조성은 개별가구나 소규모 공동체의 생계상의 필요에 의해서 시작·유지될 수도 있고, 새로이 등장하는 혹은 기존의 정치엘리트의 직접적인 관여에 의해서 이루어질 수도 있다(Erickson 1993; Scarborough 1998·1999). 그런데, 전통적으로, 기초생산단위로서 農業家口는 외적 강제가 없는 한 자발적으로 집약화에 참여하지 않는다는 것이 일반적인 의견이다. 여기서 외적 강제란, 직접적으로 인지할 인구압, 시장경제로의 편입, 정치경제(political economy)의 영향에 따른 조세부담 등이 대표적이다. 이러한 경향은 많은 사례연구에 의해서 증명되는 바이기도 하고, 소위 '차야노프의 법칙(Chayanovean Rule)'으로 알려진 농업가구의 생산량 혹은 생산성 결정방식에 관한 농업경제이론의 뒷받침을 받고 있다(Netting 1990).

과연, 지역적 인구증가와 그에 따른 농토에 대한 경쟁의 심화가 단위면적당 생산성이

---

2) 이 부분 기존의 연구에서 피력된 바를 옮긴 것일 뿐, 필자가 확인 한 것을 밝히는 것은 아니다. 여기서도 피상적이고 관념적인 인구관을 엿볼 수 있다.
3) 지도력의 양태에 관해서는 후술하는 바를 참조하기 바란다.

높은 농업방식을 강요했다면, 왜 군이 외부의 인구까지 끌어 모으면서까지 논농사를 택했을까? 언뜻 이해가 가지 않는 부분이다. 이 경우, 늘어난 노동력으로서의 인구는 또 곧바로 부양대상의 증가를 의미하지 않던가.

둘째, 청동기시대의 논농사는 지역적 단위의 인구집중을 요하는 정도로 대규모의 것이었나? 현재까지 우리가 축적한 고고학적 증거나 문헌사의 연구 성과, 민족지자료 등을 고려하면, 이 질문에 대한 대답은 부정적이다.

기술적 운용이라는 측면에서 보면, 상대적으로 많은 노동력의 투입은 논을 개간하는 작업이나 급·배수 및 홍수조절 등 수자원관리와 관련된 토목공사를 수행할 때, 절실하다. 그런데 이러한 개개 작업들 간에도 소요되는 노동력의 규모가 현저하게 다를 뿐만 아니라, 논의 규모나 지리적 환경에 따라서도 노동력투입의 방식과 규모는 큰 차이를 보인다. 동아시아 전근대사회에서 논바닥의 조성이나 급수는 대체로 개별농가나 소규모 집단이 자체적으로 할 수 있었으나, 배수와 홍수조절은 토호세력이나 국가의 개입이 없이는 어려웠다고 한다(Bray 1986). 이러한 사실은 배수나 홍수조절이 절실한 대하천 주변의 저습지를 개간[4]하지 않는다면, 물을 대는 구획단위로서의 개별 논의 규모가 크지 않은 경우, 대규모 노동력동원이 필수적인 요건은 아니라는 점을 시사하는 것이다. 물론, 용수원의 이용에 있어서, 주변에 소규모 하천-예를 들어 1 / 25,000 지형도에서 1·2차수로 표시되는 하천의 발달이 미약하여, 대규모 하천을 조직적으로 이용하지 않으면 안 되는 경우정도가 대규모 노동력의 동원이 절실한 부분이 되겠다.

현재까지 충청지역에서 발굴된 청동기시대 논 및 그와 관련된 유구들의 규모를 보자. 論山 麻田里 C 遺蹟 (孫晙鎬 2000)과 扶餘 九鳳里遺蹟 (忠南大學校 百濟研究所 2001·2002)에서 발굴된 단위논의 크기는 11.4~73.6m2(0.001~0.008ha)로 현대의 논과는 비교할 수도 없을 정도로 작다. 수로나 저수장의 크기도 그에 비례해 소규모이다. 현재의 발굴 자료에 기준해서 보면, 청동기시대 논농사의 기술적 운용에는 개별농가나 소규모집단을 넘어서는 대규모의 노동력 동원이 절실해 보이지는 않는다.

사실, 비교문화적인 민족지연구에 따르면, 제2차 세계대전 직후까지도 동아시아지역에서 가장 넓은 단일구획의 논의 면적은 0.1ha를 넘지 않았고 따라서 논의 조성에 있어서는 대규모의 인력 투입이 요구되는 것은 아니었다고 한다(Bray 1986). 비록 동아시아

---

4) 참고적으로 삼국시대 저습지 개간(金在弘 1995)에 대해서도 확신을 갖기가 어렵다는 문헌사학계의 경향 또한 고려해 볼 만하다.

지역은 아니지만, 남미의 페루(Peru)에서의 실험고고학적 연구에 따르면, 건기에도 수로를 개척하는데 전근대적인 장비로 농부 한사람이 하루 약 1km의 수로를 만들어 용수를 공급할 수 있다고 한다(Farrington 1980). 우리의 민속학 자료에서도 소농 위주의 농촌에서는 현재에도 계곡의 소규모 수원을 이용하기 위한 洑를 개별농가가 직접 축조·관리하는 것으로 나타났다(배영동 2000).

여기서, 오해의 소지가 있는 점을 좀더 명확히 해보자. 우리가 노동력수요와 집약화기술의 운용의 관계를 다룰 때 소위 '大規模'와 '廣範圍'는 다른 차원의 문제이며, 이를 혼동해서는 곤란하다. 노동력의 소요라는 측면에서 보면 '대규모'란 동시에 많은 인력의 투입을 의미하는 반면, '광범위'란 지역 내의 많은 부분이 경작되었다는 것일 뿐 일시에 많은 노동력투입을 필요로 하는 것은 아닐 수도 있다. 청동기시대의 논농사의 경우, '대규모'로 이루어지지는 않았어도 지역 내 소규모농가들의 개별적 노동력투입으로 광범위하게 이루어졌을 수는 있다.

비록, 청동기시대 중기에 개별 가구들이나 소집단들이 금강 중·하류지역에서 '광범위'하게 논농사를 수행했다하더라도, 특정취락으로의 인구집중은 농업의 집약화를 선택한 개별가구의 선호와는 지극히 排置되는 것이다. 농토에 대한 경쟁에 따른 소유권분쟁을 피하고, 집약화와 관련된 시설을 보다 효율적으로 관리를 위해 농토 근처에 주거를 택하며, 따라서 집약화의 과정에 있는 사회에서 개별 가구 간의 간격은 이전의 조방적 생산 시기보다 멀어지기 때문이다(Drennan 1988; Earle 1991; Gilman 1995).

셋째, 그럼에도 불구하고 특정취락 혹은 주위에 인구가 집중하는 것은 집약화의 기술운용이 개별농가가 감당할 수 없는 대규모의 것이어야 할 뿐만 아니라, 전급한 것과 같은 부담과 불이익을 상쇄하는 반대급부가 있어야 할 것이다. 그것은 바로 가용자원의 풍부함이라 할 수 있겠다.[5] 즉, 금강 중하류유역에서 발견되는 상대적으로 규모가 큰 취락이나 공동체들은 그러하지 못한 취락에 비해 주변에 논농사에 적합한 토양이 훨씬 많이 분포해야 한다는 전제가 충족되어야 할 것인데, 과연 그러할까? 이 부분은 취락체계와 토양분포의 관계를 살펴보는 작업을 통해 답할 수 있을 것이다. 그런데, 취락분포체계의

---

5) 특정집단이 대규모 수로를 만들고자 하여, 대규모 노동력의 수급이 절실했다고 가정하자. 과연 그러한 수로는 무엇을 위한 것인가? 결국, 광범한 논에 물을 대기 위함이며, 따라서 소규모 하천만을 이용하여 만족할 수 있는 경우보다 주변에 논으로 개발될 토지가 광범하게 존재하여야 한다. 하지만 농사를 위해서 日常的으로 이동하는 거리에는 한계가 있음을 고려할 때, 물을 댈 논은 거주지 '주변'에 있어야 한다.

수립은 단순히 개념적인 모델, 소급적 유추를 통해 이루어지는 것이 아니다. 즉, 널리 알려진 지리학적 모델에 몇몇 유적을 끼워 맞추거나, 정치·경제적 배경이 달랐을 수도 있는 후대의 취락분포모형을 소급적으로 적용하는 작업만으로는 부족하며, 체계적으로 축적된 실제정보에 근거해야 한다는 것이다.

III. 錦江下流域 松菊里型 聚落의 分布樣相

본고가 錦江下流域 松菊里型 聚落들의 分布樣相을 파악하기 위해 이용한 자료는 금강에 연접한 충남 서천군의 남부지역 62.3Km²에 대한 전면지표조사(full-coverage survey)를 통해 획득되었다(도면 1). 후속된 유물분류작업을 거쳐 지표조사 시 확보된 유물분포범위와 위치에 관한 정보는, 개별취락의 면적에 근거하여 취락체계를 복원하는 작업에 직접적으로 이용되었다.

지표조사를 통해 지역적 범위의 취락분포유형을 파악하고자 하는 시도는 많은 고고학자들이 세계 여러 지역에서 통상적으로 수행하고 있는 고고학적 조사방법이다. 하지만 지표조사를 통한 자료 획득의 실효성에 대한 비판 또한 만만치 않다. 그러한 비판은 '지표의 정보는 지하에 매장된 정보를 반영할 수 없다' 와 같은 근본적인 부정에서부터 자연 혹은 인문적 요인에 의한 훼손의 정도에 따라 지표상의 정보 정확도가 달라질 수 있다는 우려까지 그 종류도 다양하다. 또한 지표조사를 통한 정보의 획득과 이용에 우호적인 학자들조차도 자료획득의 방법과 관찰 및 분석의 단위인 '遺蹟' 의 인지에 대해 시각차를

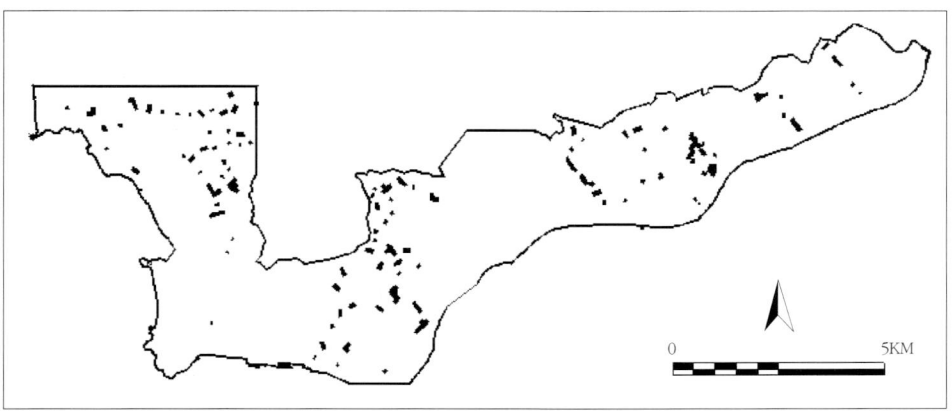

〈도면 1〉 조사지역의 위치와 범위

보이고 있다. '全面的 地表調査(full-coverage survey)'와 '標本的 地表調査(sampling survey)' 옹호자들 간의 논쟁, 전통적인 유적의 개념에 근거한 지표조사(site-based survey)를 옹호하는 연구자들과 '탈유적적 지표조사(siteless survey)'를 제안하는 연구자들 사이의 논쟁 등이 그 대표적인 예라고 할 수 있다. 이러한 비판과 논쟁에도 불구하고, 많은 고고학자들이 세계 여러 지역에서 광역적 지표조사를 수행해오고 있는 것은, 그것이 광범한 지역에서 시기에 따라 변해가는 지역적 취락분포유형을 직접적이고 체계적으로 파악하기에 가장 효과적이고 경제적인 방법이기 때문이다. 또한 지난 반세기 동안의 방법적 세련 또한 그러한 경향에 일조하는 요소일 것이다.

전통적으로 우리 고고학계는 지표조사 자료를 계량화하는 작업에 다소 등한하였다. 전술한 바와 같은 지표자료에 대한 부정적 시각이 그 원인인 것으로 보인다. 하지만 한편으로는 우리고고학의 학문적 배경이 지표조사 자료를 적극적으로 이용했던 미국적 전통과는 어느 정도 차이가 있고, 우리고고학의 성장이 구제발굴을 중심으로 이루어져왔던 바, 지표자료의 계량화나 효율적인 운용에 주목하기보다는 최종적인 발굴의 예비자료 정도로만 이용해온 데서도 그 원인을 찾을 수 있겠다.

그럼에도 불구하고 현재에도 지표조사는 부단히 행해지고 있으며, 유적 발견의 일차적인 과정으로 자리하고 있다. 지금의 용역조사가 지표조사 → 시굴 → 발굴의 과정으로 이루어지며, 시·발굴의 조사범위가 지표조사에 근거해 정해진다는 점을 감안하면, 이미 오래전부터 지표조사를 통해 유적의 위치와 면적을 파악하는 작업은 우리 고고학계에 보편화되어있다고 할 수 있다. 한편, 많은 현장조사자들이 증언하는 바와 같이 법적인 문제나 예산상의 이유 때문에 한정적인 범위만을 발굴했으나 실제로 그 유적은 훨씬 크다고 증언하는 경우가 많다. 구제발굴을 통한 정보획득이 끝난 후, 대상유적에 대한 조사가 재차 이루어지기가 힘든 현실을 감안한다면, 지표조사를 통한 일차적 정보의 확보에 더 집중해야 할 필요가 있는 것은 아닐까? 그리고 이왕에 지표조사 자료를 수집할 바에야 조금의 노력을 더 기울여 계량화가 가능한 것으로 만들고 이를 최종적인 발굴 자료와 비교하여 체계적인 정보로 만들어 감은 어떠할까 하는 생각이 든다.

1. 地表調査過程 : 遺物蒐集의 單位와 遺蹟의 發見

필자가 서천군의 남부 일원에서 수행한 지표조사방법은 현재 우리 고고학자들이 써오던 것과 크게 다를 바가 없다. 다만, 적극적으로 지표의 흔적을 정보화하려는 의도가 약간 달랐을 뿐이다. 따라서 구체적인 현장조사 방법상에서 계량화에 필요한 한두 가지 노력을 더 한 정도이다. 개별 조사자는 等間隔을 유지하되 서로의 조사범위가 약간 중복이 되도록 하여 지그재그로 걸어서 유물을 수집하였다. 대체로, 유물수집의 단위는 1헥타아르(ha)로 설정하였으나, 지형적인 요건으로 실제적인 유물수집의 단위는 실제로 그보다 작은 경우가 많다. 또한 100m 이상의 공백이 없는 경우, 유물수집의 단위는 연속적으로 분포하는 것으로 파악하였다. 그러나 유물이 발견된 모든 수집단위를 유효한 것으로 파악한 것이 아니라, 객토의 문제점을 고려하여, 1ha 당 세 점 이상이 발견된 곳만을 최종적으로 유효한 수집단위로 파악하였다. 또한, 유물이 다수 분포하는 유물채집단위에서도 최소한의 통계적 유의치인 25점(오차범위 ±10%, 90% 신뢰구간; Drennan 1996)을 약간 넘는 정도의 유물만을 수집하였다.

이러한 방법에 따라 자료를 수집한 결과, 총 197개 수집단위에서 유물의 분포를 확인할 수 있었으며, 이 중 97개 수집단위에서 청동기시대 유물—절대적으로 대부분이 무문토기편임—을 확인할 수 있었다(도면 2). 그 중, 23개 단위가 송국리유형에 속하는 것으로 판단되었는데, 이에 공간적으로 연속한 수집단위에서 무문토기편이 발견되되, 공렬, 단사선 등 구연부문양이나 점토대 등 전·후기적 요소가 보이지 않는 경우, 이를 모두 송국리유형의 채집단위로 소속시켰다. 이런 과정을 거쳐, 최종적으로 송국리유형에 해

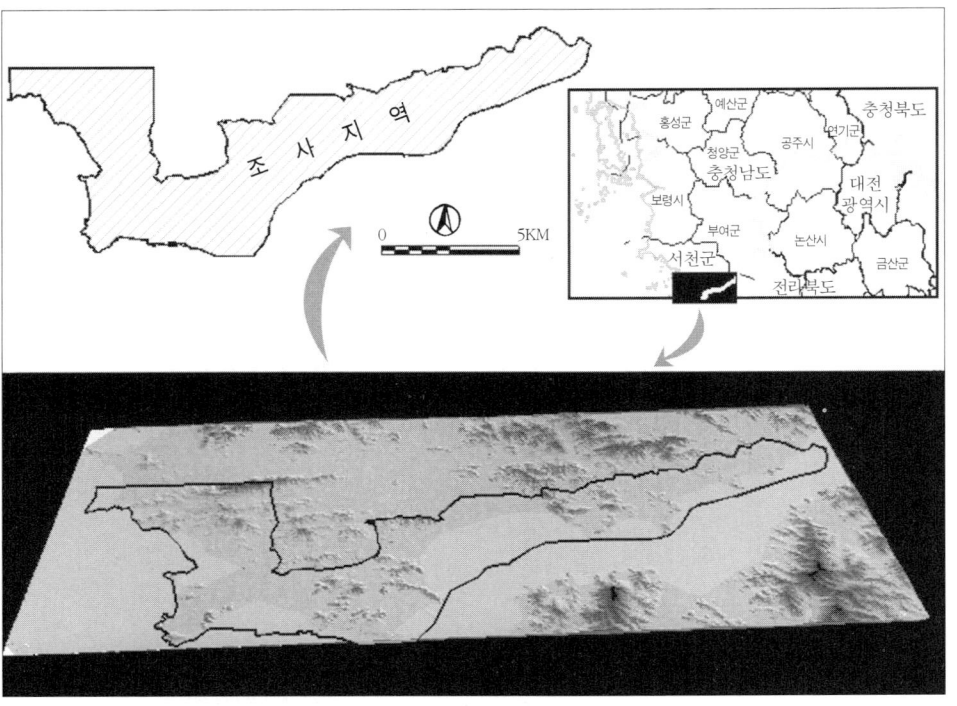

〈도면 2〉 조사지역 내 유물 채집단위의 분포

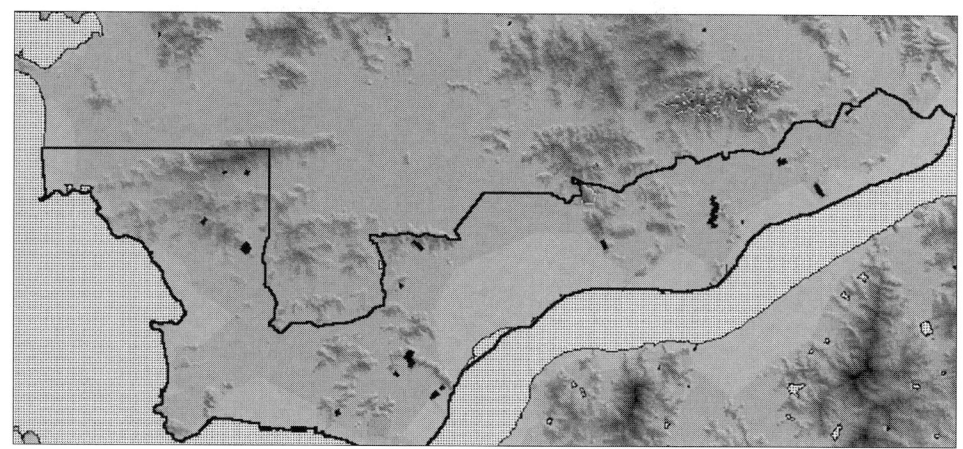

〈도면 3〉 조사지역 내 송국리형 유적의 분포

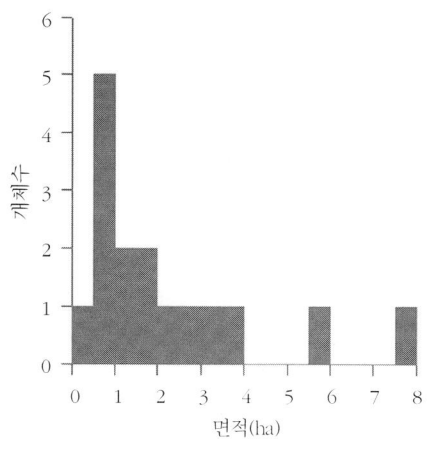

〈도표 1〉 개별군집의 면적 분포

〈표 1〉 군집별 면적

군집	면적	군집	면적
1	0.41	9	0.68
2	0.88	10	1.87
3	1.34	11	0.92
4	3.82	12	1.96
5	2.23	13	7.51
6	0.70	14	3.14
7	0.81	15	2.59
8	5.61	16	1.20

당하는 것으로 판단되는 유물수집단위는 道三里遺蹟(高麗大 埋藏文化財硏究所 2003) 및 연접하는 유물산포지를 포함하여 총 43개에 달한다.

〈도면 3〉에서 보듯이, 이들 松菊里類型에 속하는 채집단위들은 조사지역 전체에 산발적으로 고립되어 분포하는 것이 아니라, 군집과 산발적 분포가 혼재되어 나타난다. 연속적으로 분포하는 채집단위를 단일군집, 즉, 전통적인 개념의 '遺蹟'으로 파악하면, 총 16개소의 '松菊里型 遺蹟'이 확인된 셈이다. 이들은 면적에 있어서 차이를 보이는데 〈표 1〉과 같으며, 〈도표 1〉에서 보는 바와 같이 대략 2~3개 가량의 그룹으로 분류가 가능하다. 하지만, 이것이 바로, 취락체계 복원의 자료로 이용되는 것은 부족함이 있어 약간의 추가적인 분석을 시도한다.

2. 分析單位의 設定과 聚落體系의 復元

실제로, 많은 연구들이 취락분포유형의 분석과 취락체계의 복원에 있어, 그 대상이 되는 분석단위로 물리적 유물·유구집중지점으로서의 전통적인 개념의 '유적' 혹은 '협의의 취락' 대신 '共同體(community)'를 전제하고 있다. 물론, 공동체의 범주를 정하는 작업은 무척 많은 논쟁거리를 내포하고 있다. 그러한 현상은 학자들 간 매우 상이한 '공동체'의 개념을 이용하는 것을 보면, 쉽게 예상이 가능한 일이다. 개별 주민이나 개개 가구 간 대면관계, 주거의 인접성에 주목하는 고전적 정의(Murdock 1949)에서부터 理想化·觀念化된 개념으로서 공동체를 강조하는 최근의 정의들(Yaeger and Canuto 2000, Hegmon 2002)까지 다양하다. 하지만 고고학적 분석단위로서의 공동체를 규정하는 일은 물질자료가 반영하는 바에 근거하여, 구체적인 상호작용이 벌어졌던 공간을 가시화하는 것이지, 실제의 거주 공간으로부터는 격리된 마음 속 가상의 공간(Marcus 2000)을 그려내는 것이 아니다. 따라서 본고는 물리적으로 가시화하기에 적합한 George Murdock의 정의에 주목하면서, Peterson과 Drennan(2004)에 의해 제안된 방법[6]을 수용하여 구체적인 분석단위의 설정하였다. 물론, 필자가 수집한 자료에 맞게 변수나 측정치, 절차는 약간의 변형을 가하였다. 이 방법의 적용을 위해서 *AutoCAD*, *Idrisi*, *Idrisi2Surfer*, *Surfer* 등 몇몇 기본적인 GIS 프로그램과 데이터베이스 프로그램이 사용되었다.[7]

분석의 결과, 〈도면 4〉와 같은 다양한 범주의 '공동체' 설정이 가능한데, 본고는 'L3'의 범주를 택해 분석단위로 삼고자한다. 사실 'L2' 이하는 근접한 유적들을 분리하는 경향이 있고, 'L4' 이상은 본고가 전제하는 日常的·對面的 關係에 근거한 공동체의 개념에 부적합하게 먼 거리(1km 이상)의 유적을 동일 공동체에 포함시키기 때문이다.

여기서 보듯이 전술한 바와 같은 분석에 의존하더라도, 최종적으로 공동체의 공간적 범주를 결정하는 일은 연구자가 어떠한 상호작용에 주목하느냐, 혹은 지형적인 제한요

---

6) 이들의 모델은 거리와 상호작용의 강도에 의해 보다 객관적이고 보편적으로 적용가능한 분석방법을 제안하고 있다.

7) 어떻게 우리 자료의 특성, 특히 청동기시대의 그것에 맞게, 고고학적 분석단위로서의 '공동체' 파악할 것이며, 그 구체적인 방법을 어떠한지는 차후 별고를 통해 논의해 보기로 한다.

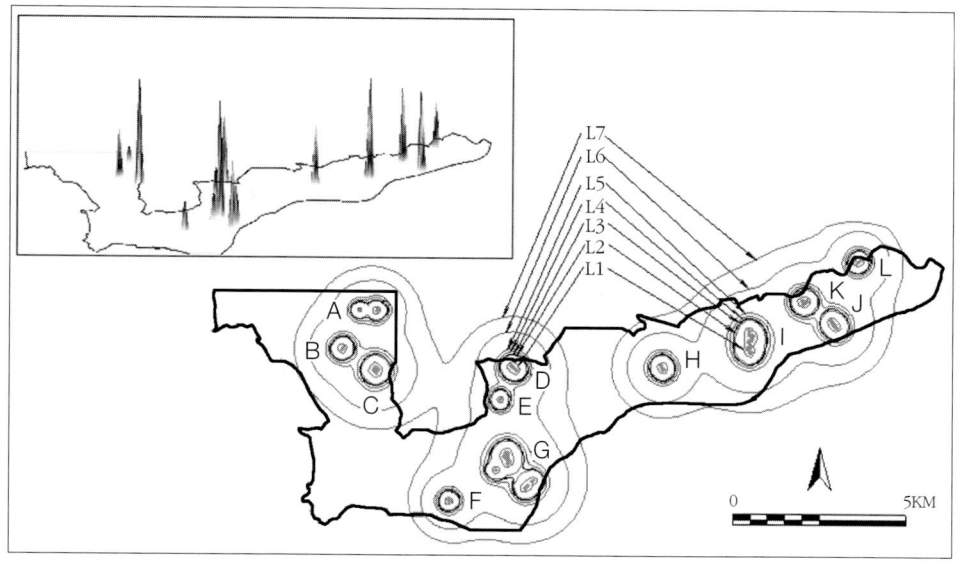

〈도면 4〉 단위공동체 설정의 다양한 수준

인을 얼마나 고려하느냐 등 연구주제에 따라 달라질 수 있다. 즉, 본고가 주목하는 일상의 농사와는 다른 측면의 사회 · 정치적 상호작용—예를 들어, 교역, 조세의 징수 등—을 연구하자면, 다른 범주를 택할 수 있을 것인데 고찰의 대상이 되는 상호작용의 종류와 강도에 따라, 분석의 범위를 달리해갈 수 있는 것이 이 모델의 장점이기도 하다.

이상의 과정을 거쳐 파악된 대상지역의 취락분포체계는 12개의 단위공동체로 이루어지게 된다. 개별 단위공동체의 면적은 〈표 2〉과 같은데, 대략 대 · 소의 2개 집단으로 구분이 가능하다(도표 2). 따라서 잠정적으로 금강 하류역의 지역적 취락위계는 2단계 정도로 파악될 수 있으며, 대 · 소의 공동체를 상 · 하위 공동체로 설정할 수 있겠다. 이러한 취락의 위계적 체계 내에서 상위에 속하는 공동체인 'G'와 'I'는 馬西面 道三里[8]와 華陽面 完浦里에 위치하는데 각각은 〈도면 4〉의 'L7'의 단계에서 둘로 나뉘는 가장 광범한 공동체 구분에 따르더라도 서로 다른 집단에 속하며, 이들을 각 집단의 중심공동체로 보면 무리가 없을 듯하다. 물론, 두 상위 공동체간의 구성에는 약간의 차이가 있다. 즉, 'G'가 물리적으로 구분되는 3개의 (협의의) 취락을 포괄하는 반면, 공동체 'I'는 단

---

8) 공동체 'G'는 이미 발굴된 道三里遺蹟 (고려대 매장문화재연구소 2003; 조은지 2004)과 주변의 유물산포지를 포함한다.

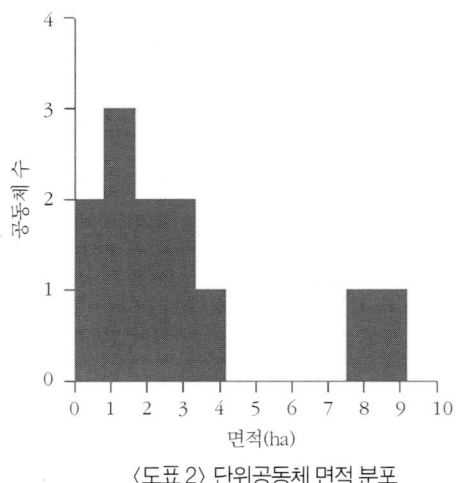

〈도표 2〉 단위공동체 면적 분포

〈표 2〉 단위공동체별 면적	
공동체	면적(ha)
A	1.29
B	1.34
C	3.82
D	2.23
E	0.70
F	0.81
G	9.08
H	1.96
I	7.51
J	3.14
K	2.59
L	1.20

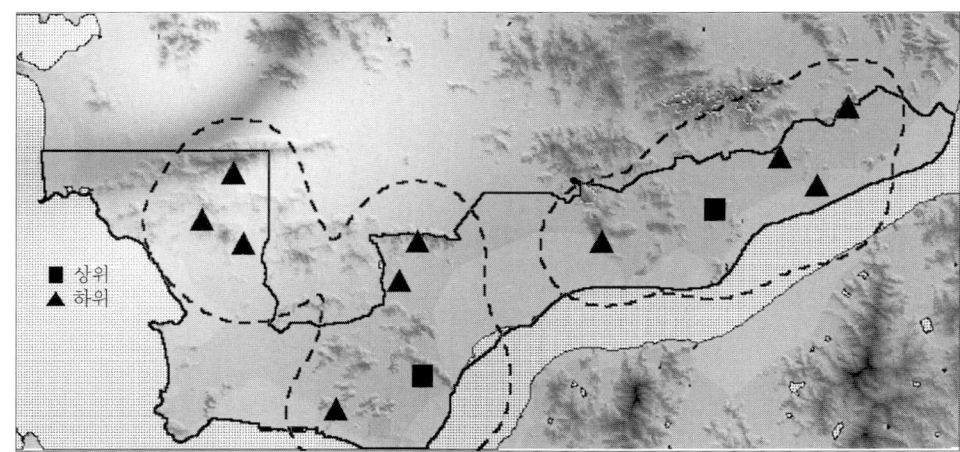

■ 상위
▲ 하위

〈도면 5〉 등급화된 단위공동체의 분포

일 취락으로 이루어져 있다.

　〈도면 5〉는 상·하위로 분류된 공동체들의 분포의 보여주는데, 비록 고전적인 중심지 이론이 지향하는 정형화된 분포유형을 찾기는 힘들지만, 대략 상위 공동체를 중심으로 느슨하게 집중하는 것으로 볼 수 있겠다.

Ⅳ. 錦江下流域 松菊里型 聚落의 位階化와 稻作集約化 關聯性

앞서 살핀 바와 같이, 금강 중·하류역의 대규모 松菊里型 聚落이 논농사의 수행을 위한 노동력의 집중을 반영한다면, 큰 공동체일수록 논농사에 유리한 토양이 많은 지역에 입지하는 경향성을 보여야 할 것이다. 따라서 공동체의 규모와 토양의 분포와의 관계를 살펴보는 것이 그러한 가정의 타당성 여부를 판가름 하는 출발점이 되겠다.

1. 聚落體系와 논토양 分布의 相關性

⑴ 土壤分布分析의 範圍

공동체의 규모와 주변에 분포하는 토양의 관계를 살피기 위해서는 일차적으로 '주변'의 범위를 정해야 할 것이다. 이는 개별공동체 주민이 농사를 위해 당연히 감수하는 일상적 이동거리와 직접적인 관련이 있으며, 구체적인 분석에 있어서는 '가용자원역(site catchment area)'의 범위를 정하는 작업에 해당한다. 수렵채집사회를 대상으로 했던 Vita-Finzi와 Higgs(1970)의 연구에서 적용되었던 가용자원역의 범위는 반경 대략 5~10km의 지역을 포괄한다. 하지만, 집약화된 농경에 기반한 복합사회의 경제적 측면을 분석하는 연구들은 이보다는 훨씬 축소된 반경 1~2km의 지역을 대상으로 하는 것이 일반적이다(Steponaitis 1981; Todd 1978). 비교문화적 민족지연구에 의하면, 대체로 정착농경민이 일상의 농사를 위해 이동하는 거리는 1km를 넘어서면서 그 빈도가 매우 급격히 감소하며, 5km 이상은 거의 고려의 대상이 되지 못한다고 한다(Chisholm 1962).

우리나라 자료 중 농사를 위한 일상적 이동거리에 대한 정보를 직접적으로 제공하는 것은 많지 않다. 다만, 민속학 자료의 일부를 간접적이나마 이용할 수 있지 않을까 한다. 필자가 주목하는 것은 용수공급의 필수적 시설인 '보(洑)'에 대한 관리와 관련된다. 대체로 전통적인 농경부락의 주민들은 거주지 주변의 농토를 경작하며, 주변 계곡에서 발달한 소규모 하천을 水源으로 이용하는 바, 洑도 거주지로부터 멀지 않은 곳에 있다(崔在錫 1983). 간혹 복수의 마을이 공동으로 관리하는 洑의 경우에는 어느 정도 멀리 떨어진 곳까지도 이동하지만, 그러한 洑 또한 거주지 주변 농토에 물을 대기 위한 것이다. 따라서 전통적인 농경부락의 주민이 보의 관리를 위해 얼마나 이동하는지 검토해 보는 것은 간접적이나마, 경작을 위해 개별농가가 일상적으로 농사를 위해 얼마나 멀리까지 이

동하는지에 대한 대략적인 정보를 제공할 것으로 생각된다. 주로 거주지역 주변의 소규
모 보를 농부 한사람이 관리하는 것이 기업화하지 않은 소농의 일반적인 경향이지만, 간
혹 넓은 지역의 농토에 물을 대는 대규모 보의 경우, 농번기에만 수혜농가들이 교대로
관리하는 것이 일반적이다. 경북 영양지방의 예를 들어 추정하자면, 그러한 경우도 약
1km를 전후한 거리를 이동하는 것이 일반적이라 할 수 있다(배영동 2000).

이러한 점들을 고려할 때, 유적의 중심으로부터 반경 1km의 영역을 분석의 범위로 하

〈표 3〉 공동체별 분석역 면적과 논토양 면적 및 비율

단위 공동체	분석역 면적(ha)	논 1·2등급 토양 면적(ha)	논 1·2등급 토양 비율(ha)	논 1등 토양 면적(ha)	논 1등급 토양 비율(ha)
A	363.72	98.41	27.1	31.40	8.6
B	220.58	42.59	19.3	0	0
C	256.86	86.44	33.7	36.32	14.1
D	251.92	113.99	45.3	96.62	38.4
E	239.81	122.85	51.2	94.37	39.4
F	298.06	38.12	12.8	19.58	6.6
G	589.00	95.15	16.2	75.15	12.8
H	312.57	110.38	35.3	103.56	33.1
I	311.99	57.50	18.4	33.91	10.9
J	259.80	0.16	0.1	0.00	0.0
K	259.45	35.86	13.8	15.06	5.8
L	311.24	129.85	41.7	127.40	40.9

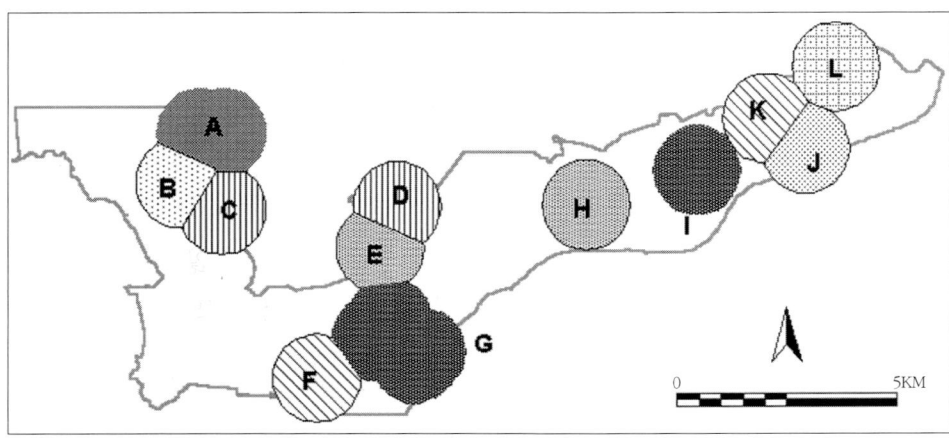

〈도면 6〉 단위공동체별 분석역의 범위

는 것은 별다른 무리가 없을 것으로 보인다. 그런데, 본고의 분석단위는 단위공동체인 바, 개별공동체가 복수의 유적을 포함하는 경우, 실제분석범위는 개별 분석역들의 합집합이 된다. 또한 개별공동체의 분석역이 중복되는 경우, 티센 폴리곤(thiessen polygon)을 이용하여 영역을 분할하였다. 공동체별 분석역의 규모는 〈표 3〉과 〈도면 6〉에 나타난 바와 같다. 이러한 분석을 위해 AutoCAD, ArcView 등의 GIS 프로그램과 데이터베이스 프로그램이 이용되었다.

⑵ 聚落體系와 土壤分布의 關係

취락체계와 논농사에 적합한 토양분포 사이의 상관관계에 대한 분석은 ① 취락의 면적 혹은 등급과 ② 대상이 되는 토양의 분포면적 혹은 전체 분석역의 면적에 대한 비율을 비교하는 것이 될 것이다. 논농사에 적합한 토양의 분포에 대한 파악은 농업과학기술원이 편찬한 전자정밀토양도(1 : 25,000)와 토양레전드에 근거하며, 논 1 · 2등급 토양을 대상으로 하며, 이들을 '논토양'으로 暫稱한다. 〈도면 7〉은 서천군 내의 논 1 · 2등급지의 분포를 보여주고 있다.[9] 이를 분석역에 한정한 것이 〈도면 8〉이며, 논 1 · 2등급 토양의 실제 분포면적과 비율은 〈표 3〉과 같다. 〈도표 3A · B〉에 일견하기에도, 논토양의 절대면적 혹은 비율이 공동체별로 차이를 보이는 것을 알 수 있다.

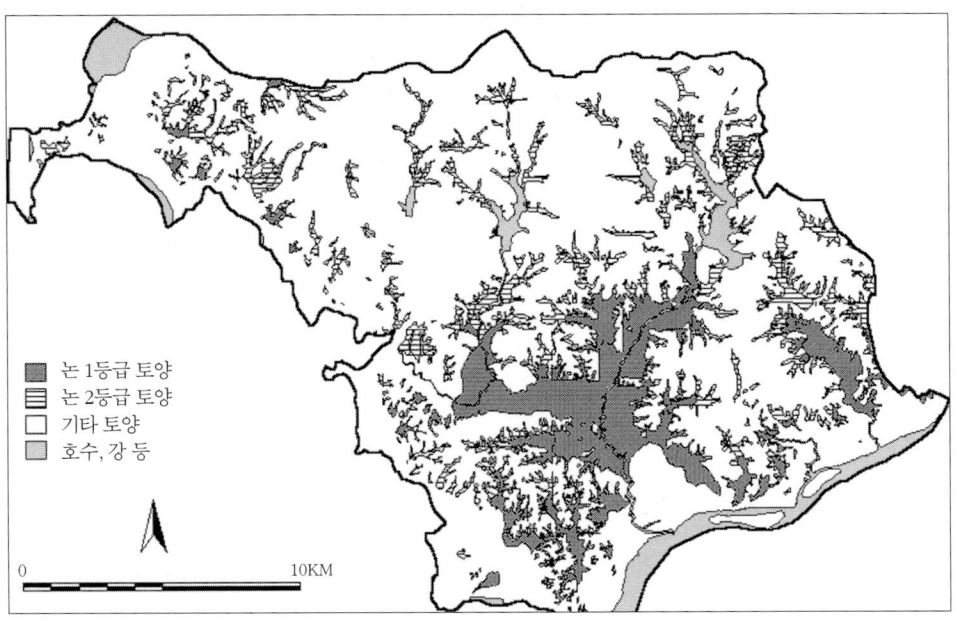

논 1등급 토양
논 2등급 토양
기타 토양
호수, 강 등

0   10KM

〈도면 7〉 서천군 내 논토양 분포

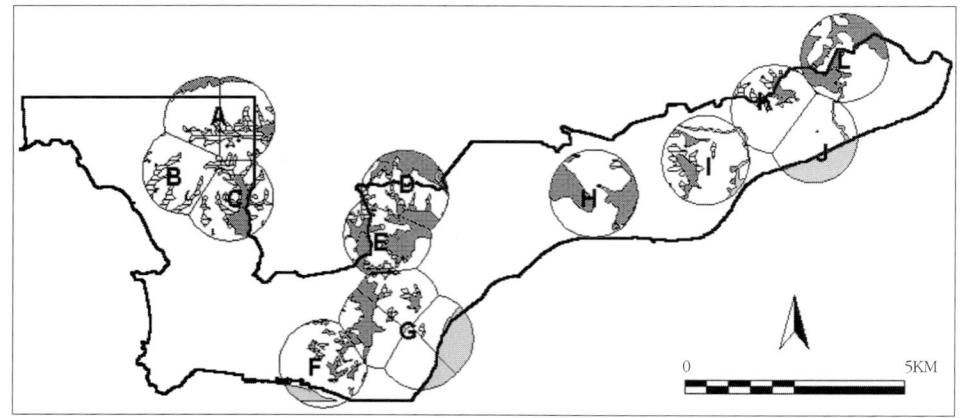

〈도면 8〉 단위공동체별 분석역 내 논토양 분포

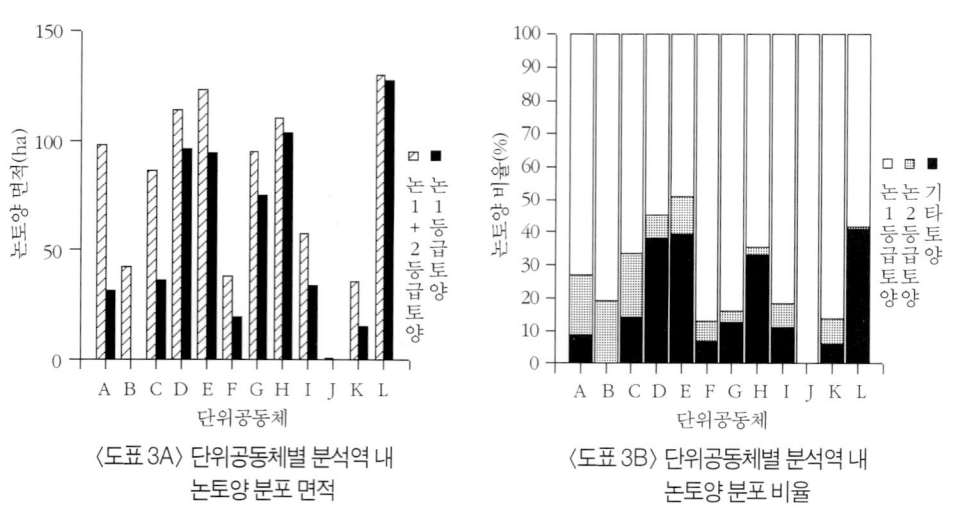

〈도표 3A〉 단위공동체별 분석역 내
논토양 분포 면적

〈도표 3B〉 단위공동체별 분석역 내
논토양 분포 비율

〈도표 4A · B〉와 〈도표 5A · B〉는 논토양의 면적 및 분포비율과 공동체의 규모의 관계를 보여주고 있는데, 어떠한 변수도 공동체의 규모와 비례적이고 점증적인 상관관계를 보이지는 않는다. 대표적인 예로 논토양의 비율과 공동체규모에 대한 회귀분석의 결

---

9) 적지 않은 현장조사자들이 주민들의 전언에 근거해, 서천군 남부의 논들이 1960~70년대 국토개발 이전에는 갯벌이었다는 잘못된 정보를 가지고 있다. 하지만 대정 5년도(1925년) 지도에 따르면, 금강하구의 일부지역만이 습지로 분류되고 있다. 사실, 필자의 조사과정에서 만난 몇몇 주민들은 과장된 정보나 잘못된 정보로 관심을 유도하는 경우가 많았다. 대표적인 예로 본인이 거주하는 마을의 뒷산을 다른 산으로 알고 있는 경우도 적지 않았다.

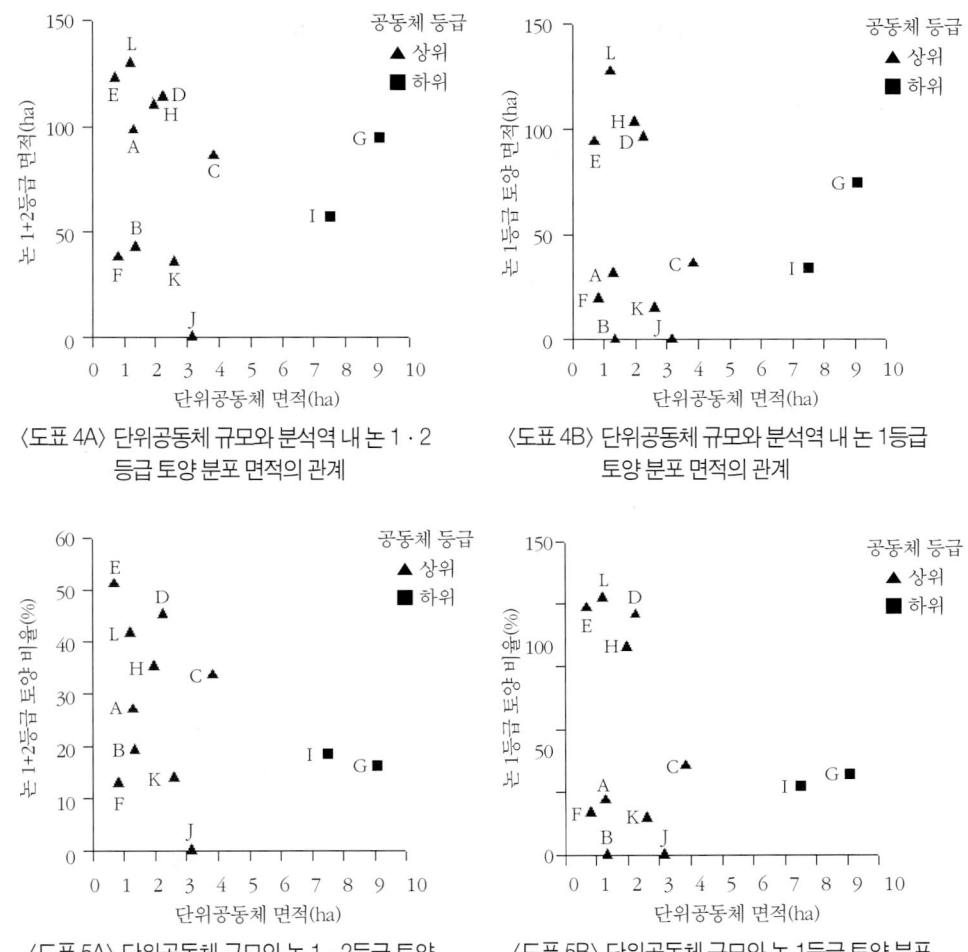

〈도표 4A〉 단위공동체 규모와 분석역 내 논 1 · 2
등급 토양 분포 면적의 관계

〈도표 4B〉 단위공동체 규모와 분석역 내 논 1등급
토양 분포 면적의 관계

〈도표 5A〉 단위공동체 규모와 논 1 · 2등급 토양
분포 비율의 관계

〈도표 5B〉 단위공동체 규모와 논 1등급 토양 분포
비율의 관계

과는 양자의 긴밀한 상관관계를 설정하기에 매우 부족하다.[10] 분석대상의 수가 많지 않
아 여타의 통계적 분석을 통해 양자의 관계를 설명하려는 시도는 그다지 생산적이지 못
하다는 판단아래, 몇 가지 특기할만한 점을 記述的 차원에서 언급하기로 한다. 첫째, 상
위 공동체들은 그 분석역이 넓음에도 불구하고, 논토양의 면적에서조차 등급이 낮은 공
동체들보다 결코 우월하지 못하다는 점이다. 분포비율의 측면에서 보면, 오히려 낮은 그
룹에 속함을 알 수 있다. 둘째, 논토양의 면적이나 분포비율에서 우위를 점하는 것은 주
로 하위공동체들(D, E, H, L)이라는 점이며, 특히 그러한 경향은 〈도표 5A〉에서 보듯이
논 1등급 토양의 비율에서 현저하다. 여기서 주목할 만한 것은 〈도면 4〉에서 보듯이 이
들은 G나 I와 같은 상위공동체들에 상대적으로 근접한 하위공동체들이라는 점이다.

2. 發掘調査된 遺蹟들과의 比較

현재까지 舒川郡 내에서 발굴조사된 송국리형 유적은 필자의 조사지역 내에 있는 道三里遺蹟을 제외하고 6개소에 이른다.[11] 이들은 주로 1990년대 이후 서천지역의 고속도로나 국도 공사 등에 선행하여 조사된 유적들이어서 전체면적을 정확히 알 수는 없으나 발굴범위, 지형, 유구의 분포 등을 고려하여, 대략적으로 그 면적을 산출해 보면 1~5ha정도에 이른다(표 4, 도표 6).[12] 이들을 앞서 본고의 조사지역에서 했던 방법으로 분석역을 설정하고 논토양의 면적과 분포비율을 산정하여 보았다. 이러한 분석의 결과도, 본고의 조사지역의 양상과 크게 달라 보이지 않는다(도면 9, 표 4). 鳳仙里3遺蹟(충남발전연구원 2003)은 규모의 측면에서 보면, 본고의 조사지역 내 공동체 'G'나 'I'에 비견되는데, 오히려 공동체의 규모나 분석역의 규모가 작은 月岐里遺蹟이나 烏石里遺蹟 등에 비해 논토양의 면적과 비율이 현저하게 떨어짐을 알 수 있다.

10) ① 논 1·2등급토양의 비율(독립변수)과 공동체규모(종속변수)의 관계(r=0.351, p=0.263, Y=-0.061X+4.578)나 ② 논1등급토양의 비율과 공동체규모의 관계(r=0.249, p=0.232, Y=-0.04X+3.715) 어느 경우도 비례·점증적이지 못하다. 논의 전개상 본문의 도표에는 공동체규모에 따라 변화하는 논토양의 면적과 비율처럼 표시되었으나 실제분석은 "논토양이 많은 곳으로 인구가 집중되었다 혹은 집중되지 않았다" 라는 가설을 검증하는 것으로 진행되었다 (아래 도면은 회귀선과 90%신뢰구간을 표시한 것이다.).

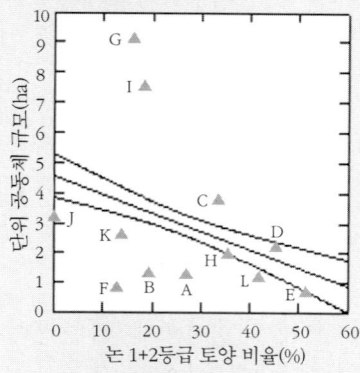 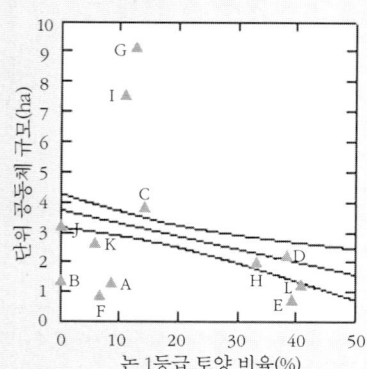

11) 堂丁里(國立夫餘文化財研究所 1998), 鳳仙里(忠南發展研究院 2003), 烏石里(李南奭 1996), 月岐里(高麗大學校 埋藏文化財研究所 2003) 楸洞里(忠淸埋葬文化財研究院 2003), 漢城里(國立夫餘博物館 2000).

12) 발굴범위 내에 유구가 분포하는 고도를 고려하여, 대략적인 유구의 분포범위를 상정한 후, 그를 포괄하는 1ha 격자를 중복시켜 면적을 산출하는 방식을 택하였다. 이러한 방법은 대략적인 관찰을 위한 것이다.

〈표 4〉 유적별 분석역 면적과 논토양 및 비율

유적	분석역 면적(ha)	논 1·2등급 면적(ha)	논 1·2등급 면적(ha)	논 1·2등급 토양 비율(%)	논 1등급 토양 비율(%)
봉선리	390.28	53.27	12.81	13.6	3.3
추동리	357.23	44.36	14.32	12.4	4.0
당정리	312.57	60.57	0	19.4	0
한성리	312.57	46.56	16.99	14.9	5.4
오석리	312.57	131.80	23.98	42.2	7.7
월기리	312.57	76.82	35.33	24.6	11.3

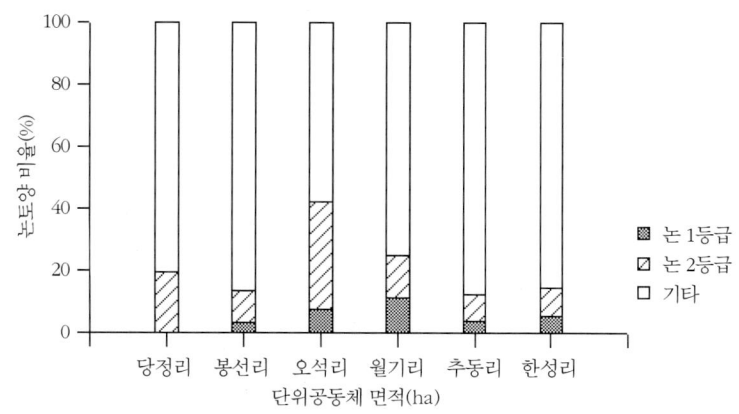

〈도표 6〉 유적별 논토양 비율

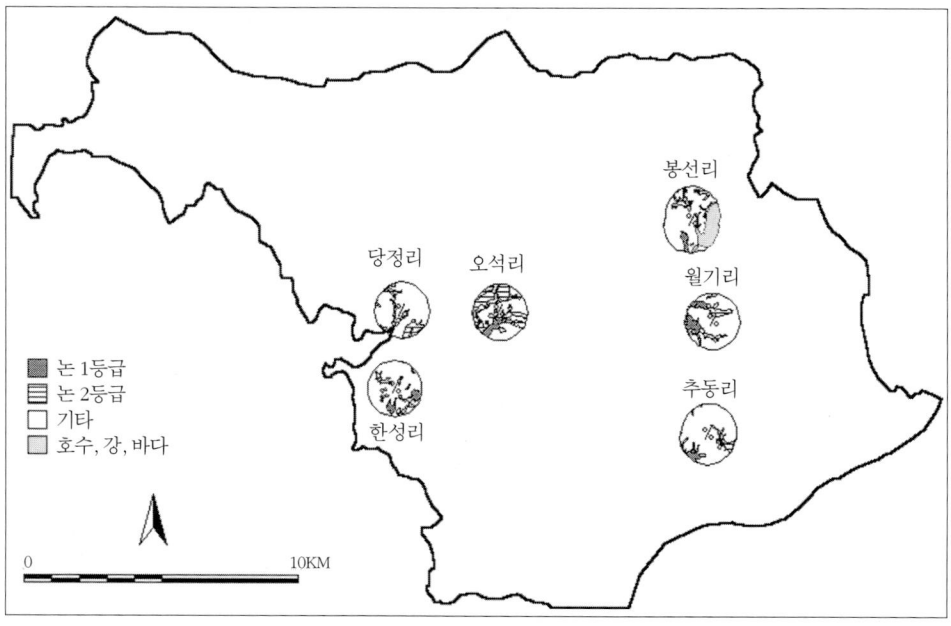

〈도면 9〉 유적별 분석역 내 논토양 분포

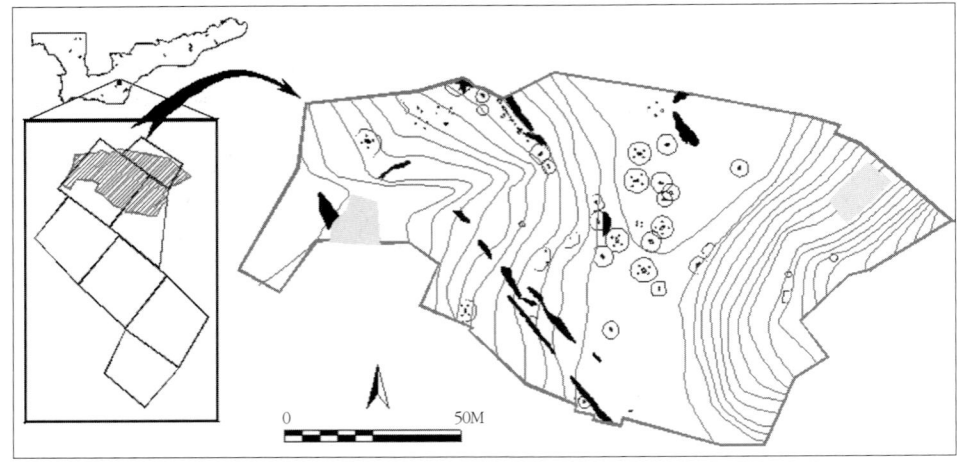

〈도면 10〉 도삼리유적(군집 8) : 발굴구역과 주변유물 산포지

Ⅴ. 錦江下流域 松菊里型 聚落形成의 定向性과 社會·政治的 支配層의 性格 再考

水稻作을 위한 勞動力動員組織의 원활한 운용이 주된 목적이었던지, 혹은 생산물과 농토의 방어가 주된 목적이었던지 간에 기존의 연구들이 상정하는 청동기시대 중기의 정치엘리트는, 흔히 대비되는 두 가지의 지도권의 양태 중, '管理者的 指導權(managerial leadership)' [13]을 행사하였던 것으로 보인다. 1970년대 후반 이후, 많은 연구들이 '搾取的 指導權(exploitative leadership)' [14]에 주목하는 것에 비하면, 다소 이례적이라 할 수 있다. 물론, 이러한 구분은 상당히 양극화된 것으로 실제에서는 두 가지가 섞여 나타는 경우가 많아 어느 것이 적절하다고 하기에는 어려움이 있고, 더 근

---

13) 흔히 일컬어지는 정치엘리트의 등장에 관한 두서너 부류의 모델(Billman 1999; Brumfiel and Earle 1987 참조)들 중 적응주의(adaptationalist)적 관점의 모델들에서 주목하는 것이 관리자적 지도권이다. 그 내용에서 약간의 차이는 있지만, 결국 적응주의적 모델들에서 바라보는 정치엘리트는 인구증가 및 인구압(Boserup 1962; Carnairo 1970; Johnson and Earle 1987), 생산자원의 불균등한 분포(Service 1962), 전쟁의 위험(Carneiro 1970·1990), 무역의 필요성(Flannery 1968) 등 당해 사회가 안고 있는 현안들을 해결하기 위해 나타나는 관리자인 것이다. 특히, 이러한 모델들에서 반복적으로 주장되는 것은 정치엘리트가 등장할 무렵의 초 가구적·초 취락적 협동의 필요성과 정치체의 공익성이다.

본적으로는 그러한 논의 자체가 생산적이 되지 못할 소지가 있다.

본고가 시도하는 작업은 '어떠한 형태의 지도력에 대한 모델이 우리 상황에 맞다 혹은 틀리다' 를 결정하자는 것이 아니다. 다만, 대안적으로 제시될 수 있는 여러 가지 가능성을 배제한 채, 談論式 結論의 도출과 그에 대한 암묵적 합의를 통해 청동기시대 사회·정치적 변화에 대한 이해의 틀을 구축하지는 않았으면 하는 바람을 가질 뿐이다. 또한 청동기시대 사회·정치적 변화의 일부로서 정치엘리트의 등장이 어떻게 이루어졌는지 알아보기 위해서는 어떠한 작업이 선행되어야 하며, 어떠한 조건이 충족되어야 하는지가 본고의 주된 관심이었다.

전절의 분석 결과에 따르면, 적어도 錦江下流域에서 중심취락 혹은 중심공동체로의 인구집중은 도작집약화를 위한 노동력공급을 지향한 것으로 판단되지는 않는다. 오히려, 집중적인 쌀의 생산은 대규모 취락 혹은 상위공동체 주변의 소규모 공동체(혹은 취락)가 담당했을 것이며, 그러한 소규모 공동체들에서 생산된 잉여의 쌀은 어떠한 형태로건 상위공동체(혹은 취락)로 유입되었을 가능성이 높았을 것으로 생각된다.[15]

설사 관리자적 지도권을 행사하는 정치적 엘리트가 이러한 취락이나 공동체를 기반으로 성장하였다하더라도, 그들의 주된 관심이나 역할은 적어도 논농사에 관련된 노동력 동원의 조절과 관리였다고 가정하기는 어려울 것 같다. 이 지역의 지리적인 특성상 交易 등을 그 요소로 지적할 수도 있겠으나, 이 또한 자료의 보완이나 분석을 통해 검토해 보아야 할 것이지, 성급히 결론지을 수 있는 문제가 아님을 분명히 한다.

VI. 結語

이상에서 錦江下流域에서 획득된 지역적 취락 분포자료를 바탕으로 이 지역의 취락체계를 복원하고, 개별 단위공동체들이 논농사를 지향하는 정도와

---

14) 적응주의적 모델들과는 대비적으로, 일군의 연구들은 정략적(political) 관점에서 정치엘리트의 등장을 이해하고 있다. 이러한 관점에서 정치엘리트는 당해사회의 문제 해결보다는 자원에 대한 독점적 통제권을 확보하기 위해서 나타난다. 새로이 등장하는 정치체는 사회전체의 이익을 보장한다기보다는 소수의 정치엘리트의 이익을 위한 것이다(Fried 1967; Earle 1976·1977, Gilman 1981). 특히, 선복합사회의 맥락에서 몇몇 개인들의 지도력 확보를 위한 自己擴大的 行爲(self-aggrandizing activity)에 주목하는 최근의 연구들은 결국, 새로이 등장하는 정치엘리트의 착취적 지도권을 전제하고 있다.

비교하여 보았다. 몇몇 연구들에서 주장되는 바와는 달리, 분석의 결과는 ① 금강하류역의 대규모 송국리형 취락 혹은 공동체들은 집중적인 논농사를 지향하여 형성되지는 않았으며, ② 이들 취락으로부터 나타났다고 가정해왔던 정치엘리트도 도작집약화를 위한 노동력동원의 사회조직을 운용하는데 주목하지는 않았음을 보여주는 것으로 판단된다.

이러한 결과를 통해, 최종적으로 '관리자적 지도력'을 상정한 것 자체에 대해 의문을 제기할 수도 있겠고, 한편으로 쌀 생산이 아닌 다른 정치·경제적인 요소에 주목했던 관리자적 정치엘리트를 상정할 수도 있겠다.[16) 하지만 그러한 부분은 본고의 대상보다 넓은 지역의 고고학적 자료를 포괄하거나 주변지역과의 비교를 통해서 답할 수 있는 문제이다. 예를 들어, 주변의 부여, 논산 등 주변지역으로 관찰을 확대할 경우 보다 설득력이 있는 결론을 도출할 수 있을 것이다. 특히 이들 지역은 금강에 면한 지역들이면서 지리적 환경이 본고의 조사지역과는 다른 내륙지역이라는 점, 충남 남부지역을 포괄할 중심적인 지역정치체인 松菊里遺蹟이 위치한다는 점 등은 공간적인 측면에서 관찰범위를 확대할 때, 흥미 있는 결과를 산출할 가능성을 더욱 높게 해주고 있다. 또한 본고와는 달리 松菊里型 聚落들이 지향했을 가능성이 있는 여타의 정치·경제적인 요소들로 분석영역

15) 발굴조사가 완료되어 인구규모의 일단을 파악할 수 있는 道三里遺蹟이 속한 공동체 'G'를 대상으로 이 문제를 조금 더 논의해 보자. 공동체 'G' 중 道三里遺蹟이 속한 유물수집단위의 가용분석역내 논토양의 총면적은 1등급의 경우 246,823㎡, 1·2등급을 합친 경우 390,470m2가 된다. 郭鍾喆(2000)의 안을 따라 생산 가능한 쌀의 양을 계산하면, 1등급토양만 대상으로 하는 경우 8,704kg($=34kg \times 246,823 / 972㎡$), 1·2등급토양을 모두 포함하는 경우 13,658kg($=34kg \times 390,470 / 972㎡$)이 된다. 이 정도는 쌀이 주곡의 절반가량만을 차지하였고 연작이 가능하였다고 가정하더라도, 86~136명($=8,704 \sim 13,658kg / 550g / 365$일$\times 2$)정도를 부양할 수 있는 양이다. 이 유적에서는 29기의 청동기시대 주거지가 발굴되었는데, 이중 중복된 경우를 1기로 보고 점토대토기가 출토된 것 등을 제외하면 이 유적의 청동기시대 중기 주거지는 대략 20기 전후로 볼 수 있다. 〈도면 10〉에서 보는 바와 같이, 발굴된 부분은 2.05ha로 유물수집단위 'B'의 전체 면적 중 36.5%에 해당한다. 따라서 복원될 수 있는 총 주거지수는 약 55기가 되고 家屋당 3~5인이 거주했다고 한다면, 총 165~275명가량의 주민이 거주한 셈이 된다. 결국, 앞의 계산에 결정적인 문제점이 없다면, 道三里遺蹟의 쌀 생산은 주민들을 부양하기에 상당히 부족하였다는 결론에 이르게 된다. 이러한 계산을 공동체 'G' 전체로 확대하면, 쌀의 생산은 26,287~33,285kg으로 늘어나지만, 추정인구 또한, 267~445명으로 늘어나 쌀이 부족하기는 마찬가지이다. 반면, 공동체 'G' 주변의 하위공동체인 'D'와 'E'의 경우, 道三里遺蹟과 같은 인구밀도를 적용하더라도—다소 낮았을 가능성이 높음— 공동체 'D'는 자급량의 2.5~4.9배(201~316명분의 잉여)를, 공동체 'E'는 자급량의 7.6~15배(285~367명분의 잉여)를 생산할 수 환경에 입지하고 있다. 물론, 종합적인 발굴보고서가 나와서 세부적인 내용을 알게 된다면, 약간의 차이가 있겠지만, 대략적인 경향성은 크게 변할 것 같지 않다. 하지만 필자가 여기서 제시하는 수치 또한 시론적이고 잠정적인 것임을 분명히 한다.

16) 최근 道三里遺蹟의 발굴담당자들도 개략적인 유물분석을 통해, 이 유적이 농업 이외의 분야를 지향해 형성되었음을 피력한 바 있다(조은지 2004).

을 확대하는 작업이 병행된다면 더욱 통찰력 있는 설명모형을 산출할 수 있을 것으로 믿어 의심치 않는다.

복합사회의 정치·경제적 측면을 다루는 연구들은 세계 각지에서 개별 사회들의 복합화가 서로 다른 맥락에서 독립적으로 진행되어감에도 불구하고, 이들이 공유하고 있는 부분들을 지적하고 있다. 그 중 대표적인 것이 본고의 대상인 농업생산의 집약화와 지역적 정치체의 등장·발전의 밀접한 관련이다. 그러한 관련성에 대한 관심은 식량자원의 생산이라는 현상이 더 이상 생계경제[17]의 영역에서만 파악될 수 없음을 함축하고 있다. 즉, 개별농가나 소규모집단의 자발적인 참여와 생계적인 측면만을 고려하다보면 정치경제(political economy)적 현상의 일부로서 도작의 집약화나 송국리형 취락에서 일어나는 변화들을 개연적으로 설명하지 못할 가능성이 있다. 松菊里類型의 形成과 展開를 다루는 기왕의 연구들에서도 이러한 점은 어느 정도 고려되고 있는 듯하다. 그러나 그러한 함정을 피할 방법론적 대안의 제시나 현재의 자료를 보다 효과적으로 이용할 보완적 정보의 획득에 대한 투자는 그다지 활발하지 못한 것 같다. 이러한 노력이 없는 상태에서 피상적인 자료해석에 근거한 담론만을 계속한다면 현재의 자료나 앞으로 축적될 자료를 바탕으로 청동기시대 중기의 획기적 사회·경제적 변화를 이해하고자 하는 작업은 실효를 거두기 어려울 것 같다. 하지만, 우리 고고학이 청동기시대 중기의 고고학적 문화상의 변화를 적극적으로 사회·경제적 변화와 관련지어 이해하려는 시도가 시작단계에 있는 바, 기대 또한 자못 크다.

끝으로 지난겨울(2003년 11월) 자료조사를 하는 과정에서 도움을 입었던 분들께 지면을 통해서나마 감사드리고자 한다. 고려대학교 李弘鍾 교수, 崔鍾澤 교수 두 분의 도움과 지도가 없었다면, 이 연구는 시작 자체가 불가능했을 것이다. 마음 속 깊이 감사드린다. 추운 겨울, 피곤한 몸을 이끌고 현장에서 필자를 따라 준 고려대학교 오준정 학형과 서울대학교 류정한 학형의 고마움 또한 오래 동안 잊을 수가 없을 것이다. 고려대학교 매장문화재연구소와 서울대학교 박물관 연구원들께도 부지불식간에 많은 폐해를 끼쳤을 것인데, 이점 사과드리며, 한편 너그러이 이해해주신데 감사를 표한다.

---

17) 여기서 '생계경제(subsistence economy)'는 '정치경제(political economy)'에 대비되는 용어로 사용되었다. 흔히 선사인들의 영양분 섭취에 대한 연구에서, 섭생(dietary)과 혼동되어 사용되는 '생계경제'와는 구분된다(Johnson and Earle 1987·2000).

✤ 참고문헌

江陵大學校

姜仁求·李健茂·韓永熙·李康承, 1979, 『松菊里 I』, 國立中央博物館

高麗大學校 埋藏文化財研究所, 2003, 『舒川 道三里遺蹟 -長項-群山間 鐵道連結 工事區間內 23地點 文化
            遺蹟發掘調査 略報告-』

_____, 2003, 『舒川 梨寺里·月岐里遺蹟－舒川~公州間(7-1地域) 高速道路 建設
            區間內 文化遺蹟 發掘調査 略報告—』

郭鍾喆, 2000, 「우리나라의 선사~고대 논밭유구」, 『韓國農耕文化의 形成 (제25회 韓國考古學全國大會 發
            表要旨)』, pp.21~73

國立夫餘文化財研究所, 1998, 『堂丁里 -住居址 및 周溝墓 發掘調査報告書-』, 國立扶餘文化財研究所 學術
            研究叢書 17

國立夫餘博物館, 2000, 『舒川 漢城里』, 國立扶餘博物館 古蹟調査報告 7

國立夫餘博物館·扶餘郡, 2000, 『松菊理 VI』, 國立扶餘博物館 古蹟調査報告 5

國立中央博物館, 1987, 『松菊里 III』, 國立博物館 古蹟調査報告 19

國立中央博物館, 2000, 『겨레와 함께 한 쌀 : 새천년 특별전 도작문화 3000년』, 서울 : 통천문화사

金吉植, 1993, 『松菊理 V―木柵(1)―』, 國立公州博物館

金吉植, 1998, 「扶餘 松菊里 無文土器時代墓」, 『考古學誌』 9, pp.5~49

金承玉, 2001, 「錦江流域 松菊里型 墓制의 研究」, 『韓國考古學報』 45, pp.45~74

金壯錫, 2003, 「충청지역 송국리유형 형성과정」, 『韓國考古學報』 51, pp.33~55

金在弘, 1995, 「신라 중고기의 低濕地 개발과 촌락구조의 재편」, 『韓國古代史論叢』 7, pp.57~101, 서울 :
            駕洛國史蹟開發研究院

朴淳發, 2002, 「村落의 형성과 發展」, 『강좌 한국고대사』 제7권, pp.1~60, 서울 : 駕洛國史蹟開發研究院.

배영동, 2000, 『농경생활의 문화읽기』, 서울 : 민속원

孫晙鎬, 2000, 「論山 麻田里遺蹟 C地區 發掘調査 成果」, 『21世紀 韓國考古學의 方向 (제24회 韓國考古學
            全國大會 發表要旨)』, pp.133~149

宋滿榮, 1996, 「火災住居址를 통해 본 中期 無文土器時代 社會의 性格」, 『古文化』 49, pp.71~101

安在晧, 1992, 「松菊里類型의 檢討」, 『嶺南考古學』 11, pp.1~34

_____, 1996, 「無文土器時代 聚落의 變遷 -住居址를 통한 中期의 設定-」, 『碩晤尹容鎭敎授停年退任紀念
            論叢』, pp.43~90

_____, 2004, 「中西部地域 無文土器時代 中期聚落의 一樣相」, 『韓國上古史學報』 43, pp.1~24

李南奭, 1996, 『烏石里遺蹟』. 公州大學校 博物館

李弘鍾, 2002, 「松菊里文化의 時空的展開」, 『湖西考古學』 6·7, pp.77~103

李弘鍾·孫晙鎬·姜元杓, 2002, 『麻田里遺蹟-A地區 發掘調査 報告書』, 高麗大學校 埋藏文化財研究所·
            韓國道路公社

조은지, 2004, 「道三里・月岐里 靑銅器時代 聚落遺蹟 發掘調査 成果」, 『제47회 全國歷史學大會 考古學部
　　　發表資料集』, pp.129~147

池健吉・安承模・宋義政, 1986, 『松菊里 II』, 國立博物館 古蹟調査報告 18, 國立中央博物館

崔在錫, 1983, 『韓國農村社會研究』, 서울 : 一志社

忠南大學校 百濟研究所, 2000, 『구룡~부여간 도로확장 및 포장구간 내 문화유적 발굴조사 약보고서』

　　　　　　　　　　　　, 2001, 『구룡~부여간 도로확장 및 포장구간 내 문화유적 발굴조사 약보고서』

財 忠淸文化財研究院, 2003, 『舒川~公州 高速道路 建設工事 區間內 7-2地域 舒川 楸洞里 遺蹟』

Arnold, Jeanne E., 1993, Labor and the Rise of Complex Hunter-Gatherers. Journal of
　　　　　　　Anthropological Archaeology 12(1):75-119

　　　　　　　1996, Understanding the Evolution of Intermediate Societies. In Emergent
　　　　　　　Complexity: The Evolution of Intermediate Societies. J.E. Arnold, ed. Pp.
　　　　　　　1-12. Ann Arbor, Mich.: International Monographs in Prehistory

Bermann, Marc Paul, 1994, Lukurmata: Household Archaeology in Prehispanic Bolivia.
　　　　　　　Princeton: Princeton University Press

Billman, Brian R, 1996, The Evolution of Prehistoric Political Organizations in the Moche
　　　　　　　Valley, Peru. Unpublished Ph.D. Dissertation, University of California, Santa
　　　　　　　Barbara.

Billman, Brian R., and Gary M. Feinman, 1999, Settlement Pattern Studies in the Americas:
　　　　　　　Fifty Years Since Viru. Washington, D.C.: Smithsonian
　　　　　　　Institution Press.

Boserup, Ester, 1965, The Conditions of Agricultural Growth: The Economics of Agrarian
　　　　　　　Change under Population Pressure. New York: Aldine Pub. Co.

Bray, Francesca, 1986, The Rice Economies: Technology and Development in Asian
　　　　　　　Societies. Oxford: Blackwell.

Brumfiel, Elizabeth M, 1976, Regional Growth in the Eastern Valley of Mexico: A Test of the
　　　　　　　"Population Pressure" Hypothesis. In The Early Mesoamerican Village.
　　　　　　　K.V. Flannery, ed. Pp. 234~249. New York: Academic Press.

Brumfiel, Elizabeth M., and Timothy K. Earle, 1987, Specialization, Exchange, and Complex
　　　　　　　Societies: An Introduction. In Specialization,
　　　　　　　Exchange, and Complex Societies. E.M. Brumfiel
　　　　　　　and T.K. Earle, eds. Pp. 1~9. Cambridge:
　　　　　　　Cambridge University Press.

Carneiro, Robert L, 1970, A Theory of the Origin of the State. Science 169:733-738.

　　　　　　　1991, Chiefdom-Level Warfare as Exemplified in Fiji and the Cauca Valley.

In The Anthropology of War. J. Hass, ed. Pp. 190~211. Cambridge: Cambridge University Press.

1998, Chiefdoms and Chieftaincy in the Americas. In Chiefdoms and Chieftaincy in the Americas. E.M. Redmond, ed. Pp. 18~42. Gainesville: University Press of Florida.

Chisholm, Michael, 1962, Rural Settlement and Land Use: An Essay in Location. London: Hutchinson.

Clark, John E., and Michael Blake, 1994, The Power of Prestige: Competitive Generosity and the Emergence of Rank Societies in Lowland Mesoamerica. In Factional Competition and Political Development in the New World. E.M. Brumfiel and J.W. Fox, eds. Pp. 17-31. Cambridge: Cambridge University Press.

Cohen, Mark N, 1977, Population Pressure and the Origins of Agriculture: An Archaeological Example from the Coast of Peru. In The Origins of Agriculture. C.A. Reed, ed. Pp. 135~178. The Hague: Mouton Publ.

de Montmollin, Olivier, 1988, Scales of Settlement Study for Complex Societies: Analytical Issues from the Classic Maya Area. Journal of Field Archaeology 15(2):151-168

Drennan, Robert D, 1987, Regional Demography in Chiefdoms. In Chiefdoms in the Americas. R.D. Drennan and C.A. Uribe, eds. Pp. 307-323. Lanham, MD: University Press of America.

1988, Household Location and Compact versus Dispersed Settlement. In Household and Community in the Mesoamerican Past. R.R. Wilk and W. Ashmore, eds. Pp.273~29. Albuquerque: University of New Mexico Press.

1991, Pre-Hispanic Chiefdom Trajectories in Mesoamerica, Central America, and Northern South America. In Chiefdoms: Power, Economy, and Ideology. T.K. Earle, ed. Pp.263~287. Cambridge: Cambridge University Press.

1996, Statistics for Archaeologists: A Commonsense Approach. New York: Plenum Press

2000, Games, Players, Rules, and Circumstances: Looking for Understandings of Social Change at Different Levels. In Cultural Evolution:

Contemporary Viewpoints. G.M. Feinman and L. Manzanilla, eds. Pp. 177~196. New York: Kluwer Academic / Plenum Publishers

Drennan, Robert D., et al, 2003, Methods for Archaeological Settlement Study. In Regional Archaeological in Eastern Inner Mongolia: Archaeological Exploration. CICRP, ed. Pp.122~151. Beijing: Science Press

Earle, Timothy K, 1977, A Reappraisal of Redistribution: Complex Hawaiian Chiefdoms. In Exchange Systems in Prehistory. T.K. Earle and J.E. Ericson, eds. Pp. 213~229. New York: Academic Press

1978, Economic and Social Organization of a Complex Chiefdom: The Halelea District, Kauai, Hawaii. Ann Arbor: Museum of Anthropology University of Michigan

1991, Property Rights and the Evolution of Chiefdoms. In Chiefdoms: Power, Economy, and Ideology. T.K. Earle, ed. Pp. 71~99. Cambridge: Cambridge University Press

Erickson, Clark L, 1993, The Social Organization of Prehispanic Raised Field Agriculture in the Lake Titicaca Basin. In Economic Aspects of Water Management in the Prehispanic New World. V.L. Scarborough and B.L. Isaac, eds. Pp.369~426. Research in Economic Anthropology, Vol. Supplement 7. Greenwich, Conn.: JAI Press

Farrington, Ian S, 1980, The Archaeology of Irrigation Canals, with Special Reference to Peru. World Archaeology 11(3):287~305

Flanagan, James G, 1989, Hierarchy in Simple "Egalitarian" Societies. Annual Review of Anthropology 18:245~266

Flannery, Kent V, 1968, The Olmec and the Valley of Oaxaca: A Model for Inter-Regional Interaction in Formative Times. In Dumbarton Oaks Conference on the Olmec. E.P. Benson, ed. Pp.79~110. Washington, D.C.: Dumbarton Oaks Research Library and Collection Trustees for Harvard University

Fried, Morton H, 1967, The Evolution of Political Society: An Essay in Political Anthropology. New York: Random House

Gilman, Antonio, 1981, The Development of Social Stratification in Bronze Age Europe. Current Anthropology 22(1):1~23

1995, Prehistoric European Chiefdoms: Rethinking "Germanic" Societies. In Foundations of Social Inequality. T.D. Price and G.M. Feinman, eds. Pp. 235~251. New York: Plenum Press

Hayden, Brian, 1995, Pathways to Power: Principles for Creating Socioeconomic Inequalities. In Foundations of Social Inequality. T.D. Price and G.M. Feinman, eds. Pp.15~86. New York: Plenum Press.

1996, Thresholds of Power in Emergent Complex Societies. In Emergent Complexity: The Evolution of Intermediate Societies. J.E. Arnold, ed. Pp.50~58. Ann Arbor: International Monographs in Prehistory

2001, Richman, Poorman, Beggarman, Chief: The Dynamics of Social Inequality. In Archaeology at the Millennium: A Sourcebook. G.M. Feinman and T.D. Price, eds. Pp.231~272. New York: Kluwer Academic / Plenum Publishers

Hayden, Brian, and Rob Gargett, 1990, Big Man, Big Heart? A Mesoamerican View of the Emergence of Complex Society. Ancient Mesoamerica 1(1):3~20

Hegmon, Michelle, 2002, Concepts of Community in Archaeological Research. In Seeking the Center Place: Archaeology and Ancient Communities in the Mesa Verde Region. M.D. Varien and R.H. Wilshusen, eds. Pp.263~279. Salt Lake City: University of Utah Press

Johnson, Allen W., and Timothy K. Earle, 1987, The Evolution of Human Societies: From Foraging Group to Agrarian State. Stanford: Stanford University Press

Kim, Seung-Og, 1996, Political Competition and Social Transformation: The Development of Residence, Residential Ward, and Community in the Prehistoric Taegongni of Southwestern Korea. Unpublished Ph.D. Dissertation, University of Michigan.

Marcus, Joyce, 2000, Toward an Archaeology of Communities. In The Archaeology of Communities: A New World Perspective. M.-A. Canuto and J. Yaeger, eds. Pp.231~242. London; New York: Routledge

Murdock, George Peter, 1949, Social Structure. New York: Macmillan Co

Netting, Robert McC, 1993, Peasant Farming and Chayanov Model. In Smallholders, Householders: Farm Families and the Ecology of Intensive, Sustainable Agriculture. Pp.259~391. Stanford: Stanford University Press

Parsons, Jeffrey R, 1972, Archaeological Settlement Patterns. Annual Review of Anthropology 1:127~151

Peterson, Christian E., and Robert D. Drennan, 2004, Identifying Communities: Data Collection and Analysis Strategies for Archaeological

Survey. 69th SAA Annual Meeting (Electronic Symposium), Montreal, Canada, 2004

Renfrew, Colin, 1974, Beyond a Subsistence Economy: The Evolution of Social Organization in Prehistoric Europe. In Reconstructing Complex Societies: An Archaeological Colloquium. C.B. Moore, ed. Pp. 69-95. Bulletin of the American Schools of Oriental Research, Vol. 20. Cambridge: American Schools of Oriental Research

Scarborough, Vernon L, 1998, Ecology and Ritual: Water Management and the Maya. Latin American Antiquity 9(2):135~159

Scarborough, Vernon L., John W. Schoenfelder, and Stephen J. Lansing

1999, Early Statecraft on Bali: The Water Temple Complex and the Decentralization of the Political Economy. In Research in Economic Anthropology. B.L. Isaac, ed. Pp.299~330, Vol. 20. Greenwich: JAI Press

Service, Elman R, 1962, Primitive Social Organization: An Evolutionary Perspective. New York: Random House

Steponaitis, Vincas P, 1981, Settlement Hierarchies and Political Complexity in Nonmarket Societies: The Formative Period of the Valley of Mexico. American Anthropologist 83(2):320~363

Testart, Alain, 1982, The Significance of Food Storage Among Hunter-Gatherers: Residence Patterns, Population Densities, and Social Inequalities. Current Anthropology 23(5):523~537

Todd, Ian A, 1978, Vasilikos Valley Project: Second Preliminary Report, 1977. Journal of Field Archaeology 5(2):161~195

Trigger, Bruce G, 1968, The Determinants of Settlement Patterns. In Settlement Archaeology. K.C. Chang, ed. Pp.53~78. Palo Alto: National Press Books

Trubitt, Mary Beth D, 2000, Mound Building and Prestige Goods Exchange: Changing Strategies in the Cahokia Chiefdom. American Antiquity 65(4):669~690

Vita-Finzi, Claudio, and Eric S. Higgs, 1970, Prehistoric Economy in the Mount Carmel Area of Palestine: Site Catchment Analysis. Proceedings of the Prehistoric Society 36:1~37

Yaeger, Jason, and Marcello-Andrea Canuto, 2000, Introducing an Archaeology of Communities. In The Archaeology of Communities: A New World Perspective. M.-A. Canuto and J. Yaeger, eds. Pp.1~15. London; New York: Routledge

寬倉里聚落의 景觀

李弘鍾 (高麗大學校 考古美術史學科 教授)

I. 머리말

관창리취락은 지금까지 중서부지역에서 조사된 송국리단계의 유적 중에서 면적이나 주거지의 수적인 면에서 가장 규모가 큰 유적에 속한다. 물론, 송국리유적의 전체적인 지형을 고려할 때, 관창리유적보다는 규모가 컸으리라 추정되지만 아직 전체적인 조사가 이루어지지 않아 현재로서는 관창리취락에 버금가는 유적의 존재는 알려져 있지 않다. 관창리유적은 1994년부터 1995년에 걸쳐 A-G의 7개구역으로 나누어 4개 기관이 조사를 담당하였는데, A구역은 분묘군, G구역은 농경지, C구역은 다른 시기의 유구가 확인되었기 때문에 실제 주거지가 분포하고 있는 취락의 범위는 B, D, E, F구역에 한정된다(忠南大學校博物館 1995; 吳相卓·姜賢淑 1999; 李弘鍾 外 2001; 李殷昌 外 2002). 관창리유적 주변의 전체적인 지형을 고려할 때, 취락은 조사된 범위를 벗어나서 분포할 가능성은 전혀 없다고 판단된다. 따라서 한 지역에 거주했던 집단의 생산과 조직체계를 밝히는데 매우 중요한 의미를 갖고 있다.

관창리취락에서 조사된 주거지는 B구역에서 100기, D구역에서 50기, E구역에서 10기, F구역에서 35기로 총 195기가 확인되었는데, 다른 시기의 주거지는 한 기도 없고 모두 송국리형주거지에 속한다. 확인된 유구는 주거지를 비롯하여 무덤, 경작지, 토기요지, 창고 등 거의 모든 것이 밝혀져서 취락의 경관만이 아니라 취락내 구성원의 조직체계를 연구하는데 상당히 유효하다. 본고에서는 관창리취락을 구성하고 있는 주거지의 시기문제를 검토하고 이를 바탕으로 공간문제 및 취락 구성원의 조직체계에 대해서 언급해 보고자 한다.

II. 檢討를 위한 前提

관창리유적의 전체 취락 범위는 C구릉을 제외한 B구릉의 동쪽과 서쪽에 있는 두 개의 곡부를 포함해서 폭 600m, 길이 800m에 이른다. 취락군은 북에서 남으로 뻗은 길이 600m 정도의 긴 구릉과 서에서 동으로 뻗은 길이 200m 정도되는 작은 3개의 구릉에 형성되어 있다. 발굴 구획상 북에서 남으로 뻗은 구릉을 B구역, 서에서 동으로 뻗은 3개의 구릉을 남에서부터 D, E, F구역으로 명명하였다(도면 1).

관창리취락의 주거지는 중복관계가 거의 없기 때문에 주거지의 중복관계를 갖고 시기문제를 검토하는 것은 거의 불가능하다. 때문에 출토된 토기의 편년적인 위치를 기초로

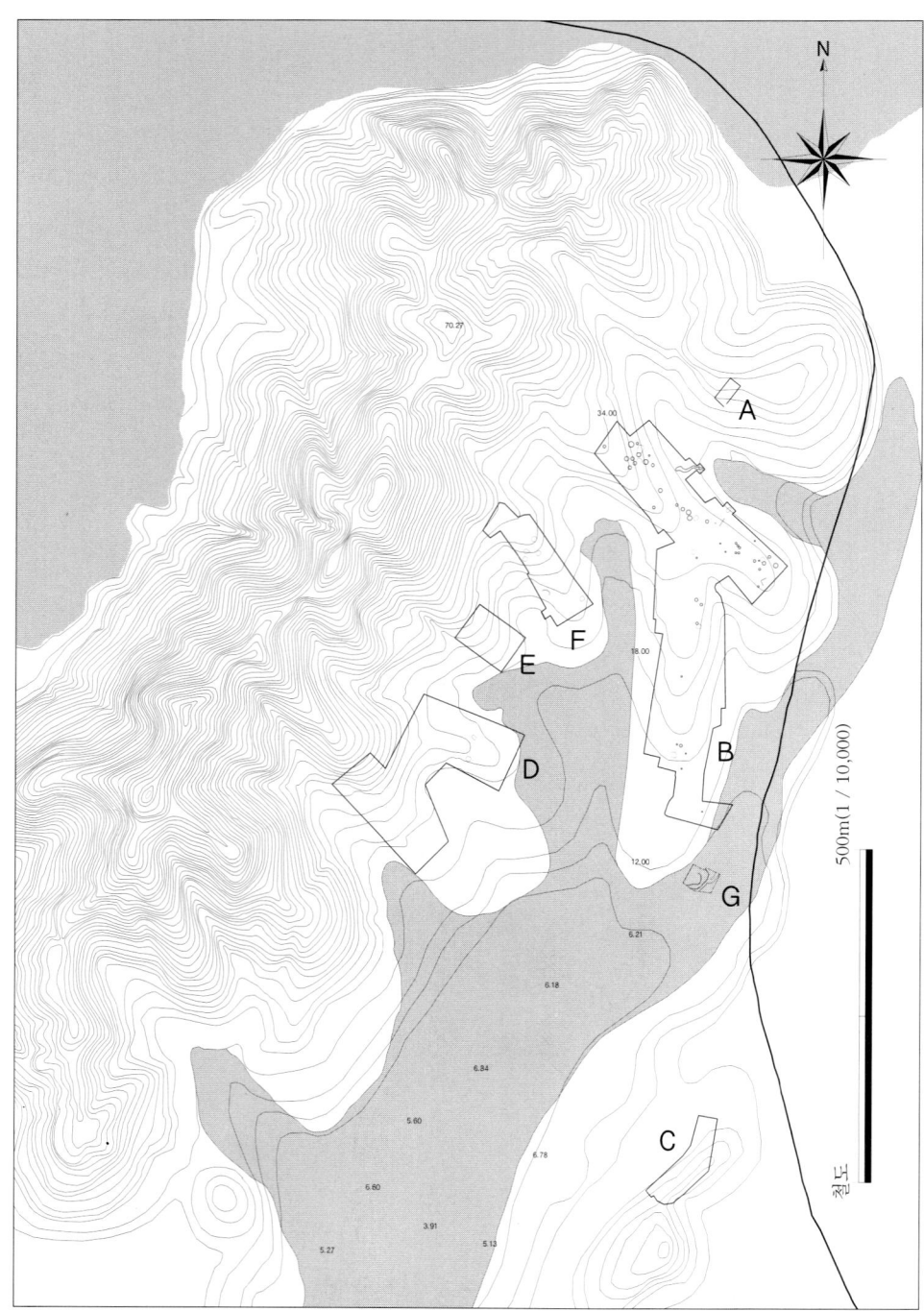

〈도면 1〉 관창리 취락의 분포도

주거지의 시기를 결정할 수 있지만, 출토토기 또한 주거지에 따라 시기를 결정할 수 없는 것도 상당수에 이르고 있어 일률적으로 주거지의 선후관계를 결정하는 것은 매우 어렵다. 또한 송국리형주거지에서 보이는 중앙토광의 설치가 구릉의 방향과 어떠한 관계를 갖고 있는지도 검토하였지만, 이 또한 시기별 일관성을 찾아보기는 힘들었다. 오히려 중앙토광의 배치는 각 주거군에서 중심적인 주거지와 그렇지 않은 주거지와의 관계가 어느 정도 예상될 뿐이다. 결국, 전체주거지의 시기를 명확히 구분할 수는 없었지만, 시기를 판단할 수 있는 상당수 주거지를 근거로 했을 때, 취락의 존속시기는 주거군이 옮겨다니면서 변천하는 것이 아니라 각각의 단일 주거군내에서 변화하는 양상으로 전개되었음을 알 수 있었다. 즉, 3~5개의 주거지가 동일시기에 형성되어 하나의 주거군을 이루고, 이러한 최소단위의 주거군이 집합하여 취락을 형성한 것이다. 최소단위의 주거군이 관창리유적 전체 존속 기간에 걸쳐 거의 그대로 유지되었다는 것은 최소단위 주거군의 독립성을 바탕으로 계획적인 공간배치하에 취락 전체가 움직여 나아갔음을 의미하는 것이기도 하다.

관창리주거지에서 출토된 토기는 다른 논고를 통해서 이미 대강을 밝힌 바 있는데, 그에 따르면 관창리유적은 송국리 I , II단계에 걸쳐 존속한 것으로 판단된다. 그러나 다행스러운 점은 위에서도 언급한 바와 같이 취락내 모든 주거지의 단계를 설정하는 것은 어렵지만, 시기에 따라 주거군이 이동해 간 것이 아니기 때문에 전체 취락의 공간배치상에서 각 주거군의 역할 및 전체취락의 체계를 밝히는 것에는 큰 무리가 없다는 사실이다. 즉, I 단계와 II단계에 속하는 주거지들이 주거군을 달리하여 점유해 가는 것이 아니라 같은 주거군내에서 I 단계에서 II단계에로 변화하는 양상을 보여주고 있다. 단일 주거군내에서 주거지간의 중복관계가 거의 나타나지 않는 점도 개별주거지간의 시기차가 그다지 크지 않았음을 시사한다. 따라서 단위주거군내에서 개별 주거지간의 시기차이는 인정된다 하더라도, 각 단위주거군은 그대로 유지되기 때문에 취락 전체에서 각 주거군의 역할 및 기능 나아가서는 취락 전체의 조직체계를 살피는데 큰 무리는 없을 것으로 판단된다.[1)

III. 聚落에 대한 分析

1. 分析을 위한 提言

관창리취락은 B구역이 중심적인 위치를 점하면서 D, E, F구역에 취락이 분포하는 양상을 보이고 있다(도면 1). 유적은 표고 71m에서 남동쪽으로 뻗어내린 산록의 완만한 구릉위에 형성되어 있는데, 주거지는 표고 36m에서 표고 10m 사이의 구릉상에 입지하고 있다. 논유적이 확인된 구릉 아래의 저지대는 표고 7~5m 정도에 불과하다. 구릉 전체가 동일 단계의 유적으로 형성되어 있어 전체 취락내에서 각 구릉간의 상호 유기적인 관계가 형성되었을 것으로 추정된다. 따라서 전체취락의 공동체적인 관계를 유지하기 위한 각 취락간의 관계가 어떠한 방법에 의해서 유지되었는지를 파악하기 위해서는 우선적으로 각 취락을 형성하고 있는 최소 단위집단(단위주거군)에 대한 검토가 우선되어야할 것이다.

취락을 형성하는 가장 기본적인 요소는 단위세대(주거지)로서, 단위세대는 취락의 최소단위 구성요소이다. 단위세대는 혈연과 같은 관계에 의해서 몇 개의 단위세대가 집합하여 취락을 구성하는 하나의 단위주거군을 이루는 것으로 보았는데, 이를 단위집단 혹은 세대공동체라 부르고 있다(近藤義郎 1959; 都出比呂志 1989). 취락을 구성하는 최소단위 집합체로서 단위주거군을 설정하고자할 때 주의해야할 점은, 전체 취락내에서 과연 각 단위주거군간의 경계를 어떻게 설정해야 하는가하는 문제이고, 다음은 단위주거군이 취락내에서 어떠한 기능적 역할을 수행하였는지를 검토하는 문제일 것이다. 우선, 단위주거군이 설정되기 위해서는 취락내에서 각 단위주거군을 구분할 수 있는 일정한 공간배치상의 차이점이 인정되어야 하고, 나아가 각 단위집단의 기능적 역할이 인정될 때 그 의미는 보다 명확해질 수 있을 것이다. 취락의 구성은 단위세대의 집합만으로도 가능하지만, 몇 개의 단위세대가 집합하여 단위집단을 이루고, 이러한 단위집단의 집합에 의해 취락이 형성되는 것이 일반적이다. 전자의 경우는 결국 단위집단이나 세대공동체라 불리워진 것이 하나의 취락을 이루는 셈이고, 후자는 이들이 집합하여 취락을 형성하는 경우에 해당된다. 그러나 세대공동체라는 표현은 혈연적인 관계를 기반으로 이루어진 것을 의미하기 때문에 고고학적으로 이를 증명하기가 쉽지 않다는 시각도 있다(大井晴男 1987). 또한 단위집단이라는 표현도 내적인 의미에 있어서는 세대공동체를 의미

---

1) 참고로 단계설정이 가능한 주거지, 요지, 굴립주건물을 열거하면 다음과 같다.
　Ⅰ단계 : 003, 004, 005, 006, 007, 008-1, 009, 012, 013, 014, 017, 018, 019, 020, 022, 023, 024, 025, 026,
　　　　　027, 032, 033, 034, 035, 037, 040, 041, 042, 043, 044, 046, 047, 048, 049, 050, 052, 053, 054,
　　　　　056, 064, 066, 069, 070, 071, 075, 076, 080, 081, 202, 203, 208, 210, 211, 801, 802, 803, 804,
　　　　　807, 824, 823
　Ⅱ단계 : 001, 008, 010, 011, 015, 016, 021, 028, 029, 030, 031, 036, 038, 039, 045, 051, 055, 057, 058,
　　　　　061, 062, 063, 065, 068, 072, 073, 074, 077, 078, 079, 201, 204, 205, 206, 207, 209, 805, 806,
　　　　　808, 809, 810, 812, 813, 814, 815, 816, 818, 819, 821, 822

한다고 볼 수 있기 때문에 본고에서는 단위집단 혹은 세대공동체라는 지금까지의 구분단위를 단위주거군으로 사용하고자 한다.

　단위주거군이 집합하여 하나의 취락을 형성하여 간다는 것은 취락이 복합화 다원화되면서 개인의 분업적 역할이 강조되어 가는 것을 의미한다. 따라서 각 역할이 반드시 혈연에 기반을 둔 단위집단(세대공동체) 단위로 고정되지는 않았을 것으로 추정되기 때문에 혈연관계를 기초로 개념화된 단위집단이나 세대공동체라는 용어 대신에 단위주거군이라는 용어를 사용하고자 한다. 단위집단이나 세대공동체라는 용어를 사용할 경우에 취락내에서의 상위집단 혹은 하위집단, 기능적으로는 토기생산집단 혹은 석기생산집단과 같은 역할이 과연 혈연에 바탕을 두고 처음부터 정해질 수 있는 것일까 하는 의문점이 제기될 수 있다. 취락내의 개인적인 역량에 의해서 개인의 역할이 부여되고, 그러한 역할을 수행하기 위해 단위주거군(단위집단·세대공동체. 이하 단위집단·세대공동체란 용어는 사용치 않음)으로서 집합하였을 가능성이 오히려 취락의 복합화 과정에서 더 강조되었을 것으로 판단된다. 특히 취락내 단위주거군의 입지가 명확하게 구분되고, 단위주거군별 기능적 역할이 인정될 때 그러할 가능성은 더욱 크다고 판단된다. 공동체적인 형태의 취락이 처음부터 혈연에 의해 위계가 정해지고 그 역할이 부여되는 규제와 강제성이 갑자기 등장하였다고 보기는 어렵기 때문이다. 결국, 취락의 구성은 단위세대만의 집합에 의해 이루어진 단위취락과 단위세대가 집합하여 단위주거군을 이루고 이것이 다시 집합하여 형성된 취락으로 구분될 수 있을 것이다. 그리고 후자는 다시 그 기능과 역할에 의해 중심지적인 위치를 갖는 취락[2]과 그렇지 못한 취락으로 구분될 수 있을 것이다.

　이상에서 언급한 취락과 관련된 용어를 사용함에 있어서 다음과 같이 정의하고자 한다.

밀집도에 의한 취락의 구분

　단위세대 : 거주와 소비의 최종단계이자 취락을 형성하는 최소 단위인 개별주거지
　단위주거군 : 취락내의 일정 영역에 단위세대가 집합한 형태로서 다른 주거군과 공간적인
　　　　　　　구분이 분명한 것
　단위취락 : 단위주거군의 구분이 분명하지 않은 단위세대만의 집합에 의한 취락
　중위취락 : 2개 이상의 단위주거군에 의해 형성된 취락이지만 각 주거군에서 중심적인 위치
　　　　　　를 점하는 주거지가 없거나 산발적인 경우

---

2) 중심취락 혹은 거점취락이라 불리우는 것이 이에 속한다.

대취락 : 최소 5개 이상의 단위주거군에 의해 형성된 취락

대취락을 구분하는데 있어서 5개의 단위주거군을 기준으로 설정한 이유는 대취락에 속하는 중심취락이 그 기능을 수행하기 위해서는 행정장소(취락내의 상위계층 영역), 의식장소(광장 혹은 의례와 관련된 집합영역), 생산장소(농경, 석기, 토기 등의 전문생산영역), 관리장소(생산품의 보관과 관리의 영역), 일반 거주장소(상위계층과 구분되는 하위계층의 거주영역), 교역장소 등이 필요할 것이다. 그러나 교역장소는 그 실상을 파악하기가 매우 난해한 점이 있어 최소 5개 영역의 구분이 가능한 취락이 중심취락으로서 기능하였을 것으로 판단되기 때문이다.

기능에 의한 취락의 구분
주변취락 : 단위, 중위, 대취락 가운데 생산과 소비를 위주로 형성된 취락
중심취락 : 최소 5개 이상의 단위주거군(대취락)에 의해 형성된 취락으로서 중심지적인 역할을 수행한 취락
거점취락 : 중심취락적인 성격도 있을 수 있지만 특수목적에 의해 만들어졌다고 인정되는 취락

주변취락은 기본적인 경제활동과 소비를 위주로 형성된 취락으로서 중심취락과는 긴밀한 관계속에서 여러 행위가 이루어졌을 것으로 판단된다. 중심취락은 주변취락의 중심적인 위치에서 공급을 위한 생산과 주변취락 혹은 원거리 집단과의 교류를 주도한 취락으로서 기능하였을 것이다. 거점취락은 중심취락과 같은 개념으로 사용하기도 하지만 필자는 특수목적에 의해 형성된 취락을 일컬어 거점취락이라 부르고자 한다. 교역을 위해 교통요지에 형성된 취락, 방어목적의 취락, 특수 물품을 제작하던 취락 등이 이에 속할 수 있는데, 최근에 조사된 서천 도삼리유적이 교통요지상에 형성된 취락으로서 농경과 같은 생산체계를 갖추지 않은 점으로 보아 특수목적의 거점취락일 가능성이 제기된 바 있다(高麗大學校埋藏文化財研究所 2003).

이상에서 제시한 분석방법에 따라 관창리취락의 각 구역별 분석을 행하고자 한다.

2. 分析

(1) B구역

B구역에서는 표고 34m~10m에 해당되는 길이 600m, 폭 100m의 구릉에 100기의 주거지가 밀집 분포하고 있다. 주거지는 대부분 구릉 정상부를 따라 분포하고 있는 형태로서

사면부의 이용도는 극히 미미하다. 취락의 공간배치를 보면 일정한 형태로 주거군이 밀집되어 있음을 알 수 있다. 주거군은 공간상으로 드러난 배치상태와 취락의 기능적 측면을 고려했을 때, 모두 8개군으로 구분할 수 있다(도면 2).

제1군은 구릉의 최북단 표고 34m에서 서쪽 사면부를 따라 밀집되어 있는 5기의 주거지가 해당된다. 5기의 주거지 중 4주식주거지가 가장 높은 곳에 위치하고 나머지 소형주거지 4기는 사면상에 배치되어 있다. 4주식주거지의 비율은 20%이다.

제2군은 표고 33m~28m 사이의 구릉 정상부에 분포하고 있다. 다른 주거군에 비해서 조밀하게 배치되어 있으면서 전체 주거지수 19기 가운데 12기가 4주식주거지로서 60% 이상을 점유하고 있다. 이처럼 4주식주거지가 특정구역에 밀집되어 있는 양상은 다른 일반 취락에서는 찾아보기 힘들다. 구릉상에서의 입지조건이나 4주식주거지의 밀집은 취락내에서 차별화된 주거군이 존재하였음을 시사하는 바로서 취락의 지배적인 위치에 있었던 집단의 위계를 보여주는 거주영역으로 판단된다.

제3군은 표고 28~25m 사이의 구릉 능선상에 위치한 8기의 주거지가 이에 속하는 것으로 4주식주거지 3기를 중앙에 두고 5기의 소형주거지를 주위에 배치시킨 형태로서 4주식주거지의 비율은 38%이다. 제2군 다음으로 4주식주거지의 비율이 가장 높고 제4군과 제5군의 연결지점에 위치하고 있는 점으로 미루어 보아 중간 역할을 담당했던 주거군으로 추정된다.

제4군은 25m~23m 사이의 동쪽으로 갈라진 구릉상에 입지하는데, 총 22기 가운데 대형 주거지는 4기로서 모두 동쪽 끝에 배치되어 있다. 4주식주거지의 비율은 18%이다. 이곳 제4군은 토기요지와 고상가옥이 밀집되어 있는 곳으로서 특이할 점은 토기요지가 밀집된 곳에서는 4주식주거지가 한 기도 없고, 고상가옥 중 마룻대받침기둥을 갖고 있는 KB-204·205와 근접거리에 위치하고 있다. 기타 고상가옥으로 추정되는 것들은 토기요지의 북동쪽과 4주식주거지 주위에 배치되어 있는데 형태상 정연성을 갖고 있는 것들은 모두 4주식주거지 주위에 배치되어 있는 특징을 보여준다. 이러한 주거지, 요지, 고상가옥의 배치상태로 보아 제4군은 토기생산 및 저장과 관련된 취락의 공동창고시설이 위치한 구역임에 틀림없다. 토기요지 주변의 고상가옥은 정연성이 떨어지고 있어 토기보관과 관련된 시설일 가능성이 제기되며, 4주식주거지 주변의 고상가옥은 마룻대받침기둥을 갖고 있는 대형 고상가옥이 위치하고 있어 취락의 공동창고로서 기능하였을 것으로 판단된다. 그리고 토기요지 주위의 주거지는 실제 토기제작집단의 거주영역으로 보이지만 제4구역의 전체적인 생산과 보관의 관리는 4주식주거지를 중심으로 이루어졌을 것으로 추정된다. 다른 주거군에서도 20% 내외의 4주식주거지가 배치되어 있어 이를 중심

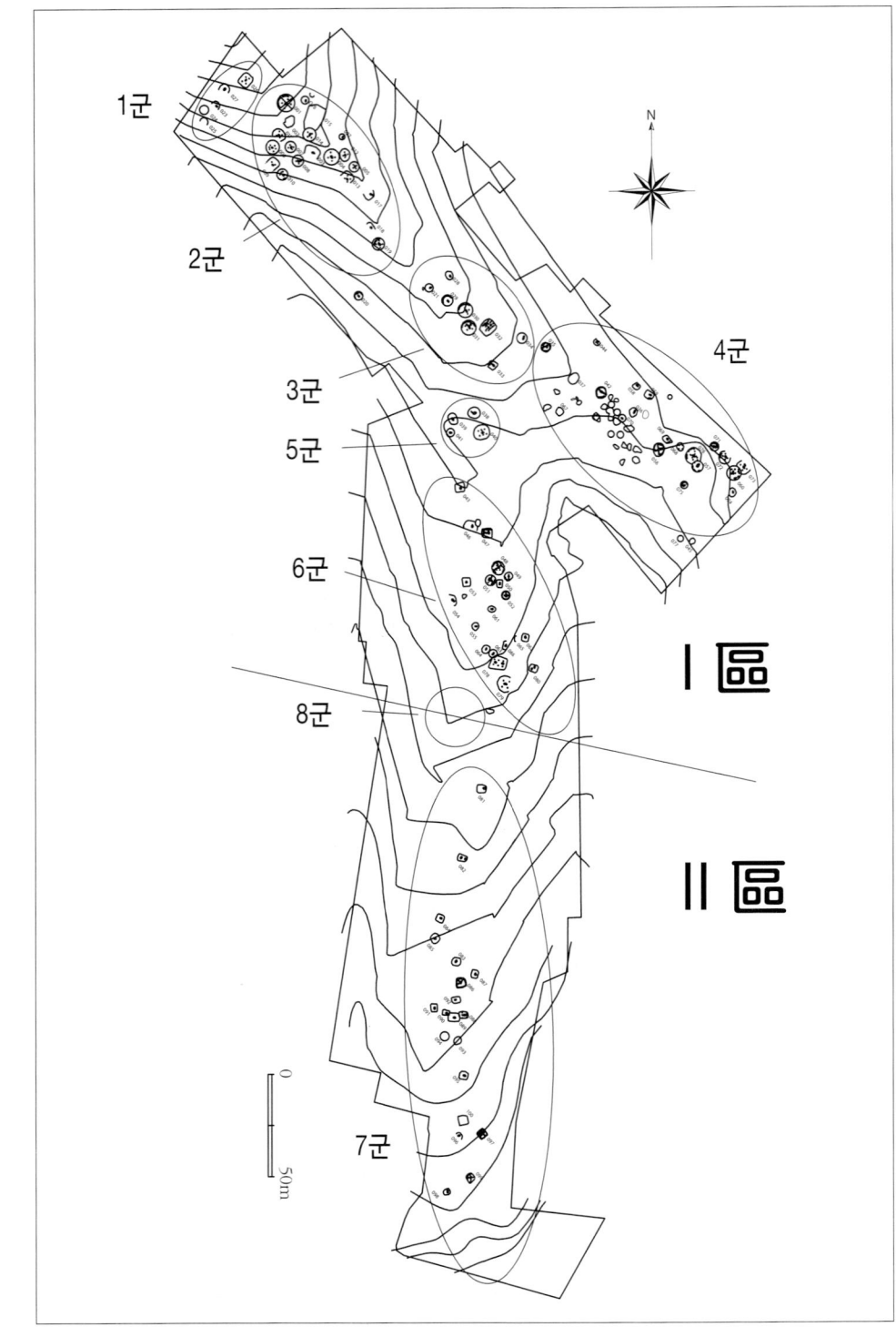

〈도면 2〉 관창리 취락 B구역의 주거군

으로 주거군의 역할이 이루어졌을 것으로 보이는데, 토기요지 부근에 4주식주거지가 없기 때문에 이들 토기생산시설도 창고를 관리하던 4주식주거지에 의해 통제되었을 가능성을 시사한다.

제5군은 동쪽과 남쪽 구릉이 갈라지는 표고 24m 지점에 위치하는데 총 4기의 주거지 중 1기가 대형에 속해 그 비는 25%이다. 제4군에 속하는 주거지의 특징은 다른 주거지들에 비해서 석기의 출토량이 월등하다는 점인데, 038호에서는 48점이, 040호 주거지에서는 98점이 출토되었다. 그러나 나머지 039, 041호 주거지는 다른 주거지와 비슷한 출토량을 보여주고 있다. 이러한 점으로 미루어 보아 제5군은 석기제작과 관련된 주거 혹은 작업장일 가능성이 제기된다.

제6군은 표고 23m~20m의 구릉 능선상에 총 20기가 위치하고 있는데 이중에서 4주식주거지는 4기로서 20%에 해당된다. 이들 주거군은 취락의 거의 중앙부에 위치하고 있으면서 후술할 평면 원형을 포함한 굴립주건물군인 제8군과 인접하여 있다. 주거지의 대소형 비율은 다른 주거군과 크게 다를 바 없지만, 출토유물에 있어서 원형점토대토기, 두형토기, 파수부 등 관창리의 토기요지에서는 전혀 확인되지 않은 외래계의 유물들이 나타나고 있다. 제8군과 인접해 있기 때문에 이곳의 기능과 밀접히 연관되어 있으리라 추정된다.

제7군은 표고 20m 이하에 위치한 주거군으로서 주거지는 총 20기이지만 4주식주거지는 한기도 존재하지 않는다. 주거지의 배치는 표고 16m 부근에서 밀집된 양상을 보이고는 있지만 다른 주거군과 같이 뚜렷한 특징을 보여주지 않고 있고 또한 구릉의 아래 쪽의 가장 넓은 면적을 차지하면서도 4주식주거지는 단 한기도 없는 점이 다른 주거군과 구별되는 제7군만의 특징에 속한다고 판단되어 하나의 주거군으로 설정하였다. 이러한 점이 제7군이 차지하는 취락내 위상 혹은 역할과 밀접하게 연관되어 있다고 생각된다.

제8군은 제6군과 제7군의 사이에 위치한 굴립주건물군으로서 취락의 거의 중앙부에 입지하고 있다. 원형의 굴립주건물 2동이 중앙에 위치하고 그 양쪽에 장방형의 굴립주가 배치되어 있다. 조사 당시 굴립주건물 주변은 다른 주거군과는 달리 토기 파편이 지면에 박혀 있으면서 유구의 흔적은 명확치 않고 또한 다른 곳에 비해 상당히 단단한 지면을 이루고 있었다. 토기가 지면에 박혀있음에도 지면상에서는 유구의 흔적을 구분할 수 없어 트렌치조사를 통해 토층단면을 확인하였지만 바로 생토면이 드러났다. 유구가 없으면서도 부식토와 함께 토기가 생토층에 단단하게 박혀있는 이유는 결국 제8군 굴립주건물군의 역할과 연관시킬 수밖에 없다고 판단하였다. 그 이유는 4주식주거지를 중심으로 소형주거지들이 하나의 주거군을 이루고 있는 구릉 위쪽의 제1~6군과 4주식주거지가 없이 소형주거지들만이 산재해 있는 구릉 아래쪽 제7군의 사이에 굴립주건물군이 위치하고 있어 제8군의 역할은 취락 구성원의 공공적인 장소로서 이용되었을 가능성이 매우 크다고 생각된다. 즉, 취락 구성원 전체의 집회와 같은 모임 혹은 외부집단과의 교류의 장소로서 이용되었으리라 추정되는데, 이러한 정황은 제6군에서 관창리유적에서 제작되지 않은 원형점토대토기계통의 유물이 집중적으로 출토되는 점과도 서로 연관시켜볼 수 있는 점이라 판단된다.

⑵ D구역

D구역의 보고서는 아직 미간이지만 평면도 상의 배치도에서 보면 총 50기의 송국리형 주거지가 확인되었는데, 그 중에서 4주식주거지는 총7기이지만 도면상 四隅에 기둥자리가 있는 주거지 2기를 포함하면 9기로서 그 비는 18%이다. 주거지들은 완만한 구릉선상 등고선 방향을 따라 부채꼴 모양으로 펼쳐지면서 몇 개의 군을 형성하고 있지만 B구역에서처럼 기능적인 분화는 보이지 않는다. 그러나 각 주거군의 배치상태로 보아 4개군으로 구분할 수는 있을 것 같다(도면 3).

제1군은 두 기의 주거지가 독립된 상태로 표고 32m 상에 위치하고 있는데 앞서 B구역에서 살펴본 5기의 주거지가 맨 위쪽에 자리하고 있는 것과 유사한 양상이다.

제2군은 표고 27m~25m 사이에 위치하고 있는 11기로 이루어진 주거군으로서 4주식주기지는 한 기도 없다.

제3군은 구릉 중앙부 표고 24m~23m 상에 16기로 이루어진 주거군으로서 4주식주거지는 5기로 그 비는 30%에 이른다.

제4군은 구릉 맨 아래쪽에 위치한 21기의 주거지인데 이 중에서 4주식주거지가 2기, 四隅에 기둥자리가 있는 주거지가 2기로서 이를 합하면 그 비는 약 20%이다. 주거지들은 매우 산발적으로 분포하고 있어 B군의 정연한 모습과는 매우 대조적인 모습을 보여주고 있다.

D구역의 자세한 양상은 보고서가 출간되지 않아 확인할 수 없지만 중앙부의 제3군에 4주식주거지가 밀집되어 있으면서도 다른 시설 예를 들자면, 굴립주건물지나 토기요지 등이 존재하지 않는 점으로 보아 B군의 영향하에 형성된 중위취락에 머물렀던 것으로 판단된다. 따라서 이곳은 단위주거군이 하나의 독립적인 모습을 갖추고 이들이 집합하여 취락을 형성하였다고 보기보다는 제3군이 중심이 되고 각 단위세대가 군을 이루어 형성된 중위취락으로 판단된다.

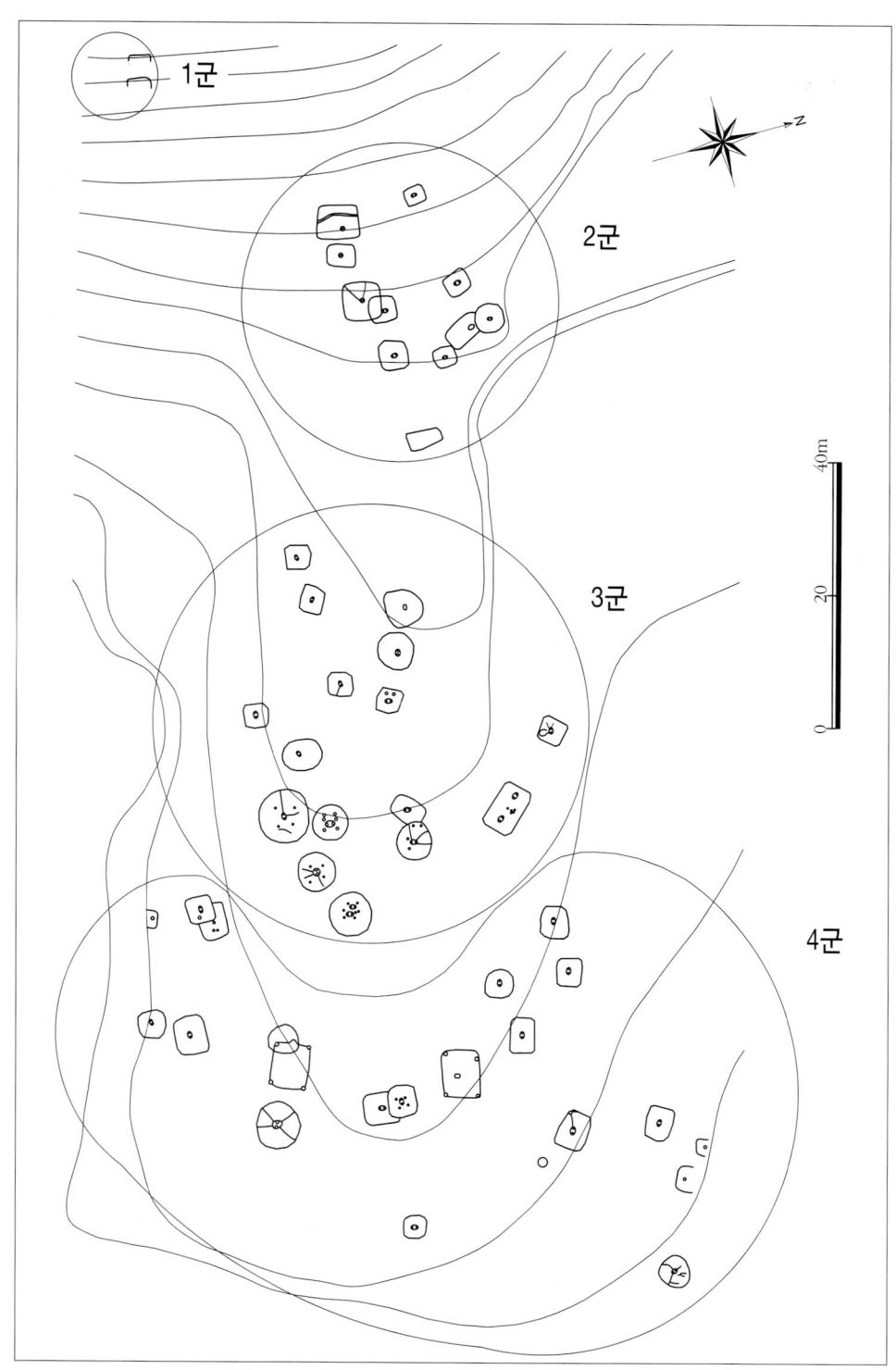

〈도면 3〉 관창리 취락 D구역의 주거군

(3) E구역

이곳에서 확인된 주거지는 모두 10기로서 4주식주거지는 한기도 존재하지 않는다. 주거지의 분포도 매우 산발적이면서 거의 독립적인 모습을 보여주고 있어 주거군의 설정은 무의미하다. 따라서 이곳의 취락은 단위세대만으로 이루어진 단위취락으로 판단되지만 지형상으로 보아 F구역에 속한 취락으로 판단된다(도면 4).

(4) F구역

총 35기의 주거지가 구릉능선상을 따라 배치되어 있다. 각 주거군은 분포상 6개군으로 구분 가능하지만 제2군과 제6군을 제외한 주거군은 중심적인 위치를 갖는 주거지가 없다.

제1군은 구릉부의 맨 위쪽 표고 36m~34m 구간에 5기가 산발적으로 분포하고 있어, B구역, D구역과 거의 같은 양상을 보여주고 있다(도면 5).

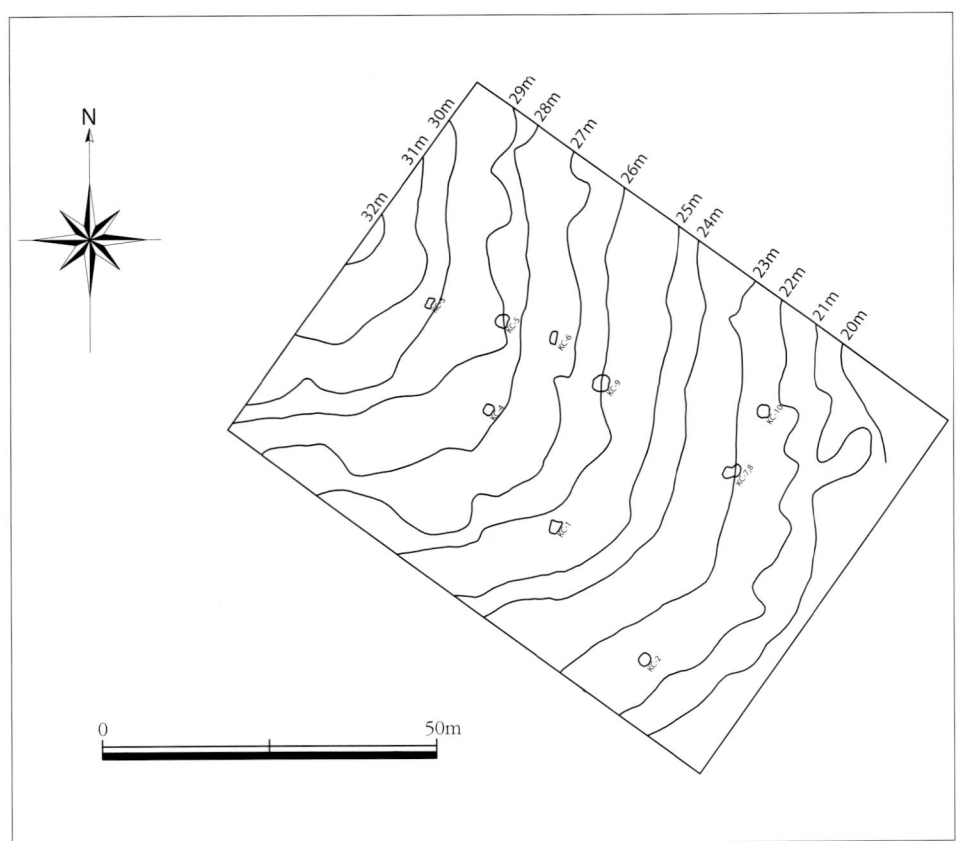

〈도면 4〉 관창리 취락 E구역의 주거군

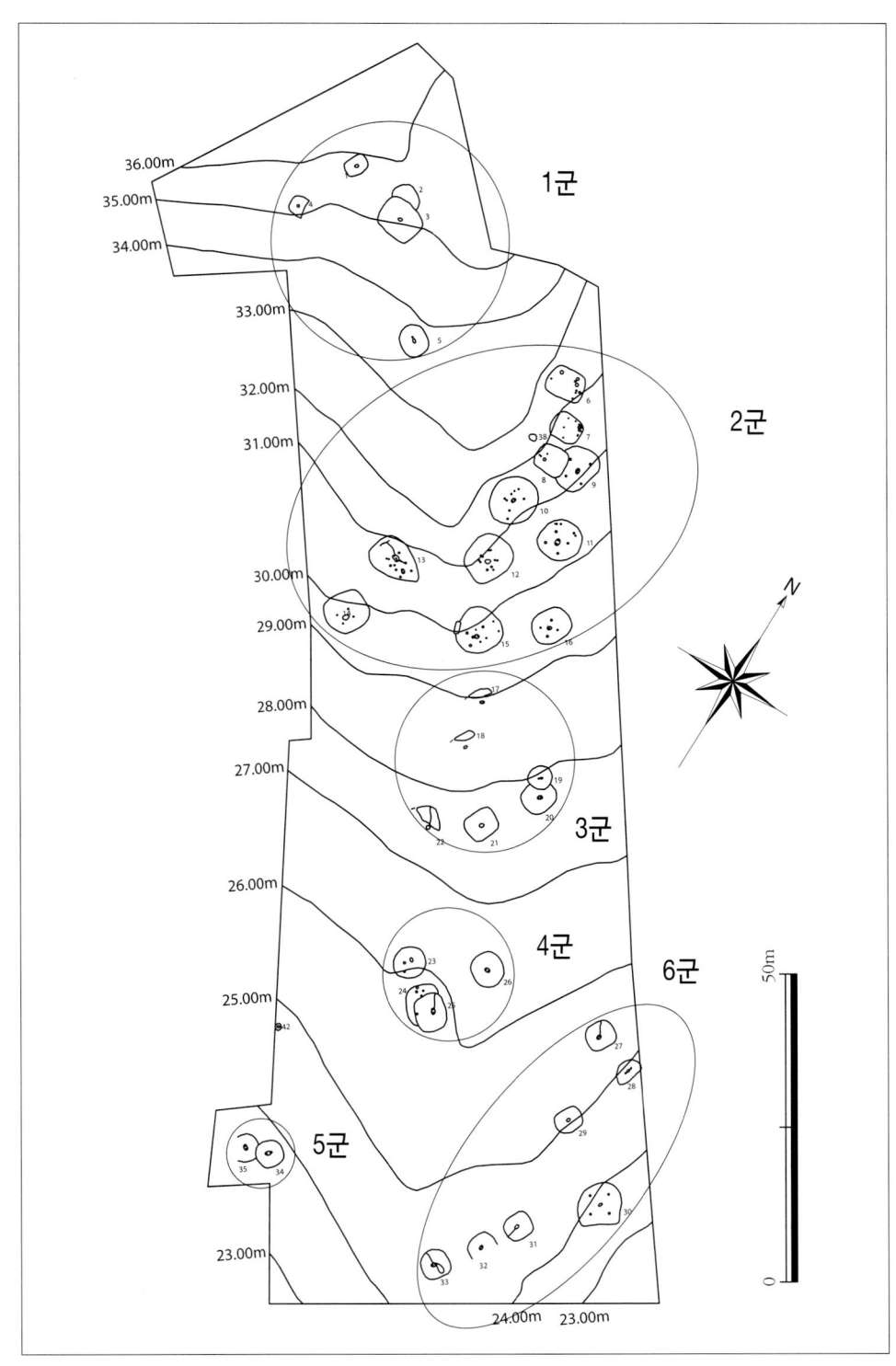

〈도면 5〉 관창리 취락 F구역의 주거군

제2군은 11기의 주거지 중 8기가 4주식주거지로서 그 비는 73%에 이른다. 전체 4주식 주거지 9기 가운데 8기가 집중되어 있어 이곳이 F구역 취락의 중심적인 위치를 점하였 던 것으로 판단된다.

제3, 4, 5군은 각각 6기, 4기, 2기가 분포하지만 각 주거군의 기능적인 역할이 분명하지 않아 단순한 단위세대의 집합으로 보는 것이 타당하다고 판단된다. 제6군은 7기 가운데 1기가 4주식주거지로서 그 비는 14%이다.

분포상에 있어서는 6개군으로 구분할 수도 있지만, 제2군을 제외하고는 단위주거군의 중심이 될만한 주거지나 그 역할이 명확치 않다. 중심적인 주거지가 제2군에 집중하고 있음은 전체 취락이 각 주거군의 집합에 의해 형성되었다고 보기보다는 제2군을 중심으 로 주거지가 분산 배치된 취락으로 보는 것이 타당하다고 판단된다. 이러할 경우, 취락 내에서의 4주식주거지의 비는 25%를 점유하고 있어 B구역 단위주거군의 비와 비슷한 양상을 보여주고 있다.

IV. 聚落의 景觀

이상에서 관창리취락의 각 구역별 주거지 배치상태를 중심으로 주거군을 나누어 보고 그에 대한 분석을 행하여 보았다. 그 결과, B구역은 총 8개군으로 구분가능하고 각 군은 제각기 중심적인 주거지를 중심으로 역할관계가 분할되어 있음을 알 수 있었다. 그러나 D구역과 F구역은 중심적인 주거지가 각 단위주거군별로 배치되어 있는 것이 아니라 한 곳에 집중되어 있는 양상을 보여주고 있어 B구역과는 상당히 다르 다. 이러한 모습은 D구역과 F구역은 중심주거군을 중앙에 배치하고 각 단위세대 혹은 단위주거군을 결집한 형태의 취락인 중위취락으로서 판단할 수 있을 것이다. E구역은 각 단위세대가 분산 배치된 형태로서 중심적인 역할을 담당하였을 주거지는 전혀 보이 지 않아 단위세대만으로 이루어진 단위취락으로 볼 수도 있지만 전체 지형을 고려할 때, F구역 취락에 속한 단위세대의 집합으로 보는 것이 타당하다고 판단된다.

1. 聚落의 區分

취락은 지형에 따른 입지형태, 지리적 입지조건에 따른 형태, 평면구조의 기하학적 구 성에 따른 형태, 기능에 의한 형태, 인구밀도에 따른 형태 등 다양하게 구분된다(吳洪晳 1994).

지형에 따른 취락의 입지형태는 범람원, 선상지, 산록이나 구릉, 산지, 해안평야 등으로 구분되며, 지리적 입지조건으로는 野村, 海村, 山村 등이 있다. 평면구조의 기하학적 구성에 따른 형태로는 塊村, 列村, 廣場村, 環村, 碁盤目狀村이, 기능에 의한 형태로는 중심취락, 주변취락, 유통취락 등으로, 인구밀도로는 산촌과 집촌으로 구분되고 있어 분류 방법에 따라 다양하게 취락의 위치를 조명할 수 있는 것이다(杉浦芳夫 2000). 관창리유적의 경우는 크게 보아 독립된 3개의 취락으로 구성되어 있는데, 각 취락은 입지조건과 역할에 따라 그 위상이 다를 수밖에 없었을 것이다. 관창리유적에서 중심적인 위치를 점하고 있는 B구역을 살펴보면, 지형에 있어서는 구릉, 지리적으로는 야촌, 평면구조상으로는 괴촌과 광장촌의 결합, 기능으로서는 중심취락, 인구밀도로서는 집촌에 해당된다. 이 가운데 지형, 지리, 인구밀도에 의한 구분은 누구나 인정할 수 있는 것이기에 평면구조와 기능에 의한 구분에 대해서만 간략히 언급하고자 한다.

(1) 평면구조상에 의한 분류

B구역 각 주거군의 주거지 평면 배치상태는 괴촌형태를 띠고 있지만, 취락 중앙부에 광장의 역할을 하였던 굴립주건물군이 존재하고 있어 광장촌적 성격도 갖고 있다. 앞에서도 언급한 바와 같이 중앙부의 굴립주건물군 주위는 집회 혹은 교역의 장과 같은 인구의 집중현상에 의해 형성되었을 것으로 추정되는 흔적들이 발견되었기 때문에 이곳이 관창리취락의 중심적인 장소로서 인근 혹은 원거리 집단의 집합지적 성격을 갖는 것으로 추정된다. 따라서 관창리취락은 각 주거군의 괴촌적인 성격에도 불구하고 처음부터 공간 배치상에서 일정한 규칙성을 갖고 있었음이 주목된다.

즉, 관창리취락은 상호 유기적인 관계 속에서 각 주거군의 역할이 이루어질 수 있도록 계획적으로 조영된 취락적 성격이 강한데, 이러한 점은 광장을 중심으로 구릉 위쪽은 취락의 상위계층과 그들에 의해 통제되었을 것으로 추정되는 생산 및 관리시스템이 배치되고, 아래쪽은 하위계층만의 집합으로 이루어져 농경과 같은 기초적인 생산활동에 종사한 집단이 거주한 영역으로서 취락은 양분된 구도체계를 보여주고 있는 것이 이를 시사하는 바이다. 한편, 4주식주거지가 없는 광장 아래쪽 단위세대 주거군에도 농경지와 가까운 표고 10m 지점에 굴립주건물이 집중되어 있는데, 생산집단이 공동으로 농업생산물을 보관하였던 장소일 가능성이 제기된다.

이러한 점으로 미루어 관창리 B구역의 취락은 크게 두 계층이 중앙광장을 중심으로 영역을 달리하여 배치되어 있었으며, 상위계층은 취락의 통제, 토기·석기 등 필수품의 생산과 보관, 농업생산물의 전체적인 보관과 분배, 교역 등을 담당하였고, 하위계층은 단위세대를 중심으로 직접 농경생산에 종사한 취락시스템이었을 것으로 판단된다. 제4주거군에서 생산된 토기가 D, F구역에 공급된 사실을 보더라도(田崎博之 2005) B구역은 생산과 공급의 중심적인 위치를 점하였으며, 또한 각 주거군이 명확한 특징을 보여주고 있어 위계에 의한 취락의 조직체계가 어느 정도 완비되었던 것으로 판단된다.

⑵ 기능에 의한 분류

기능에 따른 취락의 분류는 중심취락, 주변취락, 거점취락(유통취락 등) 등으로 분류된다. 주변취락은 주로 1차적인 생산과 소비에 종사하는 집단의 거주영역으로서 다른 취락과의 관계에서 종속적인 위치에 있는 취락을 말한다. 거점취락은 특정목적을 달성하기 위하여 상시 혹은 일시적으로 거주하였던 취락을 말하는데, 최근에 조사례가 증가하고 있는 유통취락의 경우를 보면, 일상 생활장소가 아닌 교통의 요지인 해안이나 하안 등 특정장소에서 생산, 소비, 교역이 복합적으로 이루어졌음이 밝혀졌다. 이들 취락은 일상 거주영역은 거의 확인되지 않지만 유구의 정연성 및 배치상태가 불규칙하고, 일시적 거주형태에 의한 퇴적상을 보여주고 있다. 그리고 상당량의 다양한 유물들이 유구가 아닌 퇴적토와 함께 섞인 상태로 출토된다. 앞으로 그 예가 증가하면 교역루트와 교역품 등 당시 사회의 움직임을 연구하는데 중요한 역할을 할 것으로 기대된다. 아산 갈매리유적(高麗大學校埋藏文化財研究所 2004), 연기 월산리유적(박유정 2004), 서천 도삼리유적(高麗大學校埋藏文化財研究所 2003) 등이 이에 속하는 유적으로 판단되며, 北部九州地域에서 발견되는 원형점토대토기유적도 이에 속하는 것으로서 해안 혹은 하안의 교통요지상에 위치하고 있다(이홍종 2002a).

독일의 지리학자 Walter Christaller에 의해 제기된 중심지이론은 행정활동, 종교활동, 사회적 활동, 경제활동, 상업활동, 교통 등에서 중심적 기능을 보유한 도시적 취락을 의미하는데, 고고학에서 사용하는 중심취락에 대한 개념도 시대별 적용 여부의 차이는 있겠지만 대체적으로 위와 같은 기능을 갖고 있었던 취락을 의미한다고 볼 수 있다(杉浦芳夫 2000). 관창리취락은 앞서 살펴본 바와 같이 위에서 요구하는 제조건을 거의 충족시키고 있기 때문에 유적의 중심년대인 기원전 9-6세기대에 주변취락과의 관계에서 중심지적인 위치를 점하고 있었다고 판단된다. 그러나 관창리취락이 低次의 기능에 머물렀는지 아니면 高次의 기능까지 담당하였는지는 단언할 수 없지만 취락내 주거지에서 출토된 토기가 관창리 제작품이 아닌 점으로 볼 때, 고차의 기능까지 담당하였을 가능성도 제기된다(杉浦芳夫 2000).[3]

2. 聚落의 組織

관창리유적이 3개 취락군으로 구성되어 있음은 위에서 살펴본 바와 같은데, 관창리유적으로부터 10km 이내에 위치한 취락은 주교리(李弘鍾·孫晙鎬 2004), 관산리(尹世英·李弘鍾 1996), 연지리(李弘鍾 外 2002), 진죽리(이형원 1999) 등에서 확인되었지만, 모두 단위세대이거나 단위취락으로 이루어져 있다. 또한 주변에 대한 분포조사에서도 일부 같은 시기의 유적이 존재하는 것으로 파악되었지만 지형상으로 보아 관창리와 같은 대규모 취락의 존재 가능성은 거의 희박하다. 따라서 관창리취락은 지형환경적인 측면에서 보아도 다른 주변의 유적들과는 차별되는 취락으로 평가된다.

관창리를 제외한 주변취락에서는 토기요지나 고상가옥의 흔적이 전혀 발견되지 않았다. 단지 진죽리유적에서는 점토대토기가 출토되고 있고 위치상으로도 관창리로부터 약 10km 정도 떨어진 경계지점에 위치하고 있어 그 기능이 다른 취락과는 구분될 수도 있겠지만 규모면에서는 2개의 주거군으로 이루어져 있는 중위취락에 해당되며 지형상으로도 대규모 취락의 입지여건으로는 적당하지 않다. 이러한 주변의 지형환경과 발굴조사성과를 종합해볼 때, 관창리취락 외에는 중심지적 기능을 수행했다고 볼 수 있는 취락이 없기 때문에 현재의 보령시 중심부, 주교면, 주포면, 청소면 일대는 관창리취락이 중심지적 기능을 수행한 취락으로서 이해될 수 있을 것이다. 이러한 점은 해안가에 위치하면서도 어로와 관련된 유물이 단 1점도 출토되지 않고 있어 그 기능이 뚜렷했음을 보여준다. 반면, 농경과 관련된 유물은 다양하고, 저지대에는 수전을 조영한 점으로 보아 농경에 기반한 중심취락적 성격이 강하다.

취락 공간은 중심 기능을 수행하는 집단의 거주영역, 일상 생활용품의 생산영역, 집회 및 교역장소, 보관장소, 농경지 등으로 구분되어 있다. 수전농경지는 구릉 하단부의 곡부를 이용하고 있음이 조사결과 확인되었다. 전작지의 경우는 구릉 사면부를 이용하였을 것으로 추정되지만 조사상에서는 확인되지 않았다. 구릉 능선상을 따라 주거지가 배치된 점, 완만한 구릉 사면부의 공간에 어떠한 유구도 배치되어 있지 않은 점으로 보아 구릉 사면부는 전작과 관련된 농경지로서 활용하였을 가능성도 배제할 수 없다. 주거군의 배치는 규모와 위치로 보아 취락 전체를 조망할 수 있는 가장 높은 지점에 상위집단

---

3) 저차(低次)의 기능은 인근에서 소비자를 모으는 기능을 말하며, 고차(高次)의 기능은 원거리와의 교역까지 담당한 것을 일컫는다.

의 거주영역이 설정되고, 가장 낮은 지점은 일반 농경을 담당했을 것으로 추정되는 하위집단 거주영역으로 설정한 후, 그 중간 지점에 굴립주건물군을 중심으로 광장을 설치한 형태이다. 그리고 제작, 보관관리, 교역과 관련된 기능별 주거군은 상위집단의 영역하에서 그 기능이 일정하게 계속 유지되어간 모습을 보여준다. 그러나 D구역 취락은 중심부에 상위집단의 주거군을 설정하고 나머지가 이를 에워싸고 있는 環村的 성격이 강한 모습을 보여주고 있다.[4] F구역은 가장 높은 곳에 상위집단의 주거군을 설정하고 아래쪽으로 하위집단의 주거군이 배치되어 있는 형태이다.

집단의 위계를 주거지의 형태와 관련시켜 보았을 때, 타원형토광내에 2주공만 설치된 주거형과 주위에 4주공이 설치된 주거형을 비교하면 히스토그램상에서는 23㎡을 경계로 하지만 평균면적은 4주공이 39.3㎡, 타원형토광만 설치된 주거형이 18.2㎡로서 현격한 차이점을 보이고 있다. 평균면적에서의 이러한 차이와 배치공간의 구분은 취락내 양 주거지의 위상이 달랐음을 시사한다. 한편, 주거지 평면상의 방형과 원형중 원형이 차지하는 비율을 보면, B구역은 67.5%, D구역은 22%, E구역은 20%, F구역은 37%로 B구역에 원형주거지가 가장 많이 분포하고 있다. 이 중에서도 B구역의 광장 위쪽은 원형이 74.4%를 점유하는데 비해 아래쪽은 40%에 머물고 있다. 그리고 상위주거지(4주공주거지)의 비는 전체적으로 22% 정도를 점유하고 있는데, 이 중에서 원형이 차지하는 비율은 B구역이 80%, D구역은 67%, F구역은 56%에 이르고 있어 상위주거지 중에서 원형계가 차지하는 비율이 방형계보다 높으며 특히 B구역은 다른 곳에 비해 월등하다. 송국리형 주거지의 방형계와 원형계에 대해서 원형계는 외래계, 방형계는 재지적 성격이 강한 것으로 파악한 바 있는데(李弘鍾 2002b), 이러한 관점에서 보면 관창리취락 중 중심에 속하는 B구역은 외래계의 주 거주영역에 속하고, D, E, F구역은 재지계가 주로 거주한 것으로 짐작된다.

그렇지만 상위주거지인 4주공식은 전 구역에서 외래계의 비중이 높은데, 그 중에서도 B구역은 압도적인 우위를 점하고 있다. 전체취락의 상위주거지 비중을 보면 총 43기 중 원형이 31기, 방형이 12기로 원형이 72%를 점유하고 있어, 상위주거지 중 외래계와 재지계의 비는 7:3 정도가 된다. 분류 가능한 주거지 중 방형계주거지가 전체의 52%(방형 : 100기, 원형 : 93기)를 점유하고 있는 것에 비하면 재지계의 상위주거지 점유율은 상당

---

4) 능선을 따라 주거지가 위치하고 있기 때문에 環村의 형태는 아니지만 중앙부에 취락의 중심기능이 배치된 상태는 環村的 기능과 유사하다.

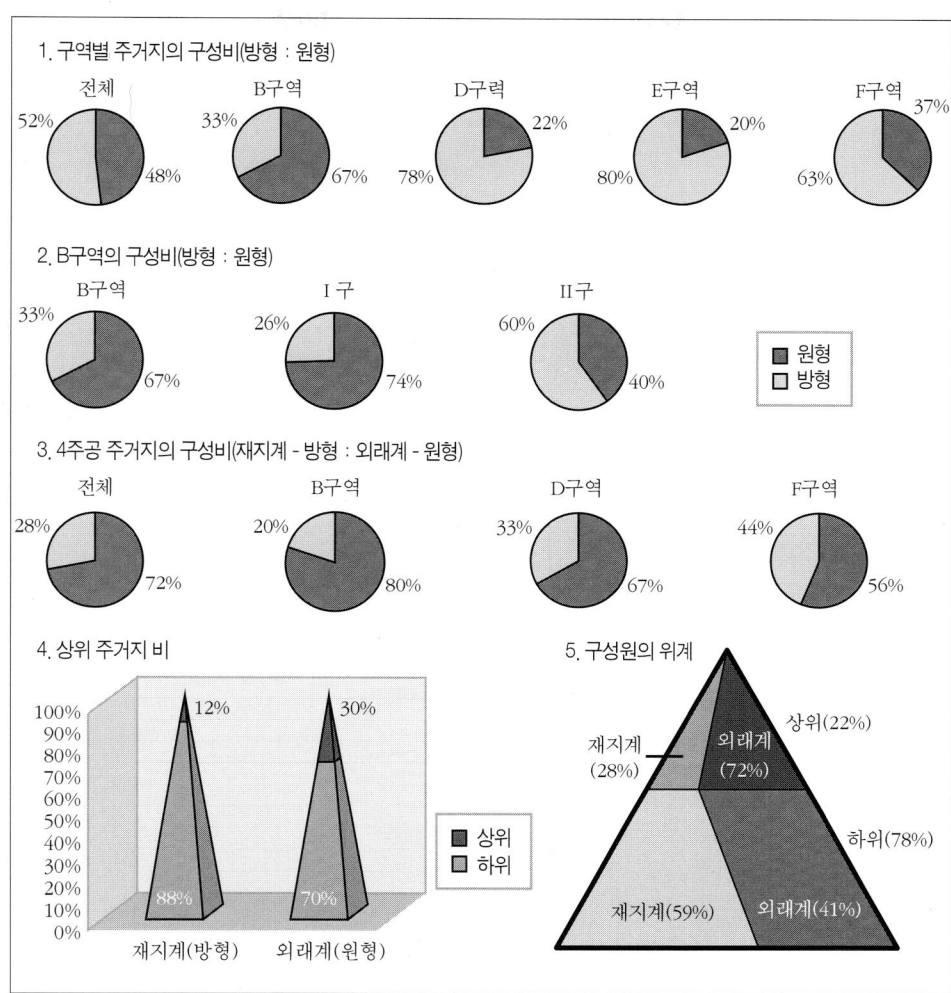

〈도면 6〉 관창리 취락의 조직체계

히 제한적인 셈이다. 즉, 재지계 중 상위주거지 점유율은 12%에 머무는데 비해, 외래계
는 30%에 이르고 있어 관창리취락의 중심은 외래계에 의해 주도되었다고 판단된다. 각
구역의 상위주거지 중 방형계가 차지하는 비율은 B구역이 20%, D구역이 33%, F구역이
44%를 점유하고 있어 중심취락에서의 재지계 비중은 상당히 낮은 편에 속한다. 이러한
관창리취락의 구성비를 근거로 취락구성원의 위계를 보면, B구역의 상위주거지는 외래
계가 80%, 재지계가 20%, D구역은 외래계가 67%, 재지계가 33%, F구역은 외래계가
56%, 재지계가 44%로서 어느 구역도 외래계의 비중이 높지만 D구역과 F구역에서 재지
계의 비중이 높은 점이 주목된다. 즉, 중심취락 보다는 주변취락에서의 재지계 위상이

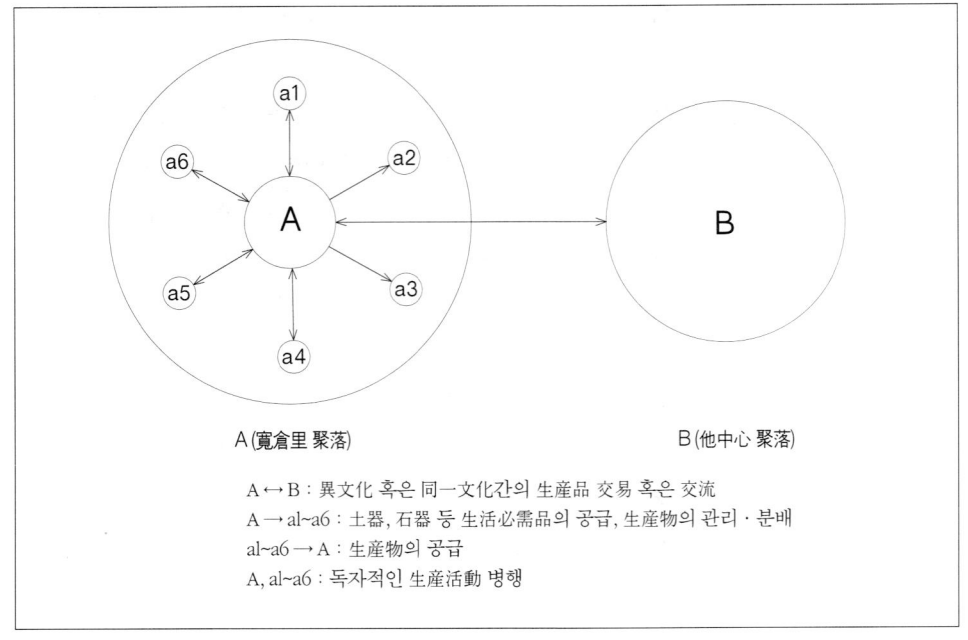

〈도면 7〉 관창리 중심 취락의 역할 Model

높았음을 의미한다(도면 6).

　그런데 생산과 관리의 장소인 제4구역과 5구역에서 재지계가 차지하는 비중이 거의 전무한 점은 관창리취락의 조직체계가 외래계 위주로 편제되었음을 암시한다고 볼 수 있으며 방형계의 분포상으로 보아 재지계의 위상은 농경과 같은 1차적 생산활동에 주로 종사하였음을 의미한다.

　이러한 관창리취락의 주거군 배치, 주거지의 위계, 주거군의 기능적 차이, 농경지의 활용, 외부와의 교통 등 취락의 경관적 분석을 통해 볼 때, 관창리취락의 농경생산물의 수급, 생활필수품의 생산과 공급, 생산물의 관리·분배, 異文化 혹은 타 중심지와의 교역 및 교류(도면 7) 등은 취락의 위계관계 속에서 상위집단에 의해 주도되었다고 판단된다.

V. 맺음말

　관창리유적은 200기 정도의 송국리형주거지가 발견된 대규모 취락유적이다. 취락은 조사시 명명된 B, D, F의 3개 구릉상에 배치되어있다. 각 구역은 나

름대로 하나의 독립된 취락을 구성하고 있으면서도 전체적으로는 B구역을 중심으로 역할과 기능이 분화되어 있음을 알 수 있었다.

관창리유적 10km 이내의 같은 시기 유적들의 분포 및 지형환경을 검토한 결과, 관창리취락에 버금가는 유적의 존재는 없는 것으로 판단되며, 특히 B구역의 경우는 다른 취락과 달리 8개의 주거군으로 나뉘어 있으면서 각 주거군의 기능적 역할이 중시되었음을 파악할 수 있었다. 각 주거군의 기능적 역할로서는 1차적 생산활동에 종사하는 집단, 농경생산물의 수급과 관리, 생활필수품의 생산과 공급, 생산물의 관리·분배, 타지역과의 교역 및 교류 등 다양화되어있음을 살펴보았다.

취락의 구성원 문제에 있어서는 재지계와 외래계집단으로 구분가능하며 재지계가 차지하는 비중은 구성원 수에 비해서 지배적 위치의 비중이 크지 않았음도 제기해 보았다. 결국, 관창리취락은 농경사회를 바탕으로 하지만, 단위세대 혹은 단위주거군으로만 구성되어 있는 일반적 취락의 모습과는 달리 각 주거군의 기능적 역할이 강조된 중심지적 취락 기능을 수행한 것으로 판단된다.

✤ 참고문헌

高麗大學校埋藏文化財研究所, 2003, 『舒川 道三里遺蹟』, 現場說明會資料

_____, 2004, 『牙山 葛梅里遺蹟』, 現場說明會資料

박유정, 2004, 「燕岐 月山里遺蹟」, 『호서지역의 최근 발굴사례』, 제10회 호서고고학회 학술대회

吳相卓·姜賢淑, 1999, 『寬倉里遺蹟』, 亞洲大學校博物館

吳洪晳, 1994, 『聚落地理學』, 교학연구사

尹世英·李弘鍾, 1996, 『館山里遺蹟(Ⅰ)』, 高麗大學校埋藏文化研究所

李殷昌·朴普鉉·金奭周, 2002, 『寬倉里遺蹟』, 大田保健大學博物館

이형원, 1999, 「保寧 眞竹里遺蹟 發掘調査 槪報」, 『제42회 전국역사학대회 발표요지』

李弘鍾, 2002a, 「松菊里文化의 時空的展開」, 『湖西考古學』6·7, 湖西考古學會

____, 2002b, 「靑銅器를 둘러싼 韓·日 交易」, 『해양 교류의 고고학』, 제26회 한국고고학전국대회

李弘鍾·姜元杓·孫晙鎬, 2001, 『寬倉里遺蹟』, 高麗大學校埋藏文化財研究所

李弘鍾·崔鍾澤·姜元杓·朴性姬, 2002, 『蓮芝里遺蹟』, 高麗大學校埋藏文化研究所

李弘鍾·孫晙鎬, 2004, 『舟橋里遺蹟』, 高麗大學校埋藏文化財研究所

忠南大學校博物館, 1995, 『保寧 寬倉里 住居遺蹟 發掘調査 現場說明會 資料』

近藤義郎, 1959, 「共同體と單位集團」, 『考古學研究』6-1, 考古學研究會

大井晴男, 1987, 「日本考古學における方法·方法論」, 『論爭·學說 日本の考古學』1, 雄山閣出版

都出比呂志, 1989, 『日本農耕社會の成立過程』, 岩波書店

杉浦芳夫, 2000, 『立地と空間的行動』, 古今書院

田崎博之, 2005, 「燒成失敗品을 통해 본 無文土器의 生産形態」, 本册 參照

송국리문화를
통해 본
농경사회의
문화체계
5

燒成失敗品을 통해 본 無文土器의 生産形態

- 寬倉里遺蹟 B區域에 대한 檢討를 中心으로

田崎 博之 (愛媛大學 法文學部 敎授)
譯 : 庄田 愼矢 (高麗大學校 考古環境研究所 特別研究員)

Ⅰ. 머리말

근년 한반도 중·남부지역에서는 수많은 청동기시대 취락유적 발굴 조사가 행하여지고 있다. 이러한 취락유적의 하나로 충청남도 보령시 주교면에 위치한 관창리유적이 있다. 관창리유적은 한반도 서해안지역의 북동-남서 방향으로 펼쳐진 구릉 상에 입지한다. 松菊里型土器段階를 중심으로 하는 200기 가까운 수혈주거지가 검출되어, 서해안지역에서도 유례를 찾아볼 수 없는 청동기시대 대규모취락으로 주목되어 왔다.

필자는 고려대학교 李弘鍾 교수의 도움을 받아 수년전부터 한국을 방문하였을 때마다 관창리유적에서 출토된 무문토기 자료조사를 계속해 왔다. 이 조사의 가장 큰 성과는 燒成破裂痕이 생긴 토기(燒成破裂痕土器)나 燒成破裂 당시에 튀어 나간 토기편(燒成破裂土器片), 소성할 때 기체가 파손되어 파편마다 다른 환경 아래에서 소성되었다고 생각되는 토기(燒成時破損土器), 燒成不良土器인 土器燒成失敗品, 草本壓痕附燒泥土塊(譯註; 흙에 붙어 있었던 짚 등의 草本類 흔적이 남아 있는 소토 덩어리) 등 土器燒成殘滓를 확인한 것이었다.

토기를 소성할 때 생기는 土器燒成失敗品이나 土器燒成殘滓는 토기가 생산된 취락 혹은 취락 내의 土器生產域을 결정함으로써, 생산단위나 규모, 組織化 등을 생각하는 단서로 이용할 수 있다. 생산양상의 파악은 취락 간 교류관계, 지역사회에서의 집단관계나 교류관계 등을 논의하기 위해서도 반드시 필요하다. 또한, 기술의 전파나 전달, 그리고 고고학자가 인식하는 土器樣式의 時間的 變化나 地域色이 나타나는 과정·원리를 검토하는 것도 가능하다.

본고에서는 관창리유적 B구역에서 출토된 土器燒成殘滓의 검토를 중심으로 남한지역에 있어서 청동기시대 토기생산의 특징을 생각하고자 한다.[1]

---

[1] 관창리유적에 대해서는 각보고서(亞洲大學校博物館 1999; 高麗大學校埋藏文化財研究所 2001; 大田保健大學博物館 2002)를 참고로 하였으며, 조사를 담당하신 李弘鍾 교수 외 많은 분들에게서 교시를 받았다.

Ⅱ. 土器燒成失敗品·土器燒成殘滓의 類型

지금까지 청동기시대 취락유적에서 몇 가지 土器燒成遺構가 보고된 바 있다. 그러나 土器燒成遺構로 볼 수 있는 근거가 부족한 경우가 많다. 日本列島의 繩文時代~彌生時代 연구에서도 마찬가지이지만, 유구를 통해서 토기소성 혹은 토기 생산 장소를 결정하는 것은 대단히 어렵다. 이에 반하여, 土器 燒成失敗品이나 燒成殘滓는 재이용되지 않고, 土器製作場 가까이에 폐기될 가능성이 높으며, 동시에 遺存하기 쉽기 때문에 토기 燒成場을 확정하는 것이 가능하다.

이러한 土器燒成失敗品으로는 ① 燒成不完全品, ② 燒成破裂痕土器와 燒成破裂土器片, ③ 燒成時破損土器를, 土器燒成殘滓로는 ④ 草本壓痕附燒泥土塊와 燒成粘土塊를 제시한 바 있다(田崎博之 2002). 그러나 그 후 자료조사 진행과정에서 燒成破裂痕土器와 燒成時破損土器 일부에 추가가 필요한 것을 통감하였다. 여기서 土器燒成失敗品·土器燒成殘滓의 類型과 그 특징, 판단기준을 재검토한다.

1. 燒成過程에서의 土器 變化

土器燒成失敗品 유형을 제시하는 전제로 소성과정에서 토기에 어떠한 변화가 생기는가를 재확인하고 싶다. 이것은 燒成失敗品을 인식하기 위하여 반드시 필요한 작업이다.

民族例에서 토기 소성방법으로는 특별한 시설을 만들지 않는 간단한 '개방소성(野燒き)' 기법, 泥土나 재 등으로 덮고 소성하는 '덮개소성(覆い燒き)' 기법, 천정 없이 간단한 窯壁을 구축하고 덮개소성하는 기법, 구릉사면을 이용한 지하식 '登窯'나 돔형 窯壁을 구축한 '平窯'에 의한 소성기법 등이 있다. 그러나 한반도 신석기시대~청동기시대나 日本列島 繩文時代~彌生時代에서는 '登窯'나 '平窯'가 발견 된 바 없어 '개방소성'이나 '덮개소성'으로 소성되었다고 생각된다.

'개방소성'과 '덮개소성'의 큰 차이는 土器燒成時의 온도변화이다. 도면 1 - 1·2에 久保田正壽(1988)와 岡安雅彦(1996)가 기록한 土器燒成實驗 온도변화 그래프를 일부 개변하여 표시하였다. '개방소성'에서는 연료에 着火한 후 급격하게 온도가 상승하면서 소성시 바람의 방향이나 강도의 영향을 받아 온도가 심하게 변동한다(도면 1 - 1). 연료가 추가되면 온도변화가 격심한 경우도 있다. 이에 비해서 '덮개소성'에서는 온도가 완만하게 상승하며 연소가스가 가두어져 있기 때문에 긴 시간 고온이 지속된다. 또한, 각 실험 사이의 소성온도 차이도 적다(도면 1 - 2).

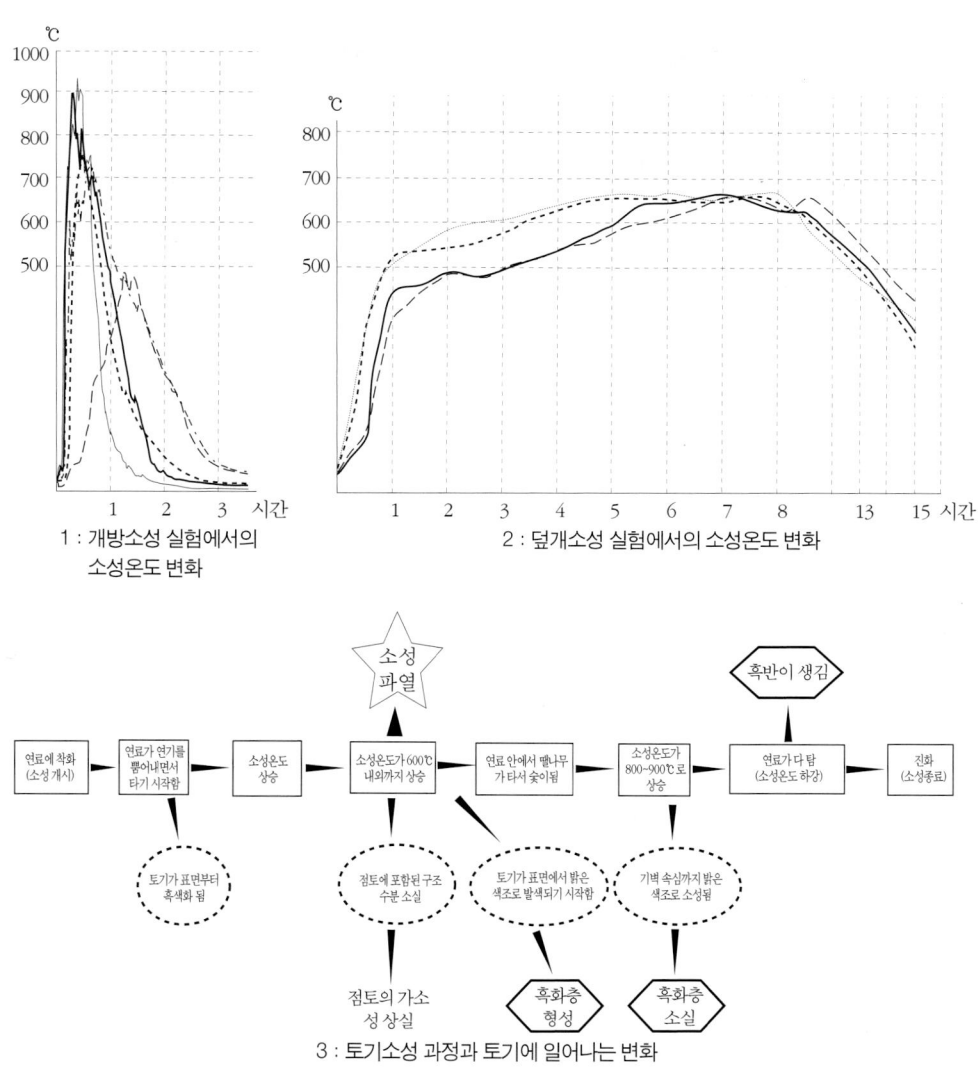

1 : 개방소성 실험에서의
소성온도 변화

2 : 덮개소성 실험에서의 소성온도 변화

3 : 토기소성 과정과 토기에 일어나는 변화

〈도면 1〉 토기소성 온도변화와 토기에 일어나는 변화

　'개방소성' 과 '덮개소성' 에는 위와 같은 차이가 있지만 토기가 소성되는 과정은 소성
방법과 상관없이 소성온도에 의해서 규정되고 있다(도면 1 - 3).

　연료에 착화한 직후 소성온도가 상승하기 시작하면 토기는 희미한 黑色이나 灰黑色,
暗褐色으로 변화된다. 그 원인으로는 연료가 내는 그을음이 흡착되거나 점토에 포함된
유기물이 탄화되는 등 여러 가지 요인이 상정된다.

　그 후, 소성온도가 500~600℃에 달하면 점토 중에 포함된 構造水分이 소실되어 점토의
可塑性이 없어진다. 이 시점에서 처음으로 '토기' 가 생성된다. 점토 속에 있는 구조수분

이 소실되는 시점에 토기 파괴가 가장 쉽다. 소성실험에서는 '뼁뼁' 소리의 파열음이 나면서 기체가 파손되기도 한다.

소성온도가 700~800℃ 내외가 되면 薪燃料(땔나무)가 숯불의 상태가 되고 연기가 나지 않게 된다. 이 때 희미한 黑色이나 灰黑色, 暗褐色이었던 토기는 표면으로부터 차차 밝은 황갈색조로 변화한다. 그러나 열이 충분히 전해지지 않는 경우 기벽 속심에 샌드위치모양으로 흑색이나 회흑색층이 남는다(小林行雄・佐原眞 1964, p.67). 이러한 기벽 속심에 남아 있는 흑색이나 회흑색 층을 '黑化層' 이라고 부르고자 한다.

또한, 소성된 토기 표면에 흑색이나 흑회색 斑文이 남아 있는 경우가 있다. 이러한 반문 단면을 관찰하면, 기벽 속심에서 번져나온 것 같이 광택이 없는 희미한 흑색・회흑색 반문과 표면에서 번진 것 같은 광택이 있는 흑색 또는 청색조를 띠는 漆黑色 반문이 있다. 전자는 기벽 속심에 흑화층이 보이고, 흑화부분이 표면까지 이어져 흑색 반문이 형성되어 있다. 착화 직후에 표면이 희미한 흑색이나 회흑색 등으로 된 토기표면의 일부가 소성온도가 충분히 상승하지 않았기 때문에 그대로 남겨진 반문이다. 이를 '黑變部' 로 부르고자 한다. 이에 반하여 후자인 표면에서 번진 것 같은 반문은 토기 표면에 炭素가 흡착해서 생긴 '黑斑' 이라고 불리는 반문이다(小林行雄・佐原眞 1964, pp.28~29). 실험에서는 소성했을때 파손된 破面에도 흑반이 보이는 예(도판 2 - 5)가 있다. 흑반은 소성온도가 600~800℃ 전후가 되어 표면이 밝은 황갈색조로 변화한 후, 즉 소성 후반단계에 생긴 것이다.

2. 土器燒成失敗品・土器燒成殘滓 유형

위에서 토기소성과정에서 토기에 생기는 변화가 소성온도에 의하여 규정되어 있음을 지적하였다. 이것은 어떤 소성방법이라도 동일한 타이밍으로 燒成失敗品이 생기는 것을 의미한다. 소성실험에서 얻어진 燒成失敗品과의 비교와 함께, 한반도 무문토기나 일본열도 繩文土器・彌生土器 사례를 검토하여 土器燒成失敗品・土器燒成殘滓의 유형을 다시 정리하고자 한다.

⑴ 燒成不完全品

소성온도가 500~600℃ 에 달하면, 점토 안에 포함된 구조수분이 소실되어 점토의 可塑性이 없어진다. 그 이전에 소성을 중단하고 옥외에 방치해 두면, 기체에 수분이 스며들어서 소성이 불완전한 부분이 작은 흙덩어리가 되어 부서진다. 이것이 燒成不完全品이다. 도판 1-1은 실험에서 소성을 중단했던 토기를 옥외에 방치한 상황이다. 기체에 수분

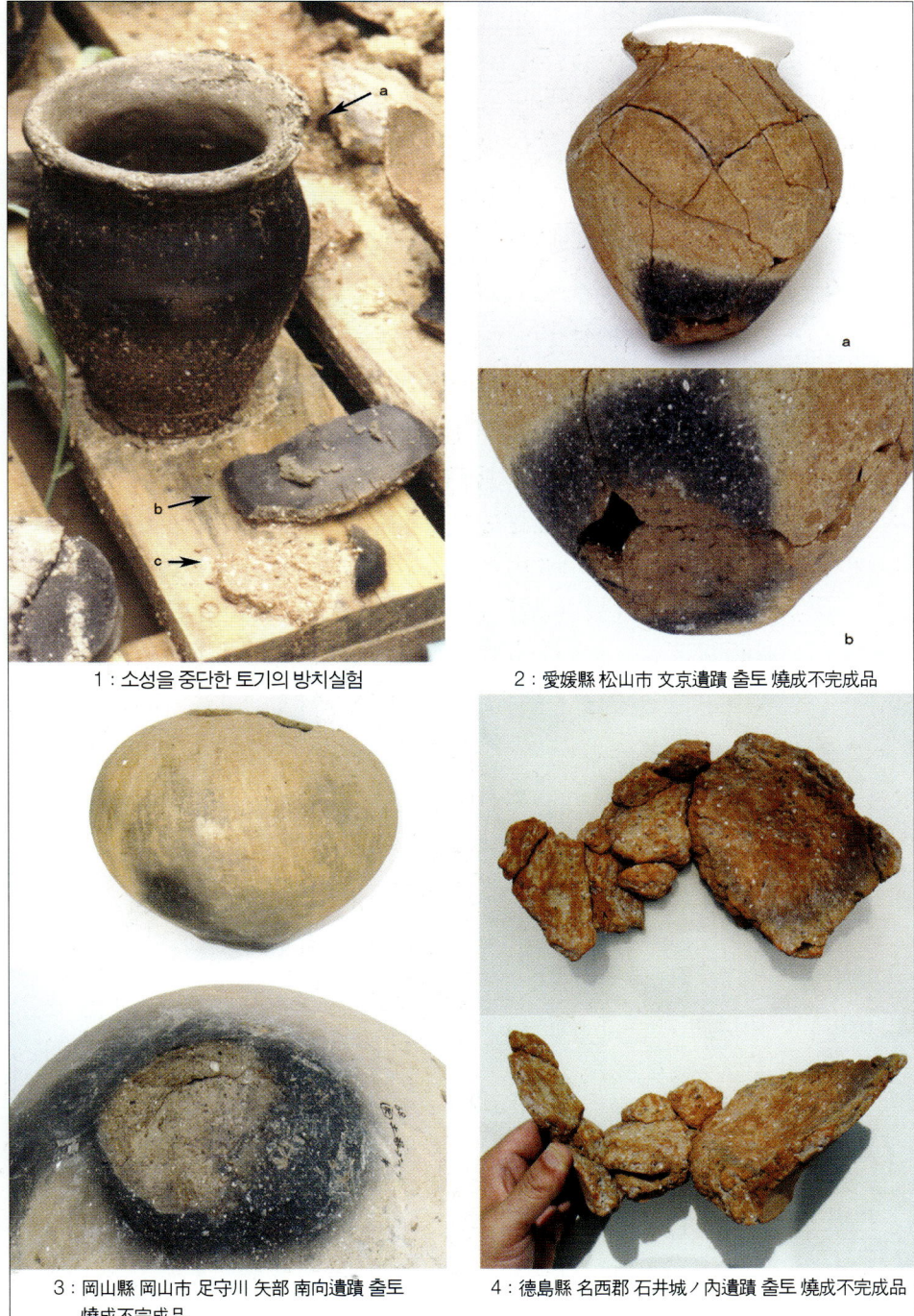

1 : 소성을 중단한 토기의 방치실험

2 : 愛媛縣 松山市 文京遺蹟 출토 燒成不完成品

3 : 岡山縣 岡山市 足守川 矢部 南向遺蹟 출토
燒成不完成品

4 : 德島縣 名西郡 石井城ノ內遺蹟 출토 燒成不完成品

〈도판 1〉

이 스며들어서 부드럽게 되어, 작은 흙덩어리로 변화하면서 부서진 토기 구연선단부분(도판 1 - 1a), 기체가 軟化되어 변형된 파편(도판 1 - 1b), 비교적 단단하게 소성된 표면이 얇게 탈락하여 기벽 속심이 노출되면서 흙덩어리로 변화하면서 흩어진 파편(도판 1 - 1c) 등을 관찰할 수 있다.

유적에서 출토된 토기 중에서도 같은 상태로 기체가 부서진 것이 있다. 이러한 양상은 특히 기벽이 두꺼운 저부주변에 자주 보인다. 愛媛縣 松山市 文京遺蹟 12차 조사 SK-21호 토광(도판 1 - 2, 彌生時代 中期末~後期初頭)이나 岡山縣 岡山市 足守川矢部南向遺蹟 수혈주거 37 상층 토기 集積(도판 1 - 3, 彌生時代 後期後葉~終末)에서 출토된 壺는 구연부나 동체부가 기벽 가운데까지 단단하게 소성되어 있지만, 흑반이 생긴 저부 바깥쪽 일부가 흙덩어리로 변화되면서 부서져 있다. 특히 文京遺蹟 경우는 출토된 직후에는 언뜻 보아 단단하게 소성된 것 같았지만, 토기 표면에 부착된 흙을 씻었을 때 저부 바깥쪽 일부가 작은 흙덩어리가 되며 부서지기 시작하였다. 흑반 중앙부분이 허물어져 있는 것을 볼 때, 소성시에 산소가 적고 연소온도가 낮아 흡착된 탄소가 완전히 소멸되지 않고 부분적으로 燒成不完全 상태가 된 것이다. 또한, 德島縣 名西郡 石井町 石井城ノ內遺蹟 曾我團地地區 9차 조사 SK-5017호 토광에서 출토된 壺 저부 파편(도판 1 - 4, 彌生時代 中期中葉)은 물로 씻었을 때 저부 속심으로부터 기벽이 부서져 접합된 파편 사이에 작은 틈이 보인다. 이와 같이 토기 기체가 작은 흙덩어리로 허물어지는 사례는 소성불완전품으로 판단할 수 있다.

⑵ 燒成破裂痕土器와 燒成破裂土器片

앞에서 기술한 바와 같이 소성온도가 500~600℃에 달하여 점토 안에 포함된 구조수분이 없어지는 전후 시점에 가장 토기가 깨지기 쉽다. 소성실험에서는 기체에 균열이 생기거나(도판 2 - 3b) 粘土紐 등의 접합면을 따라서 갈라지며(도판 2 - 5a), 기면이 튀어나간 것 같이 박리되기도 한다(도판 2 - 1~4). 특히, 기면이 튀어나간 것 같이 박리된 파손흔적은 '개방소성'(도판 2 - 2), '덮개소성'(도판 2 - 3 · 4) 모두에서 보이며, 아래와 같은 특징적인 형태를 가진다. 이러한 특징적인 파손을 '燒成破裂'이라 하며, 소성파열한 흔적을 '燒成破裂痕', 소성파열에 의하여 튀어나간 파편을 '燒成破裂土器片'으로 부르고자 한다.

a. 燒成破裂痕

소성실험에서 관찰할 수 있는 燒成破裂痕은
① 평면형태는 不整圓形 혹은 타원형이다.

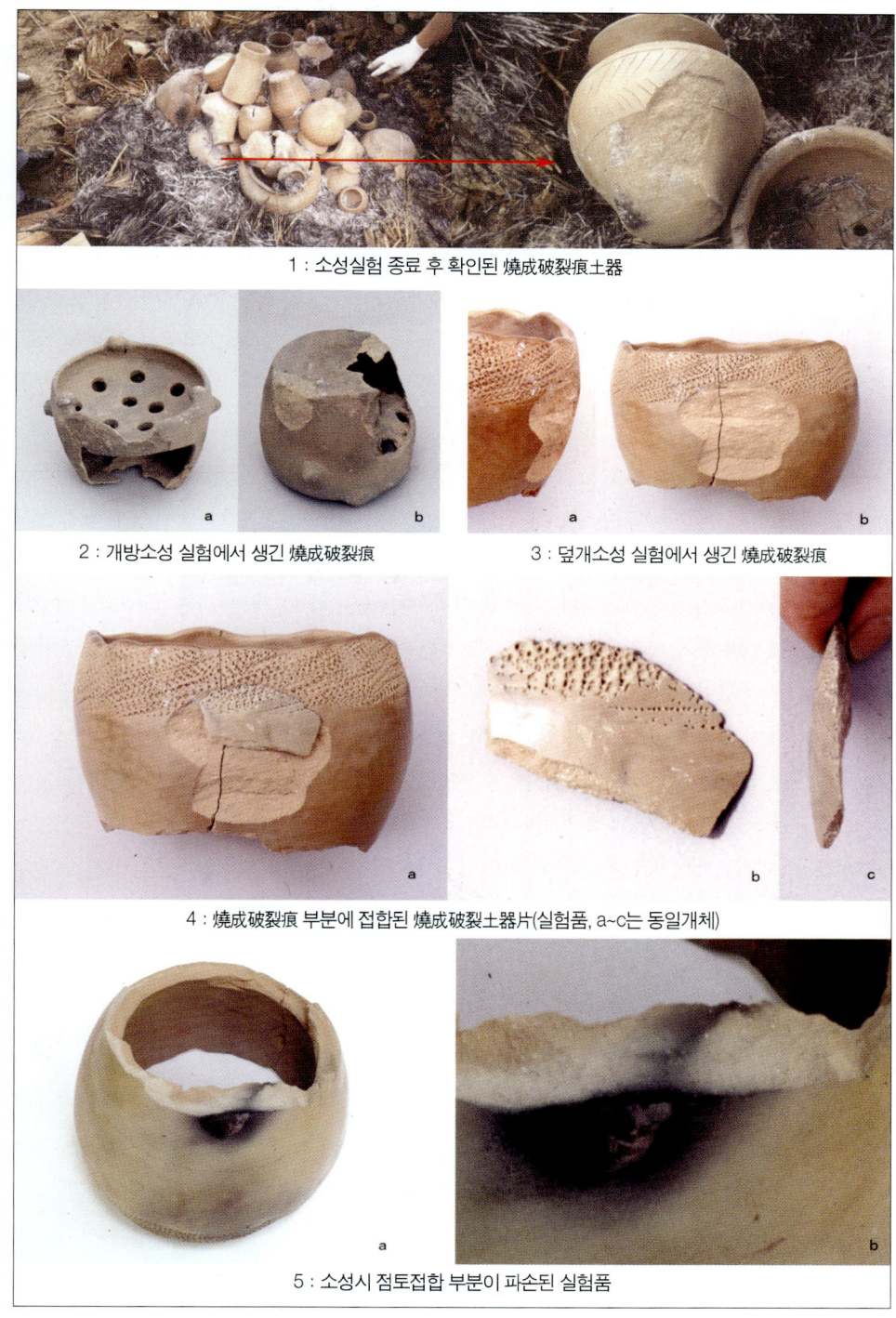

1 : 소성실험 종료 후 확인된 燒成破裂痕土器

2 : 개방소성 실험에서 생긴 燒成破裂痕

3 : 덮개소성 실험에서 생긴 燒成破裂痕

4 : 燒成破裂痕 부분에 접합된 燒成破裂土器片(실험품, a~c는 동일개체)

5 : 소성시 점토접합 부분이 파손된 실험품

〈도판 2〉

② 중앙부가 깊고 주변이 점차 얕아지는 분화구(crater) 모양 凹部이다.

③ 소성파열된 면도 표면과 같은 색조를 띤다.

④ 기체 외면에 생기는 것이 일반적이다.

⑤ 연속해서 이중·삼중으로 겹치는 예가 있다.

　라는 특징을 가진다(도판 2 - 2 · 3).

　이러한 특징은 타격이나 압박 등에 의해서 생긴 박리나 파손에서는 보이지 않는다. 煮沸와 같이 이차적으로 火熱을 받아도 기면이 튀거나 박리되지만, 그것은 직경 1~2cm, 두께 0.1cm 내외이며 동일한 깊이로 작게 박리된다(도판 5 - 4). 이는 燒成破裂痕이 가진 특징 가운데 ②와는 다르기 때문에 燒成破裂痕과 이차적 被熱에 의한 박리흔은 명확하게 구분할 수 있다.

　유적 출토품에서도 소성실험품과 같은 특징이 나타나기 때문에 燒成破裂痕이라 판단되는 사례를 찾아 볼 수 있다. 충청남도 보령군 관산리유적 KC-004호 주거지에서 출토된 壺(도판 3 - 4a · c, 청동기시대 전기)에는 肩部에 남겨진 박리면이 특징 ①, ②, ③을 모두 나타내기 때문에 이것을 燒成破裂痕이라 판단하는 것이 가능하다.

　그러나 소성파열이 연속해서 일어난 경우에는 足守川矢部南向遺蹟 수혈주거 37 상층 土器集積 출토 鉢(도판 3 - 2, 彌生時代 後期後葉~終末)과 같이 원형 또는 타원형의 燒成破裂痕이 겹쳐서 전체 평면형은 부정형이 된다. 저부 측변에 소성파열이 생긴 경우, 文京遺蹟 12차 조사 SK-21호 토광 출토 壺(도판 3 - 1, 彌生時代 中期末)나 石井城ノ內遺蹟 石井 · 神山線地區 제 5 조사구 SZ-2002호 土器集積에서 출토된 鉢 저부(도판 3 - 3, 彌生時代 後期終末)와 같이 저부 외면 측변에서 저면 부분까지 직선적으로 파열되어 부정형이 된다. 또한, 토기가 파편이 되어 있는 경우는 원형 혹은 타원형이 완전한 모양으로 남지 않는다.

　그러나 이러한 자료도 특징 ①~③을 확인함으로써 燒成破裂痕으로 인식하는 것이 가능하다. 예를 들면, 관산리유적 KC-013호 주거지 출토 공열토기(도판 4 - 1, 청동기시대 전기)는 외면 왼쪽 파편단부(1a · c)와 내면 오른쪽 파편단부(1b · d)에서 반원형 박리흔을 찾아볼 수 있다. 같은 유적 KC-012호 주거지 출토 壺(도판 4 - 2, 청동기시대 전기)도 석고로 복원된 경부에 초승달 모양의 박리흔 일부가 보인다. 이들은 다 중앙부가 깊고 주변이 점차 얕아지는 분화구상이며, 박리면이 기면과 같은 색조를 띤다. 따라서 이것을 燒成破裂痕으로 판단할 수 있다.

　기벽 속심에 흑화층이 남는 경우에는 燒成破裂痕인지 아닌지를 쉽게 판단할 수 있다. 앞에서 언급한 관산리유적 출토 壺 저부(도판 3 - 4b · d, 청동기시대 전기), 石井城ノ內

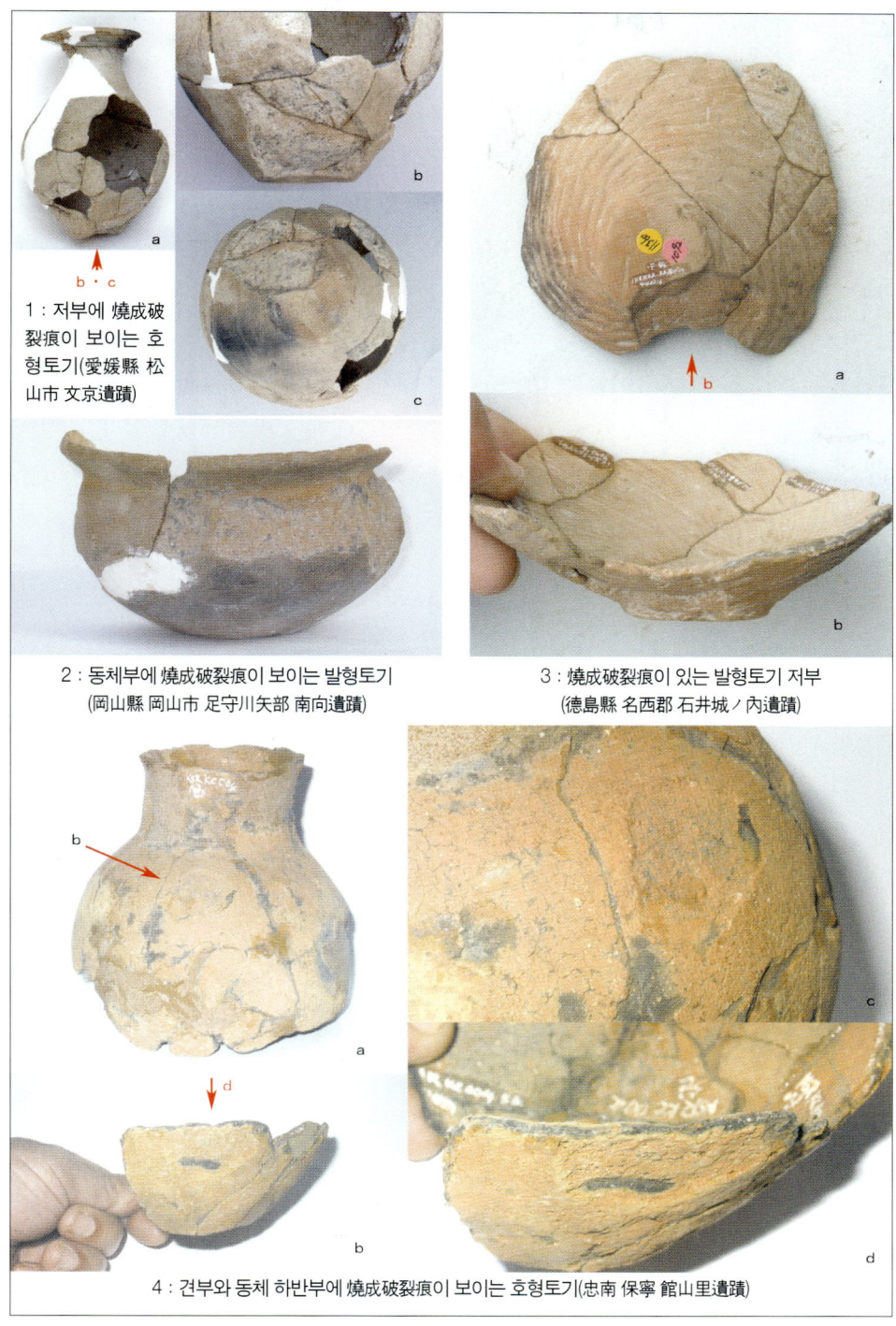

1 : 저부에 燒成破裂痕이 보이는 호형토기(愛媛縣 松山市 文京遺蹟)

2 : 동체부에 燒成破裂痕이 보이는 발형토기 (岡山縣 岡山市 足守川矢部 南向遺蹟)

3 : 燒成破裂痕이 있는 발형토기 저부 (德島縣 名西郡 石井城ノ内遺蹟)

4 : 견부와 동체 하반부에 燒成破裂痕이 보이는 호형토기(忠南 保寧 館山里遺蹟)

〈도판 3〉

遺蹟 출토 鉢 저부(도판 4 - 3, 彌生時代 後期終末)나 경기도 하남시 渼沙里遺蹟 KC-037 호 주거지 출토 공열토기(도판 4 - 4, 청동기시대 전기)의 파손부분에는 부정원형 혹은 타원형 분화구상 박리흔이 남아 있다. 박리 깊이를 감안하면 박리면에 기벽 속심의 흑화층이 노출될 수 있지만, 박리면은 표면과 같은 색조를 띤다. 이러한 사례는 燒成破裂痕으로 판단된다.

한편, 미사리유적 KK-167호 토광 출토 공열토기(도판 4 - 5, 청동기시대 전기)는 부정원형 혹은 타원형 분화구상 박리흔이 있지만, 기벽 속심에 남아 있는 흑화층이 노출되어 있기 때문에 燒成破裂痕이라 할 수 없다. 이와 유사한 사례로는 秋田縣 秋田市 地藏田 B 遺蹟 집석 II 출토 鉢(도판 5 - 1, 彌生時代 前期)이나 青森縣 八戶市 是川遺蹟 출토 鉢(도판 5 - 2b, 繩文時代 晚期)이 있다. 양자 모두 기면 일부에 활 모양의 균열이 있다. 소성파열에 의해서 기면이 완전히 튀어나가지 않고 남았던 것이다. 이 弧狀 균열에 따라 기면이 박리된 경우, 是川遺蹟 등의 출토품과 같이 기벽 속심에 회색 흑화층이 남아 있는 자료에서는 박리면에 흑화층이 노출된다.

또한, 소성파열에 의해 박리되지 않을 정도의 균열만 발생한 경우, 나중의 충격에 의하여 박리되면 박리면 주변 일부가 분화구상이 아닌 작은 단차를 이루게 된다. 관창리유적 B구역 KY-818호 요지에서 출토된 송국리형토기 동체부(도판 5 - 3, 청동기시대 중기)는 유물을 관찰하고 있을 때 균열에 따라 파편이 박리되었다(3e~h). 박리면 일부는 활 모양을 이루지만, 상하 측변에서는 직선적으로 부러진 작은 단차가 관찰된다(3b · d). 이와 같이 활 모양을 이루면서 분화구상으로 형성된 박리면이라 하더라도 기벽 속심에 흑화층이 노출된 사례나 박리면 주변 일부가 직선적으로 부러져 작은 단이 생긴 사례는 燒成破裂痕이 아니다.

b. 燒成破裂土器片

소성실험에서 소성파열에 의해 튀어나간 소성파열토기편은

① 不整圓形 혹은 타원형이다.

② 소성파열면 중앙이 볼록렌즈와 같이 부풀어 가장자리가 얇게 뾰족해진다.

③ 소성파열면도 표면과 같은 색조로 소성된다.

④ 직경 3~5cm, 두께 0.2~0.5cm 정도가 많다.

⑤ 토기 외표면이 튀어나간 파편이 많다.

라는 특징을 가진다(도판 2 - 4b · c).

燒成破裂痕과 마찬가지로 유적 출토품 중에서도 형태적인 특징을 통하여 소성파열토기편으로 판단된 사례를 찾아 볼 수 있다. 그러나 소성파열토기편은 작고 얇기 때문에

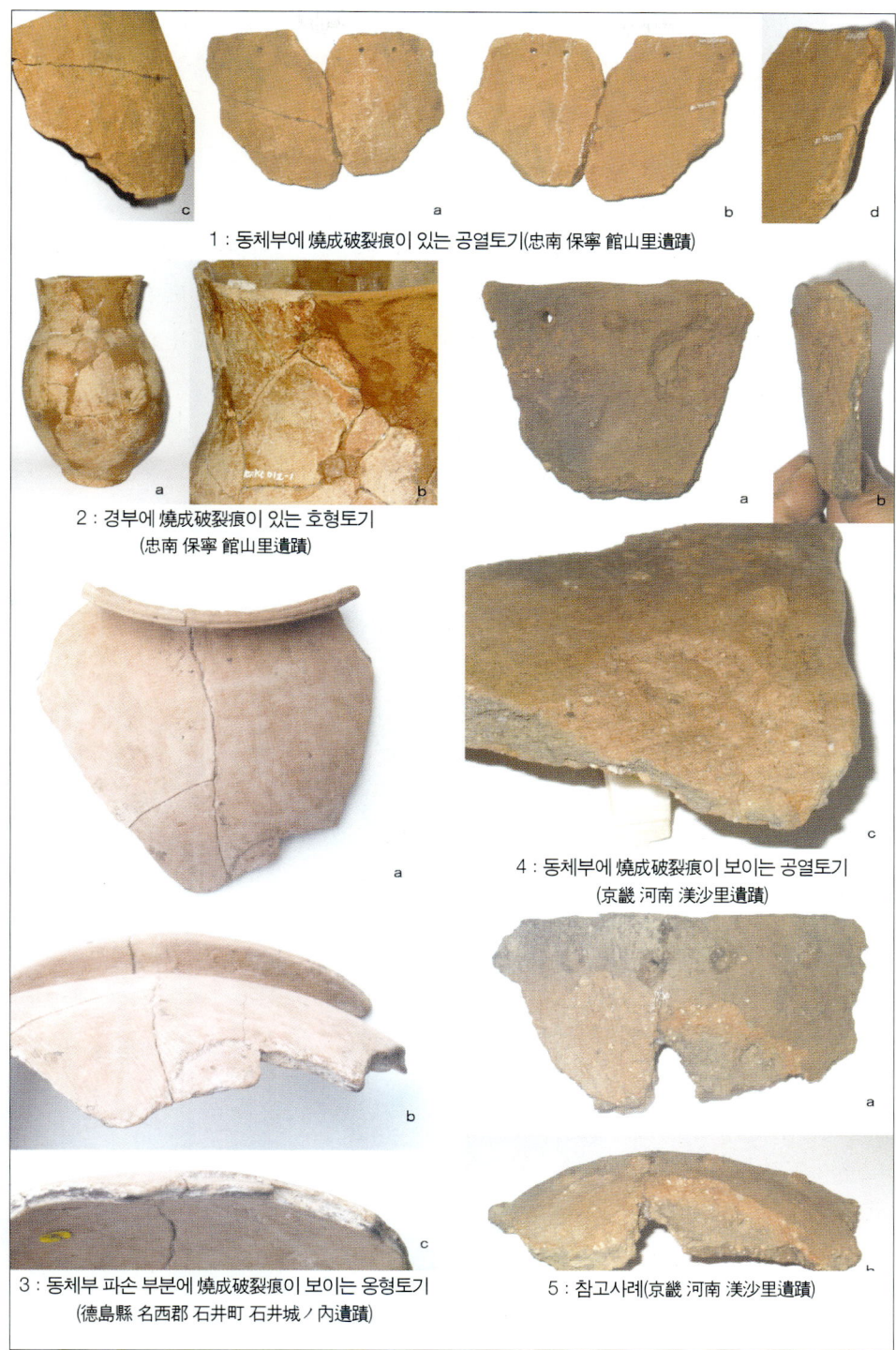

1 : 동체부에 燒成破裂痕이 있는 공열토기(忠南 保寧 館山里遺蹟)

2 : 경부에 燒成破裂痕이 있는 호형토기
(忠南 保寧 館山里遺蹟)

4 : 동체부에 燒成破裂痕이 보이는 공열토기
(京畿 河南 渼沙里遺蹟)

3 : 동체부 파손 부분에 燒成破裂痕이 보이는 옹형토기
(德島縣 名西郡 石井町 石井城ノ内遺蹟)

5 : 참고사례(京畿 河南 渼沙里遺蹟)

〈도판 4〉

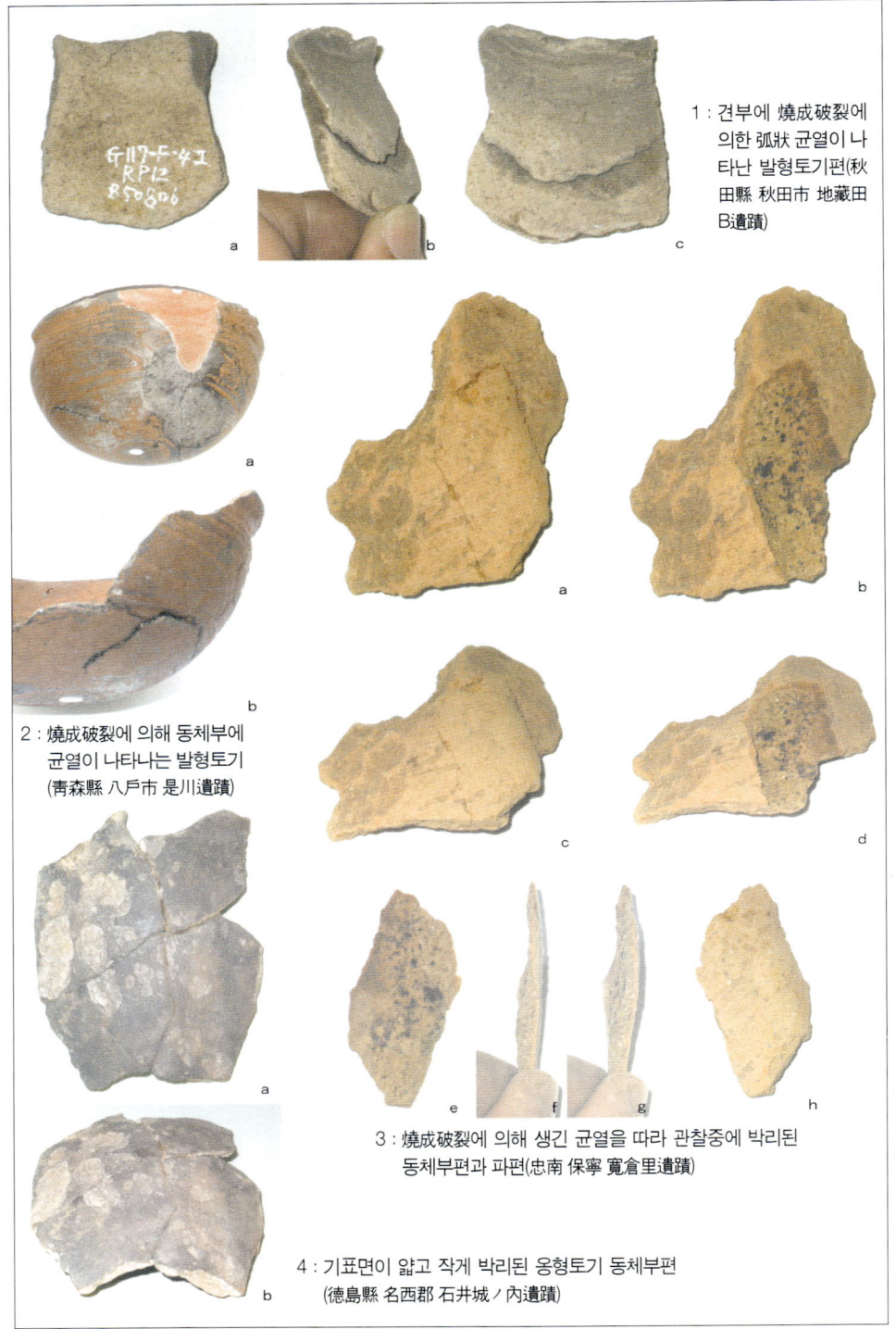

1 : 견부에 燒成破裂에 의한 弧狀 균열이 나타난 발형토기편(秋田縣 秋田市 地藏田 B遺蹟)

2 : 燒成破裂에 의해 동체부에 균열이 나타나는 발형토기 (靑森縣 八戶市 是川遺蹟)

3 : 燒成破裂에 의해 생긴 균열을 따라 관찰중에 박리된 동체부편과 파편(忠南 保寧 寬倉里遺蹟)

4 : 기표면이 얇고 작게 박리된 옹형토기 동체부편 (德島縣 名西郡 石井城ノ內遺蹟)

1 : 燒成破裂土器片(島根縣 出雲市 矢野遺蹟 島根大學調査 제 1지점 Bel grid 암갈색토층)

2 : 燒成破裂土器片(香川縣 高松市 上天神遺蹟 4구 SD-08)

3 : 燒成破裂痕에 접합된 燒成破裂土器片
(德島縣 名西郡 石井城ノ內遺蹟)

4 : 燒成破裂痕에 접합된 燒成破裂土器片
(忠南 保寧 館山里遺蹟)

〈도판 6〉

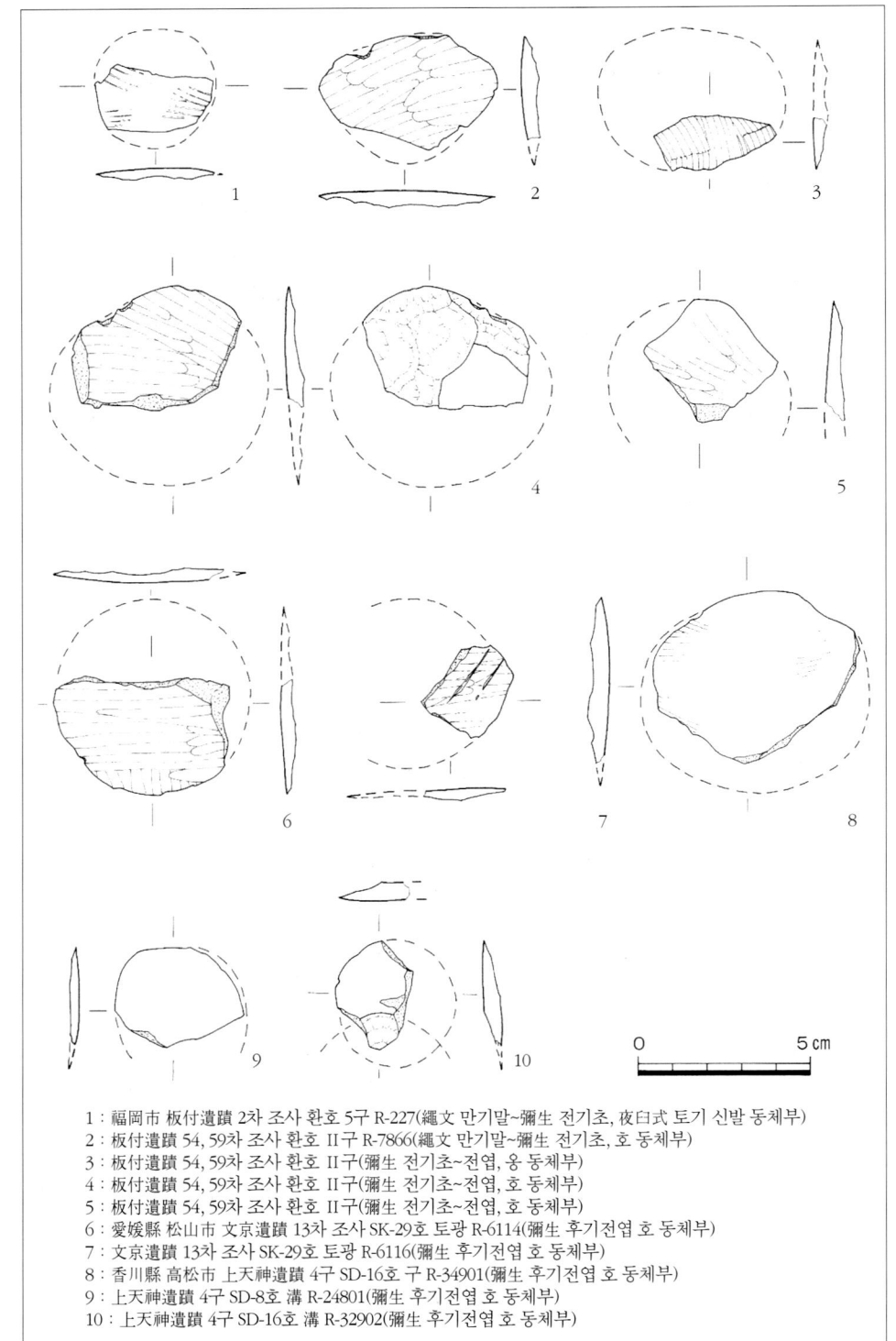

1 : 福岡市 板付遺蹟 2차 조사 환호 5구 R-227(繩文 만기말~彌生 전기초, 夜臼式 토기 신발 동체부)
2 : 板付遺蹟 54, 59차 조사 환호 II구 R-7866(繩文 만기말~彌生 전기초, 호 동체부)
3 : 板付遺蹟 54, 59차 조사 환호 II구(彌生 전기초~전엽, 옹 동체부)
4 : 板付遺蹟 54, 59차 조사 환호 II구(彌生 전기초~전엽, 호 동체부)
5 : 板付遺蹟 54, 59차 조사 환호 II구(彌生 전기초~전엽, 호 동체부)
6 : 愛媛縣 松山市 文京遺蹟 13차 조사 SK-29호 토광 R-6114(彌生 후기전엽 호 동체부)
7 : 文京遺蹟 13차 조사 SK-29호 토광 R-6116(彌生 후기전엽 호 동체부)
8 : 香川縣 高松市 上天神遺蹟 4구 SD-16호 구 R-34901(彌生 후기전엽 호 동체부)
9 : 上天神遺蹟 4구 SD-8호 溝 R-24801(彌生 후기전엽 호 동체부)
10 : 上天神遺蹟 4구 SD-16호 溝 R-32902(彌生 후기전엽 호 동체부)

〈도면 2〉 소성파열토기편 실측도(축척 1 / 3)

폐기시나 매몰시 또는 발굴시에 파손될 경우가 있어, 그 認定에는 주의가 필요하다. 구체적인 예를 제시하면서 판단기준을 정리하고자 한다.

유적에서 출토된 소성파열토기편을 도판 6과 도면 2에 표시하였다. 그 중에서 香川縣 高松市 上天神遺蹟 4구 SD-8호 溝 출토품(도면 6 - 2, 도판 2 - 9, 彌生時代 後期前葉)은 하반부 1 / 3~1 / 4 정도가 결실되었지만, 원래는 직경 4cm내외의 원형 토기편으로 박리면 중앙이 부풀은 볼록렌즈상 단면이다. 파손부분 단면(도판 6 - 2j · k)을 관찰하면 기벽 가운데에 흑화층이 남아있지만 박리면에는 흑화층이 노출되지 않는다. 소성파열토기편이라고 판단할 수 있는 양호한 자료이다.

福岡市 板付遺蹟 54 · 59차 조사 환호II구 출토 丹塗磨研壺 동체부 파편(도면 2 - 2, 彌生時代 前期初頭)도 주변 일부가 결실되었지만 不整楕圓形이며 파열면 중앙이 볼록렌즈상으로 부풀어 가장자리가 얇게 뾰족해진다. 이것도 소성파열토기편이라고 판단된다. 島根縣 出雲市 矢野遺蹟 제 1 지점 Bel Grid 암갈색 토층에서 출토된 壺 파편(도판 6 - 1, 彌生時代 中期後葉)은 동체부에 크게 소성파열이 생긴 사례이다. 파열면 쪽에 내면 일부가 잔존한다. 하반부 1 / 5정도가 결실되었지만, 실험품과 같이 부정원형 또는 타원형이며 가장자리가 얇게 뾰족해진다.

소성파열토기편과 燒成破裂痕이 접합복원되는 경우도 있다. 石井城ノ內遺蹟 曾我團地地區 9차 조사 SB-5001호 주거지에서 출토된 壺(도판 6 - 3, 彌生時代 後期) 동체부에는 추정 직경 4~4.2cm, 깊이 0.45cm의 燒成破裂痕이 남아 있는데, 유구 매몰토를 水洗했을 때 확인된 2개의 소성파열토기편이 접합되었다. 관산리유적 KC-004호 주거지 출토 저부(도판 6 - 4, 청동기시대 전기)도 저부 외면에 직경 5~6cm, 깊이 0.2~0.4cm의 燒成破裂痕 2개가 겹쳐있는데 그 중 하나가 소성파열토기편과 접합되었다.

이상의 유적에서 출토된 소성파열토기편의 특징은 소성실험품에 대해서 지적한 ①, ②, ③의 세 가지이다. 이러한 특징의 확인을 통해서 도면 2-1(板付遺蹟 2차 조사, 彌生時代 前期初頭), 도면 2 - 3 · 4(板付遺蹟 54 · 59차 조사, 彌生時代 前期初頭), 도면 2 - 6 · 7(文京遺蹟 13차 조사, 彌生時代 後期前葉), 도면 2 - 8(上天神遺蹟, 彌生時代 後期前葉)과 같은 작은 파편도 소성파열토기편으로 인식할 수 있다.

다만, 저부 측변이 소성파열한 경우나 연속해서 소성파열이 생긴 경우에는 파편 형태가 다를 수도 있기 때문에 주의가 필요하다. 石井城ノ內遺蹟 曾我團地地區 9차 조사 SK-5006호 토광에서 출토된 壺 저부(도판 7, 彌生時代 後期前葉)는 5개의 소성파열토기편이 접합된다. 동체부하반 파편은 장경 11cm, 단경 6cm로 평면 타원형, 단면 볼록렌즈 모양이며, 전형적인 소성파열토기편이다(7e · g). 그러나 저부 측면에서 저부 외면까지의

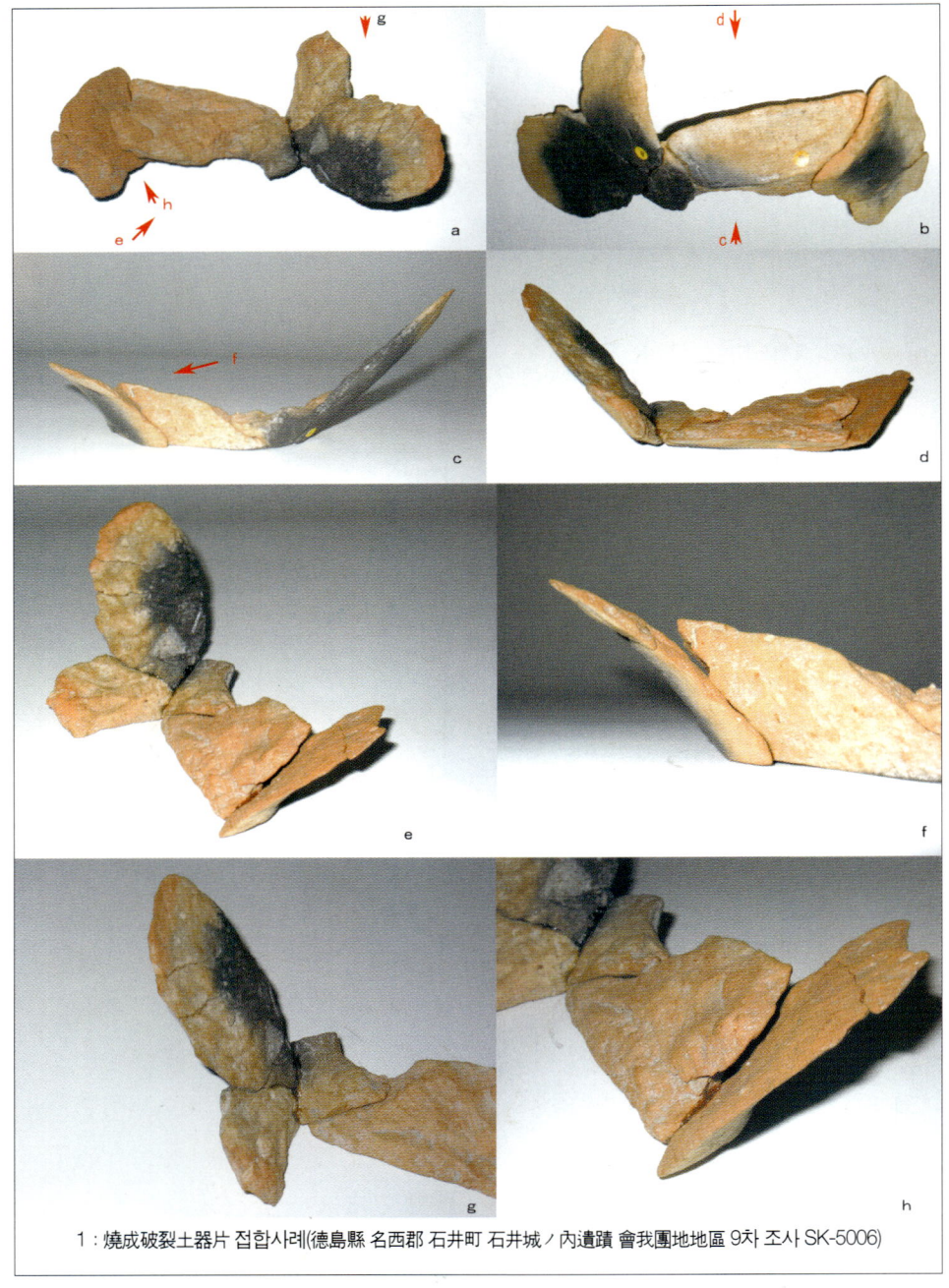

1 : 燒成破裂土器片 接合事例(德島縣 名西郡 石井町 石井城ノ內遺蹟 會我團地地區 9차 조사 SK-5006)

〈도판 7〉

소성파열토기편은 높이 7cm, 직경 6~8cm의 반월형 파편이다(7f · h). 이 경우에도 소성파열토기편 동체부는 활 모양을 이루어 주변부가 얇게 뾰족해진다. 이러한 관점으로 보면, 한쪽만 두꺼운 도면 2-5(扳付遺蹟 54 · 59차 조사, 彌生時代 前期初頭)의 경우도 壺 동체 하반부를 소성파열토기편이라고 생각할 수 있다.

또한, 연속해서 소성파열이 생긴 경우에는 앞서 소성파열이 발생된 부분이 있기 때문에 활을 이루는 주변부가 제한된다. 上天神遺蹟 4구 SD-16호 溝 출토품(도판 8 - 1, 도면 2 - 10, 彌生時代 後期前葉)에서 추정 가능한 파편은 주변이 부분적으로만 남아 있지만, 주변이 얇고 뾰족해진 부분이 활 모양을 이루기 때문에 소성파열토기편이라고 판단할 수 있다.

c. 層狀燒成破裂

소성파열이 비교적 크게 연속해서 일어난 결과, 기체가 層狀으로 얇게 박리된 예가 있다. 佐賀縣 鳥栖市 大久保遺蹟 6구 SX-6356호 토기소성유구에서 출토된 성인용 대형 옹관(도판 8 - 2 · 3, 彌生時代 中期後葉~末)은 기벽이 얇고 층상으로 박리되어 있다. 비슷한 예로 岡山市 百間川原尾島遺蹟 토광 1 (彌生時代 後期前葉) 출토품도 알려져 있다. 기벽이 층상으로 파열하기 때문에 소성파열 중에서도 특히 '層狀燒成破裂'로 불러 구별한다.

⑶ 燒成時破損土器

燒成破裂痕土器 · 燒成破裂土器片 · 層狀燒成破裂土器는 소성과정에서 점토에 포함되어 있는 구조수분이 소실하기 전후에 생기는 파손품이다. 이 외의 요인으로 소성시 기체가 파손된 사례가 있다. 소성 실험품 중에서는 기체에 균열이 생기거나 成形時의 점토 접합면에 박리가 일어나는 예가 있다(도판 2 - 3 · 5). 이러한 파손흔적은 형태적인 특징만으로는 타격이나 가압에 의하여 파손된 흔적과 명확하게 구분하기 어렵다.

그렇지만 앞에서 기술한 소성과정 가운데 토기에 일어나는 변화를 생각하면, 소성시에 파손될 가능성이 높은 예를 찾아 볼 수 있다. 필자는 소성파열 이외의 소성과정에서 생기는 파손품을 '燒成時破損品'으로 부르고, a~e로 분류한 바 있다(田崎博之 2002). 그러나 각지에서 자료조사를 진행하는 과정에서 소성시파손 a~e 이외에도 소성시에 기체가 파손된 것이라고 볼 수 있는 자료가 확인되었다. 따라서 본고에서는 소성시파손토기를 재정리하고자 한다.

우선, 前稿에서 유형화하였던 소성시 파손 a~e를 燒成時破損 I 種으로 일괄하며, 각각 I 種 a~e로 설정한다. 이들은 소성과정에서 흑화층 · 흑변부 · 흑반이 발생하거나 소실하는 타이밍이 약간씩 어긋나고 있음을 파악할 수 있는 예이다. 이것에 더하여 燒成時破

損 I 種 f를 추가하고자 한다. 또한, 燒成破裂痕 잔존상태에 주목하여 소성시 기체가 파손되었다고 판단된 예를 燒成時破損 II 種으로 새롭게 설정한다.

a. 燒成時破損 I 種

[燒成時破損 I 種 a] 접합복원이 가능한 복수의 파편들이며, 이 가운데 일부 파편만 기벽 속심에 흑화층이 남아 있는 예이다. 佐賀縣 吉野ヶ里遺蹟 TDN-III구 346조사구에서 출토된 예(도판 8 - 4, 彌生時代 中期前葉~中葉)는 접합된 3개 파편 중 상부 2편의 기벽 속심에 흑화층이 남아있지만, 나머지 1편은 기벽 속심까지 황색조의 회백색이다. 福岡縣 筑紫野市 貝元遺蹟(筑紫野市 조사구) 출토 甕(도판 8 - 5, 彌生時代 中期末)도 한쪽 파편은 기벽 속심에 부분적으로 흑화층이 남아있지만, 또 한쪽은 속심까지 표면과 같은 淡褐色이다. 德島縣 德島市 矢野遺蹟 SK-2368호 토광 출토품(도판 8 - 6, 彌生時代 後期後葉~終末)은 동체부 외면에 깊은 燒成破裂痕이 남아있는 자료로 경부 파편 기벽 가운데에는 흑화층이 남아있지만, 동체부에는 보이지 않는다. 접합복원된 파편 내부에서 흑화층이 파편에 의해서 중단된 것을 확인할 수 있다. 이러한 현상이 생기는 원인으로 소성시 기체가 파손되면서 일부 파편이 소성온도가 낮은 환경에서 소성되었을 가능성이 있다.

[燒成時破損 I 種 b] 접합된 복수의 파편 안에서 일부 파편만 흑색화된 부분이 남아 있는 것이다. 貝元遺蹟(福岡縣 조사구) 167호 토광에서 출토된 옹 저부파편(도판 9 - 1, 彌生時代 中期末)은 접합된 2개 파편 중 한편이 기벽 가운데에서 배어나온 것 같은 흑색 반문을 표면에 보인다. 흑변부의 전형적인 예이다. 그렇지만 다른 파편은 기벽 가운데까지 표면과 같은 색조로 소성되었다. 소성시에 파손된 일부 파편이 완전히 소성되지 않았던 것으로 상정된다.

[燒成時破損 I 種 c] 소성된 토기의 일반적인 색조를 띠는 파편과 흑반이 생긴 파편이 접합하는 사례이다. 大分縣 大分市 下郡遺蹟 출토 廣口壺(도판 9 - 2, 彌生時代 中期後葉)나 愛知縣 春日井郡 淸洲町 朝日遺蹟 新資料館地點 VI期 포함층에서 출토된 옹(도판 9 - 3, 彌生時代 中期後葉) 등이 있다. 소성 후반 단계까지 기체가 파손되어 일부 파편에만 흑반이 형성되었다고 할 수 있다.

[燒成時破損 I 種 d] 소성시파손 I 종 d는 I 종 c의 하나이며, 복원·접합부분에서 흑반이 중단된 사례이다. 文京遺蹟 12차 조사 SK-375호 토광 출토 高坏(도판 9-4, 彌生時代 中期後葉)는 脚 裾部에 작고 가는 흑반이 보이지만, 이와 접합한 파편에는 없다. 기체가 파손된 후 한쪽 파편에만 흑반이 형성되었을 가능성이 높다.

[燒成時破損 I 種 e] 흑반이 토기 파손면까지 이른 사례이며, 소성실험품에서도 확인

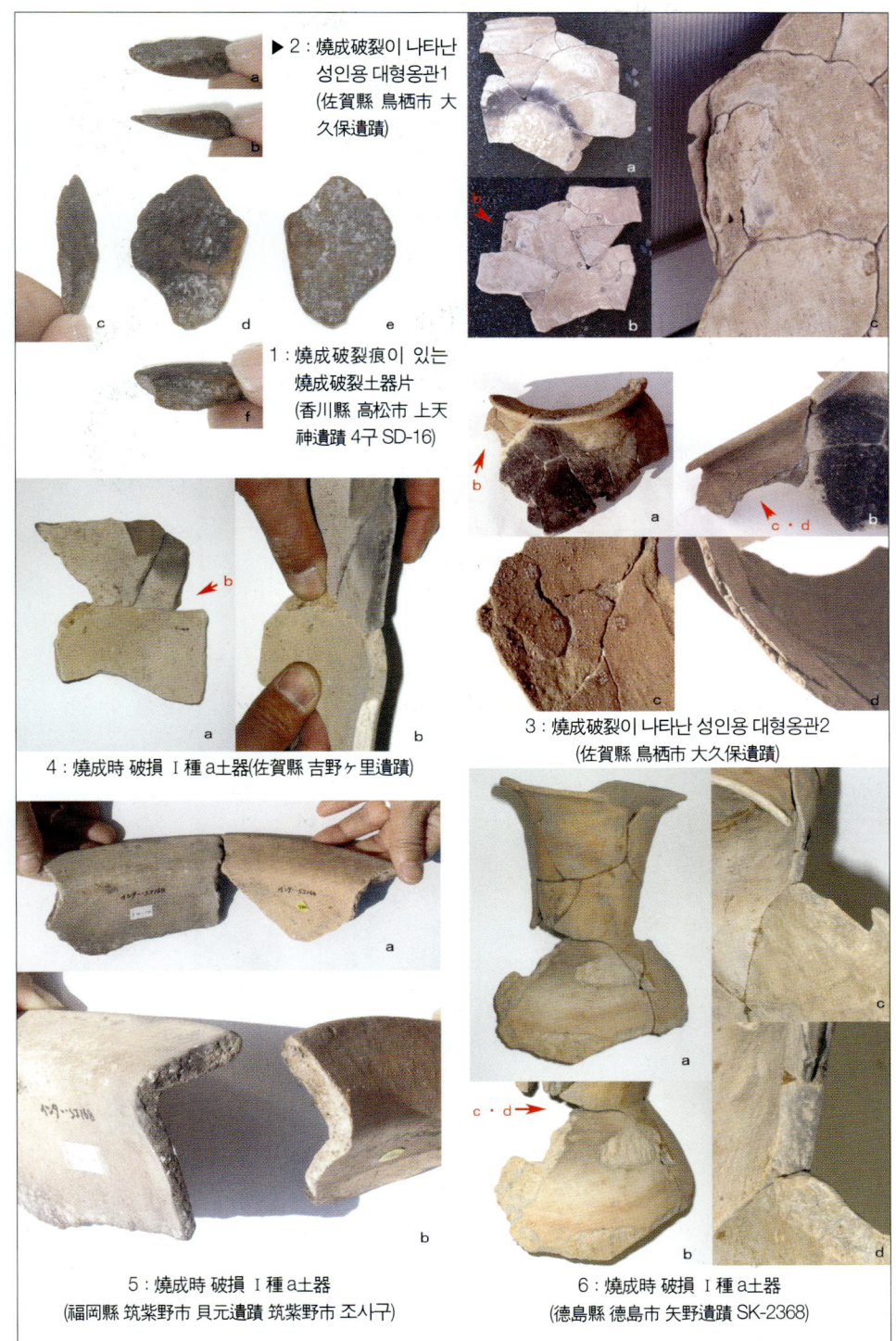

▶ 2 : 燒成破裂이 나타난
성인용 대형옹관1
(佐賀縣 鳥栖市 大
久保遺蹟)

1 : 燒成破裂痕이 있는
燒成破裂土器片
(香川縣 高松市 上天
神遺蹟 4구 SD-16)

4 : 燒成時 破損 Ⅰ種 a土器(佐賀縣 吉野ヶ里遺蹟)

3 : 燒成破裂이 나타난 성인용 대형옹관2
(佐賀縣 鳥栖市 大久保遺蹟)

5 : 燒成時 破損 Ⅰ種 a土器
(福岡縣 筑紫野市 貝元遺蹟 筑紫野市 조사구)

6 : 燒成時 破損 Ⅰ種 a土器
(德島縣 德島市 矢野遺蹟 SK-2368)

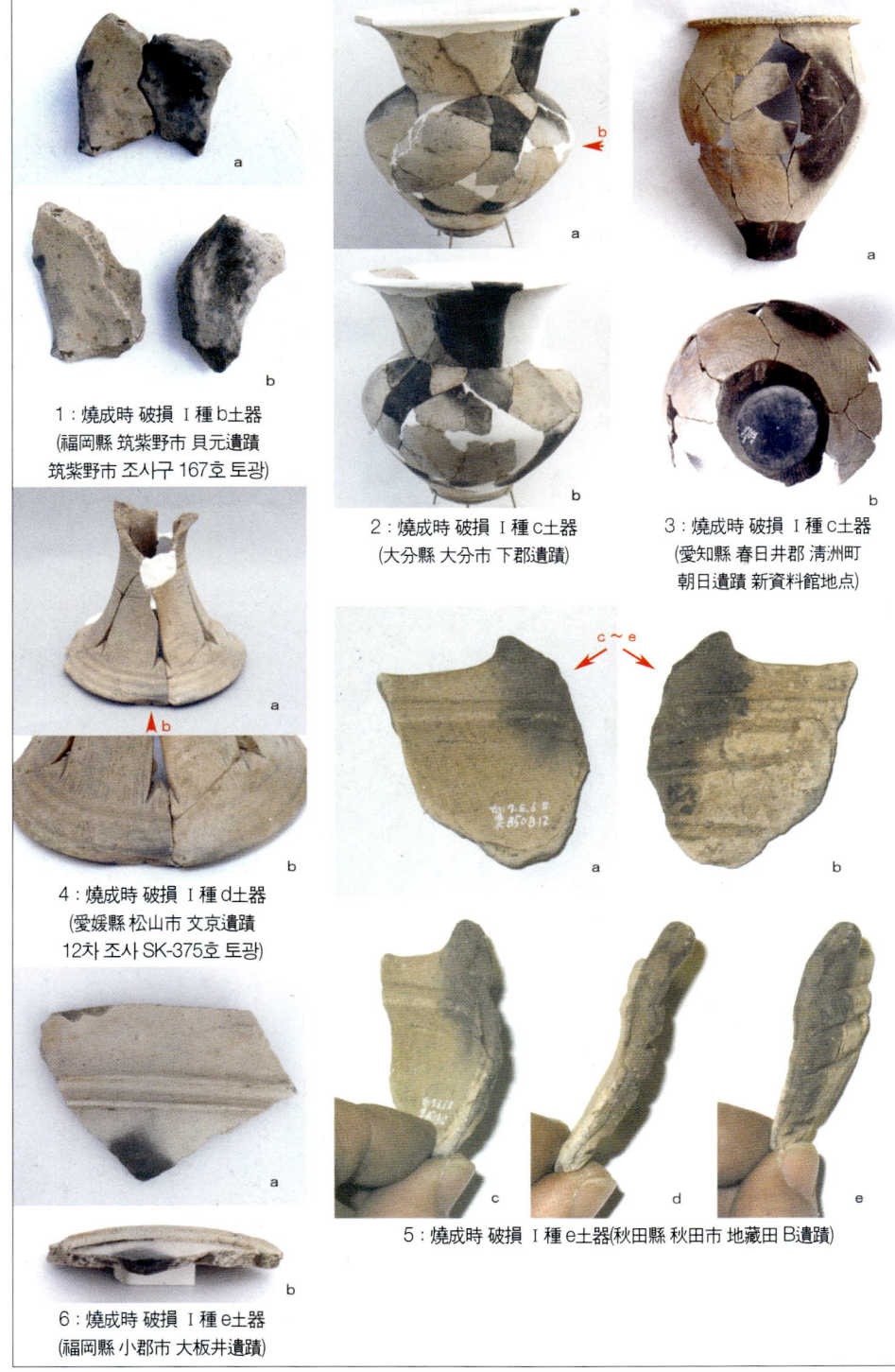

1: 燒成時 破損 Ⅰ種 b土器
(福岡縣 筑紫野市 貝元遺蹟
筑紫野市 조사구 167호 토광)

2: 燒成時 破損 Ⅰ種 c土器
(大分縣 大分市 下郡遺蹟)

3: 燒成時 破損 Ⅰ種 c土器
(愛知縣 春日井郡 淸洲町
朝日遺蹟 新資料館地点)

4: 燒成時 破損 Ⅰ種 d土器
(愛媛縣 松山市 文京遺蹟
12차 조사 SK-375호 토광)

5: 燒成時 破損 Ⅰ種 e土器(秋田縣 秋田市 地藏田 B遺蹟)

6: 燒成時 破損 Ⅰ種 e土器
(福岡縣 小郡市 大板井遺蹟)

할 수 있다(도판 2 - 5b). 福岡縣 小郡市 大板井遺蹟 Ⅰ구 1호 제사유구에서 출토된 성인용 대형 옹관(도판 9 - 6, 彌生時代 中期後葉)은 파편 아래쪽 파손면에 흑반이 분포한다. 地藏田 B遺蹟 집석Ⅱ에서 출토된 鉢(도판 9 - 5, 彌生時代 前期)에서는 구연부 내외면 뿐만 아니라 파손면까지 흑반이 덮인 것처럼 보인다. 앞에서 언급한 德島縣 石井城ノ內遺蹟의 소성파열토기편이 접합된 저부(도판 7)에서는 동체 하부에 해당하는 소성파열토기편의 파열면 측면에서도 흑반이 관찰된다. 흑반이 토기 파손면까지 이른 원인 가운데 하나로 소성시에 기체가 破損되었던 것을 생각할 수 있다.

[燒成時破損Ⅰ種 f] 본고에서 새롭게 추가하는 소성시 파손 유형이다. 유적에서 출토된 토기 중에서는 成形時의 粘土紐 혹은 粘土帶 접합면을 따라 박리되어 있는 사례가 알려져 있다. 이 가운데 기벽 속심에 흑화층이 보임에도 불구하고, 성형시 점토접합면이 표면과 동일한 색조로 소성된 사례를 볼 수 있다.

上天神遺蹟 4구 SD-16호 溝 출토 高坏(도판 10 - 1, 彌生時代 後期前葉)는 坏部와 脚部 접합부분에 粘土圓盤이 充塡되어 있지만, 기벽 속심에 흑화층이 잔존함에도 불구하고 점토원반이 접합되었던 면은 표면과 같은 색조로 소성되어 있다. 또, 같은 유적 4구 SD-8호 溝에서 출토된 高坏 坏部에서 분리된 점토원반에는 坏部 저면과의 접합면에 흑화층이 노출된 사례(도판 10 - 3)와 함께, 점토원반 속심에 흑화층이 남아 있으면서 접합면이 표면과 같은 색조로 소성된 예(도판 10 - 2)가 있다. 도판 10 - 2는 접합되었던 充塡圓盤이 소성시에 접합면에서 떨어진 상태로 소성되었다고 생각된다. 관산리유적 KC-004호 주거지 동체부 파편(도판 10 - 4, 청동기시대 전기)은 기벽 속심이 어두운 색조를 층상으로 나타내지만, 성형시·점토·접합면은 표면과 같은 색조를 띤다. 소성 후 점토 접합면에서 파손된 경우 접합면은 기벽 속심이 어두운 색조를 그대로 유지할 것으로 예상된다. 따라서 접합면에서의 파손은 소성시 일어났다고 판단할 수 있다.

이상과 같이 소성시 기체가 성형시의 점토 접합면을 따라 파손되며, 기벽 속심에 흑화층이 남아있음에도 불구하고 점토 접합면이 표면과 같은 색조를 띠는 사례를 燒成時破損Ⅰ種 f라고 추가한다.

b. 燒成時破損Ⅱ種

토기 표면에 남겨진 燒成破裂痕의 잔존상태에 착안하여, 소성 중 기체가 파손되었다고 생각되는 사례를 燒成時破損Ⅱ種이라 새롭게 설정하고자 한다. Ⅱ種 a와 Ⅱ種 b로 세분된다.

[燒成時破損Ⅱ種 a] 燒成破裂痕토기 중에서는 접합복원된 파편 사이에서 燒成破裂痕이 중단된 예가 있다.

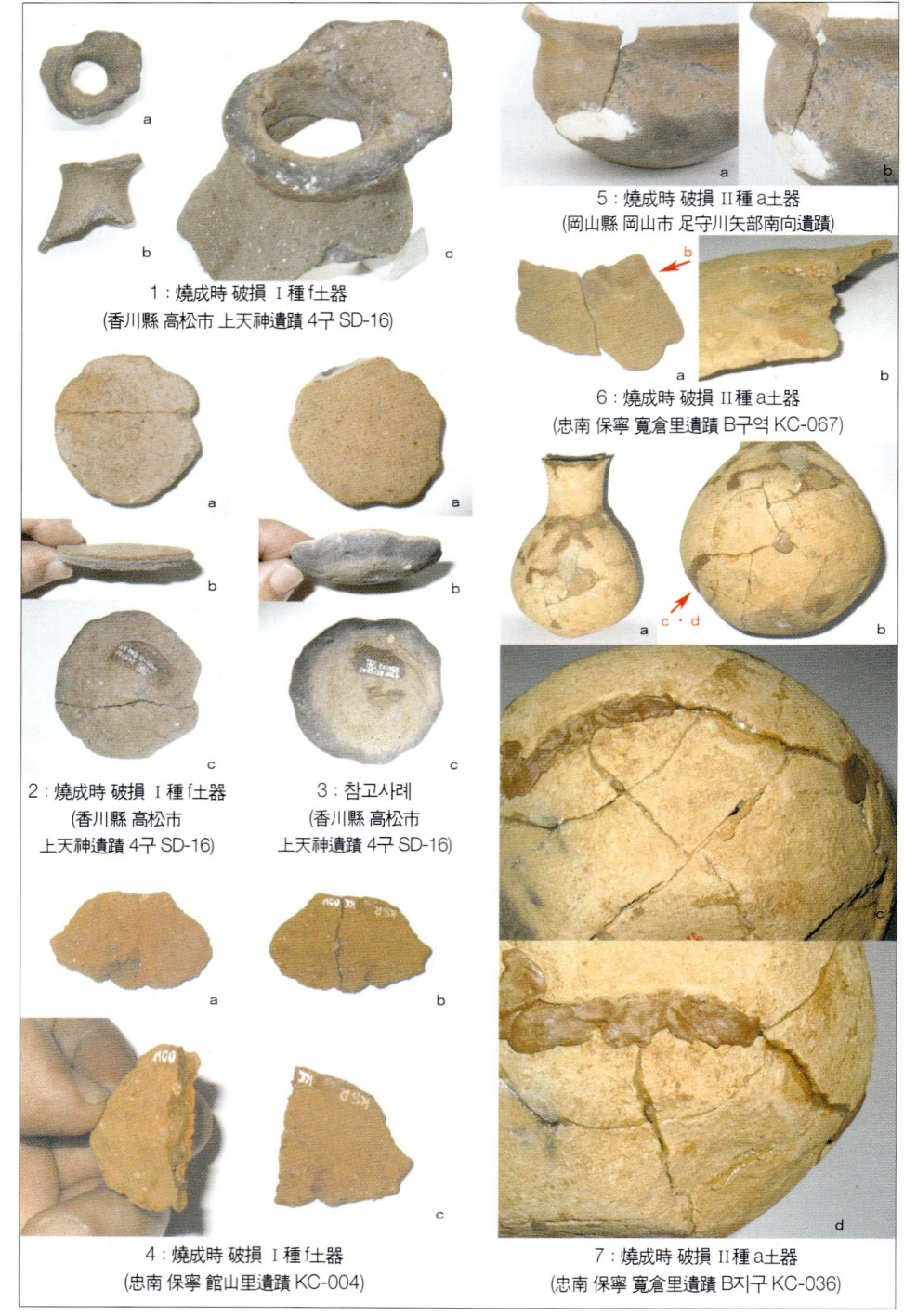

1 : 燒成時 破損 I 種 f 土器
(香川縣 高松市 上天神遺蹟 4구 SD-16)

2 : 燒成時 破損 I 種 f 土器
(香川縣 高松市
上天神遺蹟 4구 SD-16)

3 : 참고사례
(香川縣 高松市
上天神遺蹟 4구 SD-16)

4 : 燒成時 破損 I 種 f 土器
(忠南 保寧 館山里遺蹟 KC-004)

5 : 燒成時 破損 II 種 a 土器
(岡山縣 岡山市 足守川矢部南向遺蹟)

6 : 燒成時 破損 II 種 a 土器
(忠南 保寧 寬倉里遺蹟 B구역 KC-067)

7 : 燒成時 破損 II 種 a 土器
(忠南 保寧 寬倉里遺蹟 B지구 KC-036)

〈도판 10〉

足守川矢部南向遺蹟 수혈주거 37 상층 土器集積에서 출토된 鉢(도판 10 - 5, 도판 3 - 2, 彌生時代 後期終末)은 동체부 상반에 분화구상 燒成破裂痕이 나란히 줄지어 있다. 그러나 파열흔이 있는 파편과 접합복원된 파편에서 연속할 것 같은 燒成破裂痕이 중단된 상태가 보인다. 관창리유적 B 구역 KC-067호 주거지 동체부 파편(도판 10 - 6, 청동기시대 중기)도 역시 燒成破裂痕이 접합된 파편사이에서 중단되어 있는 것이 관찰된다. B구역 KC-036호 주거지에서 출토된 丹塗磨研壺(도판 10 - 7, 청동기시대 중기)에서는 동체부 하반부 파편에 燒成破裂痕이 형성되어 있지만, 이에 접합복원된 동체부 중위 이상의 파편에서는 소성파열이 보이지 않는다. 또한, 靑森縣 八戶市 風張(1)遺蹟 7호 주거지 출토 淺鉢(도판 11 - 1, 彌生時代 前期)에도 동체부 상반부에 추정 徑 2.6cm, 깊이 0.1cm의 타원형 燒成破裂痕이 보이지만, 이에 접합된 파편에는 燒成破裂痕이 없다.

이러한 현상이 생기는 원인은 소성파열이 발생하기 전에 기체가 파손되어, 그 후 일부 파편에만 소성파열이 일어났기 때문이다. 이것을 燒成時破損Ⅱ種 a로 한다.

[燒成時破損Ⅱ種 b] 전술한 地藏田遺蹟 集石Ⅱ 출토예(도판 5 - 1)나 是川遺蹟 예(도판 5 - 2)와 같이 소성파열이 생겨도 표면이 완전히 튀어 나가지 않고 기벽에 활 모양 균열이 보이는 사례가 있다. 흑화층이 기벽 속심에 남아 있을 경우 기벽 안에 남겨진 균열에 따라 박리되면, 박리면에 흑화층이 노출된다. 하지만 是川中居遺蹟 2002년도 조사 G 구에서 출토된 淺鉢 저부(도판 11 - 2, 彌生時代 前期)나 靑森縣 三戶郡 南鄕村 畑內遺蹟 CB-66구 출토 심발(도판 11 - 3, 彌生時代 前期)에서는 접합복원된 파편 사이에서 흑화층이 노출된 박리면이 중단되어 있다. 소성파열에 의해서 기벽에 균열이 생기기 전에 기체가 파손되어 한쪽 파편에만 균열이 나타났기 때문이다. 이러한 사례를 燒成時破損Ⅱ種 b로 한다.

c. 燒成時破損Ⅰ種 認定에 대한 留意点

소성시파손을 燒成時破損Ⅰ·Ⅱ種으로 다시 정리하였다. 이 중에서 燒成時破損Ⅱ種은 기면에 남겨진 박리흔이 燒成破裂痕인지, 혹은 소성파열에 의해서 기체에 활 모양 균열이 생긴 것인지를 확인함으로써 비교적 쉽게 구별할 수 있다. 이에 반해서 燒成時破損Ⅰ種의 판단기준인 흑화층·흑변부·흑반은 이차적으로 화열(火熱)을 받아서 소실되거나 새롭게 생기기도 한다.

모닥불(개방소성 상태와 같은 조건)에 집어넣어도 흑변부나 흑반은 없어진다.[2] 온도는 700~800℃ 정도면 충분하고, 그 이하에서도 소실될 가능성이 있다. 또한, 흑화층도 똑같은 700~800℃의 가열에 의해 없어진다. 그렇다면 파손된 토기편 일부가 이차적인 화열을 받고 흑화층·흑변부·흑반이 소실되어, 결과적으로 燒成時破損Ⅰ종 a~d·f와 같

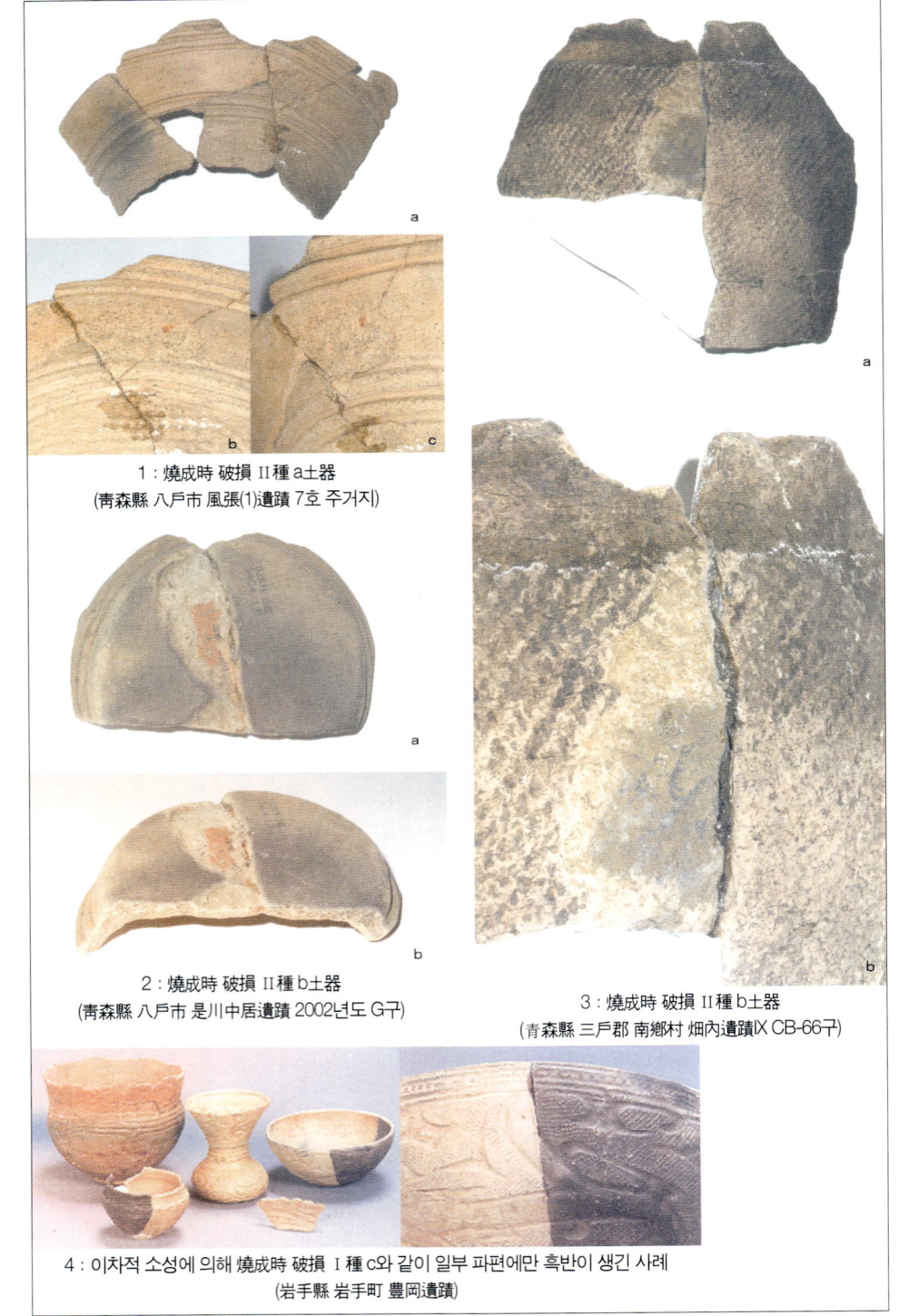

1 : 燒成時 破損 II種 a土器
(青森縣 八戸市 風張(1)遺蹟 7호 주거지)

2 : 燒成時 破損 II種 b土器
(青森縣 八戸市 是川中居遺蹟 2002년도 G구)

3 : 燒成時 破損 II種 b土器
(青森縣 三戸郡 南鄕村 畑內遺蹟IX CB-66구)

4 : 이차적 소성에 의해 燒成時 破損 I種 c와 같이 일부 파편에만 흑반이 생긴 사례
(岩手縣 岩手町 豊岡遺蹟)

〈도판 11〉

은 현상으로 나타날 경우도 상정해야 한다. 또, 이차적인 화열을 받고 우연히 燒成時破損 I 種e와 같이 토기편 파면에까지 흑반이 형성되는 것도 생각된다. 燒成時破損 I 種을 인정하기 위해서는 이러한 가능성을 배제해야 된다.

예를 들면, 北海道 千歳市 キウス遺蹟에서 출토된 繩文時代 後期~晩期 토기 중에서는 접합된 복수 파편 가운데 일부 파편에만 흑화층이 남아있는 토기나 밝은 색조를 띠는 파편과 흑반이 생긴 파편이 접합복원된 토기가 많이 보인다. 이들 자료에 대해서 처음에는 그곳에서 토기를 소성하였을 가능성을 생각하였다. 그러나 같이 출토될 것으로 기대되는 燒成破裂痕土器나 소성파열토기편이 출토되지 않았다. 유적 정황을 확인했었는데, 재나 소토와 함께 연어 등 동물 뼈가 다량 출토되어 있다는 교시를 받았다. 연어 해체나 가공에 부수된 화열을 받아서 燒成時破損 I 種a · c와 유사한 현상이 일어났다고 판단된다.

岩手縣 岩手町 豊岡遺蹟에서도 표면에 탄소가 흡착하여 까맣게 된 파편과 명황갈색으로 소성된 파편이 접합되는 토기가 출토되었다(도판 11 - 4). 언뜻 보기에 燒成時破損 I 種 c와 같아 보이지만, 이 토기는 소토가 집중되어 있었던 지점에서 출토되어 있어서 생활 잔재로 폐기된 후, 이차적인 화열을 받고 일부 파편에 흑반이 형성된 결과 燒成時破損 I 種 c와 공통되는 현상이 일어났다고 생각된다.

위와 같은 사례를 감안하면, 燒成時破損 I 種을 인정하기 위해서는 유적의 성격이나 출토 유구에서의 소토나 탄화물 유무, 각 파편의 출토상황을 검토하여, 자료가 이차적인 화열을 받지 않았음을 확인할 필요가 있다. 이것이 바로 燒成時破損 II 種 인정에서의 유의점이다.

⑷ 草本壓痕附燒泥土塊와 燒粘土塊

a. 草本壓痕附燒泥土塊

이전까지 彌生土器의 소성방법은 색조나 민족사례를 근거로 窯를 구축하지 않는 개방소성이라고 생각되어 왔다. 그러나 최근에는 연료 위에 泥土나 재를 덮어서 소성하는 덮개소성의 존재가 지적되었다(石橋新次 1997a · b; 岡安雅彦 1996; 岡安雅彦編 1999; 窯蹟研究會編 1997; 久世健二 外 1997). 이 덮개소성을 행할 때에 연료를 덮은 泥土가 타서 굳어졌다고 생각되는 것이 草本壓痕附燒泥土塊이다. 大阪府 富田林市 喜志遺蹟(彌生時代

---

2) 佐賀縣 鳥栖市에서 토기소성 실험을 계속 시도하고 계시는 石橋新次씨의 교시에 의함.

中期中葉)에서 燒成破裂土器片, 燒成破裂痕土器, 燒成時破損Ⅱ種 b・c土器와 함께 출토된 사례를 검토하면 아래와 같은 특징을 관찰할 수 있다.

두께는 1.1~1.3cm로 얇고, 주변 생토인 사질 실트와 큰 차이 없이 大小 小礫이 많이 포함된다. 한면은 赭赤色~붉은빛이 강한 暗茶褐色을 띠고 단단하게 타서 굳어졌지만, 다른 한면은 생토층과 같이 회갈색이며 잘 타지 않아 깨지기 쉽다. 破斷面도 한쪽으로부터 반정도까지만 적색화되어 충분히 소성되지 않았다. 이 자료는 燒成破裂痕이 있는 토기나 소성파열토기편 등과 같이 토광 매몰토 하부(제3층)에서 출토되었다. 출토 상황을 보면 火熱을 받은 유구의 벽이나 바닥이 벗겨진 것이 아니고, 덮개소성을 행할 때 위에 덮였던 泥土가 타서 굳어진 덩어리로 생각할 수 있다(大阪府敎育委員會・1980).

이러한 草本壓痕附燒泥土塊는 福岡縣 小郡市 一ノ口遺蹟 Ⅰ지점 D-165호 토광(도판 12 - 1, 彌生時代 前期中葉~末)에서도 출토되었다. 花崗岩 風化土를 많이 포함하는 점질토가 타서 굳어진 덩어리이며, 두께 0.7~1.4cm로 얇다. 한면(1a)은 적갈색을 띠는데, 소성상태가 불량해서 손가락으로 만지면 표면이 부슬부슬 벗겨진다. 다른 한면(1c)은 暗灰黃色이며 비교적 단단하게 타 있어서, 草本類 壓痕이 남아 있다(柏原孝俊 1997). 기타 德島縣 石井城ノ內遺蹟 曾我團地지구 3차 조사 SK-5032 출토 예(도판 12 - 2)(德島縣 埋藏文化財センター 2003)나 후술하는 관창리유적 출토 예가 있다.

b. 草本壓痕附燒成粘土塊

한편, 토기소성 殘滓로 생각되는 燒成粘土塊에는 위에서 기술한 層狀燒成破裂土器나 燒成破裂痕土器와 함께 출토된 大久保遺蹟 6구 SX-6356 예(도판 12 - 3, 彌生時代 中期末, 須玖Ⅱ式 新段階)가 있다(佐賀縣 敎育委員會 2001). 喜志遺蹟이나 一ノ口遺蹟 Ⅰ지점 출토 草本壓痕附燒泥土塊에 비해서 두께는 4~5cm로 두껍고 壁狀이다. 점질토가 타서 굳어졌는데, 내외면 사이에 被熱의 차이는 보이지 않는다. 비슷한 예로는 石井城ノ內遺蹟 曾我團地地區 4차 조사 SK-4001호 토광이나 福岡縣 小郡市 西島遺蹟 예가 있다.

石井城ノ內遺蹟 출토품(도판 12 - 4)은 높이 21cm, 폭 15cm, 두께 1.5cm이며, 한면(4b)이 완만한 곡면을 그린 壁狀이다. 비교적 단단하게 타서 부분적으로 희미한 흑반이 보인다. 이 면을 제외하면 나머지 부분은 벗겨지기 쉽고 土粒이 모인 것 같은 상태이다. 4b면을 안쪽으로 하여 최대크기 내경 1m의 원통형 벽체를 상정할 수 있다. 또한, 직경 3cm 정도의 管狀 壓痕이 거의 가로로 붙어 있다(4a)(德島縣埋藏文化財センター 2003). 西島遺蹟 출토예(도판 12 - 5)는 가로 17.5cm, 세로 12.5cm로 된 비교적 대형 파편이다. 상부가 극단적으로 얇아지며, 목제 공구에 의해 깎아져 'L'자형으로 整形된 부분이 보인다(5b・c). 또한, 외면(5a・c)은 약간 부풀어 목제공구로 누르면서 폭 2cm 정도 調面한 흔

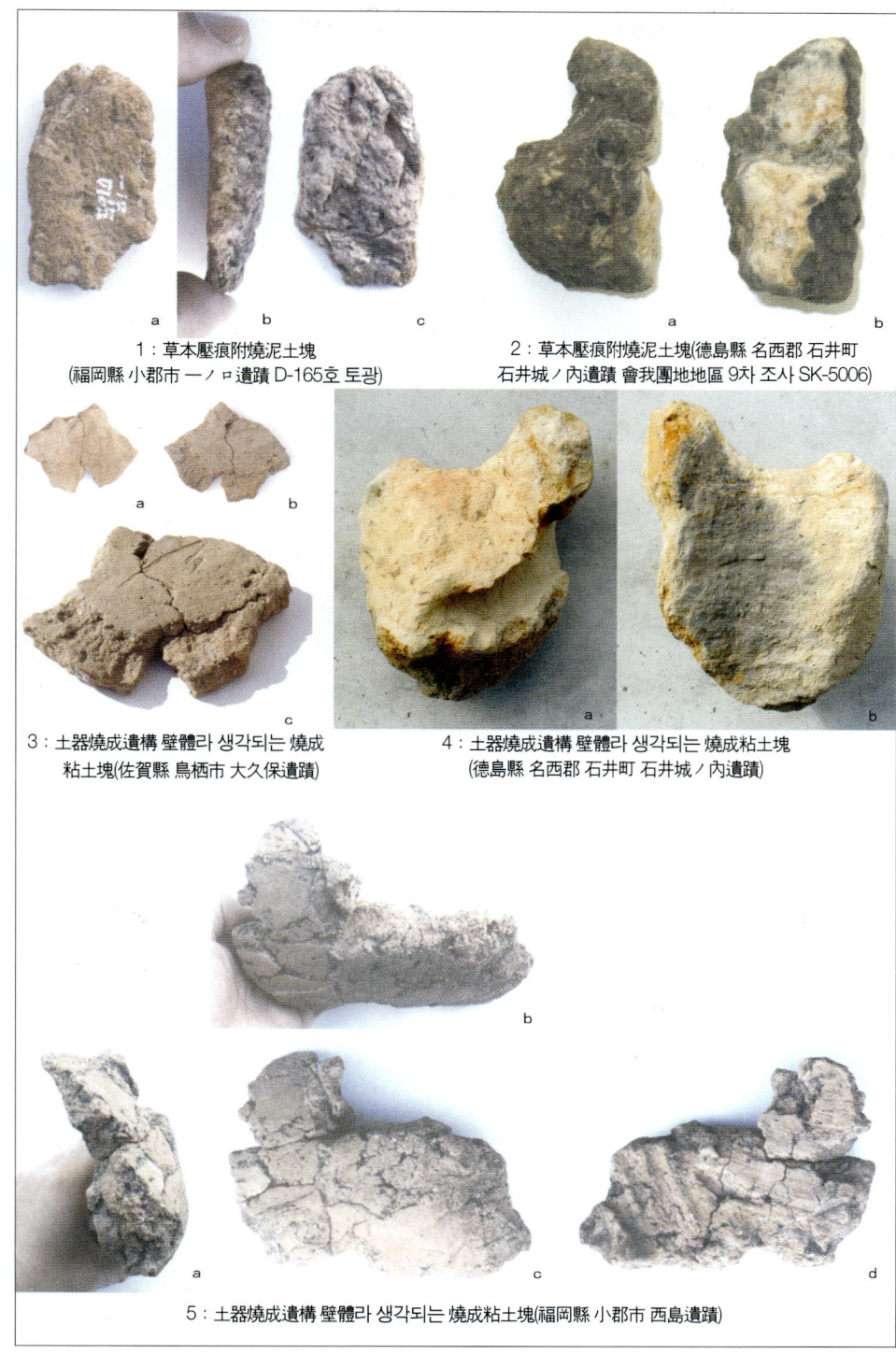

1 : 草本壓痕附燒泥土塊
(福岡縣 小郡市 一ノ口 遺蹟 D-165호 토광)

2 : 草本壓痕附燒泥土塊(德島縣 名西郡 石井町
石井城ノ內遺蹟 曾我團地地區 9차 조사 SK-5006)

3 : 土器燒成遺構 壁體라 생각되는 燒成
粘土塊(佐賀縣 鳥栖市 大久保遺蹟)

4 : 土器燒成遺構 壁體라 생각되는 燒成粘土塊
(德島縣 名西郡 石井町 石井城ノ內遺蹟)

5 : 土器燒成遺構 壁體라 생각되는 燒成粘土塊(福岡縣 小郡市 西島遺蹟)

적이 남아 있다. 뒷면(5d)은 가로로 만곡하고 棒狀 혹은 板狀 공구로 무질서하게 쓰다듬은 흔적이 있다. 출토상황 검토와 합하여 천정이 없는 원통형 벽으로 둘러싸인 간단한 시설에 의한 덮개소성으로 복원할 수 있다. 이러한 燒成粘土塊는 그 벽체라고 생각된다 (小郡市 敎育委員會 1996).

⑸ 土器 燒成場 認定

土器燒成失敗品 · 土器燒成殘滓의 유형을 재검토하였다. 하지만 이러한 유물들이 출토된다고 하여 바로 단순하게 토기 소성장(燒成場)으로 인정할 수는 없다.

예를 들어 燒成破裂痕土器는 燒成破裂痕이 얕고 기체에 구멍이 나지 않은 경우 소성에 성공한 토기와 같이 사용될 가능성이 있다. 소성불완전품도 발굴조사시의 경험을 바탕으로 이야기하면 완전하게 소성된 것 같이 보여, 위와 같은 가능성을 생각해야 한다. 따라서 土器燒成失敗品 · 土器燒成殘滓로부터 소성장을 인정하기 위해서는 소성시 기체가 파손되어 사용할 수 없는 토기의 유무를 확인할 필요가 있다.

이러한 자료로는 첫 번째로 燒成破裂土器片을 들 수 있다. 소성파열토기편은 작고 얇은 파편으로, 재이용되지 않으며 토기소성장 가까이에 폐기된다고 생각할 수 있다. 이것은 토기소성장으로 인정하는 데에 가장 유효한 자료이다. 다만, 소성파열토기편은 작고 얇은 파편이기 때문에 발굴시에 破碎되기 쉽다. 유구 내 매몰토의 水洗이나 체질을 통하여 출토예가 확인되는 경우도 있다. 발굴시 비교적 인식하기 쉬운 燒成破裂痕土器가 출토되면, 그 시점에서 발굴방법을 바꾸는 등의 노력이 요구된다.

또한, 燒成時破損 II種은 燒成破裂痕 파편 사이에서의 잔존상황에 착안하여 소성시 기체가 파손되었다고 판단할 수 있는 자료이며, 이것도 재이용되지 않고 폐기되었다고 생각할 수 있다. 이와 함께 層狀燒成破裂을 나타내는 토기나 燒成破裂痕토기 중에서 燒成破裂痕이 깊고 구멍이 뚫려 있는 사례도 재이용을 상정하기 어렵다.

이렇게 하여 확실하게 사용되지 않고 재이용 되지도 않은 토기소성 실패품을

① 燒成破裂土器片

② 燒成時破損 II種 土器

③ 燒成破裂痕이 깊고, 구멍이 뚫려 있는 燒成破裂痕土器

④ 層狀燒成破裂을 나타내는 土器

로 한정하는 것이 가능하다. 토기소성장을 확정할 수 있는 일차자료로 다룰 수 있다.

이에 반하여 기체에 얕은 燒成破裂痕이 있는 토기나 이차적 화열을 받았는지 아닌지를 확인할 필요가 있는 燒成時破損 I種 토기는 二次資料라고 할 수 있다. 또한, 덮개소

〈표 1〉 寬倉里遺蹟 出土 土器燒成失敗品·土器燒成殘率一覽

조사지구	출토유구	유구 종류	바닥 면적(㎡)	시기(승문 리행토기)	주거군	燒成破裂土器片	燒成型裝土器 (燒成破裂에 의한 기ᄊ개 기파손 사례)	燒成型裝土器 (燒成破裂이 있는 사례)	層位燒成殘土器	燒成時破碎土器 I층	燒成時破碎土器 II층	비고	반출유물	유물 출토상태
B지구	KC 001	수혈주거지	54.1	II기	b-③군		도판 13-2(R-023, 보고서 도판 7-3)·3(R-041, 보고서 도판 7-1)			f : 도판 13-1(R-013, 보고서 도판 7-17)			석도 파손품+마제석겸 체이용품+석제방추차	매립토중에서 출토
	KC 004	수혈주거지	47.8	I기	b-②군		도판 13-4 (R-022, 보고서 도판 15-14)						마제돌+편평편인부	주거 폐절후에 두기
	KC 010	수혈주거지	36.3	II기	b-④군		도판 13-7(R-012)					도판 13-5(R-008)·6(R-009)는 점토 접합면을 따라 소성시에 바리되었을 가능성이 높다.	마제석촉+석도~상부상부인부+지석(과손품을 포함)	매립토중에서 출토
	KC 015	수혈주거지	55.5	II기	b-③군	도판 14-1 (R-054)·21(R-055)							마제석촉 파손품+마제석겸 파손품+석창+석제방추차 파손품+석제겸(파손+석겸)+지석	매립토 상부에서 출토, 주거 폐절후에 두기
	KC 019	수혈주거지	27.8	I기	b-②군							도판 14-3(R-100)은 저부 외면에 점합된 점토 반반이 면에 따라 소성시에 바리되었을 가능성이 높다. 도판 14-4(R-101)·5(R-102)는 참고사례.	마제석촉(과손품을 포함)+편평편인부 미제품+미석+지석	매립토 상부에서 출토, 주거 폐절후에 두기
	KC 020	수혈주거지	14.8	I기	b-②군		도판 14-7(R-007, 보고서 도판 60-15)·8(R-090)	도판 14-6(R-006, 보고서 도판 60-16)	도판 14-9(R-091)				석도 파손품+석제방추차 미제품+미석+지석	매립토 중에서 출토, 주거 폐절후에 두기
	KC 030	수혈주거지	41.1	II기	c-③군	도판 15-7 (R-082)	도판 15-1(R-002)·2(R-005)·3(R-004, 보고서 도판 84-662)·6(R-081)			a : 도판 15-5(R-003, 보고서 도판 83-51)		도판 15-4(R-001)은 점토 접합면을 따라 소성시에 바리되었을 가능성이 높다.	마제석촉 파손품+마제석검 파손품(과손품을 포함)	바닥에서 약간 튼 위치에서 출토, 주거 폐절후에 두기
	KC 031	수혈주거지	43.5	II기	c-④군	도판 16-1 (R-098)			도판 15-8(R-099)	e : 도판 15-8(R-099)			마제석촉 파손품+지석(과손품을 포함)	매립토 상부에서 출토, 주거 폐절후에 두기
	KC 036	수혈주거지	14.4	II기	d-④군		도판 16-3(R-039, 보고서 도판 100-5)			a : 도판 16-7(R-040, 보고서 도판 101-16), 도판 16-3(R-039)	a : 도판 10-7(R-040), 도판 16-3(R-039)	도판 16-2(R-105)는 소성불량 전품. 도판 16-3(R-039)는 소성과정표 II 이 심할 뿐 아니라 소성시과 두가 높다.	토제 장식구 파손품+석도 파손품	바닥에서 약간 튼 위치에서 출토, 주거 폐절후에 두기
	KC 038	수혈주거지	25.9	I기	c-③군	도판 16-4 (R-107)	도판 16-5(R-108), 도판 17-2(R-016, 보고서 도판 108-32), 보고서 도판 107-18					도판 16-6(R-014, 보고서 도면 110-122)는 소성불량전품. 도판 17-1(R-015, 보고서 도면 108-29)는 참고사례.	마제석촉 파손품을 포함)+마제석검(파손+편평편인부+석부미제품+석부+석제방추차	매립토 상부에서 출토, 주거 폐절후에 두기
	KC 040	수혈주거지	44.6	I기	c-②군	도판 17-7 (R-058)	도판 17-3(R-021, 보고서 도판 122-158)·4(R-017, 보고서 도판 116-6)·6(R-020, 보고서 도판 119-62)	도판 17-5(R-019, 보고서 도판 118-31)					마제방추차 파손품 과손품을 포함)+마제석검 제이용품+도 이용품+편평편인부+지석(과손품을 포함)+석제방추차	매립토 상부에서 출토, 주거 폐절후에 두기
	KC 042	수혈주거지	22.5	I기	d-④군		도판 17-8(R-085)						마제석촉+마제석겸(파손품)+미병+미석	매립토 상부에서 출토, 주거 폐절후에 두기
	KC 048	수혈주거지	31.6	I기	c-②군		도판 18-2(R-037)	도판 18-1(R-057, 보고서 도판 143-41)					마제석축 파손품(과손품을 포함)+편평편인부+석주+미석	매립토 상부에서 출토, 주거 폐절후에 두기
	KC 051	수혈주거지	22.5	II기	c-④군		도판 18-3(R-067)·6(R-072)						마제석검 파손품+편평편인부+석주+미석	매립토 상부에서 출토, 주거 폐절후에 두기
	KC 054	수혈주거지	23	I기	c-②군	도판 18-4 (R-068)						도판 18-5(R-060)는 소성열 부분의 세편화된 사례.	마제석촉 파손품+마제석축 과손품+석도 파손품(편평편인부 미제품+석검+지석	매립토 상부에서 출토, 주거 폐절후에 두기
	KC 060	수혈주거지	39.9	II기	d-④군	도판 18-8 (R-147)·10(R-148)				f : 도판 18-7(R-119)		도판 18-7(R-119)는 KC-079을 점파 비립되었다. 도판 18-9(R-046)은 소성과혼부분의 세편화된 사례.	마제석검+편평편인부+석제방추차	매립토 상부에서 출토, 주거 폐절후에 두기
	KC 063	수혈주거지	12.2	II기	e-④군		도판 19-1(R-026, 보고서 도판 117-39)	도판 19-2(R-078)·4(R-077)					마제석겸(과손품을 포함)+미병+미석	매립토 상부에서 출토, 주거 폐절후에 두기
	KC 067	수혈주거지	12.2	I기	e-④군		도판 19-5(R-075)				a : 도판 10-6(R-074)		마제석축 파손품+석도 파손품+마제석검+편평편인부+석검+지석	매립토 상부에서 출토, 주거 폐절후에 두기
	KC 079	수혈주거지	49	II기	e-③군	도판 19-3 (R-076)	도판 19-7(R-120)	도판 19-6(R-121)				도판 20-1(R-123)d~는 소성시 파손품이라 생각된다.	도제방추차 파손품+석도 파손품+마제방추차 파손품+지석	매립토 상부에서 출토, 주거 폐절후에 두기
	KC 080	수혈주거지	14.4	I기	e-①군		도판 20-2(R-042)					도판 20-3(R-043)은 참고사례.	마제석축 과손품+편평편인부 미제품+지석	매립토 상부에서 출토, 주거 폐절후에 두기
	KC 098	토광	11.2	II기?	g군		도판 20-4(R-028, 보고서 도판 245-5)			b : 도판 20-6(R-044, 보고서 도판 272-14)			바다에서 약간 튼 위치에서 출토, 주거폐절후에 두기	바닥에서 약간 튼 위치에서 출토, 주거폐절후에 두기(된 것)
	KK 117	토광	1.5	I-II기	d군		도판 20-5(R-033, 보고서 도판 264-2)						마제석축+불덩석기	저장공으로 이용 인되게 되기
	KY 137	토광(저장공)	4.8	I-II기	d군								불덩석기	하반부 2층에서 출토
C지구	KY 802	요지	8.8	I기	d-②군	도판 21-1(R-140)·2(R-139)		도판 21-4(R-113)					대응의 단화품+소토과 석촉+미석+지	2층/1층에서 출토
	KY 803	요지	13.7	II기	d-②군		보고서 도판 290-1						미석+지석	매립토 상부 1층에서 출토
	KY 805	요지	10.7	II기?	d-③군				도판 21-6(R-138)				마제석촉 미제품과 파손품+고사 미석	매립토 및 바닥에서 출토
	KY 808	요지	8.3	II기?	d-③ 혹은 d-④군			a : 도판 21-5(R-030, 보고서 도판 291-27)				도판 21-6(R-144)는 소성시. 도판 24-3(R-124)·4(R-127)·5(R-125)·6(R-126)은 조본엽 훈부나도록기.	마제방추차 파손품과 고사 미석	매립토에서 출토
	KY 810	요지	7.1	II기	d-③ 혹은 d-④군				도판 22-6(R-136)			도판 22-3(R-134)·4(R-135)는 소성과열훈의 세편화된 사례. 도판 22-1(R-129)·7(R-137)은 참고사례.	대응의 소성나도쾌+방추차 파손품+마제석촉	매립토에서 출토
	KY 812	요지	4.5	II기	d-③ 혹은 d-④군								미석	매립토에서 출토
	KY 818	요지	30.8	II기?	d-③ 혹은 d-④군	도판 23-2 (R-157)	도판 5-3(R-142), 도판 23-3(R-146)						대응의 소토과+소토과 석촉+상각형석도+석주	매립토 상부 1층에서 출토
	KY 819	요지	6.9	II기	d-③ 혹은 d-④군	도판 23-4(R-141)	2점(R-002·003)					도판 23-1(R-143)은 참고사례.	단화품+소토과+소토과 석주 파손품+석제완반	바닥에서 약간 튼 위치에서 출토
	KY 822	요지	4.4	II기										
C지구	S-16호 주거	수혈주거지		II-II기		도판 23-5(R-032)	도판 24-7(R-001)			d : 도판 24-1(R-034, 보고서 도판 321-1)				
A지구	38호 토광	토광		I-II기		1点 (R-001)				f : 1점(R-005)		a : 1점(R-004)		

성으로 연료를 덮은 泥土가 타서 굳어진 것으로 생각된 草本壓痕附燒泥土塊나 간단한 소성시설의 벽체로 볼 수 있는 燒成粘土塊도 마찬가지다.

다만, 이번 자료조사를 진행하는 과정에서 일차자료인 소성파열토기편이나 燒成時破損Ⅱ種 토기 등이 출토되어 있을 경우, 기체에 얕은 燒成破裂痕이 있는 토기나 燒成時破損Ⅰ種 토기, 草本壓痕附燒粘土塊, 草本壓痕附粘土塊를 동반하는 것이 일반적임을 확인할 수 있었다. 이차자료라고 해도 토기소성장을 추정하기 위해 유효한 자료임이 분명하다. 따라서 한 가지만이 아닌, 몇 가지의 토기소성 실패품이나 잔재가 같이 출토되면 주변에 토기소성장이 존재하였을 개연성이 높아진다. 이상의 점에 유의하면서 토기소성 실패품·잔재를 통한 토기소성장 인정을 진행시켜야 한다.

Ⅲ. 寬倉里遺蹟 土器燒成失敗品·土器燒成殘滓

관창리유적 B구역에서 152점, D구역에서 5점, F구역에서 1점의 土器燒成 失敗品·殘滓와 참고자료가 확인되었다(표 1). 보고서에 게재되지 않은 동체부 파편이 많다. 표 1에서는 도판번호 뒤에 필자가 자료조사에서 기록한 순서에 따라 부여한 자료정리 번호(B구역 : R-001~152, D구역 : R-001~005, F구역 : R-001)를 적었다. 또한, 보고서에 게재되어 있는 유물은 보고서 도면번호를 기재하였다.

1. B區域 出土 土器燒成失敗品과 土器燒成殘滓

⑴ 竪穴式 住居址 출토 土器燒成失敗品

KC-001·004·010·015·019·020·030·031·036·038·040·042·048·051·054·060·063·067·079·080·098의 총 21기 주거지에서 燒成不完全品, 燒成破裂痕土器, 燒成破裂土器片, 層狀燒成破裂土器, 燒成時破損Ⅰ種이나 Ⅱ種의 燒成時破損土器가 출토되었다.

a. 燒成不完全品

KC-036 출토 도판 16 - 2는 단도마연토기이며, 기벽 속심에 균열이 생겨 기벽이 얇게 박리된다. KC-038 출토 도판 16 - 6은 저부 외면 단부가 작은 흙덩어리로 변하면서 박리된다. 이러한 현상은 燒成不完全品이기 때문에 나타나는 것이다.

b. 燒成破裂痕土器

KC-001에서 2점(도판 13 - 2 · 3), KC-004에서 1점(도판 13 - 4), KC-010에서 1점(도판 13 - 7), KC-020에서 3점(도판 14 - 6 · 7 · 8), KC-030에서 4점(도판 15 - 1 · 2 · 3 · 6), KC-036에서 1점(도판 16 - 3), KC-038에서 1점(도판 16 - 5, 도판 17 - 2), KC-040에서 4점(도판 17 - 3 · 4 · 5 · 6), KC-042에서 1점(도판 17 - 8), KC-048에서 1점(도판 18 - 1), KC-051에서 1점(도판 18 - 2), KC-054에서 2점(도판 18 - 3 · 6), KC-063에서 1점(도판 19 - 1), KC-067에서 1점(도판 19 - 5), KC-079에서 1점(도판 19 - 7), KC-098에서 1점(도판 20 - 4)의 燒成破裂痕土器를 확인하였다. 이밖에 유물을 직접 볼 수 없었지만 KC-038에서 출토된 송국리형토기(보고서 도면 107 - 18)의 어깨부분에 燒成破裂痕이 남아 있다.

이 중에서 도판 17 - 4의 기벽 속심에는 흑갈색, 도판 20 - 4의 기벽 속심에는 부분적으로 淡灰色 黑化層이 남아 있지만, 소성파열이 일어난 면은 기면과 같이 황갈색이나 붉은 빛을 띤 황갈색이다. 도판 19 - 1에서는 저부 측면에서 외면에 걸쳐 생긴 흑반이 燒成破裂痕까지 이른다. 도판 14 - 6, 도판 17 - 5, 도판 18 - 1, 도판 19 - 7은 燒成破裂痕이 깊기 때문에 소성파열시에 기체에 구멍이 생겼을 가능성이 높다.

KC-080 출토 도판 20 - 2는 왼쪽이 소성파열에 의해 떨어진 저부 파편이다. 半破되어 반월형을 나타낸다. 박리면쪽(2a)은 소성파열 때문에 주변을 중심으로 오목렌즈상 흔적이 연속해서 보이며, 내면(2b)과 같은 색조를 띤다. KC-054 출토품(도판 18 - 5)이나 KC-060 출토품(도판 18 - 9)은 동체부 내면이 떨어진 파편이며 많은 분화구상 박리가 중복된다. 燒成破裂痕 부분이 細片化된 것이다.

c. 燒成破裂土器片

KC-015 출토의 도판 14 - 1 · 2, KC-030 출토의 도판 15 - 7, KC-031 출토의 도판 16 - 1, KC-038 출토의 도판 16 - 4, KC-040 출토의 도판 17 - 7, KC-054 출토의 도판 18 - 4, KC-060 출토의 도판 18 - 8 · 10, KC-067 출토의 도판 19 - 3은 소성파열토기편이다.

도판 14 - 1 · 2는 외면이 박리된 반월형 토기편이다. 도판 14 - 1은 폭 4cm, 높이 3cm, 두께 0.45~0.5cm이다. 상반부는 파손되었으며 하반부는 볼록렌즈 모양을 나타낸다(1c). 도판 14 - 2는 폭 4cm, 높이 3.5cm, 두께 0.5cm이며, 상반부와 2a 左上 부분은 파손부이다. 볼록렌즈상을 나타낸다(2c). 도판 15 - 7은 폭 3.6cm, 높이 2.2cm, 두께 0.4~0.5cm 정도의 반월형 동체부 파편이다. 7a는 상반부가 파손되어 있지만 하반부는 활 모양을 이룬다. 주변(7b)이 얇아져 뾰족한 볼록렌즈상이다. 도판 16 - 4는 동체부 외면이 박리된 추정 직경 4cm, 두께 0.2~0.3cm 정도의 반월형 파편이다. 상반부는 파손되어 있다(4a). 활 모양을 이루는 하반부는 볼록렌즈상이다(4c · d · f). 도판 17 - 7은 외면에 平行條線 타

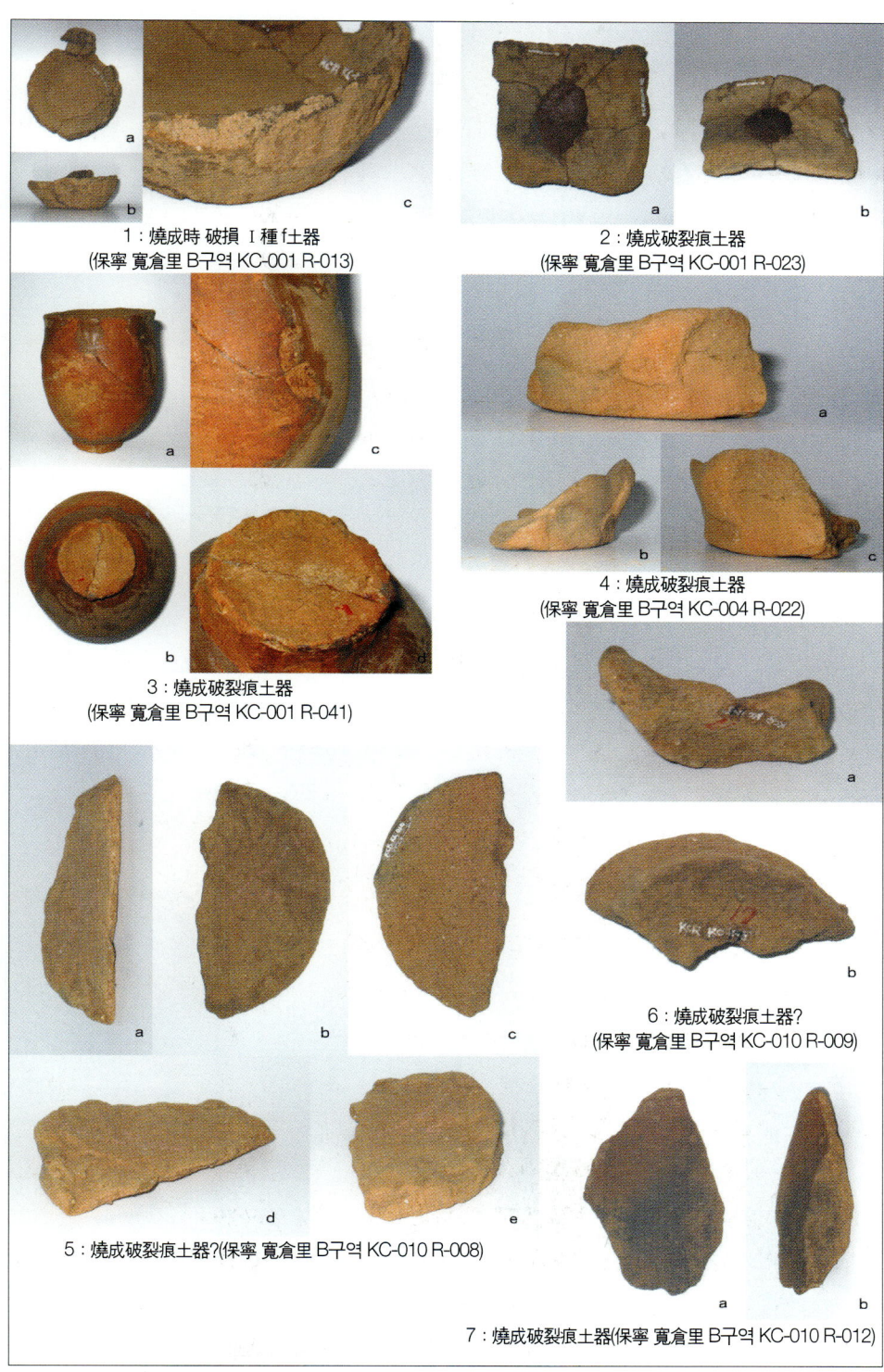

1：燒成時 破損 I 種 f 土器
(保寧 寬倉里 B구역 KC-001 R-013)

2：燒成破裂痕土器
(保寧 寬倉里 B구역 KC-001 R-023)

3：燒成破裂痕土器
(保寧 寬倉里 B구역 KC-001 R-041)

4：燒成破裂痕土器
(保寧 寬倉里 B구역 KC-004 R-022)

6：燒成破裂痕土器?
(保寧 寬倉里 B구역 KC-010 R-009)

5：燒成破裂痕土器?(保寧 寬倉里 B구역 KC-010 R-008)

7：燒成破裂痕土器(保寧 寬倉里 B구역 KC-010 R-012)

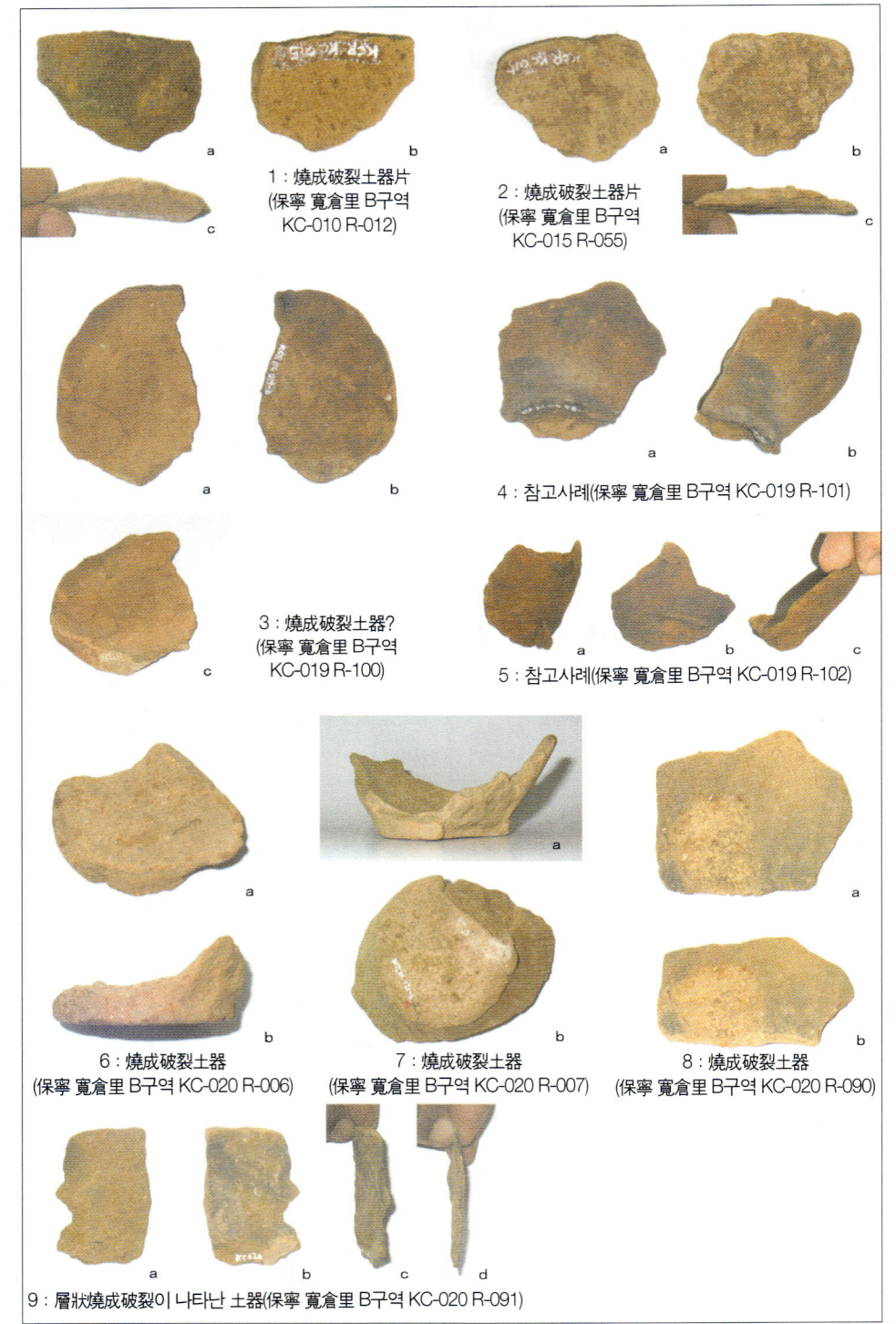

1 : 燒成破裂土器片
(保寧 寬倉里 B구역
KC-010 R-012)

2 : 燒成破裂土器片
(保寧 寬倉里 B구역
KC-015 R-055)

4 : 참고사례(保寧 寬倉里 B구역 KC-019 R-101)

3 : 燒成破裂土器?
(保寧 寬倉里 B구역
KC-019 R-100)

5 : 참고사례(保寧 寬倉里 B구역 KC-019 R-102)

6 : 燒成破裂土器
(保寧 寬倉里 B구역 KC-020 R-006)

7 : 燒成破裂土器
(保寧 寬倉里 B구역 KC-020 R-007)

8 : 燒成破裂土器
(保寧 寬倉里 B구역 KC-020 R-090)

9 : 層狀燒成破裂이 나타난 土器(保寧 寬倉里 B구역 KC-020 R-091)

〈도판 14〉

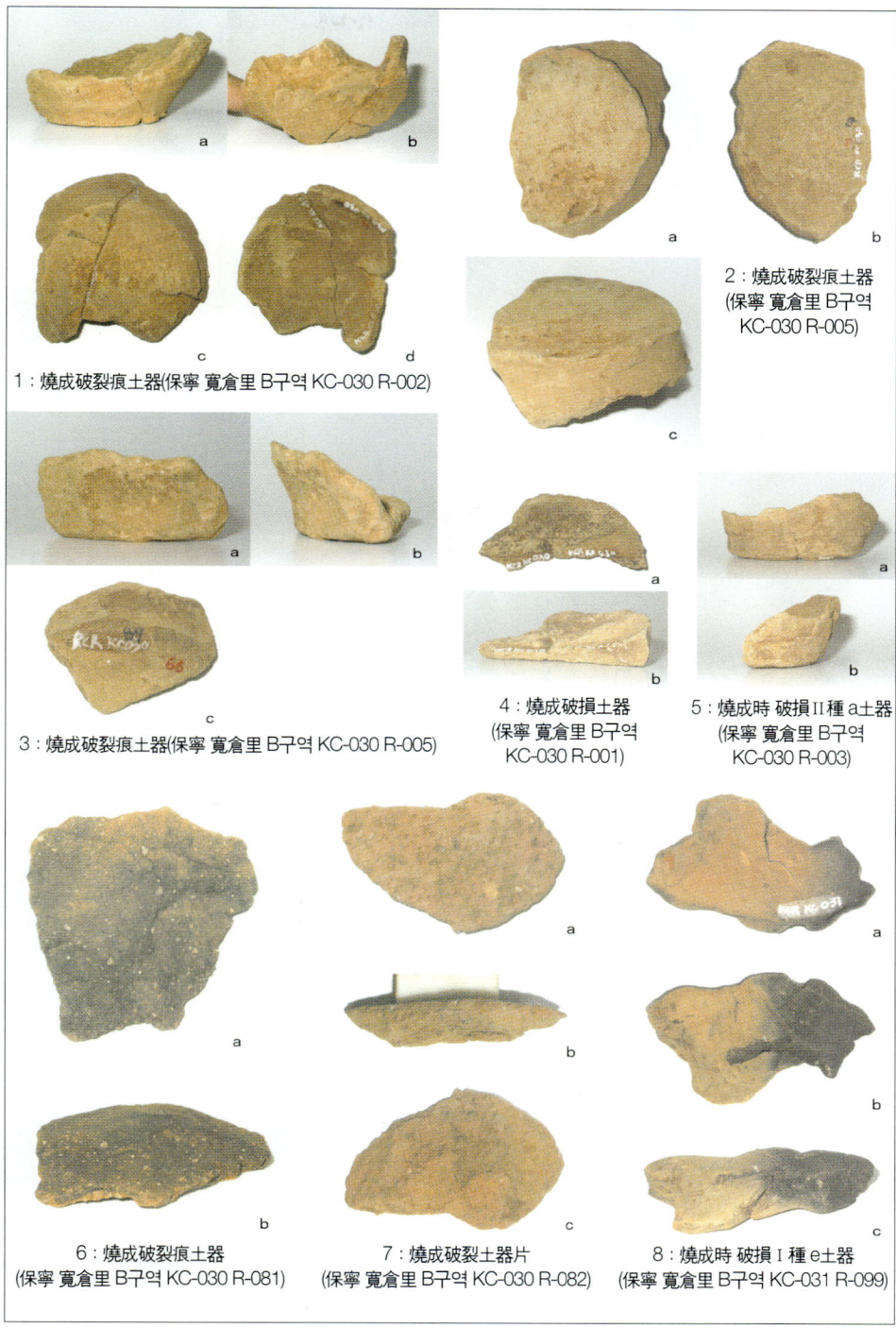

1 : 燒成破裂痕土器(保寧 寬倉里 B구역 KC-030 R-002)

2 : 燒成破裂痕土器
(保寧 寬倉里 B구역
KC-030 R-005)

3 : 燒成破裂痕土器(保寧 寬倉里 B구역 KC-030 R-005)

4 : 燒成破損土器
(保寧 寬倉里 B구역
KC-030 R-001)

5 : 燒成時 破損Ⅱ種 a土器
(保寧 寬倉里 B구역
KC-030 R-003)

6 : 燒成破裂痕土器
(保寧 寬倉里 B구역 KC-030 R-081)

7 : 燒成破裂土器片
(保寧 寬倉里 B구역 KC-030 R-082)

8 : 燒成時 破損Ⅰ種 e土器
(保寧 寬倉里 B구역 KC-031 R-099)

〈도판 15〉

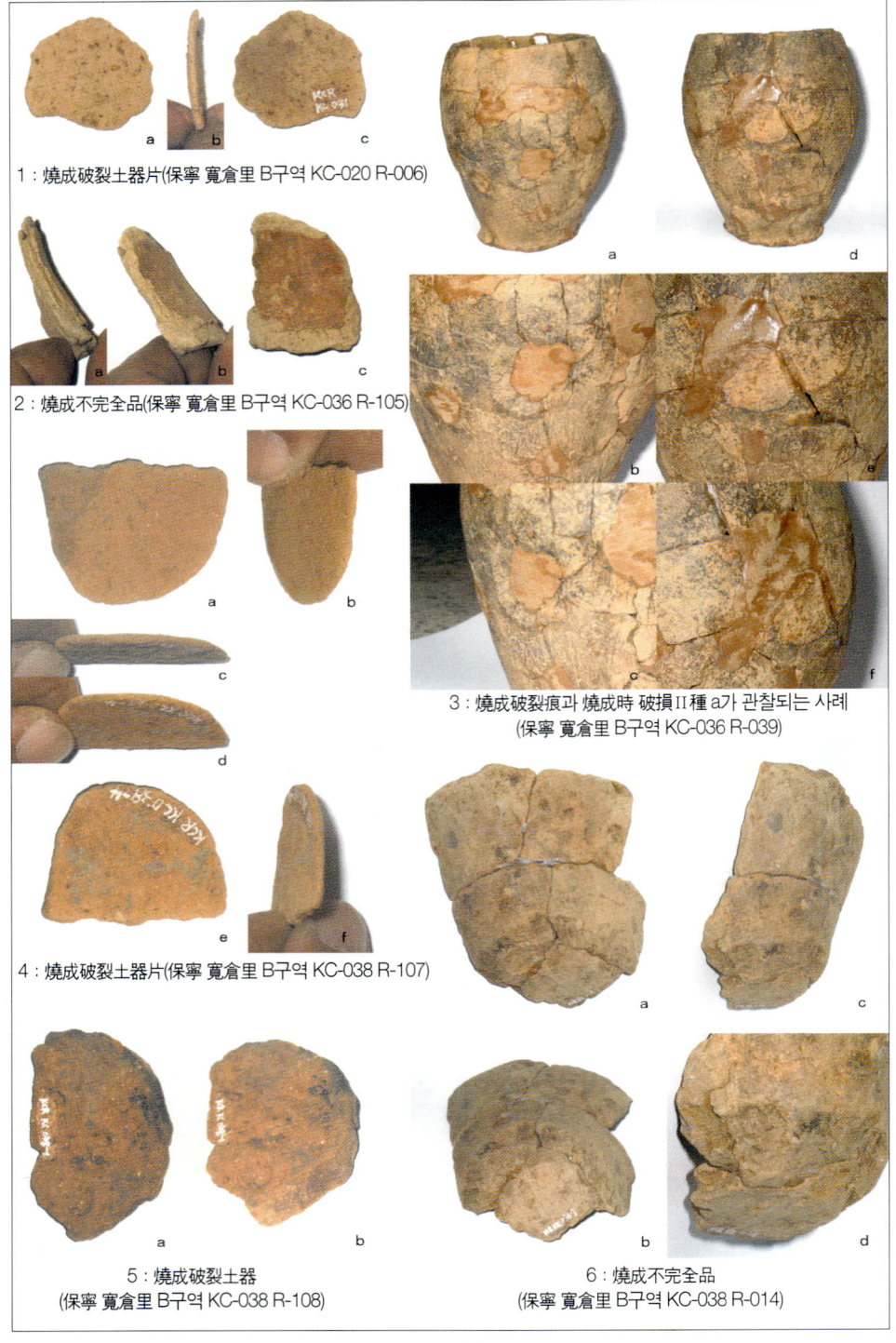

1：燒成破裂土器片(保寧 寬倉里 B구역 KC-020 R-006)

2：燒成不完全品(保寧 寬倉里 B구역 KC-036 R-105)

3：燒成破裂痕과 燒成時 破損Ⅱ種 a가 관찰되는 사례
(保寧 寬倉里 B구역 KC-036 R-039)

4：燒成破裂土器片(保寧 寬倉里 B구역 KC-038 R-107)

5：燒成破裂土器
(保寧 寬倉里 B구역 KC-038 R-108)

6：燒成不完全品
(保寧 寬倉里 B구역 KC-038 R-014)

<도판 16>

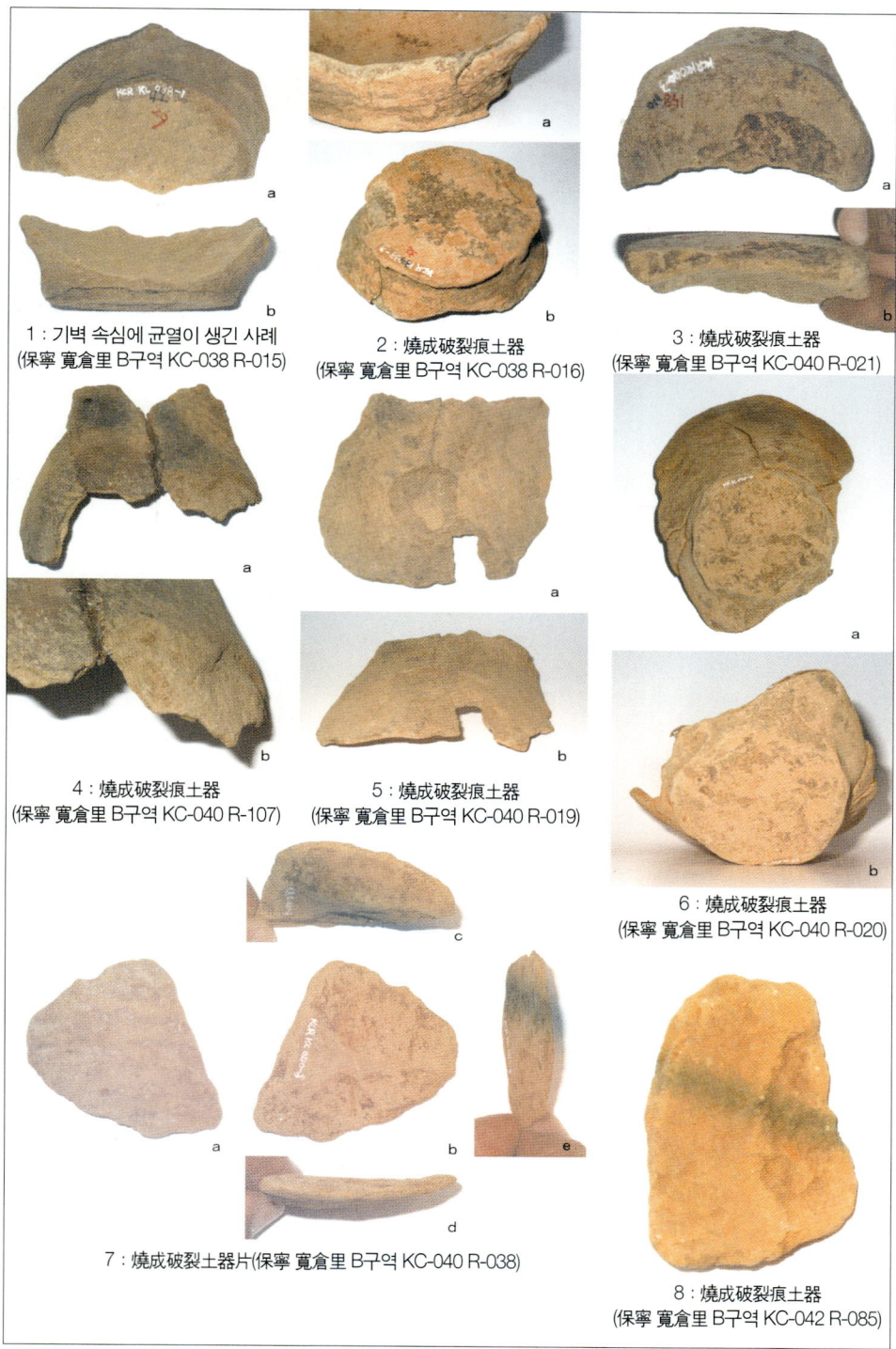

1 : 기벽 속심에 균열이 생긴 사례
(保寧 寬倉里 B구역 KC-038 R-015)

2 : 燒成破裂痕土器
(保寧 寬倉里 B구역 KC-038 R-016)

3 : 燒成破裂痕土器
(保寧 寬倉里 B구역 KC-040 R-021)

4 : 燒成破裂痕土器
(保寧 寬倉里 B구역 KC-040 R-107)

5 : 燒成破裂痕土器
(保寧 寬倉里 B구역 KC-040 R-019)

6 : 燒成破裂痕土器
(保寧 寬倉里 B구역 KC-040 R-020)

7 : 燒成破裂土器片(保寧 寬倉里 B구역 KC-040 R-038)

8 : 燒成破裂痕土器
(保寧 寬倉里 B구역 KC-042 R-085)

〈도판 17〉

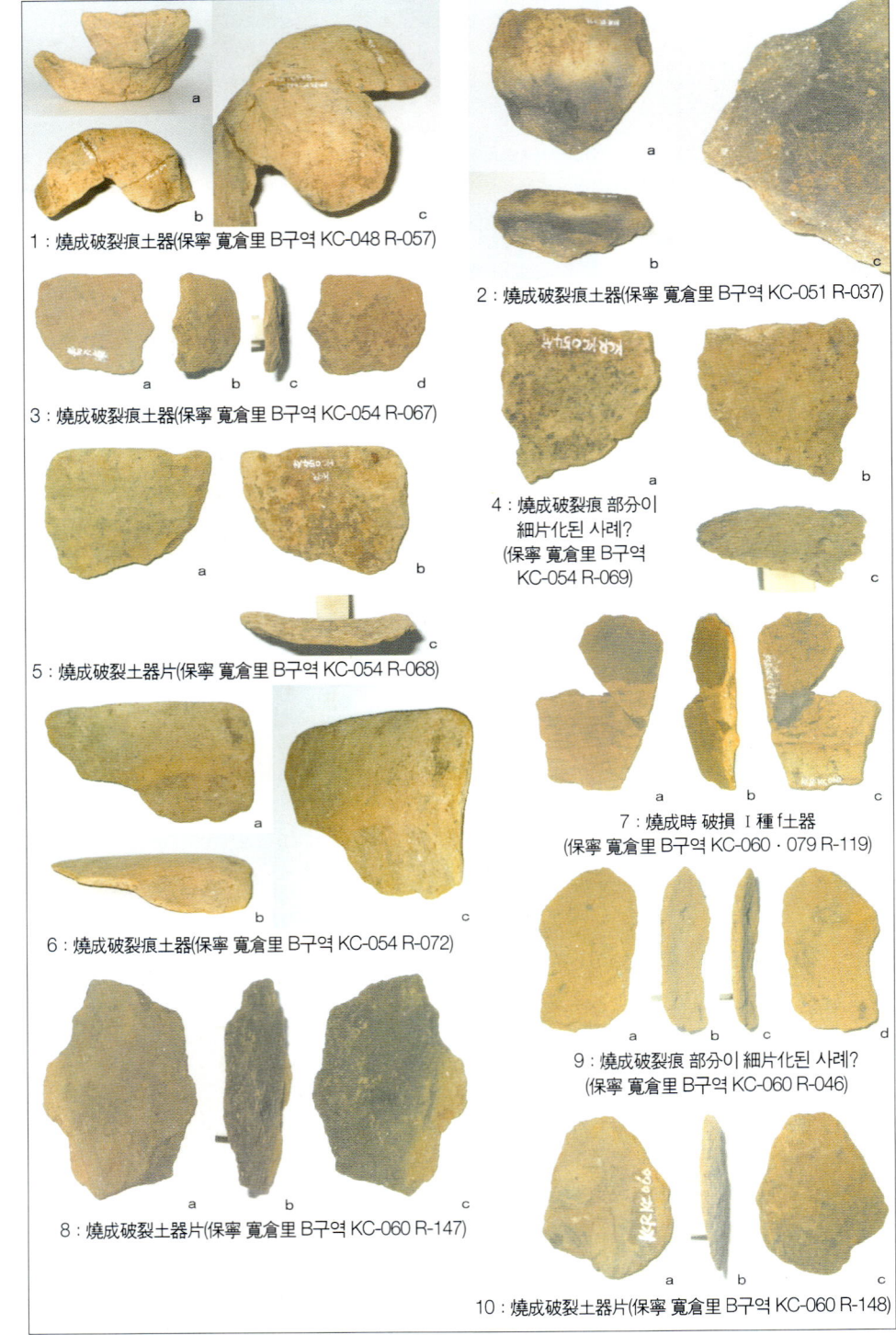

1 : 燒成破裂痕土器(保寧 寬倉里 B구역 KC-048 R-057)

2 : 燒成破裂痕土器(保寧 寬倉里 B구역 KC-051 R-037)

3 : 燒成破裂痕土器(保寧 寬倉里 B구역 KC-054 R-067)

4 : 燒成破裂痕 部分이
細片化된 사례?
(保寧 寬倉里 B구역
KC-054 R-069)

5 : 燒成破裂土器片(保寧 寬倉里 B구역 KC-054 R-068)

6 : 燒成破裂痕土器(保寧 寬倉里 B구역 KC-054 R-072)

7 : 燒成時 破損 Ⅰ種 f土器
(保寧 寬倉里 B구역 KC-060 · 079 R-119)

8 : 燒成破裂土器片(保寧 寬倉里 B구역 KC-060 R-147)

9 : 燒成破裂痕 部分이 細片化된 사례?
(保寧 寬倉里 B구역 KC-060 R-046)

10 : 燒成破裂土器片(保寧 寬倉里 B구역 KC-060 R-148)

〈도판 18〉

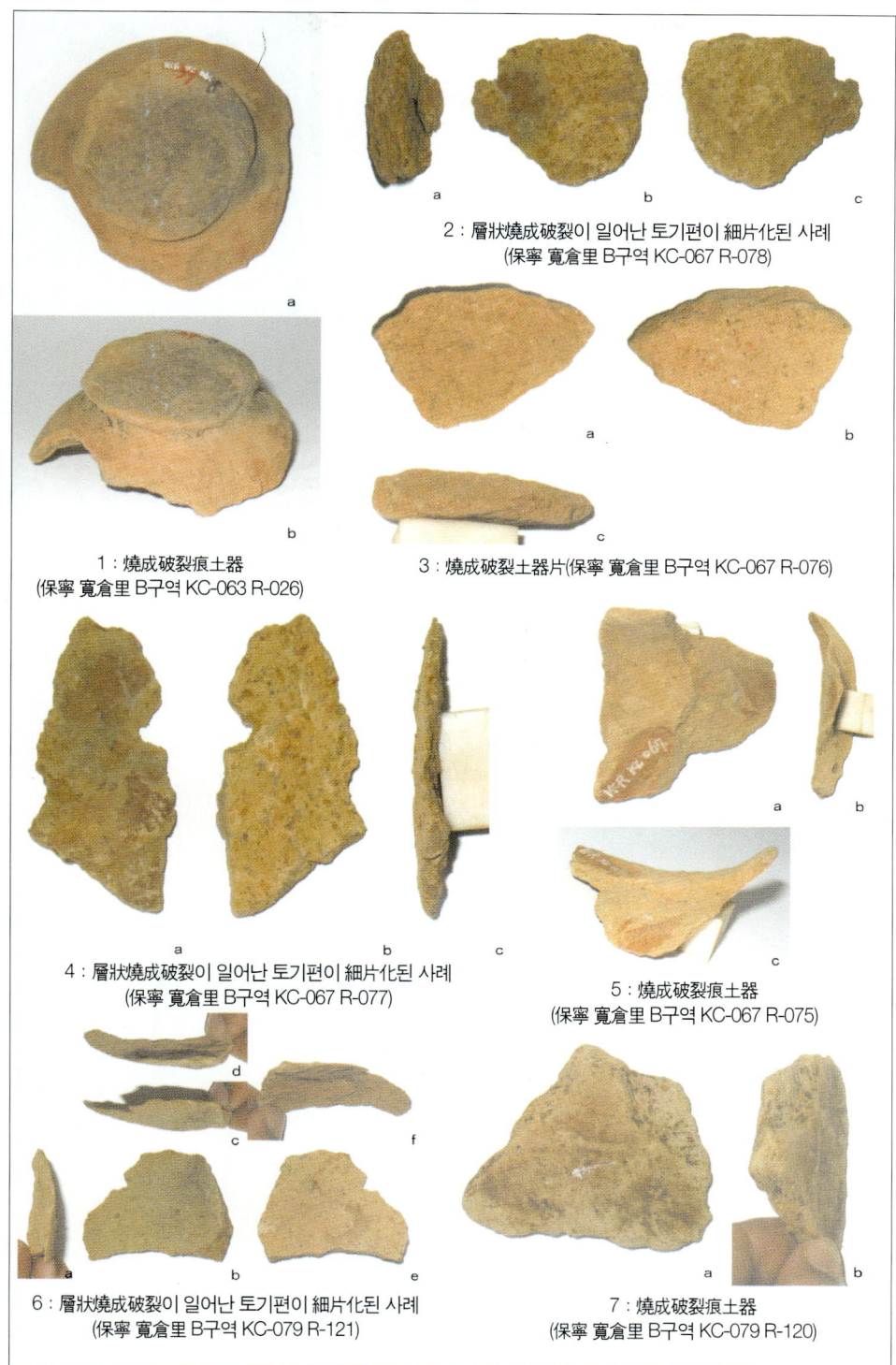

2 : 層狀燒成破裂이 일어난 토기편이 細片化된 사례
(保寧 寬倉里 B구역 KC-067 R-078)

1 : 燒成破裂痕土器
(保寧 寬倉里 B구역 KC-063 R-026)

3 : 燒成破裂土器片(保寧 寬倉里 B구역 KC-067 R-076)

4 : 層狀燒成破裂이 일어난 토기편이 細片化된 사례
(保寧 寬倉里 B구역 KC-067 R-077)

5 : 燒成破裂痕土器
(保寧 寬倉里 B구역 KC-067 R-075)

6 : 層狀燒成破裂이 일어난 토기편이 細片化된 사례
(保寧 寬倉里 B구역 KC-079 R-121)

7 : 燒成破裂痕土器
(保寧 寬倉里 B구역 KC-079 R-120)

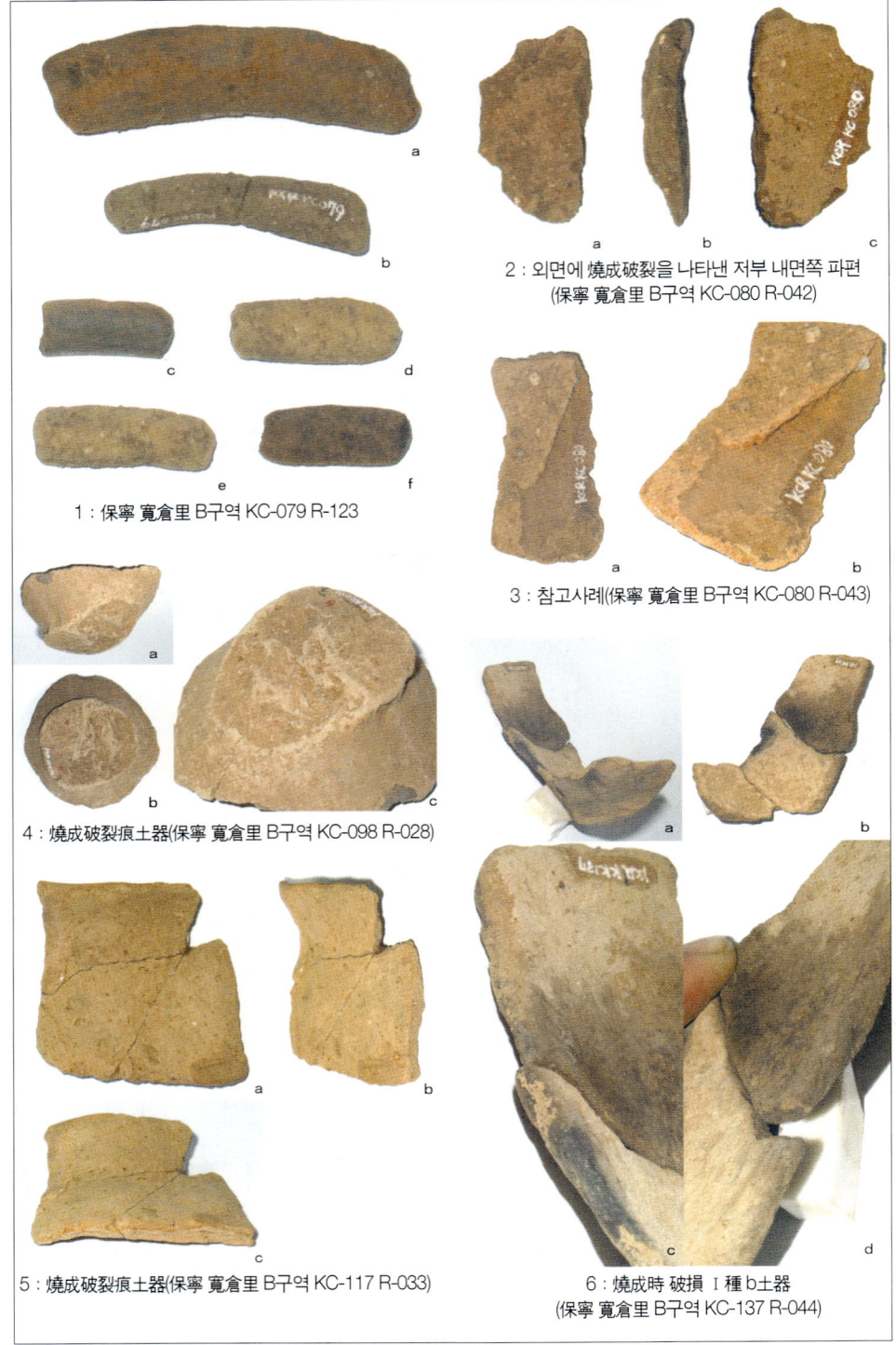

1 : 保寧 寬倉里 B구역 KC-079 R-123

2 : 외면에 燒成破裂을 나타낸 저부 내면쪽 파편
(保寧 寬倉里 B구역 KC-080 R-042)

3 : 참고사례(保寧 寬倉里 B구역 KC-080 R-043)

4 : 燒成破裂痕土器(保寧 寬倉里 B구역 KC-098 R-028)

5 : 燒成破裂痕土器(保寧 寬倉里 B구역 KC-117 R-033)

6 : 燒成時 破損 Ⅰ種 b土器
(保寧 寬倉里 B구역 KC-137 R-044)

날흔이 보이기 때문에 송국리형토기 동체 상반부라고 생각된다. 반월형 파편으로 7a 우측 부분은 파손되어 있는데, 원래 폭 7~8cm, 높이 5cm의 파편이 부러진 것이다. 박리면 쪽(7b)에는 부분적으로 내면 일부가 남아 있지만, 완만한 활 모양을 이루는 좌측 주변 (7a)은 얇고 뾰족한 볼록렌즈상이다(7d · e). 도판 18-4는 폭 6cm, 높이 4.5cm, 두께 0.6cm의 얇게 박리된 구연부 파편이다. 4a의 상반은 구연 端部이며, 下邊과 우측은 주변 에서 활 모양을 이루어 렌즈상을 나타난다. 박리면(4b)은 표면과 같은 색조를 띤다. 도판 18-8은 동체부 외면이 박리된 폭 3cm, 높이 2cm, 두께 0.2cm의 반월형 파편이다. 8a의 파편은 우측과 下邊部 결실부분 이외에는 주변이 활 모양의 볼록렌즈상을 이룬다. 도판 18 - 10도 동체부 내면이 박리된 파편이며, 길이 3.5cm, 폭 3cm, 두께 0.3cm의 반월형이다. 박리면쪽이 부풀어 볼록렌즈상을 이룬다. 파손된 10a 우측을 제외하고 파편주변은 활 모양을 이룬다.

d. 層狀燒成破裂土器

KC-020 출토품(도판 14 - 9)은 두께 2.5cm의 동체부 파편이며, 기벽이 층상으로 박리된 다. KC-067 출토 동체부 파편(도판 19 - 2)도 내외의 기면이 얇게 박리되어 있다. 2b면에 서는 완만한 원형 분화구상 흔적이 중복되며, 2c면은 전체적으로 요철이 있어 불룩하다. 이들은 層狀燒成破裂이 생긴 파편이 細片化된 사례이다.

KC-067에서 출토된 도판 19 - 4는 내외면이 얇고 層狀으로 박리된 동체부 파편이다. 4a 면에 흑화층이라 생각되는 회색부분이 남아 있지만, 4b 右上 부분이 렌즈상을 이루기 때 문에 2와 같이 層狀燒成破裂土器片이 細片化된 것이라 할 수 있다. KC-079에서 출토된 도판 19 - 6은 폭 4.5cm, 높이 5.2cm, 두께 0.5cm의 層狀으로 박리된 동체부 내면 파편이 다. 좌측 上邊 부분(6b)은 완만한 활 모양을 이루어 점차 얇게 뾰족해지며 박리면 중앙이 부푼 볼록렌즈상을 나타낸다. 박리면이 내면 기표면보다 회색을 띠는 것이나 내면파편 인 것이 의문이지만, 層狀燒成破裂이 생긴 것으로 추정된다.

e. 燒成時破損土器

KC-031에서 출토된 저부파편(도판 15 - 8)은 저부 외면에 흑반이 보이며, 흑반은 파면 까지 분포하고 있다. KC-001 출토의 저부 파편(도판 13 - 1)은 저부와 동체부 경계부분에 있는 점토 접합면이 박리되어 있다. 접합면에는 指頭痕으로 생각되는 요철이 보인다. 기 벽 속심에는 흑화층이 있으며, 내면 일부에는 흑화층이 표면에 남은 흑변부가 관찰된다. 하지만 박리된 접합면은 표면과 같이 밝은 색조를 띤다. KC-060에서 출토된 도판 18 - 7 은 KC-079 출토 토기편과 접합되었다. 외면에 平行條線 타날이 있는 동체부 파편이며,

상부와 하부의 점토접합면 2개소에서 박리된다. 하부 박리면(7c)은 기벽 속심과 같은 명황갈색을 띠지만, 상부 박리면(7a·b)은 기면과 같은 갈색이다. 상부 박리면은 점토접합면을 따라 소성시 기체가 파손되었다고 생각된다. 이들 자료는 燒成破裂痕토기와 같이 출토되며, 매몰토 중에 소토나 탄화물이 거의 관찰되지 않았기 때문에 도판 15 - 8은 소성시파손 I 種 e, 도판 13 - 1과 도판 18 - 7은 소성시파손 I 種 f로 판단하였다.

KC-030에서 출토된 도판 15-5는 2개 파편이 접합된 자료이며, 한편(5a 좌측)만 일차성형시 저부 측면부분의 접합면에서 박리된다. 박리면은 기면과 같은 황갈색을 띤다. KC-067에서 출토된 도판 10 - 6은 접합복원된 2개의 송국리형토기 파편이며, 한쪽 파손부는 활 모양을 이룬 단면 분화구상 燒成破裂痕이 중복되어 있지만, 다른 한쪽은 燒成破裂痕이 보이지 않는다. 이들은 燒成時 破損 II 種 a이다.

KC-036에서 출토된 도판 10 - 7은 단도마연 장경호이며, 동체부 하반에 燒成破裂痕이 복수 중복되어 있다. 이 중에서 동체부 하반 우측 박리면(7b)과 같이, 주변이 부분적으로 직선적인 얕은 단을 나타나기 때문에 소성파열에 의하여 균열이 생긴 것이 매몰 후에 박리되었음을 알 수 있는 자료도 포함된다. 그러나 7c·d를 보면 직경 2.5~4cm, 깊이 0.2~0.3cm의 원형 소성시파열흔이 많이 중복되어 있지만, 복원접합된 동체부중위 파편에는 燒成破裂痕이 보이지 않는다. 또한, 도판 16 - 3의 동체부 중위 외면에도 원형 燒成破裂痕이 보인다. 3a~c에 표시한 燒成破裂痕은 작경 3cm, 깊이 0.2cm 전후이다. 3d~e에 나타낸 燒成破裂痕은 직경 3~3.5cm, 깊이 0.2cm 전후이지만, 복원접합된 파편에는 燒成破裂痕이 보이지 않는다. 위와 같이 접합된 파편 사이에서 燒成破裂痕이 중단된 자료를 燒成時破損 II 種 a로 판단한다.

f. 기타 참고자료

KC-079에서 출토된 도판 20 - 1은 구연부에 부착되어 있던 단면 원형 점토띠가 박리된 자료이다. 1a~c는 완만하게 활 모양을 이루지만, 1d~f는 거의 직선적인 점토띠이며, 소성시 기체에서 박리되어 변형되었을 가능성이 높다.

KC-010 출토의 도판 13-5는 얇은 圓盤狀으로 박리된 저부 파편이며, 도판 13 - 6(R-009)은 외면이 떨어진 저부 파편, KC-019 출토의 도판 14 - 3은 바깥쪽이 박리된 저부 파편, KC-030 출토의 도판 15 - 4는 저부 왼쪽 파편이다. 모두 박리면에 指頭痕이 관찰되며, 기면과 같은 색조를 띤다. 소성파열시 점토접합면에서 박리되었을 가능성이 높다. KC-080에서 출토된 도판 20 - 3도 접합면에서 박리된 사례이다.

KC-019에서 출토된 도판 14 - 4와 5는 동일개체로 생각되는 壺 혹은 鉢 저부파편이며, 소성전에 단도마연처리를 한 것이다. 저부 외면이 박리되었으며, 박리면은 분화구상이다. 박리면의 양상은 燒成破裂痕과 같지만, 박리면이 흑반을 절단하고 있기 때문에 소성시 점토접합면에 생긴 균열을 따라 소성 후 박리되었을 가능성이 높다.

KC-038 출토의 도판 17 - 1이나 KC-010 출토품에서는 소성파열에 의해 기벽 속심에 균열이 생기거나 저부 외면 일부에 활 모양 균열이 있는 사례가 있다. KC-038 출토의 도판 17 - 2는 2a에 표시한 동체부 하반에 소성파열에 의해 생긴 원형 균열이 보이며, 2b 좌측에 보이는 박리면에서는 기벽 속심에 남아 있는 흑회색 부분이 노출되어 있다. 이들은 소성파열에 의해 생긴 균열을 따라 소성 후 기면이 박리된 사례이다.

⑵ 土壙 出土의 土器燒成失敗品

KK-101~173, KX-501~541의 총 114기의 토광이 조사되었다. 土器燒成失敗品은 적은데, KK-117·137에서 출토된 2점뿐이다.

KK-117에서 출토된 도판 20 - 5는 구연부~동체부 상반 외면에 원형 분화구상 燒成破裂痕이 여러 겹 중복되어 있다. KK-137에서 출토된 도판 20 - 6은 파편 3개가 접합복원된 저부이며, 기벽 속심에는 회흑색 부분이 남아 있다. 동체부 파편에는 기면에 회흑색 부분에서 연속된 흑변부가 보이지만, 접합된 저부 파편에는 보이지 않는다. 출토 유물 중에 소토나 탄화물이 없기 때문에 燒成時破損Ⅰ種 b로 분류된다.

⑶ 窯址 出土의 土器燒成失敗品·土器燒成殘滓

KY-801~825의 총 25기가 '요지'로 보고되었다. KY-802·803·805·810·812·818·819·822에서 土器燒成失敗品과 土器燒成殘滓를 확인할 수 있었다.

a. 燒成破裂痕土器

KY-803 출토의 도판 2 1- 4, KY-810 출토의 도판 22 - 2, KY818 출토의 도판 5 - 3, KY-819 출토의 도판 23 - 5, KY-818 출토의 도판 23 - 3의 동체부 외면이나 KY-810 출토 도판 22 - 5의 저부 외면에서 燒成破裂痕이 관찰된다. KY-805 출토품(보고서 도면 290 - 1)도 사진을 보면 燒成破裂痕土器로 인정 가능하다.

이 중에서 도판 21 - 4c 左上 부분에 보이는 燒成破裂痕이 추정 직경 4cm, 깊이 0.4cm이다. 기벽 두께가 0.5cm 정도이기 때문에 이것은 소성파열에 의해 기체에 구멍이 난 사례로 생각된다. 도판 5 - 3이나 도판 23 - 3도 위와 같이 燒成破裂痕이 깊기 때문에 기벽에 구멍이 난 것이다. 도판 22 - 2는 소성파열면까지 흑반이 이르기 때문에 이것도 燒成破裂痕土器로 인정된다.

KY-810에서 출토된 도판 22 - 3·4는 동체부 내면이 박리된 파편이며, 주변이 뾰족하

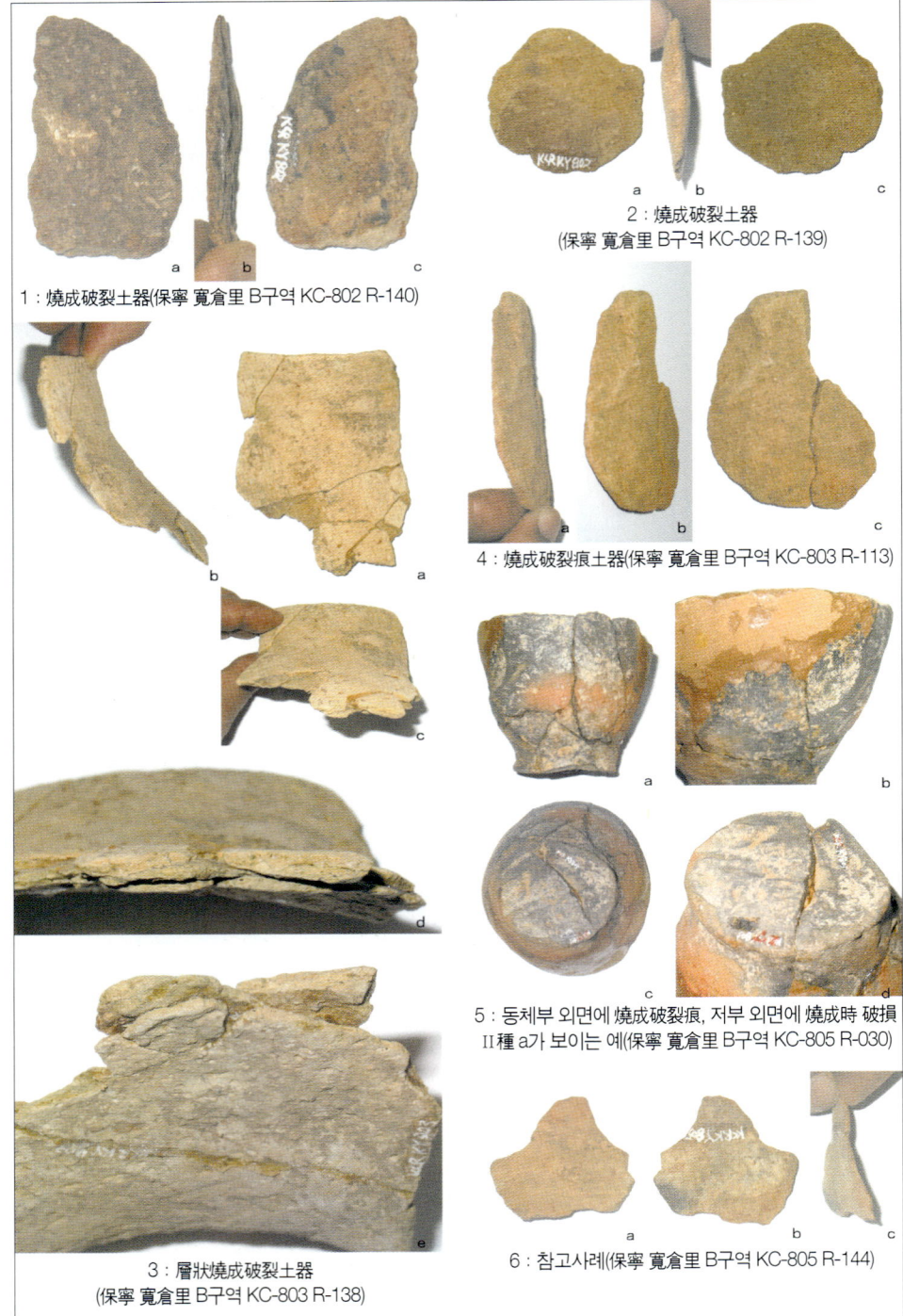

1 : 燒成破裂土器(保寧 寬倉里 B구역 KC-802 R-140)

2 : 燒成破裂土器
(保寧 寬倉里 B구역 KC-802 R-139)

4 : 燒成破裂痕土器(保寧 寬倉里 B구역 KC-803 R-113)

3 : 層狀燒成破裂土器
(保寧 寬倉里 B구역 KC-803 R-138)

5 : 동체부 외면에 燒成破裂痕, 저부 외면에 燒成時 破損
II種 a가 보이는 예(保寧 寬倉里 B구역 KC-805 R-030)

6 : 참고사례(保寧 寬倉里 B구역 KC-805 R-144)

〈도판 21〉

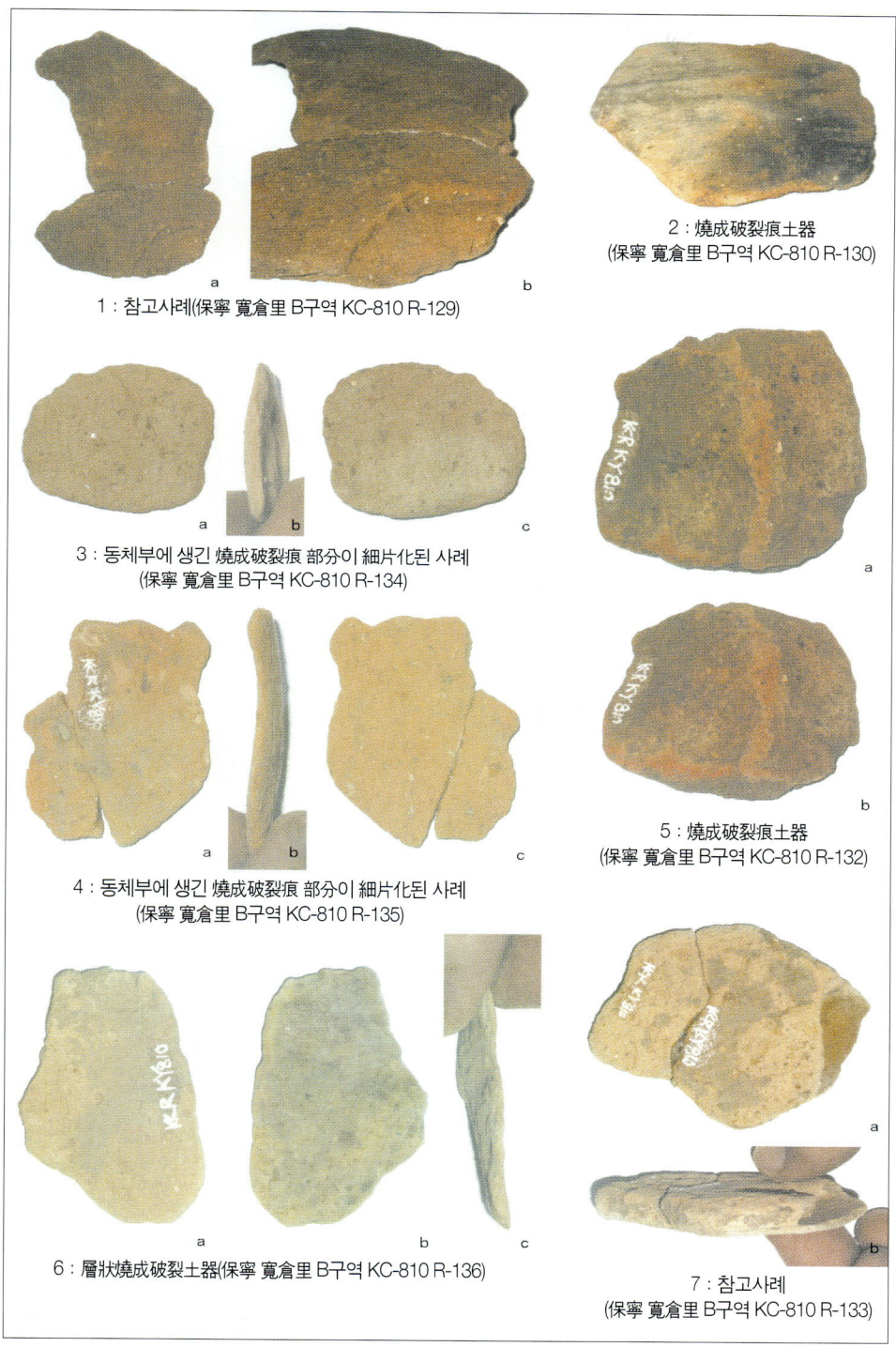

1 : 참고사례(保寧 寬倉里 B구역 KC-810 R-129)

2 : 燒成破裂痕土器
(保寧 寬倉里 B구역 KC-810 R-130)

3 : 동체부에 생긴 燒成破裂痕 部分이 細片化된 사례
(保寧 寬倉里 B구역 KC-810 R-134)

4 : 동체부에 생긴 燒成破裂痕 部分이 細片化된 사례
(保寧 寬倉里 B구역 KC-810 R-135)

5 : 燒成破裂痕土器
(保寧 寬倉里 B구역 KC-810 R-132)

6 : 層狀燒成破裂土器(保寧 寬倉里 B구역 KC-810 R-136)

7 : 참고사례
(保寧 寬倉里 B구역 KC-810 R-133)

〈도판 22〉

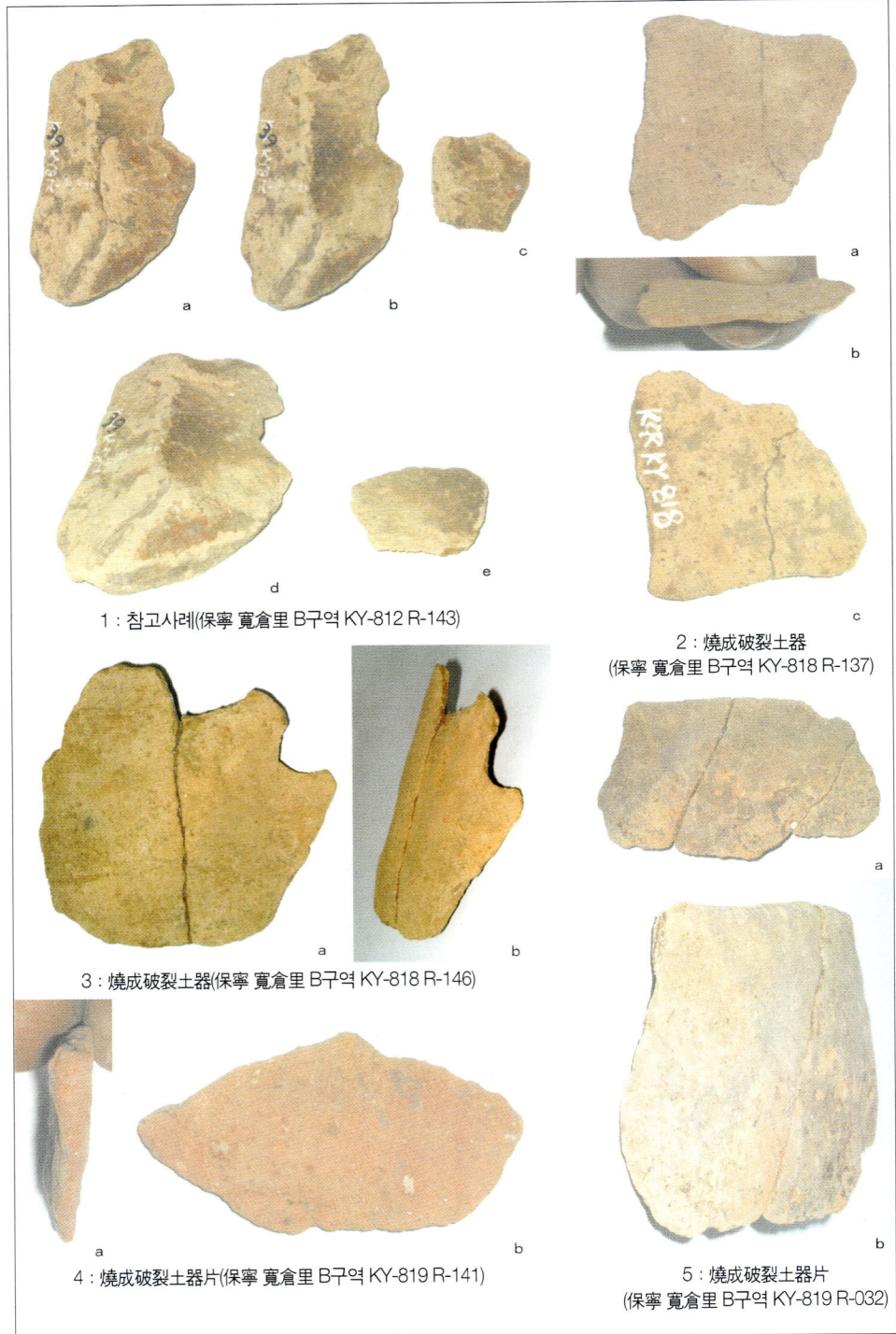

1 : 참고사례(保寧 寬倉里 B구역 KY-812 R-143)

2 : 燒成破裂土器
(保寧 寬倉里 B구역 KY-818 R-137)

3 : 燒成破裂土器(保寧 寬倉里 B구역 KY-818 R-146)

4 : 燒成破裂土器片(保寧 寬倉里 B구역 KY-819 R-141)

5 : 燒成破裂土器片
(保寧 寬倉里 B구역 KY-819 R-032)

〈도판 23〉

면서 중앙이 오목렌즈상인 것으로 소성파열이 생긴 동체부의 세편으로 판단된다.

b. 燒成破裂土器片

KY-802 출토의 도판 21-1·2, KY-818 출토의 도판 23-2, KY-819 출토의 도판 23-4, 총 4점의 소성파열토기편을 확인하였다.

도판 21-1은 폭 2.7cm, 높이 4.5cm, 두께 0.3cm 정도이며, 동체부 외면이 박리된 파편이다. 중앙이 약간 부풀은 볼록렌즈상이며, 잔존상태가 좋은 파편 右上 부분(1a)은 완만한 활 모양을 이루어 주변이 뾰족하다. 또한, 박리면은 기면과 동일한 색조를 띤다. 도판 21-2는 폭 4cm, 높이 3.5cm, 두께 0.5cm의 원형을 이루는 동체부 파편이다. 2a면에는 부분적으로 동체부 내면의 기면이 남아 있지만, 박리면쪽이 부풀은 볼록렌즈상이다. 도판 23-2는 폭 3.8cm, 높이 3.5cm, 두께 0.45cm의 동체부 외면 파편이다. 2a 右下 부분은 완만한 활 모양을 이루어 주변은 얇고 뾰족하다.

c. 層狀燒成破裂土器

KY-803 출토의 도판 21-3은 송국리형토기 구연부~동체부 상반 파편이며, 하부(3c~e)는 기벽이 얇고 층상으로 박리되어 있다. KY-810 출토의 도판 22-6도 동체부 외면이 층상으로 박리된 파편이다. 모두 層狀燒成破裂土器라고 생각된다.

d. 燒成時破損土器

KY-822에서 출토된 도판 24-1은 동체부 상반에 흑반이 있다. 한편의 파편은 기면이 얇게 박리되기는 하지만, 흑반이 관찰되지 않기 때문에 두 파편 사이에서 흑반이 중단되었다고 판단하여 燒成時破損II種 d로 분류하였다. 또한, KY-805에서 출토된 도판 21-5은 燒成時破損II種 a로 인정 가능하다.

e. 草本壓痕附燒泥土塊

KY-808에서는 토기나 다량의 燒成泥土塊가 출토되었는데, 벽체의 草本壓痕附燒泥土塊가 보인다(도판 24-3~6). 3은 높이 5.7cm, 두께 2.7cm이다. 하반부는 적색화되어, 불에 타서 굳은 초본류의 壓痕이 보인다. 상단부(3c)는 황색을 띤다. 4는 두께가 2.6cm이다. 안쪽과 바깥쪽 사이에 燒成度 차이가 있다. 적색화된 면(4a)은 불에 타서 단단하며, 초본류 壓痕이 남아 있다. 반대 쪽(4c)은 흑갈색이며, 표면은 부서지기 쉽다. 5도 두께 4.5cm이며 벽체의 일부로 생각된다. 적색화된 면(5a)에는 세로 직경 0.6cm 정도의 단면 원형 壓痕이 남아 있다. 한편, 반대쪽 면(5c)에는 요철이 있으며, 부분적으로 회흑색을 띤다. 6은 두께 6.5cm 정도의 자갈을 포함하는 燒成泥土塊이다. 적색화된 면(6d)에는 초본류 壓痕이 보인다. 반대편(6b)은 황회색이며, 소성도가 낮고 부서지기 쉽다. 3~6은 모두 적색화되어 불에 타서 굳은 면에 초본류 壓痕이 남아있고, 반대쪽은 소성도가 낮다. 이러한 자료에 대해서는 草本類 壓痕이 보이는 것을 이유로 초본 연료의 존재를 상정하여, 덮개소성의 덮개로 사용된 泥土가 불에 탄 것으로 생각할 수 있다. 또한, 草本壓痕附燒泥土塊 중에서도 서로 燒成度에 차이가 보인다. 예를 들면, 5는 3에 비하여 전체적으로 단단하게 되어 있어서 소성시설 안에서도 특별히 화열을 강하게 받은 부분이었음을 알 수 있다.

f. 其他 參考資料

KY-812에서 출토된 도판 23-1의 저부 주변에는 균열이 생겨 일부 박리된다. 박리면 주변은 직선적이며, 균열 안에는 적갈색이고 미세한 실트가 보이기 때문에, 소성시에 균열이 생긴 사례로 생각할 수 있다. KY-810 출토의 도판 22-7도 기벽 속심에 균열이 나타났으며, 일부가 박리되었다. KY-810 출토의 도판 22-1 동체부에는 하부에 분화구상 박리흔이 남아 있다. 그러나 박리면 주변 일부가 직선적이며, 작은 단차가 있는 점은 燒成破裂痕과 다르다. 위의 3개는 소성파열에 의해 균열만 나타나고 매몰 시에 그 균열을 따라 박리된 사례이다.

또한, KY-805에서 출토된 도판 21-6은 송국리형토기 견부 외면이 성형시 점토접합면에서 박리된 파편이다. 폭 4cm, 높이 4cm, 두께 0.4cm이다. 단, 박리면과 기표면의 색조가 다르기 때문에 참고사례로 하고자 한다.

2. D·F區域 出土 土器燒成失敗品

관창리유적에서는 B구역 이외에도 D·F구역에서 土器燒成失敗品을 확인하였으나, 출토량은 적다.

D구역에서는 수혈주거지가 50기 조사되었다. D구역 중앙에 위치하는 S 16호 주거지에서 燒成破裂土器片 1점(R-001), 燒成破裂痕이 남아 있는 송국리형토기 2점, 접합된 파편 사이에 燒成破裂痕이 중단되어 燒成時破損 II種 a로 분류된 저부 파편 1점, 燒成時破損 I 種 f가 보이는 점토대토기 구연부 파편 1점이 출토되었다.

F구역에서는 구릉 정상부 평탄한 부분을 중심으로 수혈주거지 35기가 검출되었다. 38호 토광에서 燒成破裂痕土器가 확인되었다. 송국리형토기 동체부 하반부편이며, 下端部에 직경 3.5~4cm, 깊이 0.2~0.3cm의 燒成破裂痕이 관찰된다(도판 24-7).

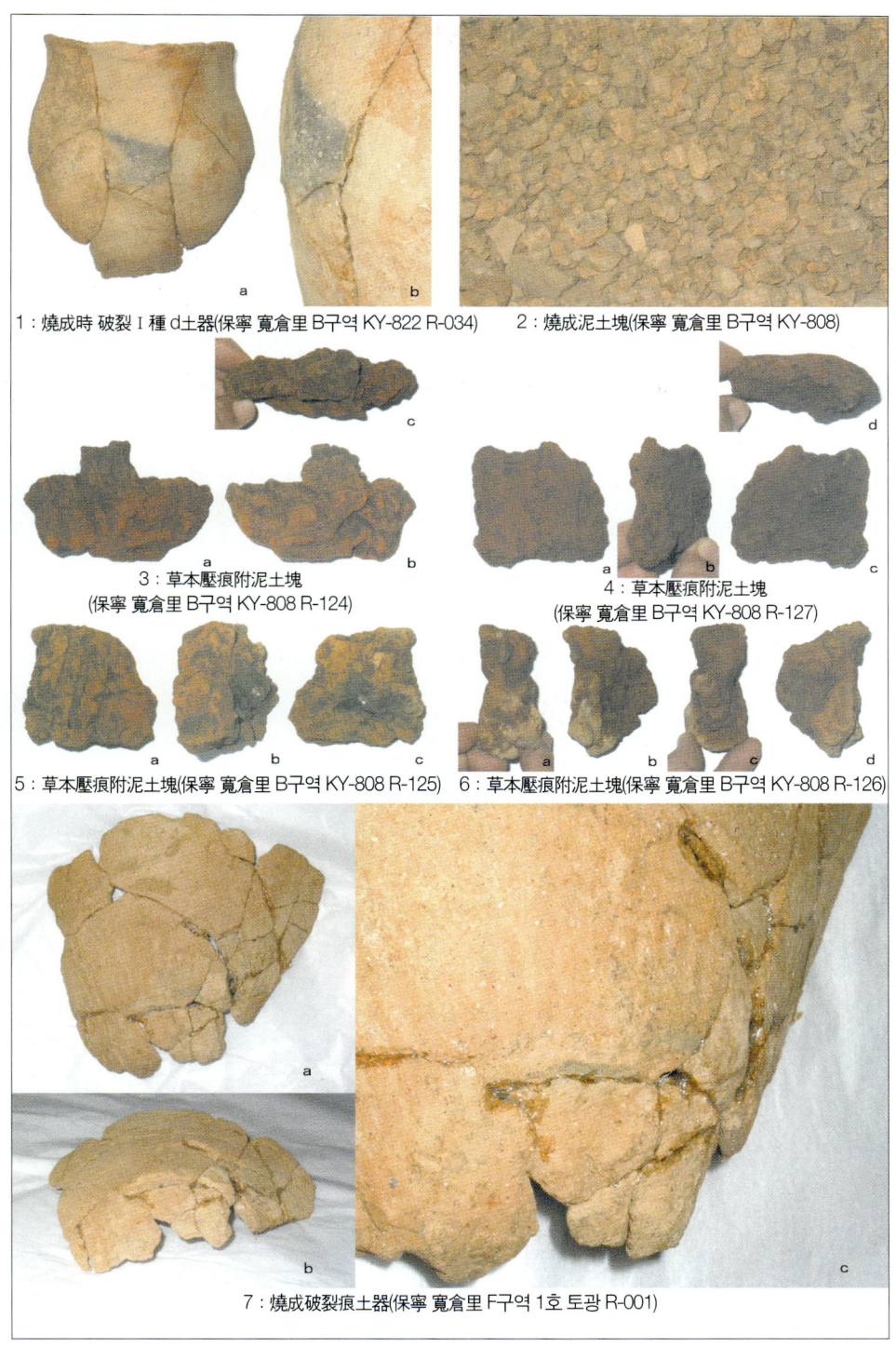

1：燒成時 破裂 I 種 d土器(保寧 寬倉里 B구역 KY-822 R-034)　　2：燒成泥土塊(保寧 寬倉里 B구역 KY-808)

3：草本壓痕附泥土塊
(保寧 寬倉里 B구역 KY-808 R-124)

4：草本壓痕附泥土塊
(保寧 寬倉里 B구역 KY-808 R-127)

5：草本壓痕附泥土塊(保寧 寬倉里 B구역 KY-808 R-125)　　6：草本壓痕附泥土塊(保寧 寬倉里 B구역 KY-808 R-126)

7：燒成破裂痕土器(保寧 寬倉里 F구역 1호 토광 R-001)

IV. 寬倉里遺蹟의 聚落構成과 土器 生産樣態

1. 寬倉里遺蹟의 聚落構成과 景觀

(1) 聚落域의 範圍와 竪穴住居址의 群構成

이상의 토기 燒成失敗品과 토기소성잔재는 모두 청동기시대 중기 취락에 속하는 유물이다. 이 취락은 수혈주거지 · 굴립주건물(掘立柱建物, 고상가옥) · 요지 · 저장공을 포함하는 토광 · 구상유구 등의 유구로 구성된다. 그리고 가장 많이 검출된 유구는 수혈주거지이다. B구역에서 100기, C구역에서 1기, D구역에서 50기, E구역에서 10기, F구역에서 35기가 조사되었다. 확장되거나 중복된 수혈주거지도 있기 때문에 총 200기를 넘는다.

이들 수혈주거지를 주체로 하는 유구군(遺構群)은 표고 10~40m를 전후하는 구릉 완사면 위에 조영되었다. 저장공이라 생각되는 토광 1기만 발견된 A구역이나 D구역 남서쪽 계곡을 사이에 두고 위치하는 구릉은 비교적 완만한 사면이 보이기 때문에 동시기 주거군이 전개되었을 가능성이 높다. 한편, 표고 50m 이상 구릉사면이나 유적 북쪽에 위치한 舟橋里쪽 사면부는 경사가 급하기 때문에 유적이 존재하였을 가능성이 낮다. 이러한 지형적 조건을 감안하면 관창리유적 청동기시대 중기 취락은 유적 중앙에 북동에서 남서로 전개되는 폭 200~300m 정도의 계곡을 포함하고 동서 1km, 남북 1.5km 정도의 범위에 분포하는 것으로 상정된다.

이러한 취락 내부의 수혈주거지 분포상황을 보면, 직경 100~150m 정도의 범위마다 집중하는 경향을 볼 수 있다. 예를 들면, B구역에서는 조사구 북서단 KC-023~027 주거지로 구성되는 a군, 그 남측 KC-001~020 · 022로 구성되는 b군, 구릉이 두 갈래로 나뉘지는 지점에 위치하는 KC-021 · 028~035 · 038~041 · 043로 구성된 c군, 남동쪽에 위치하는 구릉상에 있는 KC-036 · 037 · 042 · 044 · 045 · 056~060 · 067~077로 구성된 d군, 남쪽 구릉상에 위치한 KC-046~055 · 061~066 · 078~081로 구성되는 e군, 조사구 남부 KC-082~094로 구성된 f군, 남단부에 있는 KC-095~100로 구성된 g군이라는 8개 단위의 수혈주거지 집합을 추출할 수 있다. F구역에서도 조사구 북서부 1~4호 주거지군, 중앙부 5~22호 주거지군, 남동부 23~33호 주거지군, 남단에 위치하는 34 · 35호 주거지군의 4개 단위로 구분할 수 있다. D · E구역에서도 마찬가지이다. 직경 100~150m 정도의 범위 안에 집합된 수혈주거지군은 취락의 공간구성상의 기본적인 단위로 판단되기 때문에 본고에서는 이를 '주거군' 이라 부르고자 한다.

또한, D~F구역에서는 몇 개 주거군이 서로 인접하여 위치한다. 폭 50m 정도의 개석곡에 의해 구분되는 구릉을 단위로 하는 주거군의 집합체로 파악할 수 있다. 비교적 넓은 완사면이 전개되는 B구역에서는 북서부에 a·b군, 중앙부에 c~e군, 남부에 f·g군이라는 주거군 집합체를 추출할 수 있다. 이러한 주거군 집합체는 주거군을 기반으로 편성되는 취락 공간구성상에 있어서 또 하나의 단위이다. 이를 '주거군집합(住居群集合)'이라 부르고자 한다.

위와 같이 관창리유적은 동서 1km, 남북 1.5km의 취락역을 가지는 청동기시대 중기 취락이며, 수혈주거지의 분포상황으로부터 '주거군'과 '주거군집합'이라는 重層的인 수혈주거지 群構成을 추출할 수 있다. 하지만 '주거군'과 '주거군집합'은 어디까지나 청동기시대 중기라는 시간폭 안에서 누적된 수혈주거지 전체이다. 본고에서 검토하는 토기생산의 단위, 규모, 노동편성 등의 생산양태를 복원하기 위해서는 한 시기에 동시적으로 계속된 수혈주거지, 굴립주건물, 요지 등을 추출할 필요가 있다. 그래서 燒成失敗品, 토기소성잔재가 집중적으로 출토되면서 수혈주거지뿐만 아니라 굴립주건물이나 요지도 출토된 B구역 a~e군을 대상으로 동시기에 존재한 유구를 추출하여, 취락 공간구성상의 기본적 단위인 '주거군'의 실태를 밝히고 관창리유적 전체 취락구성을 복원하고자 한다.

⑵ 寬倉里遺蹟 B區域 '住居群'의 實態

이홍종(1996)에 의해 B구역 수혈주거지·요지는 청동기시대 중기 전엽~중엽에 해당하는 송국리형토기 I 기와 II기로 분기되어 있다.[3] 시기가 확정되지 않은 수혈주거지나 요지, 굴립주건물도 있지만, B구역에서는 송국리형토기 III기나 청동기시대 전기 유물이 출토되지 않았기 때문에 이들도 송국리형토기 I 기부터 II기까지의 범위로 생각할 수 있다. 그러나 같은 송국리형토기 I 기나 II기에 비정된 유구사이에서도 중복관계가 있는 수혈주거지나 아주 근접하기 때문에 동시존재 상정이 어려운 유구들도 있다. 송국리형토기 I 기·II기 안에서도 시기차가 있는 것을 알 수 있다. 그렇다면 어떻게 동시기에 존재한 유구를 추출할 수 있을까?

관창리유적에서 출토된 수혈주거지는 바닥 중앙에 내부 양단에 小穴을 배치하는 토광(중앙토광)이 설치된 송국리형주거지이다. 그래서 중앙토광 양단에 있는 소혈을 연결하는 장축을 주거 축선(軸線)이라 생각해보고자 한다. 그렇게 하면, 각 주거군마다 같은 방

---

3) 이하 각 유구의 송국리형토기 I · II기 분기에 관하여는 이홍종 교수에게서 교시를 받았다.

향의 주거축선을 가지는 몇 기 주거지나 장축이 서로 직교하는 복수의 수혈주거지 배치를 볼 수 있다. 굴립주건물에도 주위의 수혈주거지의 장축선과 평행하거나 직교하는 예가 있다. 수혈주거지나 굴립주건물이 일정한 규범을 가지고 계획적으로 배치된 것을 알 수 있다. 배치에 일정한 규칙성을 찾을 수 있는 이러한 수혈주거지나 굴립주건물은 同時竝存했다고 생각할 수 있다. 이에 따라 이홍종에 의해 분기되지 않는 수혈주거지나 굴립주건물에 대하여도 시기비정이 가능하며, 동시병존한 유구를 추출할 수 있다. a~e군의 각 주거군마다 검토한다.

a군에서는 수혈주거지 5기가 검출되었지만, 조사구외 서쪽에서도 주거지가 있을 가능성이 높다. 이 중에 KC-023·024·027은 송국리형토기 I 기로 비정되어 있다. 송국리형토기 II 기 유구가 없기 때문에, a군은 송국리형토기 I 기에 존재한 주거군이라 생각된다.

수혈주거지 분포를 보면 a군에서는 구릉사면에 대하여 직교하는 주거 장축을 가지는

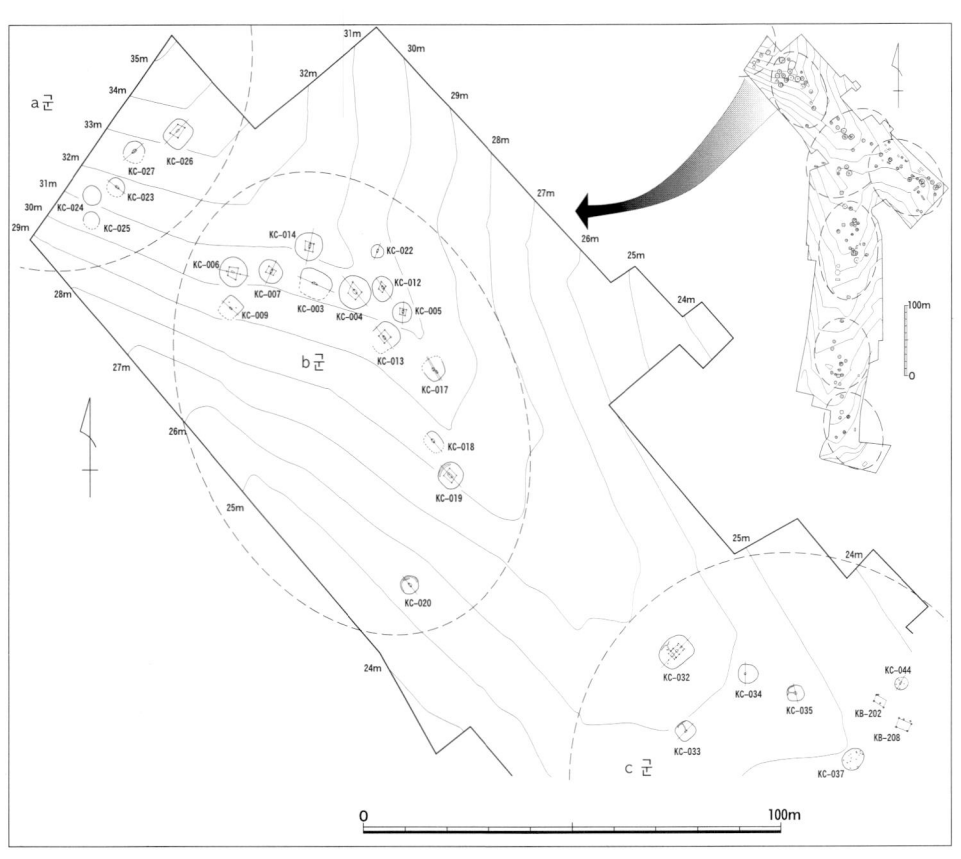

〈도면 3〉 B구역 a · b군 송국리형토기 I 기 수혈주거지

KC-026·027과 평행하는 주거 축선을 가지는 KC-023이 있다. KC-024·025에는 중앙토광이 없지만, 주거지 장축방형을 보면 KC-024는 구릉선과 직교하며, KC-025는 평행한다. 그래서 a주거군은 KC-024·026·027로 구성되는 a-①군과 KC-023·025로 구성되는 a-②군으로 구분된다. 또한, KC-023~025는 서로 근접하고 분포되어 있기 때문에 동시존재를 생각하기 어렵다. a-①군과 a-②군은 시기차가 있는 수혈주거지군이라 판단된다.

b군에서는 수혈주거지 21기가 확인되었는데, KC-015는 부정형을 나타내기 때문에 수혈주거지라 생각할 수 없다. KC-003~007·012·014·018~020은 송국리형토기 Ⅰ기, KC-001·008·008-1·010·011·015·016은 송국리형토기 Ⅱ기로 비정되어 있다. KC-009·013·017·022는 시기불명이라 되어 있지만 전술한 바와 같이 배치관계나 주변에 있는 시기가 비정되어 있는 주거지의 축선방향과의 비교를 통하여 송국리형토기 Ⅰ기·Ⅱ기로 분기하였다(이하, c~e군에서도 마찬가지다).

송국리형토기 Ⅰ기에는 주거축선이 구릉선과 직교하는 KC-005·007·014·022의 b-①군, 거의 평행하는 KC-003·004·006·009·012·013·017~020의 b-②군으로 나눌

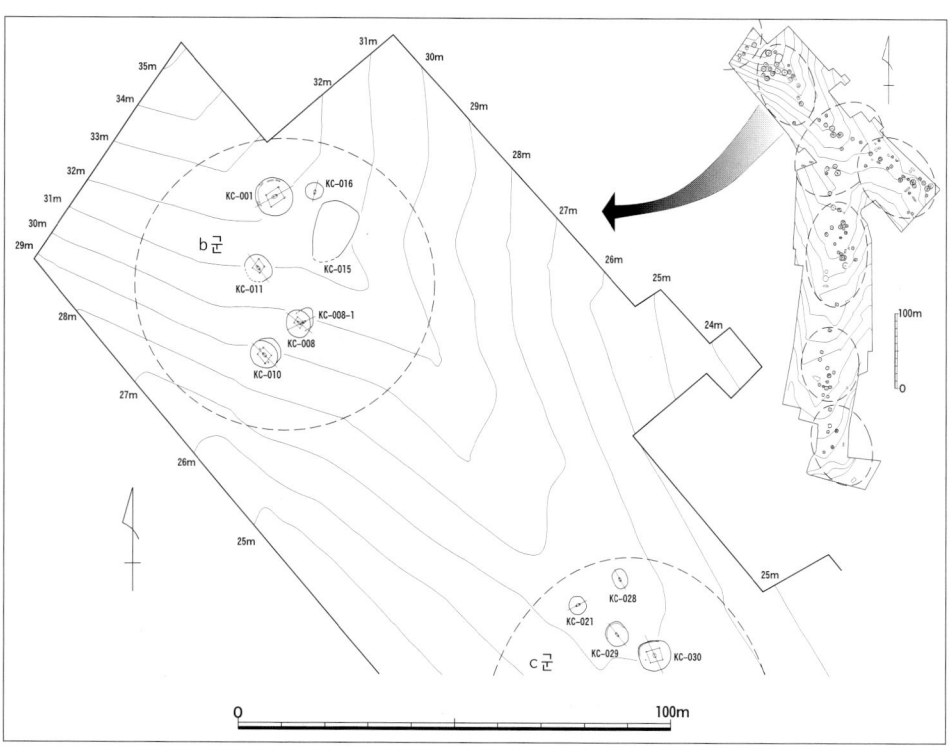

〈도면 4〉 B구역 a·b군 송국리형토기 Ⅱ기 수혈주거지

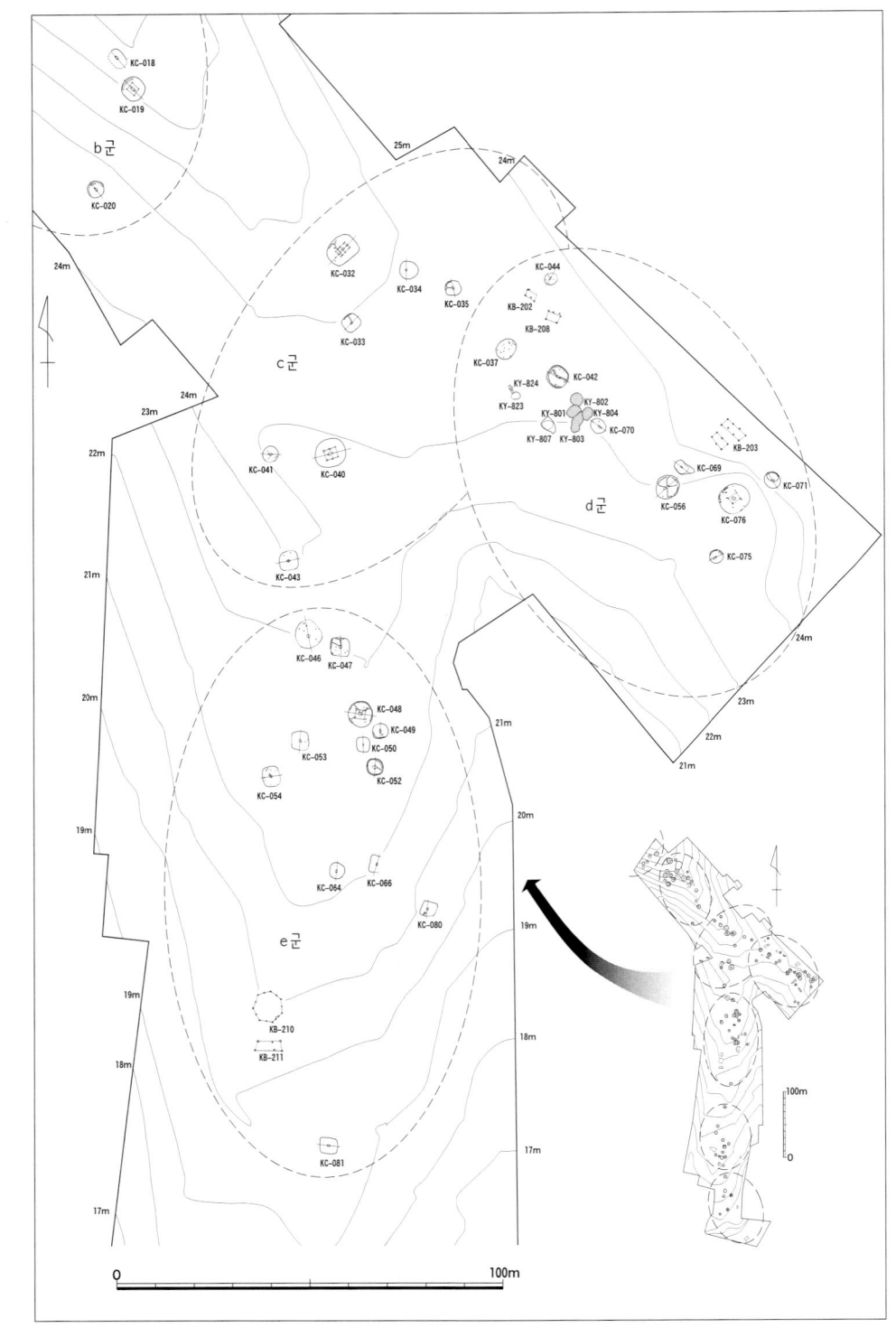

〈도면 5〉 B구역 c~e군 송국리형토기 Ⅰ기 수혈주거지 · 굴립주건물 · 요지

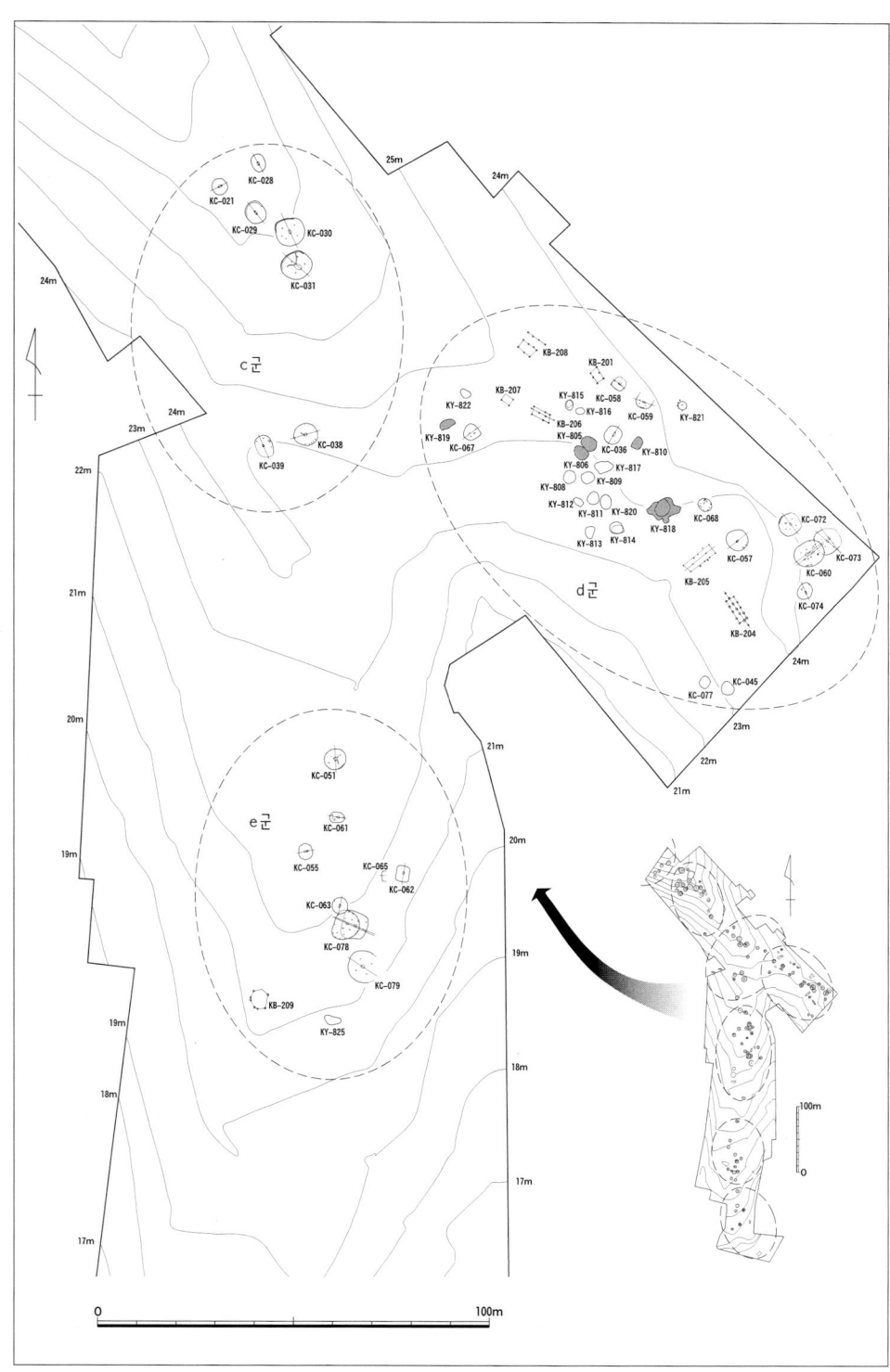

〈도면 6〉 B구역 c~e군 송국리형토기 II기 수혈주거지 · 굴립주건물 · 요지

수 있다. 단, b-②군에서는 KC-003·012와 KC-004가 상당히 근접하기 때문에 동시존재를 생각하기 힘들다. 또한, b-②군의 KC-017에는 2기의 중앙토광이 검출되어 개축이 상정된다. 그렇다면 b-②군에는 두 시기의 수혈주거지가 포함되는 것으로 생각된다. 따라서 이에 b-①군을 가하여 3시기의 수혈주거지군 변천을 생각할 수 있다.

송국리형토기 II기에서도 주거축선이 구릉선과 직교하는 KC-001·008-1·015·016과 평행하는 KC-008·010·011을 추출할 수 있다. 송국리형토기 I기에 b-①·②군이 있기 때문에, 전자인 KC-001·008-1·015·016을 b-③군, 후자를 b-④군이라 한다(이하, c~e군에서도 마찬가지다). KC-008·008-1간의 중복관계를 근거로 b-③군에서 b-④군으로의 시기적 변천이 파악된다.

c군에서는 수혈주거지 14기가 분포한다. 송국리형토기 I에는 북반부 KC-032~035의 c-①군과 남반부 KC-040·041·043의 c-②군은 장축방향이 다르다. KC-032에서는 2기의 중앙토광과 두 세트의 4주배치가 확인되어 주거의 확장 혹은 개축을 상정할 수 있기 때문에, c-①군에서는 두 시기에 걸쳐 수혈주거지가 존재한 것을 알 수 있다. 이에 c-②군을 더하면 3시기의 수혈주거지군 변천을 생각할 수 있다.

송국리형주거 II기에는 주거축선이 구릉선과 평행하는 KC-028~031·039와 직교하는 KC-021·038로 구분할 수 있다. 단, 전자에서는 KC-029·031·039와 KC-028·030의 주거축선 방향이 다르다. 또한, KC-030·031 사이의 거리가 짧아 동시 존재를 생각할 수 없다. KC-029·031과 KC-028·030의 두 시기 수혈주거지군이라 생각할 수 있다. KC-021은 주거축선이 KC-028·030과 직교하기 때문에 KC-038을 포함하여 KC-028·030과 동시기라 생각된다. 이상에서 KC-021·028·030·038로 구성되는 c-③군과 KC-029·031·039의 c-④군 두 시기 수혈주거지군을 설정할 수 있다.

d군은 21기의 수혈주거지와 요지, 굴립주건물로 구성된다. 송국리형토기 I기에는 주거축선이 구릉선과 거의 평행하는 KC-042·069~071·076의 d-①군과 구릉선과 직교하는 축선을 가진 KC-037·044·056·075의 d-②군으로 구분 가능하다. 전자인 KC-076은 두 세트의 4주배치를 나타내며 개축이 상정되어 d-①군에는 두 시기 수혈주거지군이 포함되어 있음을 알 수 있다. 또한, d-①군의 KC-069와 d-②군 KC-056은 상당히 근접하기 때문에 동시존재하지 못한다. 따라서 적어도 3시기 주거군 변천을 생각할 수 있다.

이들 수혈주거지와 동시존재로 상정되는 굴립주건물은 배치관계를 근거로 KB-202·208 북쪽 건물이나 KB-203의 남북 2기를 추출할 수 있다. 모두 장축방향이 구릉선과 거의 평행한데, 특히 KB-203의 남북 2기 장축방향은 남쪽에 위치하는 KC-069 주거축선과 공통한다.

이들은 d-①군과 동시기로 생각되는 건물군이다. KY-801~804는 송국리형토기 Ⅰ기로 비정되어 있지만 KC-042·070과 많이 근접하고 있기 때문에 d-②군과 동시기가 된다. KY-807·824·825는 배치관계로부터 송국리형토기 Ⅰ기로 추정되지만, d-①, d-② 어떤 군에 속하는지 판단할 수 없다.

송국리형토기 Ⅱ기도 주거축선이 구릉선과 거의 평행하는 KC-058·059·072~074의 d-③군과 구릉선에 직교하는 축선을 가지는 KC-036·057·060·067·068의 d-④군으로 나눌 수 있다. 시기가 확정되지 않은 KC-045·077은 d-③군보다 약간 북쪽에 분포하고 있기 때문에 d-④군에 속하는 것으로 생각한다. d-③군 KC-073이 d-④군 KC-060에 의해 파괴되었기 때문에 d-③에서 d-④로의 변천을 파악할 수 있다. 또한, KC-060·073은 2세트의 중앙토광과 4주배치를 가지기 때문에 개축을 생각할 수 있다. 따라서 2시기 혹은 4시기 주거군 변천을 상정할 수 있다.

KY-805·806·810·818·819는 송국리형토기 Ⅱ기로 비정되어 있다. KY-805·806·810은 d-④군 KC-036과 너무 근접하기 때문에 d-③군에 속한다고 판단된다. 기타 요지는 소속이 불명확하다. 굴립주건물 KB-204는 장축방향이 구릉선과 평행하기 때문에 d-③군, KB-205는 구릉선과 직교하면서 KC-057 주거축선과 동일하기 때문에 d-④군에 속한다. 이외에 KB-201·206·207과 KB-208은 장축방향이 구릉선과 일치하지만 KB-201과 d-③군 KC-058은 너무 근접하기 때문에 동시 존재를 상정할 수 없다. 따라서 이들 건물군은 어떤 군에 속하는지 판단할 수 없다.

e군에서는 수혈주거지 21기가 분포한다. 송국리형토기 Ⅰ기에는 구릉선과 평행하는 주거장축을 갖는 KC-046·047·049·050·052·053·064·066·080의 e-①군, 직교하는 축선 KC-048·054의 e-②군을 추출할 수 있다. e-①군에서는 KC-046·047이나 KC-049·050·052의 간격이 좁아서 두 시기 주거군이 포함되어 있음을 알 수 있다. e-①군과 e-②군은 거의 같은 범위 안에서 조영되었기 때문에 적어도 3시기에 걸친 변천을 상정할 수 있다. e군 남단에 위치하는 송국리형토기 Ⅰ기의 KC-081과 KB-210·211은 장축방향이 구릉선과 직교하기 때문에 e-②군에 속하는 것이다.

송국리형토기 Ⅱ기에는 주거축선이 구릉선과 직교하는 KC-055·061·065·078·079의 e-③군과 평행하는 KY-051·062·063의 e-④군이 보인다. KB-209호와 KY-825는 배치관계로부터 e-③군에 속하는 것으로 판단된다. KC-063·078 간의 중복관계를 감안하면 e-③군에서 e-④군으로의 변천을 파악할 수 있다. 다만, KC-078은 2기가 중복된 수혈주거지이다. 따라서 송국리형토기 Ⅱ기 e군에서는 3시기 주거군 변천을 상정할 수 있다.

⑶ '住居群'의 構成 · 性格과 聚落景觀 復元

B구역 a~e군에서 동시기에 존재하였다고 생각되는 유구를 추출하였다. 각 '주거군'에서 한 시기에 존재한 주거군 사이에 차이도 보이지만, 몇 가지 공통된 점을 지적할 수 있다(표 2).

우선, b~e군에서는 송국리형토기 I 기에 각각 3시기 수혈주거지군 변천을 추정할 수 있다. 주거역이 조사구역 외에 연속하는 것이 상정되는 a군에서도 2시기 변천을 파악 할 수 있었다. 또한, 송국리형토기 II기에서는 b · c군에서 2시기, d군에서 2시기 혹은 4시기, e군에서는 3시기에 걸쳐 수혈주거지군이 조영되었음을 밝혔다. 결국, 각 주거군에서는 송국리형토기 I 기에는 3시기, 송국리형토기 II기에는 적어도 2시기 유구군이 누적된 것이다.

다음으로 한 시기에 동시 병존하는 수혈주거지는 대부분 4기 이내이다. 5기 이상의 주거지가 있는 b-②군(10기), d-① · ③군(5기), d-④군(7기), e-①군(9기), e-③군(5기)에서는 두 개 그룹 혹은 두 시기 주거군이 포함되어 있다. 따라서 한 시기에 동시존재하는 수혈주거지는 5기를 넘지 않는다.

수혈주거지 규모를(바닥 면적) 비교하면, 바닥 면적이 13m² 이하의 소형주거지, 14~28m²의 중형주거지, 29~38m²의 중대형주거지, 41~54m²의 대형주거지로 분류할 수 있다. B구역 a~e군에서는 80기의 수혈주거지가 검출되었으며, 그 중 소형주거지가 25기, 중형주거지가 32기, 중대형주거지가 16기, 대형주거지가 7기이다. 이 구분으로 동시 존재하는 수혈주거지군을 보면, 1기의 대형주거지 혹은 중대형주거지와 몇 기의 중 · 소형주거지가 공반되는 경향을 볼 수 있다(표 3). a-②군은 조사구역 외에 주거역이 분포하는 것이 상정되기 때문에 제외하면, 위 경향에 해당하지 않는 예는 e-④군뿐이다. 그러나 e-④군은 바닥 면적 12m² 정도의 소형주거지 2기와 22.5m²의 중형주거 1기로 구성되어 상대적으로 규모가 큰 주거지 1기에 소형주거지 몇 기가 공반되는 것과 다르지 않다. 따라서 각 주거지군에서 동시 존재하는 수혈주거지군은 1기의 대형 혹은 중대형주거지와 몇 기 중형 혹은 소형주거지가 공반되는 구성이 기본형이라 할 수 있다.

위와 같이 취락 공간구성상의 단위로 파악된 '주거군'은 1기의 대형 혹은 중대형주거를 중심으로 하여 5기를 크게 넘어가지 않는 수혈주거군이 송국리형토기 I · II기의 몇 시기단계에 걸쳐 계속적으로 조영되어 누적된 것이다. B구역 남부의 f · g주거군이나 C~F구역의 각주거군에서도 마찬가지라 생각되어 이러한 단위는 관창리유적 청동기시대 중기 취락구성의 기본적 단위라 할 수 있다.

그렇다면 이렇게 동시기에 존재하는 수혈주거지군은 어떠한 성격을 가지는 사회집단

〈표2〉 賁浦里遺蹟 B區域 a~g 住居群의 構成

시기	주거지 구분		유구번호	기수	수혈주거지	비고	공렬주건물·요지
송국리문화 전토기 Ⅰ기	a군	a-①군	KC-024·026·027	3기			
		a-②군	KC-023·025	2기			
	b군	b-①군	KC-005·007·014·022	4기			
		b-②군	KC-003·006·012	3기		b-②와 b-③에는 시기 차이가 있음	
		b-③군	KC-003·004·006·009·012·013·007·008·009·020	10기	KC-017은 개축이 상정되며, 2개 수혈주거지군으로 구성됨		
	c군	c-①군	KC-032·033·034·035	4기			
		c-②군	KC-040~041·043	3기	KC-032는 확장 혹은 개축이 상정되며, 2시기 수혈주거지군으로 구성됨		KB-202·208·북쪽 건물
	d군	d-①군	KC-042·069·070·071·076	5기		d-①과 d-②에는	KB-202·208·북쪽 건물, KB-203 남쪽 건물
		d-②군	KC-037·044·056·075	4기		시기 차이가 있음	KY-801·802·803·804·807·824·825
	e군	e-①군	KC-046·047·049·050·052·053·054·064·066·080	9기	2시기 수혈주거지군으로 구성됨		
		e-②군	KC-048·054·081	2기	KB-210·211		KB-210·211
송국리문화 전토기 Ⅱ기	a군				이 시기에 해당하는 주거지가 없음		
	b군	b-③군	KC-001·008-1·(015)·016	3기	KC-015는 수혈주거지라 하기 어려움	b-④에서 b-⑤로 변천	
		b-④군	KC-008·010·011	3기			
	c군	c-③군	KC-021·028·030·038	4기		c-③과 c-④에는	
		c-④군	KC-029·031·039	3기		시기 차이가 있음	
	d군	d-③군	KC-058·059·072~074	5기	KC-073은 확장 혹은 개축으로 상정되며, 2시기 수혈주거지군으로 구성됨	d-③에서 d-④로 변천	KB-204, KY-805·806·810 — KY-201·206·207, KB-208 남쪽 건물
		d-④군	KC-036·045·057·060·067·068·077	7기	KC-060은 확장 혹은 개축이 상정되며, 2시기 수혈주거지군으로 구성됨		KB-205 — KY-808·809·811~819
	e군	e-③군	KC-055·061·065·078·079	5기	KC-078은 2기 수혈주거지가 중복되며, 2시기 수혈주거지군으로 구성됨	e-⑤에서 e-⑥으로 변천	KB-209, KY·825
		e-④군	KC-051·062·063	3기			

으로 이해할 수 있을까? 현재까지의 취락연구에서는 1기의 수혈주거지는 고고학적으로 인식되는 최소의 사회적 단위이며, 共住라는 측면에서 한 개 '세대(世帶)' 라고 인식되어 왔다. 관창리유적에서도 중형주거지는 양단에 2개 소혈을 배치하는 중앙토광, 중대형·대형주거지는 중앙토광에 더하여 4주배치를 갖는 거주의 장소로 생각할 수 있다. 그러나 바닥 면적 13㎡ 이하의 소형주거지는 主柱穴이 없으며, 중앙토광도 없는 것이 대부분이다. 소형주거지는 지붕을 씌우기만 하는 간단한 건물이라 생각된다. 규모도 대형 저장공과 차이가 없다. 관창리유적에서는 고상건물이나 저장공이 적기 때문에 저장소옥이나 작업소옥과 같은 기능도 상정가능하다. 그렇다면 모든 수혈주거지를 각각 1개 취락 구성상의 기본단위인 '세대' 라고는 할 수 없다.

오히려 '주거군' 이 송국리형토기Ⅰ기~Ⅱ기 몇 시기단계에 걸쳐 직경 100~150m의 범위를 거주구역으로 확보·점유하는 것을 감안하면, 개개의 수혈주거지가 아니라 동시존재하는 1기의 대형 혹은 중대형주거를 중심으로 하는 5기를 크게 넘지 않는 수혈주거군이 취락을 경영하는 사회집단의 기본단위라 불러야 하는 것이다. 이것은 생활상이 정식화되고 복합된 규범을 수 세대에 걸쳐 공유하는 '단위집단' 이라고 불러야 하는 생활집단이다.[4] '단위집단' 이 동서 1km, 남북 1.5km의 취락지역 가운데 점재하면서 생활하는 취락경관을 복원할 수 있다.

이상과 같이 수혈주거지의 배치관계에서 추출할 수 있는 '단위집단' 은 거의 공통적인 규모·구성을 가진다. 그러나 굴립주건물이나 요지 분포를 생각하면 각 단위집단은 결코 등질적인 존재가 아니다. 예를 들면, a~c군에는 굴립주건물이 공반되지 않으며, d·e군에 편재한다. 또한, 대부분 굴립주건물은 1칸×1칸 혹은 1칸×2칸의 소형건물이며, 고상가옥이라 생각된다. 이에 반하여 d-③·④군 KB-204·205는 마룻대받침기둥을 가지며, 단축 2~3m, 장축 6~8m이며 비교적 대형이다. 규모를 감안하면 KB-204·205도 고상건물이지만 같은 창고라도 다른 소형 굴립주건물과는 기능이 다른 것이다. e-②군에 속

---

4) 본고에서 사용하는 '단위집단' 은 수혈주거지 배치관계에서 추출하는 취락 공간구성상 단위에 지나지 않는다. 일본 야요이시대 연구에서는 한 시기에 1~5기 수혈주거지군으로 구성된 단위로 추출되었다. 近藤義郎(1959)은 '가장 많은 경우를 감안하여 5기 수혈주거의 모임이 바로 경영으로서 소비의 단위이며, '근친집단' 이라고 상정하였다. 또한, 都出比呂志(1970)는 '몇 개 세대를 포함하는 혈연관계가 강한 집단' = '세대공동체' 로 파악하였다. 그러나 大井晴男(1987)가 지적한 바와 같이 그 내실이 검토대상으로 되지 않았으며, 혈연관계도 증명되지 않는 상태이다. 필자도 본고의 草稿(田崎博之 2004)에서는 '세대군' 이라고 호칭하였지만 전술한 바와 같이 바닥면적 13㎡ 이하의 소형주거에는 저장소옥이나 작업소옥으로의 기능도 상정되기 때문에 본고에서는 '단위집단' 이라는 용어를 사용하였다.

하는 KB-210은 주혈이 직경 7.6m 내외의 동심원상으로 배치되어 대형주거지의 규모와 필적한다. 구조상에서도 취락 안에서 특이한 건물로, 주거나 창고 이외의 성격을 생각할 수 있다. 요지는 e-④군에 KY-825가 있는 이외에, d군의 각 단위집단에 집중된다. 이상에서 각 주거군으로 이루어진 단위집단은 서로 다른 고유한 사회적 역할을 하였을 것으로 상정된다. B구역 c~e군 주거군 집합에 굴립주건물이나 요지가 집중하는 것으로도 취락 안에서 단위집단보다 상위의 상호 사회적관계를 맺는 집단 단위로 파악이 가능하다. 단, 그 사회적 유대가 무엇인지에 대해서는 유구 배치관계만으로는 밝힐 수가 없다. 다음 절에서는 토기생산에 대한 검토를 통해 이러한 문제에 대하여 생각하고자 한다.

2. 寬倉里遺蹟의 土器 生産形態

위에서는 관창리유적 청동기시대 중기 취락구성을 검토하였다. 이 유적에서는 전술한 土器燒成失敗品과 토기소성잔재가 출토되기 때문에 토기를 소성·생산하고 있었던 것은 확실하다. 그러면 여기서 어떠한 양태의 토기생산이 이루어졌을까? 시기에 따라 살펴보고자 한다(표 2·3).

송국리형토기 Ⅰ기에는 B구역 b-②군 KC-004·019·020, c-②군 KC-040, d-①군 KC-042, d-②군 KY-802·803, e-①군 KC-080, e-②군 KC-048·050, 그리고 g군 KC-098에서 土器燒成失敗品이 출토되었다. 또한, F구역 38호 토광에서 송국리형토기 Ⅰ~Ⅱ기 사례가 확인되었지만, 이들 이외에는 土器燒成失敗品은 출토되지 않았다.

다만, 전술한 바와 같이 토기생산을 확정할 수 있는 자료는 확실히 사용되지 않으며 재이용도 되지 않은 土器燒成失敗品이다. 즉, 소성파열토기편, 소성시파손 Ⅱ종 토기, 燒成破裂痕이 깊고 기벽에 구멍이 나는 燒成破裂痕 토기, 층상소성파열을 나타내는 토기이다. 이들 자료가 출토되는 곳은 b-②군, c-②군, d-②군, e-①·②군이며, 이들로 구성된 단위집단이 토기를 소성·생산하고 있었던 것이 확실하다.

d-①군에 대해서는 燒成破裂痕이 있는 토기가 출토되기도 하는데, KY-807·824·825가 속할 가능성이 있어 토기가 소성되었을 수도 있다고 생각된다. 그러나 燒成破裂痕은 기벽에 구멍이 날 정도는 아니다. '요지'로 보고된 유구에서는 다량의 소토나 탄화물이 출토되었음을 근거로 보고서에서는 이들을 모두 토기소성유구로 하고 있다. 그러나 KY-807·824·825에서는 土器燒成失敗品·소성잔재는 출토되지 않았다. 토기소성시설이 아니라 취락 안에서 행하여진 풀을 사용하는 생산활동(예를 들면 식육의 훈제 등 식료가공)에 관련된 유구라 생각한다. 게다가 F구역 38호 토광에서도 燒成破裂痕을 가진 토기가 출토되었지만 燒成破裂痕은 기벽에 구멍이 날 정도로 깊지 않다. 따라서 F구역에서

의 토기생산은 상정하기가 어렵다.

　이를 통하여 송국리형토기 I 기에서는 관창리유적 취락지역 안에서도 B구역 b~e군에 한정되어 토기가 생산되었던 것을 알 수 있다. 거기서 만들어진 토기가 취락지역의 여러 곳에 산재하는 주거군으로 공급되는 분업체제를 상정할 수 있다. 다만, 土器燒成失敗品은 석기나 토제파손품 등 생활잔재와 같이 출토되기 때문에 개개의 단위집단에서 행하여진 토기생산은 일상생활의 연장으로서 소규모로 행하였을 것이다.

　또한, 송국리형토기 I 기에는 주거군의 단위집단마다 3시기에 걸친 수혈식주거지군이 존재하고 있다. b~d군에서는 일부 시기의 생산밖에 확인할 수 없다. 임시적으로 가까운 단위집단에서 이루어진 토기생산 체제도 생각할 수 있다. 하지만 d-②군에서는 토기소성 전용시설로 KY-802·804가 준비되어 있기 때문에 임시적인 토기생산을 상정하기 어렵다. 오히려 e군 단위집단을 중심으로 해서 주변의 단위집단이 필요에 응해서 토기생산에 영향을 미치는 생산체제가 송국리형토기 I 기의 어느 시기 이후 c~e군으로 구성되는 '주거군집합'을 단위로 하는 생산체제로 변화한 것이 생각할 수 있다. 또한, 다른 주거군집합인 b군에서도 토기생산이 시작되어, 주거군집합을 넘어서는 협동관계(노동편성)가 새로이 성립되었다고 이해할 수 있다.

　위와 같이 송국리형토기 I 기에는 미리 취락지역 안에 토기 분업생산체제가 확립되어 있다. 뿐만 아니라 당초에는 e군에 한정된 단위집단에서 개시된 토기생산이 어느 시점부터 주거군집합을 구성하는 인접 단위집단, 나아가서는 주거군집합보다 상위의 협업체제에 의한 생산체제로 전환된다. 이것은 생산규모 확대를 의미하지만 어디까지나 일상생활 연장상에 있는 소규모 토기생산을 집합시킨 체제이었던 것이다.

　이 다음 단계인 송국리형토기 II 기에도 B구역 b-③군 KC-001·015, b-④군KC-010, c-③군 KC-030·038, c-④군 KC-031, d-③군 KY-805·810, d-④군 KC-036·060·067, d-③ 혹은 d-④군으로 생각되는 KY-818·819, e-③군 KC-079, e-④군 KC-051·063에서 土器燒成失敗品·토기소성잔재가 출토되었다. 이에 더하여 D구역 S-16주거지에서도 土器燒成失敗品을 확인할 수 있었다.

　이 중에서 토기생산을 확정할 수 있는 소성파열토기편, 소성시파손 II종토기, 燒成破裂痕이 깊고 기벽에 구멍이 생긴 燒成破裂痕토기, 층상소성파열이 B구역 b-③군, c-③군, d-③·④군, e-③군, 그리고 D구역 S-16주거지에서 보인다. b-④군과 e-④군에서도 燒成破裂痕이 있는 토기가 출토되었지만, 기벽에 구멍이 생길 정도는 아니다. 따라서 송국리형토기 II 기에는 그 전단계부터 토기를 생산하고 있었던 주거군인 B구역 b~e군과 이 시기부터 새로 생산을 시작하는 D구역 일부 주거군이 관찰된다. 이러한 양상은 전단계

까지 B구역 b~e군으로 한정되었던 토기생산이 복수 거점으로 전환되기 시작하였음을 말해 준다.

또한, B구역에 한정해 살펴보면, 송국리형토기Ⅱ기에는 주거군마다 단위집단이 적어도 2 시기에 걸쳐 수혈주거지군을 나타내고 있다. 이 가운데 계속해서 토기를 생산하고 있는 것은 d군뿐이다. b · e군에서는 송국리형토기Ⅱ기에서도 전반기에 한정된다. c군에서는 c-③ · ④군의 선후관계를 알 수 없지만, 송국리형토기Ⅰ기부터 토기생산이 계속되는 것을 감안하면 역시 송국리형토기Ⅱ기 전반기에 한정될 가능성이 높다. 따라서 송국리형토기Ⅱ기에서도 전반기에는 전단계부터 계속해서 c~e군 주거군집합과 b군을 포함하는 주거군집합보다 상위의 협업체제에 의해 토기가 생산됨이 짐작된다. 그러나 후반기가 되면 d군에서만 이루어지는 집중생산으로 전환된다.

송국리형토기Ⅱ기의 d군에서는 많은 유구에서 土器燒成失敗品이 출토되고, 동시에 많은 요지가 조영된다. 전술한 바와 같이 모든 요지를 토기소성시설이라 하기는 어렵지만 KY-805 · 810 · 818 · 819에서는 많은 土器燒成失敗品과 토기소성잔재가 출토되었으며, KY-808에서는 다량의 草本壓痕附燒泥土塊가 출토되었다. 이러한 토기소성전용 요지가 집중적으로 d군에서 만들어진 것은 그 때까지 행하여진 일상생활 연장선상의 토기생산이 아니라 한정된 공방구역에서의 집중생산으로 토기 생산체제가 이행되었음을 시사한다.

Ⅴ. 韓半島 靑銅器時代 中期 土器生産 特性

관창리유적 청동기시대 중기 토기의 생산양상을 출토된 土器燒成失敗品과 토기소성잔재로 생각해보았다. 그 시대적 특성은 어떠한 의미를 가지고 있는 것인가?

선행하는 청동기시대 전기 토기생산과 비교하고자 한다. 관창리유적 주변인 충남 보령시 주포면에 위치한 관산리유적에서 청동기시대 전기 취락이 조사된 바 있다. 관창리유적에서 2.5km 정도 북쪽으로 위치하며, 표고 40~45m의 낮은 구릉상과 緩斜面에 11기의 수혈주거지(KC-001 · 004~013)가 확인되었다. 조사보고자는 탄소연대측정치를 근거로 기원전 9~8세기의 거의 동일시기에 조영되었던 것으로 추정하였다(尹世英 · 李弘鍾 1996). 또한, 안재호(1996)는 KC-009~011을 선송국리유형A군, KC-004~006 · 008 · 012 · 013을 C군, KC-001 · 007을 F군으로 분류하였다. 그리고 A군과 C군을 합쳐서 관산리 1기, F군을 관산리2기로 설정하여 각각 거의 동시기에 존재한 수혈주거지군이라 이해하였다. 이형원(2002)은 세장방형주거지를 중심으로 하는 퇴화이중구연 심발형토기를 특징으로 하는 역삼동·흔암리유형 III기로 하여, 청동기시대 전기후반에 비정하였다.

하지만 수혈주거지 배치를 보면 KC-009·010은 2m 내외 밖에 떨어져 있지 않아, 이 2기가 동시에 존재하였다고는 생각하기 어렵다. 또한, 수혈주거지에서 출토된 토기에도 형태변화를 볼 수 있다. 이러한 유구 배치와 출토 토기를 토대로 필자는 안재호가 관산리 1기로 상정한 수혈주거지군을 관산리1-①기(KC-004·008), 1-②기(KC-006·013), 1-③기(KC-009·012), 1-④기(KC-010·011)의 4소기로 분기하였다(田崎博之 2004). 이 변천과정 안에서 관산리1-①기에는 KC-004에서 燒成破裂痕을 가진 호(도판 3 - 4, 보고서 도 9 - 1)와 저부 파편(도판 6 - 4, 보고서 도 10 - 8), 소성시파손 I 종 f 토기(도판 10 - 4, 보고서 미게재)가 출토되었다. 도판 6 - 4 저부 외면에 접합된 반원형 토기편은 소성파열토기편이다. 관산리1-②기에는 KC-013에서 燒成破裂痕을 가진 공열토기(도판 4 - 1, 보고서 도 27 - 9)가 출토되었다. 동체부에 직경 2~2.5cm, 깊이 0.1~0.15cm의 타원형 燒成破裂痕이 중복되어 있는 것이 관찰되었으며, 구연부 내면에도 직경 5.5~6cm, 깊이 0.2cm의 타원형 燒成破裂痕이 남아 있다. 관산리 1-③기에도 KC-012에서 燒成破裂痕을 가진 호(도판 4 - 2, 보고서 도 23 - 1)가 있다. 경부 외면의 복원된 부분 가까이에 있는 燒成破裂痕은 추정된 직경이 2.5cm, 깊이 0.1~0.2cm의 반월형이다.

이상의 토기燒成失敗品, 특히 관산리 1-①기 소성파열토기편이 접합된 자료나 소성시 파손 I 종 f 토기를 근거로 토기가 소성되었음을 알 수 있다. 관산리 1-②·③기에도 燒成破裂痕이 얕고 동체부에 구멍이 안 생겼지만 토기 출토량에 비하여 토기燒成失敗品이 많이 보이기 때문에 계속해서 토기가 제작되었을 가능성이 높다. 특히 관산리 1-③기의 KC-012에서는 노지 가까이에서 점토(보고서에서는 흑갈색점질토라 보고)가 출토되었다. 이곳을 토기제작용 점토로 생각하면 이 시기에도 토기가 제작되었을 가능성이 더욱 높아진다.

요컨대 청동기시대 전기후반의 관산리유적에서는 관산리 1-①~1-③기에 계속해서 토기가 생산되었던 것으로 추정할 수 있다. 관산리유적 청동기시대 전기 취락은 소형주거지 중·대형주거지 1기씩 존재하는 소규모 취락이다. 이러한 소규모 취락에서도 토기가 생산되었던 것을 감안하면 이 시기 토기생산은 自家生産·自家消費를 위한 소규모적인 것이라 할 수 있다.

위에서 본 청동기시대 전기와 비교할 때 관창리유적에서 밝혀진 청동기시대 중기 토기생산의 특징은 동서 1km, 남북 1.5km의 범위를 가지는 취락에서의 분업생산체제가 확립되어 있는 것이다. 청동기시대 전기와 중기 사이에는 수혈주거지 형태나 취락구조

〈표 3〉 寬倉里遺蹟 B지구 a~g 주거군 수혈주거지의 규모 비교《()인은 바닥면적, ※는 개축 혹은 2기가 중복된 수혈주거지》

시기	주거지 구분		소형주거(바닥면적 8~13m²)	중형주거(바닥면적 14~28m²)	중대형주거(바닥면적 29~38m²)	대형주거(바닥면적 41~54m²)
송국리형토기 I기	a군	a-①군		KC-024(16.2)·027(25.5)	KC-026(33.8)	
		a-②군	KC-023(11.5)·025(?)			
	b군	b-①군	KC-022(7·8)	KC-005(17.7)·007(22.9)	KC-014(29.6)	
		b-②군		KC-012(22)·017(21.4)·018(21)·019(27.8)·020(14.8)	KC-006(32.7)·009(33.5)·013(37.8)	KC-003(44.1)·004(47.8)
	c군	c-①군	KC-041(12.6)	KC-033(18.5)·034(17)·035(17.6)		KC-032(51.4)※
		c-②군	KC-044(8)	KC-043(23)		KC-040(44.6)
	d군	d-①군	KC-069(9)·070(11.9)	KC-042(22.5)·071(13.5)		KC-076(43.5)
		d-②군	KC-075(10.2)	KC-037(19.4)	KC-056(30.1)	
	e군	e-①군	KC-049(11.6)·050(9.8)·064(12.2)	KC-047(24)·052(14.2)·053(20.2)·066(14.8)·080(14.4)	KC-046(32.2)	
		e-②군		KC-081(18.4)·054(23)	KC-048(31.6)	
송국리형토기 II기	a군		이 시기에 해당하는 주거지가 없음			
	b군	b-③군	KC-016(12.1)	KC-008-1(24.6)		KC-001(54.1)
		b-④군		KC008(24.3)	KC-011(30.2)·010(36.3)	
	c군	c-③군	KC-028(11.1)	KC-021(14.8)·038(18.8)		KC-030(41.1)
		c-④군	KC-029(18.1)	KC-039(25.9)		KC-031(43.5)
	d군	d-③군	KC-058(9)·059(10.3)·074(12.1)		KC-072(29.2)·073(34.7)※	
		d-④군	KC-045(8.5)·067(12.2)·068(9)·077(6.1)	KC-036(14.4)·057(22.9)	KC-060(39.9)※	
	e군	e-③군	KC-055(10.7)·061(7.8)·065(?)	KC-051(22.5)	KC-078(55.8)※	KC-079(49)
		e-④군	KC-062(12.8)·063(12.2)			
수혈주거지수(비율)			25기(31%)	32기(40%)	16기(18%)	7기(11%)

가 크게 변화함과 동시에 토기생산 양상도 크게 변화하였다.

게다가 송국리형토기 I 기에는 단위집단뿐만 아니라 주거군집합 혹은 그것을 넘는 협업체제에 의하는 등 생산규모의 확대가 시도되었다. 다만, 토기를 생산하는 개개의 단위집단을 보면 어디까지나 일상생활의 연장상에 있는 소규모 생산체제이다. 이 점은 청동기시대 전기 소규모생산의 연장상에 있다. 오히려 송국리형토기 I 기에서의 변화 본질은 단위집단을 넘어 소규모 토기생산을 집합시키는 협업체제의 확립이라 할 수 있다. 이것은 취락 내의 특정한 단위집단, 나아가서는 단위집단을 결합시키는 새로운 노동편성이 형성된 것을 시사한다.

송국리형토기 II 기 후반기에는 B구역 d군에 소성시설을 집중시킨 공방구역에서 토기가 집중적으로 생산되기 시작한다. 그 때까지 단위집단간의 노동편성이 재편성되어 특정한 단위집단이 토기를 생산하게 된다. 생산활동에 있어서 전업의 정도가 높아지는 것으로 이해할 수 있다. 또한, 이 시기의 대형 창고인 KB-204 · 205에 보이는 바와 같이, 토기 집중생산 결과로 d군 단위집단이나 주거구역의 확보 · 점유에 대하여 사회적 상호관계를 맺는 c군, e군을 경영하는 단위집단은 관창리유적 취락지역 안에서 여러 재산의 축적이 진행되었다고 생각된다. 토기생산과 공급뿐만 아니라 취락지역에 있어서도 집단관계 전체가 응집화되는 것을 시사한다.

이상에서 살펴본 바와 같이 청동기시대 중기 관창리유적에서는 당초부터 동서 1km 남북 1.5km의 범위를 갖는 취락지역에서 토기 분업생산체제가 확립되어 있었다. 송국리형토기 I 기에는 어느 시기부터 다위집단 집합을 구성하는 인접한 단위집단이나 주거군집합보다 상위에서의 협업체제에 의한 생산체제로 이행한다. 그리고 송국리형토기 II 기에는 복수 거점에서 토기생산이 시작됨과 동시에 B구역 d군의 한정된 공방구역에서의 집중생산으로 전환된다. 이 변화에서는 분업체제에 의하여 생산규모를 확대하려고 하는 지향성과 이것을 진행시키는 단위집단간의 협업체제에 의한 노동편성 정비, 특정공방구역에서의 집중생산, 생산활동에 있어서 전업 정도의 상승, 이에 공반되는 취락 내의 집단관계 응집화를 볼 수 있다. 이러한 토기 생산양상 변화와 배경에 있는 집단관계의 복잡화는 송국리문화의 시대적 특성이다.

VI. 맺음말

본고에서는 관창리유적에서 출토된 土器燒成失敗品이나 토기

소성잔재를 검토재료로 하여 토기 생산양상을 살펴보았다. 청동기시대 중기에는 취락 지역에서 분업시스템이 이미 확립되었다. 동시존재하는 1기의 대형 혹은 중대형주거를 중심으로 하는 5기를 크게 넘지 않은 수혈주거군에 나타나는 단위집단을 기반으로 한 협업체제와 특정 단위집단에서 집중생산으로의 전환이라는 송국리문화 특질을 생각하였다.

   그런데 土器燒成失敗品이나 토기소성잔재인 燒成破裂痕土器, 소성파열토기편, 소성시파손토기, 草本壓痕附燒泥土塊 등은 지금까지 거의 주목을 받지 못한 자료이다. 그러나 이러한 자료들은 토기가 생산된 취락 혹은 취락에서의 토기생산구역을 특정할 수 있는 자료이며, 생산단위나 규모, 조직화 등을 생각하기 위한 중요한 실마리가 되는 것이다. 이러한 자료의 검토를 통하여 새로운 시점을 가진 취락분석이 가능하게 된다. 이번 관창리유적 검토만으로도 밝혀진 사실은 많다. 본고에서는 한반도에서도 충청남도 보령지역에 한정하였지만 향후 취락유적 조사가 진전된 경기도나 경상도 유적의 자료검토를 계속하여, 청동기시대 토기생산, 나아가서 취락간이나 지역간, 그리고 일본열도와의 관련성을 생각하고 싶다.

  * 본고는 平成 13~15年度(譯註 : 2001~2003년도) 과학연구비보조금〈기반연구(C)(2)연구 "토기소성 및 석기제작잔재를 통하여 본 彌生時代 분업과 집단간 교류 시스템 연구"〉의 성과 일부이다. 이번에 고려대학교 이홍종교수님께서 이 성과를 발표하는 기회를 주셨으며, 기타 많은 분들이 협조와 교시를 해주셨다. 또한, 庄田愼矢씨는 본고를 한국어로 번역하는 수고를 하였다. 마지막으로 감사의 뜻을 전하고 싶다.

✤ 참고문헌

▒▒▒▒▒ 한국어 ▒▒▒▒▒

高麗大學校埋藏文化財硏究所, 2001, 『寬倉里遺蹟』, 高麗大學校埋藏文化財硏究所硏究叢書 第7輯
大田保健大學博物館, 2002, 『寬倉里遺蹟 -C·E區域發掘調査報告書-』, 大田保健大學博物館學術調査報告書 第5册
亞洲大學校博物館, 1999, 『寬倉里遺蹟 -A·F區域發掘調査報告書-』(亞洲大學校博物館學術調査叢書 第2册)
尹世英·李弘鍾, 1996, 『館山里遺蹟(Ⅰ)』, 高麗大學校埋藏文化財硏究所 硏究叢書 第2輯
安在晧, 1996, 「無文土器時代 聚落의 變遷」, 『碩晤尹容鎭教授停年退任紀念論集』
李弘鍾, 1996, 『靑銅器時代의 土器와 住居』, 서경문화사

▒▒▒▒▒ 일본어 ▒▒▒▒▒

岡安雅彥, 1996, 「繩文土器燒成方法復元への實驗的試み」, 『古代學硏究』제133호, 古代學硏究會

岡安雅彦 編, 1999, 『企劃展 彌生の技術革新 野燒きから覆い燒きへ』, 安城市歷史博物館

久保田正寿, 1988, 『土器の燒成Ⅰ』

久世健二・北野博司・小林正史, 1997, 「黑斑からみた彌生土器の野燒き技術」, 『日本考古學』第4호, 日本考古學協會

近藤義郎, 1959, 「共同體と單位集團」, 『考古學研究』第6卷 第1호

大井晴男, 1987, 「學說史 日本考古學における方法・方法論」, 『論爭・學說 日本の考古學』第 1 卷, 雄山閣出版

大阪府敎育委員會, 1980, 『喜志遺蹟・東阪田遺蹟發掘調査槪要Ⅲ』

德島縣埋藏文化財センター, 2003, 『石井城ノ內遺蹟會我團地地區』, 德島縣埋藏文化財センター調査報告書 第46集

都出比呂志, 1970, 「農業共同體と首長權」, 『講座日本史1 古代國家』

柏原孝俊, 1997, 「彌生時代前期の土器づくり -一ノ口遺蹟出土の燒粘土をめぐって-」, 『みずほ』第 23호, 大和彌生文化の會

石橋新次, 1997, 「土器燒成に關する二・三の予察」, 『みずほ』第23・24호, 大和彌生文化の會

小郡市敎育委員會, 1996, 『三國地區遺蹟群6 -西島遺蹟1・2區の調査(遺物編)-』, 小郡市文化財調査報告書 第106集

小林行雄・佐原眞, 1964, 『紫雲出』, 詫間町文化財保護委員會

窯跡研究會 編, 1997, 『古代の土師器生產と燒成遺構』, 眞陽社

李享源, 2002, 「韓半島における靑銅器時代前期の聚落について -中部地域を中心に-」, 『橿原考古學研究所紀要 考古學論攷』第25冊

佐賀縣敎育委員會, 2001, 『柚比遺蹟群Ⅰ』, 佐賀縣文化財調査報告書 第148集

田崎博之, 2002, 「燒成失敗品からみた彌生土器の生產と供給」, 『環瀨戶內の考古學 -平井勝氏追悼論文集-』, 古代吉備研究會

田崎博之, 2004, 『土器燒成・石器製作殘滓からみた彌生時代の分業と集團間交流システムの實證的研究』, 平成13(2001)~平成15(2003)年度科學研究費補助金〈基盤研究(C)(2)〉研究成果報告書

송국리문화를
통해 본
농경사회의
문화체계
6

松菊里式土器의
打捺技法 檢討

深澤芳樹 (奈良國立文化財研究所 平城宮址發掘調査部 考古第三室長)
李弘鍾 (高麗大學校 考古美術史學科 敎授)

Ⅰ. 머리말

松菊里式土器란 한반도 무문토기시대(혹은 청동기시대)의 한 획을
긋는 토기로서 시대개념 혹은 문화개념으로 이해되기도 한다. 주지하는 바와 같이 무문
토기시대는 전기, 중기, 후기의 3기(藤口健二 1986; 河仁秀 1989; 李健茂 1991; 宋滿榮
1995; 鄭漢德 1999) 혹은 전기, 후기의 2기(李弘鍾 2000)로 구분하기도 하는데, 최근에 조
사되는 많은 유적에서 후기의 표지토기로 인식되어온 圓形粘土帶土器가 후술할 松菊里
Ⅱ式 단계부터 공존하고 있음이 밝혀졌다(李亨源 1999; 吳相卓 · 姜賢淑 1999; 李弘鍾 外
2001). 또한 粘土帶土器가 松菊里式土器와 평행하지 않는 일정 시기 혹은 공간적 개념이
존재한 것이 아니었음에도 불구하고 하나의 시대적 개념으로 설정한 것은 단지 토기상
의 차이와 松菊里式土器는 遼寧式銅劍, 粘土帶土器는 細形銅劍이라는 관계를 중시한 결
과이다. 물론, 粘土帶土器가 松菊里式土器와 공존하지 않는 시기도 있지만, 이미 철기시
대라 불리우고 있어 粘土帶土器만의 독자적인 시대개념을 설정하는 것은 많은 문제점이
제기된다. 따라서 驛三洞式과 可樂洞式(경기도 일부와 충청내륙지역)으로 대표되는 전
기와 松菊里式으로 대표되는 후기로 구분하고, 圓形粘土帶土器는 후기 중반(송국리 Ⅱ
式)과 후반(송국리 Ⅲ式)에 걸쳐 공존했던 별개의 문화 혹은 집단의 소산물로 파악하는
것이 타당할 것이다.

松菊里式土器는 한반도의 충청 이남지역에서만 확인되는 지역성이 뚜렷한 토기로서,
주로 원형주거지 내부에 타원형수혈과 주공을 갖춘 松菊里型住居址에서 출토되지만 충
청내륙지역 및 전라, 경상지역에서는 재지적인 성격이 강한 방형계 주거지에서도 나타
난다. 또한 이 토기가 출토되는 聚落의 景觀은 水田農耕과 밀접한 관련이 있지만, 재지
적인 성격이 강한 곳은 田作農耕型의 경관을 갖고 있다(李弘鍾 2003). 따라서 새로운 농
경문화(수전농경)를 탄생시킨 것으로 인식되고 있는 송국리문화의 등장과 파급을 파악
하기 위해서는 松菊里式土器의 분포와 편년을 토대로 지역성을 살펴볼 필요가 있다. 나
아가 松菊里式土器에 처음으로 등장하는 打捺技法과 그 분포 및 편년적 위치에 대한 검
토는 初期水田農耕과 관련된 제작집단의 성격 및 문화의 파급과정을 보다 정밀하게 추
론해 볼 수 있을 것이다.

이러한 松菊里式土器 타날기법은 중국대륙에 있어서 오히려 특수한 기법에 속하며,
또 일본열도 彌生土器의 그것(深澤芳樹 1998)과 공통되는 요소를 많이 갖추고 있다. 松
菊里式土器 타날기법의 검토는 최종 도달지점의 하나로서 彌生土器에 이르는 파급경로
를 추적할 수 있는 가능성이 있으며, 더구나 그것은 水稻農耕에 관계된 文化複合 그 자

체의 전파경로를 추정할 수 있는 가능성도 내포하고 있는 것이다.

이러한 시각으로 본고에서는 松菊里式土器 타날기법을 道具, 工程, 身體技法 등 세 가지 관점으로 검토하고자 한다.(李弘鍾·深澤芳樹)

II. 打捺文의 認識과 方法

타날문을 인정하기 위해서는 토기 표면에 남은 흔적이 타날기법으로 성형한 타날판 흔적인지 아닌지의 타날문 여부를 먼저 판정하여야 한다. 이 타날문은 때로 판목흔이나 條痕文 등, 조정도구를 토기 표면상에 이동하여 생긴 흔적과 구별하기 어렵다. 이 경우 다음의 네 가지 지표로 타날문을 인정한다. 1) 條線 방향이 타날문의 배치패턴과 일치한다. 2) 토기 기면은 상하·좌우에 곡률이 있기 때문에 곡률의 정도에 따라 차이는 있으나, 일반적인 크기의 토기에서는 한번에 공구로 눌리는 범위가 대략 10cm×10cm 이내에 있으며, 인접되는 타날문의 條線은 연속되지 않는다. 3) 條線 방향을 따라 기면의 모래가 이동하지 않는다. 4) 平行線이 흔들리지 않는다.

한편, 본고에서 토기의 왼쪽 및 오른쪽이라는 표현은, 외면의 경우 正立한 토기의 외면을 바라보면서 그 왼쪽과 오른쪽을 의미하며, 내면의 경우도 역시 내면을 바라본 상태에서의 왼쪽, 오른쪽을 나타낸다.

타날판은 타날부와 손잡이로 구성된다. 토기에 맞는 타날부가 평탄하다면 민족 사례(深澤 1995)나 출토유물(南京博物院 1958; 江西省文物工作隊 1990)로 보아 타날판은 대개 羽子板이나 주걱과 같은 형태이다(도면 9). 본고에서는 羽子板狀打捺板이라고 부른다. 한편, 타날부 횡단면이 弧狀을 이룬다면 민족 사례(江西省文物工作隊 1990)나 출토유물로 보아 타날판은 단면 원형의 가늘고 긴 형태이다. 본고에서는 棒狀打捺板이라고 부른다.

타날판의 타날부에 문양을 새기지 않으면 無文, 문양을 새기면 有文이라고 부른다. 그런데 타날판은 대부분 목제이기 때문에 무문이라고 해도 오래 사용하면 본래 무문이었던 타날부의 나뭇결이 도드라져 판목흔과 유사한 有文 효과를 가져오는 경우가 있다. 이것을 板目狀打捺文이라고 부르며, 타날판에 홈을 의도적으로 새긴 平行打捺文과 구별한다. 平行打捺文의 粗密은 토기 표면에서 홈을 이루는 凹部가 1cm에 몇 條 있는가를 條 / cm로 나타낸다. 凹部와 凹部의 사이를 凸部라고 부르며 凸部의 너비를 凸部幅, 凸部 頂部의 간격을 凸部間으로 하여 cm 단위로 계측한다. 한편, 타날부에 새끼를 감고 있으면 有文으로 한다.

내박자는 박자부와 손잡이로 구성된다. 주요한 내박자는 특별히 자루를 마련하지 않은 圓礫狀내박자와 막대기 형태의 손잡이를 마련한 버섯형내박자이다. 재질은 나무, 흙, 돌이 있다. 박자부에도 無文과 有文이 있다.

工程에 관해서는 체부 외면에 가하는 세로 방향 판목의 공정을 기준으로 한다. 즉, 그 전에 하는 타날을 1차, 후에 하는 타날을 2차라고 구별한다. 최종 공정이 타날일 경우 그 타날을 最終打捺이라고 부르며, 1차로 종료할 경우 이것을 1차 최종타날이라 한다. 그런데 타날문과 판목흔이 중복될 경우, 1차 타날이라면 판목흔은 타날문의 凸部 頂部에서 시작하여 板目狀工具의 이동을 따라 점토가 타날문의 凹部 안으로 들어간다. 이에 반하여 2차 타날은 이러한 현상이 확

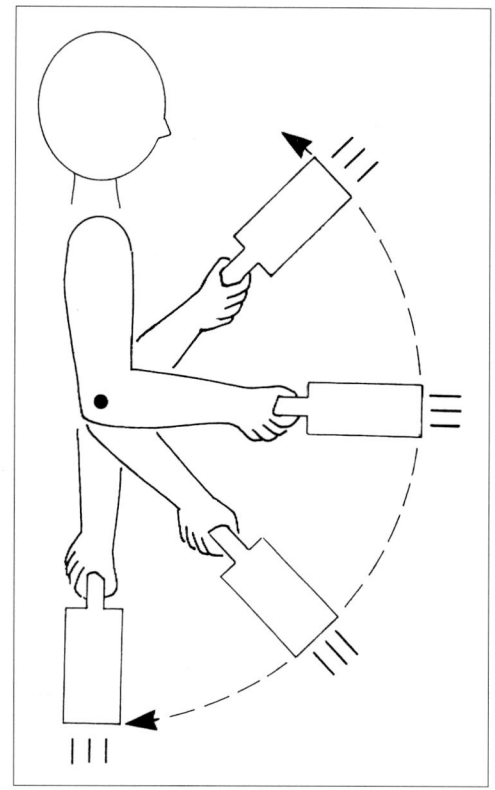

〈도면 1〉 원호상 타날문의 원리

인되지 않으며, 판목흔이 타날문 頂部, 凹部 바닥 등에 높이를 달리하여 남는 경우도 있다. 이들을 지표로 1차, 2차 타날문을 구별한다.

제작자의 身體技法을 추정하기 위해서는 佐原眞(1972)이 암키와 凸面에 대하여 지적한 「打捺圓弧」의 시각을 이용한다. 여기서는 그 타날 효과는 문제로 삼지 않고 타날문의 방향만을 문제로 하여 圓弧狀打捺文이라 바꿔 부른다. 그리고 圓弧狀打捺文의 중심, 즉 타날판 주축방향 연장선상의 교점을 타날문의 중심으로 하면, 토기의 경우 일주하면서 타날하기 때문에 타날문의 중심이 삼차원의 어떤 한 점에 고정되지 않으며 이동하였을 것이다. 타날문의 중심 높이는 민족 사례로 보아 팔꿈치 높이를 나타낸다고 본다(도면 1). 松菊里式土器나 彌生土器의 경우, 臺 위에서 구연부를 위로 하여 타날하기 때문에 타날문의 중심이 왼쪽에 있다면 제작자는 오른손잡이, 반대로 오른쪽이라면 왼손잡이로 판정한다.(深澤芳樹)

Ⅲ. 松菊里式土器의 打捺技法

1. 土器의 觀察

본장에서는 한반도에 정착한 최초의 타날기법을 松菊里式土器를 통하여 살펴보고자 한다.

〈도면 2 - 1〉은 忠淸南道 寬倉里遺蹟(高麗大學校埋藏文化財研究所 1997; 李弘鍾 外 2001) KC - 040에서 출토된 옹형토기편이다. 추정 口徑은 11.9cm, 구연부가 약간 외반된다. 口脣部 刻目은 거의 같은 간격이며 단면은 둥글다. 구연부에서 잔존하는 체부 외면의 전면에 타날문이 확인된다. 다만, 이것은 無文打捺文이고 타날부 표면이 마모된 결과, 나뭇결이 나타난 板目狀打捺文이다. 凹部는 10조 / cm 정도이며, 1차 최종타날이다. 이 타날문은 오른쪽으로 내려가면서 중심을 이루지 않는다. 내면은 물손질한 후 전면에 가로 방향의 판목을 가하였다. 구순부 부근은 외면 타날, 내면 판목 후에 물손질로 조정한 다음 각목을 시문하였다. 외면에 그을음이 부착되고 있는데, 내면에 눌어붙은 흔적은 없다.

〈도면 2 - 2〉는 寬倉里遺蹟 KY - 819에서 출토된 옹형토기이다. 器高 31.1cm, 口徑 15.1cm이며 구연부가 약간 외반된다. 구순부에 거의 같은 간격으로 둥근 각목을 가하였다. 타날문이 구연부에서 체부·저부에 이르는 외면 전면에 미치고 있다. 2.0조 / cm, 凸部幅 0.4cm, 凸部間 0.5cm의 平行打捺文이다. 이 平行打捺文의 홈 방향은 구연부 부근에서는 구연부와 평행하고, 체부에서는 약간 오른쪽으로 내려가면서 圓弧狀打捺文을 이룬다. 타날문의 중심은 왼쪽에 있으며 그 높이는 구연부 부근에 있다. 한편, 저부 부근에서는 저면과 평행하는 타날을 추가하고 있다. 따라서 오른손잡이 제작자가 점토를 구연부까지 쌓아 올린 후, 팔꿈치를 구연부 높이에 맞추어 구연부 부근은 팔을 수평으로 하고 아래쪽으로 내려갈수록 팔을 밑으로 하면서 저면을 제외한 전면을 타날하였으며, 저부 측면은 팔꿈치를 한번에 내려 팔을 수평으로 하여 타날하였다고 이해할 수 있다. 한편, 타날문의 중심과 平行打捺文 홈과의 위치 관계로 볼 때, 타날부 홈은 타날판 주축과 평행한 것이 판명된다. 타날 후에 세로 방향의 판목 조정을 약하게 가하고 있으며, 공정으로서는 1차 타날에 해당된다. 내면에는 정밀한 판목 조정을 가하고 있다. 외면에 그을음이 부착되고 있으나 내면에 눌어붙은 흔적은 없다.

〈도면 2 - 3〉은 寬倉里遺蹟 KC - 079에서 출토된 옹형토기편이다. 구연부가 약간 외반된다. 구순부에 각목은 없다. 타날문이 점토띠의 상하 모두를 외면에서 누르고 있기 때

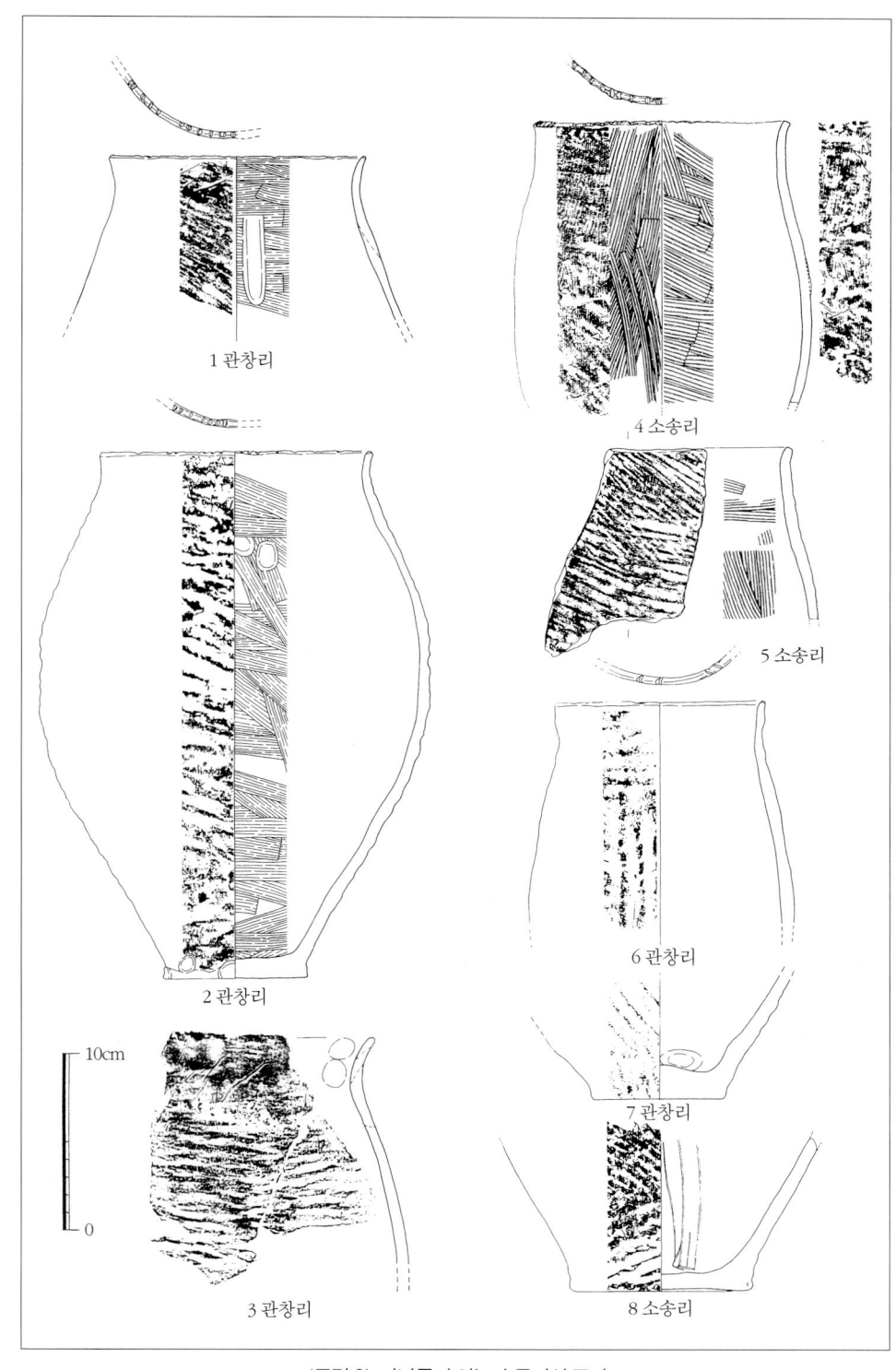

1 관창리

4 소송리

5 소송리

2 관창리

6 관창리

7 관창리

3 관창리

8 소송리

10cm

0

〈도면 2〉 타날문이 있는 송국리식 토기

문에 구연부까지 점토띠를 쌓아올린 후 체부 상반부를 타날한 것을 알 수 있다. 平行打捺文이며 2.4조 / cm, 凸部幅 0.4cm, 凸部間 0.4cm이다. 타날문 방향은 상부에서 구연부와 평행하며, 밑으로 내려갈수록 오른쪽으로 내려지는 정도가 높아지는 圓弧狀打捺文이다. 중심 위치로 볼 때, 제작자는 오른손잡이며 팔꿈치 높이를 구연부 부근에 맞추어 타날하였던 것으로 판명된다. 1차 최종타날이다. 내면에는 동일한 위치에 흠이 있는 平滑한 압흔이 몇 개 있는데, 이는 무문 내박자의 흔적으로 보인다. 잔존부에 그을음이나 눌어붙은 흔적은 없다.

〈도면 2 - 4〉는 忠淸南道 巢松里遺蹟 貝塚層(韓國文化財保護財團 2000)[1]에서 출토된 옹형토기이다. 추정 구경은 14.0cm이며 구연부가 약간 외반된다. 구순부에 거의 같은 간격으로 둥근 각목을 눌러 붙였다. 체부 하반은 남아 있지 않다. 외면에는 3.0조 / cm, 凸部幅 0.4cm의 平行打捺文이 있으며, 구연부 부근은 구연부와 평행하게, 하반부는 위치가 내려갈수록 오른쪽으로 내려가는 정도가 강하게 되는 전형적인 圓弧狀打捺文이다. 타날한 후, 외면 전면에 정밀한 세로 방향의 판목 조정을 가하여 타날문이 상당히 지워져 있다. 따라서 이 토기의 타날문은 시각적인 효과를 전혀 기대하지 않은 순수한 성형 · 조정 수법이었음이 확인된다. 타날문의 중심 높이는 구연부 높이 부근에 있으며, 왼쪽에 있다. 그러므로 토기 제작자는 오른손잡이며 팔꿈치를 구연부 높이 부근에 맞추어 구연부 부근은 팔을 수평으로 하고, 체부는 밑으로 갈수록 팔을 비스듬히 내리면서 타날하였음이 확인된다. 내면에는 정밀한 판목흔이 있다. 외면에 그을음이 부착되어 있으며, 내면 상부에 눌어붙은 흔적이 남아 있다.

〈도면 2 - 5〉는 巢松里遺蹟 貝塚層에서 출토된 옹형토기편이다. 구연부가 약간 외반된 소편이며, 구순부에 거의 같은 간격으로 둥근 각목을 눌러 붙였다. 두 방향의 타날문이 구연부에서 체부 상반부까지 중복되어 있다. 모두 2.7조 / cm, 凸部幅 0.2cm의 平行打捺文이다. 이 타날문의 홈과 같은 방향으로 나뭇결이 보이고 있어, 타날부의 홈이 타날판 주축방향과 같음을 확인할 수 있다. 선후 관계를 보면 먼저 구연부 부근에서는 구연부에 평행하며, 체부에서는 밑으로 내려갈수록 점차 오른쪽으로 내려가는 정도가 강하게 되는 圓弧狀打捺을 하였다. 다음으로 구연부에 오른쪽으로 강하게 내리는 타날을 추가하였다. 선행되는 타날문의 중심 위치와 높이로 볼 때, 먼저 점토띠를 구연부까지 쌓아 올린 후 오른손잡이 제작자가 팔꿈치를 구연부 높이 부근에 맞추어 平行打捺한 것으로 추

---

1) 金武重씨, 鄭薰鎭씨의 배려에 의한 것이다.

정된다. 그 후 구연부 왼쪽 위로부터 주로 구연부를 집중적으로 타날하였다. 타날문이 구연부 부근에 집중되는 것을 볼 때 구연부 세부 整形을 목적으로 하였을 것이다. 모두 1차 최종타날이다. 내면은 구연부를 물손질한 후 가로·세로 방향으로 판목 조정을 하고 있다. 외면에 그을음, 잔존된 내면 하부에 눌어붙은 흔적이 있다.

〈도면 2 - 6〉은 寬倉里遺蹟 KC - 020에서 출토된 옹형토기이다. 추정 구경 11.4cm이며 구연부가 약간 외반된다. 구순부에 거의 같은 간격으로 둥근 각목을 붙였다. 타날문은 구연부에서 체부 상반부에 미치며, 두 방향의 타날문이 체부에서 중복되어 있다. 모두 平行打捺文이고 2.0조 / cm, 凸部幅 0.3cm, 1차 최종타날이다. 구연부에는 평행 또는 오른쪽으로 올라가는 平行打捺文이 있다. 이 타날 후, 체부에 세로 방향의 平行打捺을 추가로 타날하였다. 오른손잡이 제작자가 먼저 팔꿈치를 체부 중앙 부근에 맞추어 전면을 타날한 다음, 위쪽으로부터 타날판을 아래로 돌려서 체부를 다시 타날하였다. 내면은 물손질하였다. 외면에 그을음, 내면 하부에 눌어붙은 흔적이 있다.

〈도면 2 - 7〉은 寬倉里遺蹟 KC - 010에서 출토된 저부편이다. 외면에 2.4조 / cm, 凸部幅 0.4cm, 凸部間 0.4cm의 平行打捺文이 있다. 1차 최종타날인데, 오른쪽으로 내려가면서 경사각도가 커지는 圓弧狀打捺文이다. 제작자는 오른손잡이이다. 내부 저면은 물손질, 내부 측면은 풍화로 인해 조정법을 알 수 없다. 내외면 모두 그을음이나 눌어붙은 흔적은 없다.

〈도면 2 - 8〉은 巢松里遺蹟 貝塚層에서 출토된 저부이다. 외면에 방향을 달리하는 2.0조 / cm, 凸部幅 0.35cm, 홈 방향을 따라 나뭇결이 평행하는 平行打捺文이 있다. 먼저, 오른쪽으로 내려가는 타날을 한 다음 오른쪽으로 올라가는 타날을 추가하였다. 오른손잡이 제작자가 왼편 위쪽으로부터 체부·저부를 타날한 후 다시 저부 부근을 타날하였다. 이 때 제작자는 팔꿈치를 저부 부근으로 내려서 토기 저면을 약간 쓰러뜨린 상태에서 타날판을 오른쪽으로 올리면서 타날하였다. 내면은 저면을 손가락으로 누른 후 측면에 세로 방향 판목 조정을 하였다. 잔존부에 그을음이나 눌어붙은 흔적은 없다.

〈도면 3〉은 巢松里遺蹟 貝塚層에서 출토된 옹형토기편이다. 구연부가 약간 외반된 소편이다. 구순부에는 둥근 각목을 같은 간격으로 붙였다. 외면 전면에 格子打捺文을 남기고 있다. 格子 凸部間은 1.0cm이다. 구연부 부근만 세로 방향의 판목 조정을 추가하고 있다. 구연부 부근은 구연부와 평행, 체부에서 밑으로 내려갈수록 오른쪽으로 내려가는 圓弧狀打捺文을 이룬다. 格子 凸部에 평행하여 나뭇결이 나타나므로, 이 격자문 타날판은 주축방향에 평행하는 홈과 직교하는 홈으로 구성되었음이 판명된다. 제작자는 오른손잡이이며 팔꿈치를 구연부 부근에 맞추고 타날판 주축방향을 구연부 부근은 구연부에

평행, 내려갈수록 경사각도를 강하게 하여 타
날하였다. 내면은 정밀한 왼쪽 방향의 세로 판
목 조정을 하였다. 외면에 그을음이 부착되어
있으며, 내면에 눌어붙은 흔적 유무는 분명하
지 않다.(深澤芳樹·李弘鍾)

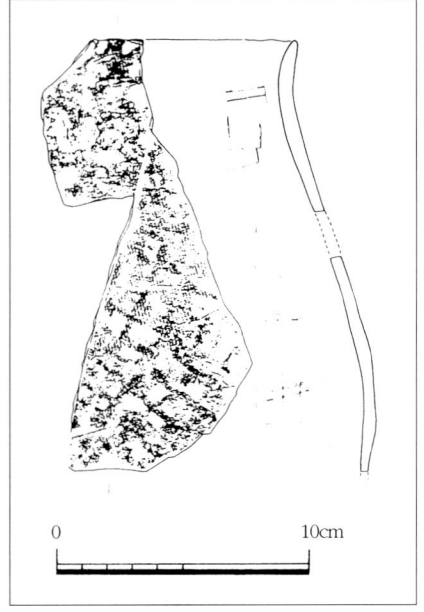

〈도면 3〉 타날문이 있는 송국리식토기(소송리)

2. 技法

본장에서는 다른 토기의 관찰 결과를 합하
여 松菊里式土器의 打捺技法에 대해 정리하고
자 한다.

⑴ 道具 - 타날판

한반도에서 타날판 자체는 지금까지 출토되
고 있지 않다. 따라서 토기 타날문으로 타날판
을 추측하겠다.

타날문에서 나뭇결을 관찰할 수 있는 사례가 있기 때문에 타날판은 목제이다.

松菊里式土器에 사용된 타날판은 타날부가 평탄하므로 타날판 형태는 羽子板狀이었
을 것이다. 타날부에 새끼를 감은 것은 없으며, 무문 아니면 문양을 새긴 유문 둘 중에 하
나이다.

타날부가 무문인 것들에는 平滑한 素面打捺文과 마모로 인해 나뭇결이 나타나는 板木
狀打捺文 두 가지가 있다. 素面打捺文과 板木狀打捺文은 모두 忠淸南道 泰安郡 古南里
貝塚(漢陽大學校博物館 1990, 1991, 1999),[2] 寬倉里遺蹟, 巢松里遺蹟, 忠淸南道 舒川郡
舒川邑 烏石里遺蹟(公州大學校博物館 1996)[3]에서 출토되고 있다. 또한, 慶尙南道 居昌
郡 南下面 大也里遺蹟 제1호 甕棺墓의 옹관 바깥 표면은 板木狀打捺文일 가능성이 높다
(東義大學校博物館 1989).[4]

또한, 유문 타날문은 平行打捺文이 압도적 다수이다. 이외에는 格子打捺文이 寬倉里

---

2) 裵基同씨, 鄭京禮씨, 李和鍾씨, 兪炳隣씨의 배려에 의한 것이다.
3) 李南奭씨, 李賢淑씨의 배려에 의한 것이다.
4) 兪炳隣씨에게서 교시를 받았다(東義大學校博物館 1989, 삽도 55 - 2, 도판 69)

遺蹟과 巢松里遺蹟에 각각 하나씩 있을 뿐이다. 古南里貝塚, 寬倉里遺蹟, 巢松里遺蹟 출
토 토기 중에서 平行打捺文의 홈에 평행하는 나뭇결을 확인할 수 있었으며, 또 圓弧狀打
捺文의 양상으로부터 平行打捺文의 홈이 타날판 주축과 평행하게 새겨진 것이 판명된
다. 토기에 보이는 壓痕의 凸部幅은 0.2~1.0cm의 것이 많으므로 타날판 타날부에 새긴
홈 너비는 대부분 이보다 약간 큰 정도였을 것이다.

즉, 松菊里式土器 제작에 사용된 타날판은 목제로 羽子板狀을 이루는데, 타날부에는
새끼를 감지 않으며 문양을 새기지 않은 무문과 문양을 새긴 유문이 있었다. 유문은 주
축방향에 평행하여 홈을 새긴 平行文이 거의 대부분이었으며, 다른 것은 주축방향에 평
행·직교하는 홈으로 구성된 格子文이 극히 소수 있는 정도였다.

⑵ 道具 - 내박자

내박자에 해당되는 출토유물로는 慶尙南道 蔚山市 虎溪里遺蹟(慶南大學校博物館
1995)[5] 주거지에서 출토된 사례가 있다. 이것은 버섯형에 속하는 토제 내박자이며 손잡
이 상단이 유실되었다. 잔존 길이 5.9cm, 손잡이 직경 3.3cm로 박자부는 평면 원형이며,
직경은 8.4cm, 토기에 접하는 면은 거의 평탄하다. 그러나 이러한 내박자는 다음과 같은
세 가지 이유에서 松菊里式土器에는 사용되지 않은 것으로 판단된다. 1) 출토 유적이 松
菊里式土器 타날문의 분포 범위 밖에 있다. 2) 송국리식토기 타날문의 분포 범위 내에서
내박자가 목제품이었음을 나타내는 증거가 없기 때문에 목제 버섯형내박자를 상정할 수
없다. 3) 寬倉里遺蹟 출토 토기 중에서 내면에 平滑하고 약간 눌린 내박자 흔적으로 보이
는 자료가 있다. 따라서 松菊里式土器 제작시에 사용된 내박자는 버섯형이 아니라 한 손
으로 지지할 수 있는 정도의 圓礫狀내박자였을 것으로 추정된다. 중국 대륙에서 버섯형
토제내박자가 늦어도 龍山文化 이후 주요한 내박자였음을 감안할 때, 虎溪里遺蹟 출토
버섯형내박자는 한반도에 반입되었으나 토기 제작용 도구로서 정착된 것은 아니라고 판
단된다.

⑶ 工程

圓弧狀打捺文의 양상으로 볼 때, 외면과 내면에 동시에 손을 댈 수 있는 정도의 크기는
저부에서 구연부까지 점토띠를 쌓아 올린 후 타날하였다. 이것을 넘는 크기의 토기는 이

---

5) 李相吉씨의 배려에 의한 것이다.

러한 공정을 반복하였을 것이다. 다만, 점토띠를 한 단위 쌓아 올렸을 때마다 타날을 반복하였는지의 여부는 분명하지 않다.

외면에서 타날문을 확인할 수 있는 자료의 조정법 重複關係를 보면, 타날문, 타날문 → 세로 판목흔, 타날문 → 물손질, 타날문 → 깎기, 타날문 → 마연 등이 있다. 즉, 타날문은 모두 세로 판목흔 이전에 실시한 1차 타날문에 한정되어 있으며, 그 중에는 1차 최종타날이 있다.

타날을 최후에 하는 1차 최종타날은 古南里貝塚, 寬倉里遺蹟, 巢松里遺蹟에 실례가 있으며, 이들은 타날문의 시각적 효과를 기대하였을 가능성이 있다. 한편, 타날문 위에 다른 조정법을 겹친 사례는 이 시각적 효과를 기대하고 있지 않았음을 나타내고 있다. 이들 중에서 세로 판목 조정을 하는 1차 타날문의 실례는 古南里貝塚, 寬倉里遺蹟, 巢松里遺蹟, 烏石里遺蹟, 全羅南道 昇州郡 大谷里遺蹟(全南大學校博物館 1989),[6] 慶尙南道 晋州市 大坪里遺蹟(慶尙南道·慶尙大學校博物館 2001; 中村 2003)[7] 등의 松菊里式 유적에 광범위하게 분포한다.

또한, 타날 후에 마연을 하였거나 丹塗磨研土器에서 타날문을 관찰할 수 있는 개체가 모두 古南里貝塚에 존재하므로, 옹형토기 이외의 貯藏이나 供膳 형태의 토기 제작에서도 타날기법을 사용하고 있었음은 분명하다.

平底의 모를 깎아내서 圓底化한 개체가 古南里貝塚에서 발견되고 있다. 저면을 타날한 확실한 사례가 발견되지 않고 있는 현재, 松菊里式土器의 圓底化는 古南里貝塚 사례로 볼 때 깎기에 의한 것으로 보아야 한다(中村大介 2003). 그렇다면 松菊里式土器의 경우는 무릎 위 등에 토기를 옮겨서 타날한 것이 아니라, 항상 작업대 위에서 타날하였다고 추정할 수 있다. 이와 관련하여 저부에 깎기를 가한 실례가 古南里貝塚, 寬倉里遺蹟, 忠淸南道 舒川郡 道三里遺蹟(高麗大學校埋藏文化財研究所 2003)에서 출토되고 있다.

⑷ 身體技法

圓弧狀打捺文의 상황으로 보아 토기는 평탄한 작업대 위에 똑바로 세우고 작업하였다(도면 4). 다만, 저부 측면을 타날할 경우 토기를 기울여서 타날하기도 하였다. 타날문은 명확한 圓弧狀을 이루는 것이 많으며 圓弧狀을 이루지 않고 타날문이 기본적으로 평행

---

6) 松菊里式土器일 가능성이 있다.
7) 中村大介씨에게서 교시를 받았다(慶尙南道·慶尙大學校博物館 2001, 도면 63~239).

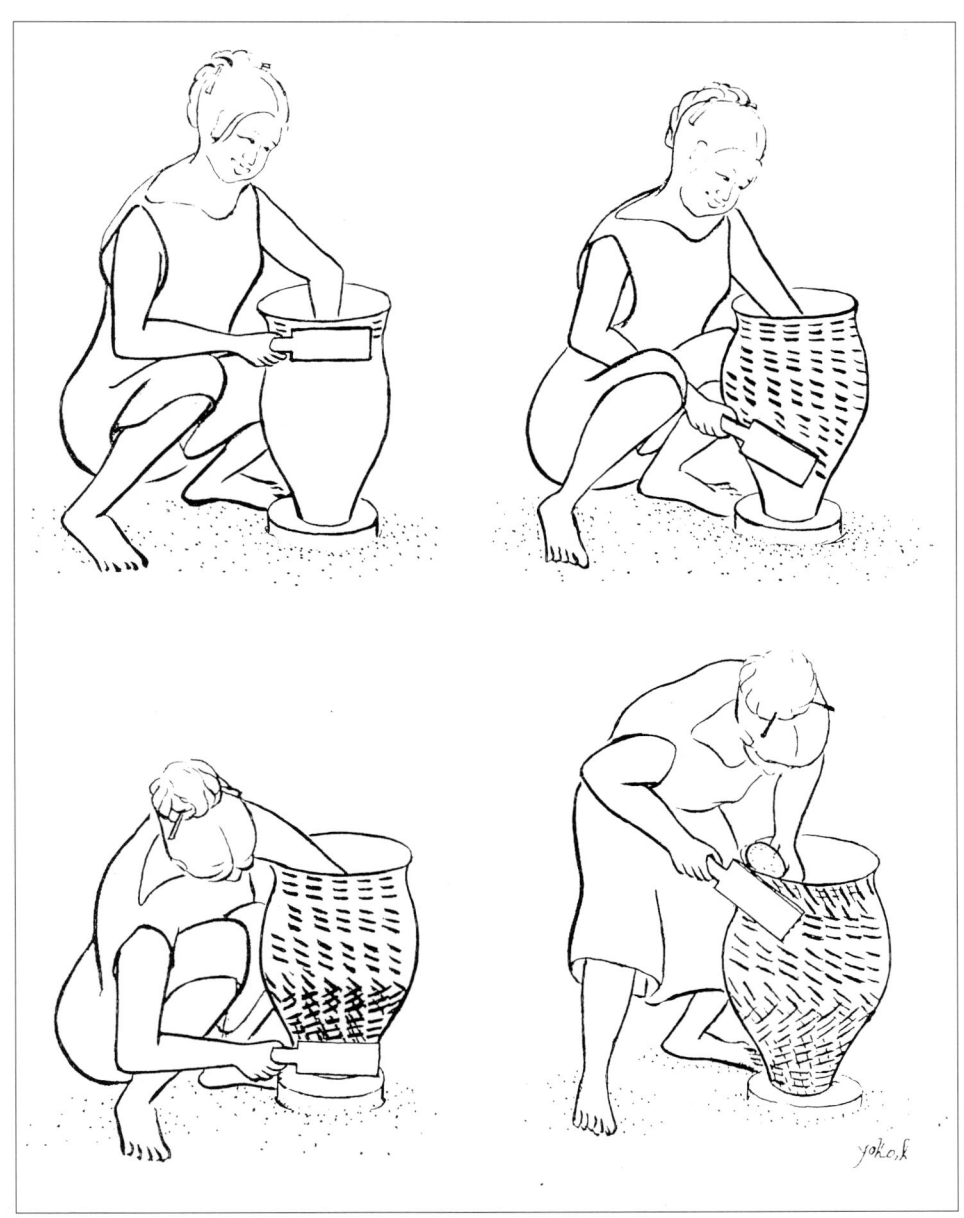

〈도면 4〉 토기를 빚는 4단계 형태

한 것도 있다. 전자의 경우 옹형토기에서는 거의 구연부 높이, 저부 높이, 또는 구연부 상방 높이로 중심 높이의 위치가 고정적이면서 단계적으로 이동하였음이 판명된다. 즉, 제작자는 팔꿈치를 단계적으로 옮기면서 타날하였다. 이들 중에서 토기 전면에 圓弧狀打捺文이 관찰되는 것은 팔꿈치를 구연부 높이 부근에 맞춘 타날로 이것이 가장 중요한 타날이었을 것이다. 이 때 팔의 연장선상에 타날판이 있었으며 팔은 수평 또는 내려서 타날하였다.

圓弧狀打捺文을 이루지 않은 타날문은 손목의 각도를 바꿨거나 팔꿈치의 높이를 조금씩 상하로 움직였을 것이다. 圓弧狀打捺文의 상황으로 볼 때 팔꿈치의 위치가 고정적이었음은 분명하기 때문에 손목의 각도를 바꿔서 타날하였다고 추측된다.

圓弧狀打捺文 또는 이에 가까운 타날문으로 팔꿈치를 일정한 높이로 유지하여 器面 전면 또는 대부분을 타날하는 것을 主要打捺이라 부르며, 보조적으로 저부나 구연부, 체부를 타날하는 것을 追加打捺이라 한다. 하반부를 고쳐 타날할 때는 팔꿈치를 저부 높이에 맞추어 팔을 수평 또는 약간 올려서 타날하였다. 이 실례는 비교적 많다. 또, 京畿道 楊州郡 水石里遺蹟(金元龍 1966), 古南里貝塚, 寬倉里遺蹟 등에서 발견된 실례에 의하면, 구연부나 체부를 고쳐 타날할 때는 팔꿈치를 구연부 왼쪽 上方 혹은 바로 위로부터 타날하였다.

타날문 중복관계로 보아 타날할 때는 같은 높이를 유지하면서 한바퀴씩 타날하였다. 이것에는 아래쪽으로부터 타날해 가는 것과 위쪽으로부터 타날해 가는 것이 있다. 또한, 一周하면서 팔을 상하로 움직여 지그재그로 타날하였을 가능성도 있다.

타날문 중심은 모두 토기 왼쪽에 있으며, 중심이 없는 자료에 있어서도 타날문의 방향은 중심이 있는 타날문의 방향과 일치한다. 따라서 松菊里式土器 제작자는 오른손으로 타날판을 잡고 있었다. (深澤芳樹・李弘鍾)

IV. 松菊里式 打捺文土器의 分布와 編年的 位置

1. 松菊里式土器의 分布와 地域性

〈도면 5〉에서 보는 바와 같이 松菊里式土器와 관련된 유적은 경기도와 강원도를 제외한 전국적인 분포를 보여주고 있지만, 최근에 華城市 泉川里遺蹟(韓神大學校博物館 2002)에서 松菊里型住居址가 조사됨으로써 그 분포범위는 보다 확대될 가능성이 크다. 그러나 현재로서는 중서부지역(충청남도) 이남에서 주로 출토되고 있으며, 입지 또한 해안 혹은 하천변의 충적지가 펼쳐진 낮은 구릉부가 주로 선택되고 있어 전기의 입지와는 뚜렷한 차이점을 보여주고 있다. 이처럼 저지대의 농경활동이 주가 된 松菊里文化의 특성상 남한 전역에 급속히 파급되었으리라 추정되지만, 松菊里文化의 각 지역별 전개양상에 있어서는 입지는 물론 주거형이나 토기 모두에서 상당한 차이점을 발견할 수 있다.

토기에 있어서는 松菊里型이라 불리우는 토기 외에 지역에 따라서는 在地性이 강한 직립구연의 무문토기와 공반되거나 혹은 在地系 土器만 출토되기도 한다. 이러한 토기구성의 다양성은 송국리문화가 각 지역별로 어떻게 전개되었는지를 파악하는데 있어서 매우 중요하다. 이러한 공반관계를 타입별로 나누어 보면 다음과 같다(李弘鍾 2002).

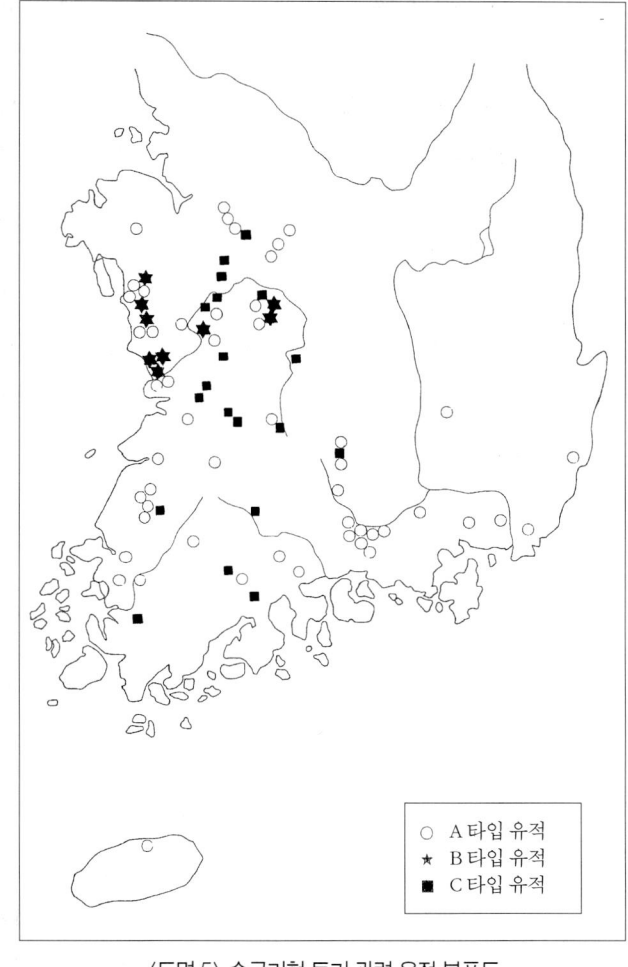

〈도면 5〉 송국리형 토기 관련 유적 분포도

○ A타입 유적
★ B타입 유적
■ C타입 유적

A타입 : 재지성이 강한 무문토기가 주(직립구연, 구순각목, 공열 등의 요소가 잔존)
B타입 : A타입과 함께 寬倉里式(松菊里式+口脣刻目)과 松菊里式이 공반
C타입 : 松菊里式土器가 주
D타입 : 松菊里式과 圓形粘土帶土器가 공반

이들 중, A타입이 가장 많은 비율을 차지하고 있는데, 〈도면 5〉에서 보는 바와 같이 충청내륙지역과 서남부, 동남부지역의 대부분이 이에 해당된다. 물론, 중서부 해안지역에도 분포하고 있지만, 이들 지역의 A타입은 高地에 위치하거나 전기 취락 혹은 단독으로 분포하는 양상을 보여주고 있어 다른 지역과는 뚜렷한 차이점을 갖고 있다. 한편, 松菊里文化 요소와 재지계 요소가 혼합된 B타입은 중서부 해안지역과 금강수계와 인접한 지역에 집중되어 있어 초기농경문화가 어떠한 루트를 통하여 파급되었는지를 잘 보여주고 있다. 즉, 보령과 서천을 축으로 하는 서해안으로부터 충청 남부 내륙지역에로 松菊里文化가 확산되어 갔음을 시사한다. 그러나 금강 중류유역에 해당되는 부여와 논산지역에

서는 주로 C타입이 출토되고 있어 내륙지역에로 파급되면서 松菊里文化는 점차 완성되어 갔으리라 추정된다. 그런데 중서부지역과 인접한 전라북도지역을 제외한 호남과 경상지역에서는 C타입이 매우 적고, 대부분 A타입에 속한다. 이러한 전개양상은 각 지역의 재지계가 주축이 된 문화수용과정에서 나타난 현상으로서 일상용기인 토기보다는 농경과 관련된 시설물(가옥 등)의 수용에 적극적이었음을 보여주는 것이라 판단된다. 한편, D타입은 保寧 眞竹里, 寬倉里, 舒川 道三里, 月岐里 등 충청 서안지역에서 주로 확인되고 있는데, 대규모 松菊里型 취락내의 1~2기 주거지에서만 粘土帶土器가 출토되고 있는 양상을 보이고 있어 양 집단의 공존기간 존재와 교역 가능성을 보여주고 있다.

2. 松菊里式 打捺文土器의 分布와 編年的 位置

松菊里式土器 가운데 타날문토기가 출토된 유적은 현재까지 20여개소에 지나지 않지만 그 대부분이 충남의 서해안지역에 밀집되어 있다(도면 6 · 표 1). 그 밖의 전라, 경상지역은 전체 출토토기 가운데 극히 일부만이 확인될 뿐으로 松菊里式土器의 타날기법은 충남 서안지역이 그 중심지역이다. 또한 이들 남부지역의 대부분 유적에서는 재지집단이 중심이 되어 松菊里文化를 수용한 결과, 松菊里型住居址는 수용하고 있지만 일상용기인 토기는 재지적인 것을 그대로 답습하고 있다. 이러한 점은 松菊里文化의 영향 아래 있었지만 타날문기법과 같은 토기제작과 관련된 기술체계까지는 습득하지 못했음을 시사한다. 따라서 타날문토기의 출토빈도가 가장 높은 충남지역을 중심으로 타날문토기의 지역성과 편년적 위치를 살피는 것이 松菊里文化의 등장과 전개상을 살피는데 보다 유효할 것으로 판단된다. 이를 위해 단일 유적으로서 편년적 가치가 높은 자료가 가장 많이 출토된 寬倉里遺蹟을 중심으로 松菊里式土器의 편년을 작성하여 그 중에서 타날문토기가 松菊里式土器 가운데 차지하는 위치문제와 파급상을 검토해 보고자 한다.

松菊里式土器는 동체부가 길고 배부른 것이 특징으로서 옹, 호, 발의 기종으로 구성되어 있다. 옹형토기는 구순부에 각목문이 있는 것(寬倉里式土器)과 없는 것으로 대별되며, 호형토기는 대형의 무문호와 소형의 단도마연호로, 발형토기는 소형이지만 무문과 단도마연으로 구분된다. 또한, 松菊里式土器와 공반되거나 평행하는 土器로는 구순각목문토기, 직립구연무문토기, 공열토기 등 驛三洞系土器가 있다. 이들 驛三洞系土器는 중서부지역에서 초기의 松菊里式土器와 공반되고 있는데, 그 결과 구순각목문이 시문된 寬倉里式土器가 절충된 형식으로 등장하였을 가능성이 크다.

후기무문토기는 크게 Ⅰ - Ⅲ단계의 변천과정을 보여주고 있다(도면 7). 寬倉里系와 松

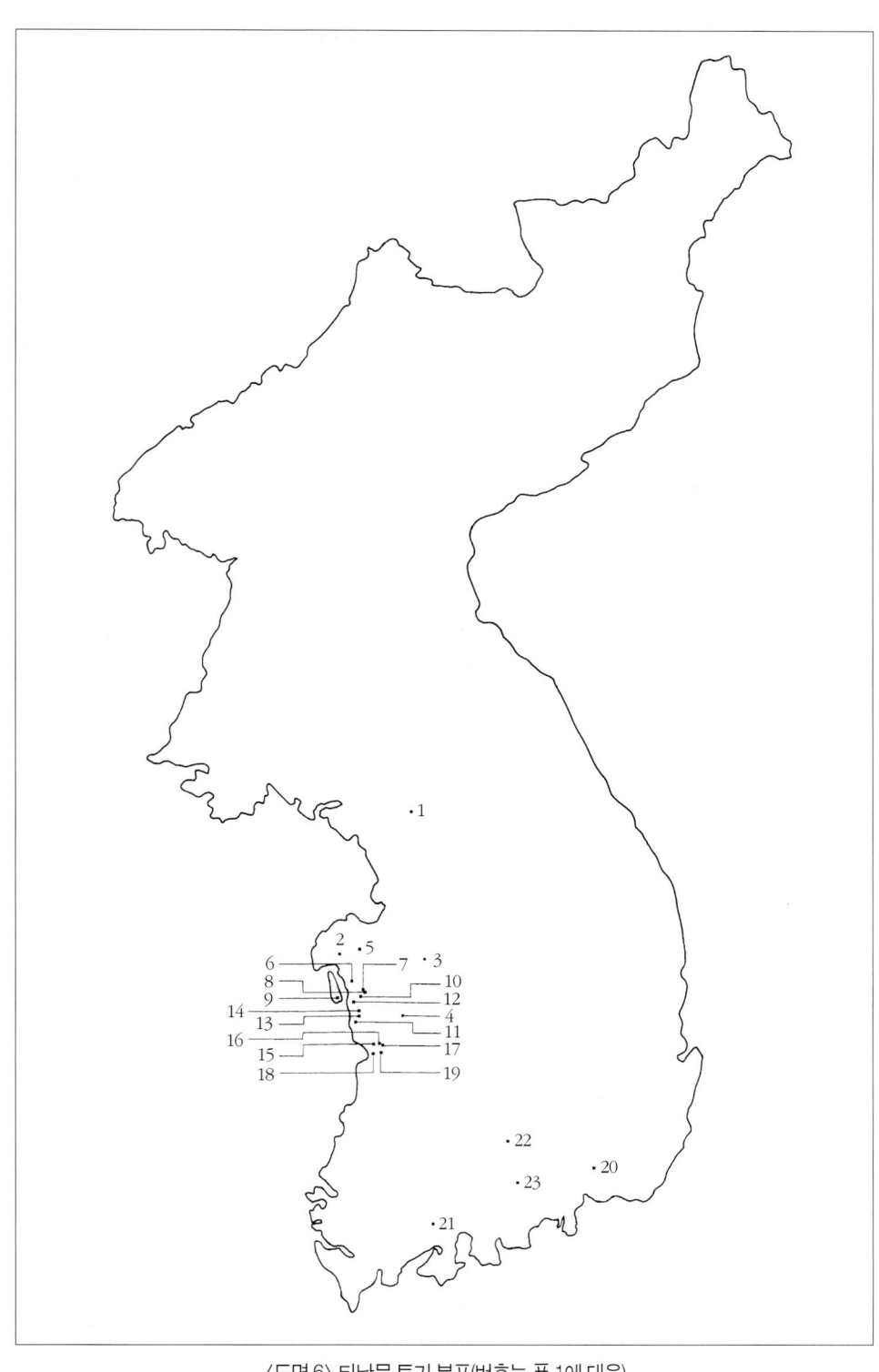

〈도면 6〉 타날문 토기 분포(번호는 표 1에 대응)

<표 1> 타날문 토기 출토유적 일람

번호	유적	출토 유구	참고문헌
1	水石里	B區域	金元龍, 1992, 「水石里 先史時代 聚落住居止」, 『韓國考古學硏究』
2	休岩里	地表採集	國立中央博物館, 1990, 『休岩里』
3	大興里	4號 住居址	林尙澤, 1999, 『天安 大興里遺蹟』, 忠南大學校 博物館・서울大學校 考古美術史學科
4	松菊里	54 - 5, 14號 住居址	姜仁求・李健茂・韓永熙・李康承, 1979, 『松菊里』Ⅰ 國立中央博物館, 1987, 『松菊里』Ⅲ 國立扶餘博物館, 2000, 『松菊里』Ⅵ
5	自開里	圓形 3號 住居址	忠淸文化財硏究院, 2003, 『大田 - 唐津間 高速道路 建設工事 區間內 文化遺蹟 發掘調査 2次 現場說明會 資料』
6	神衿城 結城地域	內城外部西壁 2次 版築土 出土	忠南大學校博物館, 1994, 『神衿城』
7	湘井里	2號 住居址	忠淸文化財硏究院, 2003, 『光川 Ⅰ・C - 光川間 國地道 擴・鋪裝工事 區間內 文化遺蹟 發掘・調査 現場說明會 資料』
8	長尺里	2, 3號 住居址	忠淸文化財硏究院, 2003, 『光川 Ⅰ・C - 光川間 國地道 擴・鋪裝工事 區間內 文化遺蹟 發掘・調査 現場說明會 資料』
9	古南里	1, 2, 3, 4, 層位 5, 6, 7, 8 層位	韓瑞大學校博物館, 1999, 『安眠島古南里貝塚』 漢陽大學校博物館, 1990~1997, 『安眠島古南里貝塚』
10	眞竹里	未詳	忠南大學校博物館, 1998, 『保寧 眞竹里 遺蹟 現場說明會 資料』
11	巢松里	貝塚出土	韓國文化財保護財團・韓國道路公社, 2000, 『西海岸高速道路(藍浦 - 熊川)建設區間內 文化遺蹟 發掘調査報告書』
12	校成里	3, 6號 住居址	國立扶餘博物館, 1987, 『保寧校成里 住居址』
13	竹淸里	構狀遺構 1, 3號	韓國文化財保護財團・韓國道路公社, 2000, 『西海岸高速道路(藍浦 - 熊川)建設區間內 文化遺蹟 發掘調査報告書』
14	寬倉里	松菊里型 住居址	李弘鍾 外, 2001, 『寬倉里遺蹟』, 高麗大學敎 埋藏文化財硏究所
15	烏石里	94 - 2號 住居址	李南奭, 1996, 『烏石里遺蹟』, 公州大學校博物館
16	鳳仙里	未詳	忠南發展硏究院, 2003, 『鳳仙里 遺蹟 現場說明會』
17	月岐里	005號 住居址	高麗大學敎 埋藏文化財硏究所, 2003, 『舒川 梨寺里・月岐里 遺蹟』
18	道三里	003號 住居址	高麗大學敎 埋藏文化財硏究所, 2003, 『舒川 道三里 遺蹟』
19	秋洞里	松菊里型住居址	忠淸文化財硏究院, 2003, 『舒川 秋洞里 遺蹟』
20	南山	地表採集	昌原大學校博物館, 1996, 『昌原 南山遺蹟 試掘調査報告』
21	大谷里	17號 小型遺構	全南大學校博物館, 1989, 『住岩댐水沒地區 文化遺蹟 發掘報告書(Ⅳ)』
22	大也里	第1號 甕棺墓	東義大學校博物館, 1989, 『大也里住居址』Ⅱ
23	大坪里	玉房3地區 29號 住居址	慶尙南道・慶尙大學校博物館, 2001, 『晋州大坪里玉房3地區先史遺蹟』 中村大介, 2003, 「彌生文化早期における壺形土器の受容と展開」, 『立命館大學考古學論集』Ⅲ

	驛三洞系 甕		寬倉里系 甕		松菊里系 甕		丹塗磨研 壺	丹塗磨研 鉢

〈도면 7〉 후기 무문토기 편년(1 / 25)

1 寬倉里 KC-097
2 寬倉里 KC-080
3 寬倉里 KC-035
4 寬倉里 KC-098
5 寬倉里 KC-024
6 寬倉里 KY-803
7 寬倉里 KC-048
8 寬倉里 KC-042
9 寬倉里 KC-069
10 寬倉里 KC-020
11 寬倉里 KC-052
12 寬倉里(亞州大) 12號 住居址
13 寬倉里 KC-071
14 寬倉里 KC-052
15 寬倉里 KC-052
16 寬倉里 KY-801
17 寬倉里 KC-040
18 寬倉里 KC-044
19 寬倉里 KC-019
20 寬倉里 KC-057
21 寬倉里 KY-805
22 寬倉里 KY-810
23 寬倉里 KY-819
24 寬倉里 KC-036
25 寬倉里 KC-036
26 寬倉里(亞州大) 8號 住居址
27 寬倉里(亞州大) 38號 貯藏孔
28 寬倉里 KC-010
29 寬倉里 KC-079
30 寬倉里 KY-805
31 寬倉里 KC-036
32 寬倉里 KC-010
33 寬倉里(亞州大) 6號 住居址
34 寬倉里(亞州大) 8號 住居址
35 漢城里 3號 住居址
36 松菊里 54-13 住居址
37 松菊里 54-1 住居址
38 松菊里 54-14 住居址
39 松菊里 54-1 住居址
40 松菊里 54-14 住居址
41 寬倉里(亞州大) 7號 住居址

菊里系는 구순각목을 제외하고는 변천과정에 있어서 같은 속성을 갖고 있다. 1단계의 특징은 상당히 긴 구경부를 갖고 있으면서 그대로 외반하고 있지만 외반도는 매우 약한 편이다. II단계는 I단계보다는 짧은 구경부를 이루고 있지만 외반도는 비교적 확연한 편이다. III단계는 짧지만 'く' 형으로 명료하게 외반하는 구경부를 이루고 있다.

I단계에는 驛三洞系와 寬倉里系, 松菊里系가 공존하지만 寬倉里系와 松菊里系에서는 타날기법에 의해 제작된 토기가 있는데 반하여 驛三洞系에서는 한 점도 확인할 수 없었다. 이러한 점은 비록 양 토기가 일부 주거지에서 공반되지만, 토기제작은 달리하였음을 증명하는 것으로서 양 문화의 교류나 일부의 공존만이 인정될 뿐이다. 또한, 寬倉里 遺蹟에서는 토기요지가 20여기 이상 조사되었는데, 〈도면 7- 6〉(KY - 805 요지), 〈도면 7 - 16〉(KY - 801 요지)과 같이 寬倉里系와 松菊里系는 I단계부터 같은 요지에서 제작되었음이 확인된다. 이 시기 松菊里文化의 분포범위는 〈도면 5〉에 표시된 서안 중부지역에 한정된다.

II단계가 되면 서안 중부, 서안 남부지역에서 驛三洞系가 거의 소멸하고 寬倉里系와

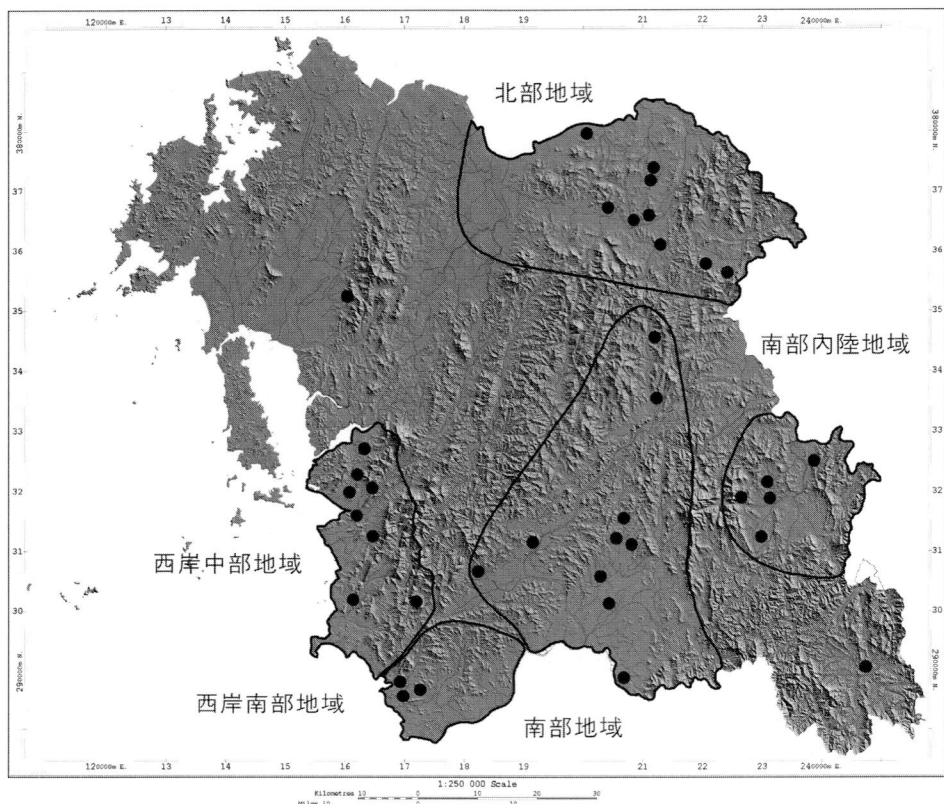

〈도면 8〉 타날문 토기 집중 출토지역(한반도 남서부지역)

松菊里系가 주가 된다. 타날기법도 寬倉里系와 松菊里系 모두에 계속되면서 수적으로 증가한다.

 Ⅲ단계는 서안 중부와 서안 남부에서는 寬倉里系가 급속히 감소하고 松菊里系가 증가한다. 기타 지역으로는 松菊里系만이 파급되는데, 북부지역을 제외하고는 驛三洞系가 거의 소멸해 간다. 타날기법은 서안 중부와 남부지역에서 강세를 보이는데 비해, 기타 지역에서는 거의 나타나지 않는다.

 결국, 타날기법은 松菊里式土器의 출현에서 소멸시까지 이어진다. 또한 圓形粘土帶土器에도 영향을 끼치는데 水石里, 眞竹里, 校成里, 道三里遺蹟 등에서 확인된다. 그런데 Ⅲ단계가 되면서 松菊里文化가 남한전역으로 확대되지만 타날기법은 처음 거점지역인 충남의 서안 중서부지역에서 크게 벗어나지 않는다(도면 8). 이러한 현상은 초기 거점지역을 제외하고는 松菊里文化가 점차 在地化 되어가는 과정에서 각 지역에 따라 선택적

으로 수용되어갔음을 보여주는 것으로 이해될 수 있을 것이다.(李弘鍾)

V. 比較檢討

1. 彌生土器와의 比較

본장에서는 한반도와 일본열도의 타날기법을 비교해 보고자 한다. 일본열도 타날기법은 彌生時代에 처음 출현하였다. 前期에 먼저 九州地方에 나타나 점차 東方으로 파급되었으며, 中期 중엽에 瀬戸内海沿岸部~中國・四國・近畿地方으로, 中期 후엽에는 北陸・東海地方으로 확산되었다.

松菊里式土器와 彌生土器의 타날기법[8]에 대하여 道具(타날판・내박자), 工程, 身體技法의 순서로 공통점과 차이점을 열거하고자 한다.

⑴ 道具 - 타날판

• 공통점

① 木製 羽子板狀打捺板을 사용하였다.

② 타날부에 새끼를 감은 繩打捺文이 없다.

③ 타날부에는 無文과 有文이 있다.

④ 無文은 완전히 平滑한 素文부터 마모로 인해 나뭇결이 관찰되는 板目狀打捺文까지 다양하다.

⑤ 有文은 平行打捺文이 압도적 다수를 차지한다.

⑥ 平行打捺文은 모두 타날판 주축방향에 홈을 새긴다. 토기의 凸部幅은 0.2~1.0cm가 많다.

• 차이점

① 彌生土器에서는 棒狀打捺板도 사용되었다.

---

8) 近畿지방의 後期 彌生土器는 타날기법이 질적으로 변화하고 있기 때문에 본고에서는 이것을 제외한 彌生土器를 가리킨다.

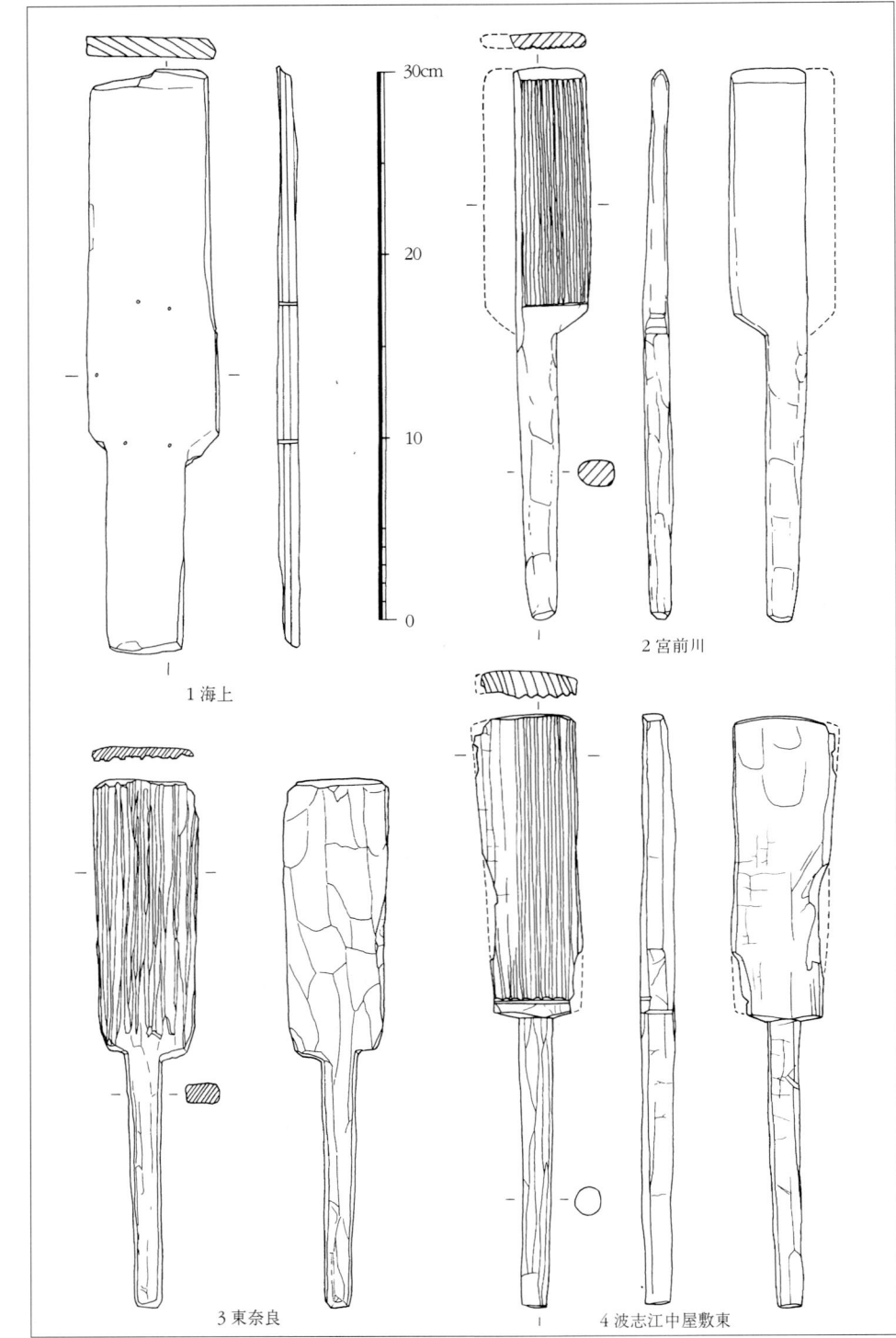

1 海上

2 宮前川

3 東奈良

4 波志江中屋敷東

〈도면 9〉 일본열도의 타날판

한반도에서 松菊里式土器에 사용된 타날판은 출토되지 않고 있지만, 일본열도에서는 彌生時代·古墳時代 前期의 타날판(未製品·完成品)이 발견되어 있다.

그 중에 島根縣 出雲市 海上遺蹟 출토품(出雲市敎育委員會 2002)[9] (도면 9 - 1)은 中期 후엽의 포함층에서 출토된 未製品이다. 杉木材로 전체 길이 31.8cm, 타날부 길이 약 21.8cm, 타날부 너비 6.5cm, 손잡이 길이 약 11.0cm, 손잡이 너비 4.0cm, 손잡이 두께 0.9cm, 전체 두께 1.0cm이며, 표면에 5개의 小孔이 뚫려 있다. 표면 및 뒷면, 측면은 거친 성형 단계로 방치되어 있으며, 홈 등 세부 가공도 이루어지지 않고 있다. 〈도면 9 - 2~4〉 나 唐古·鍵遺蹟 출토품의 완성된 타날판 외형이 본 출토품의 윤곽 내에 포함되므로 이 것은 다른 용도로 사용된 部材를 전용한 타날판 미제품으로 보인다.

愛媛縣 松山市 宮前川遺蹟 출토품(愛媛縣埋藏文化財調査センター 1986)[10] (도면 9 - 2)은 彌生時代 말의 포함층에서 출토된 완성품인데, 타날부 약 1 / 3이 유실되었다. 전체 길이 30.1cm, 타날부 길이 14.5cm, 타날부 잔존 너비 4.1cm(복원 너비 5.6cm), 타날부 두께 1.0cm, 손잡이 길이 15.6cm, 손잡이 너비 2.1cm, 손잡이 두께 1.5cm이다. 타날부 한 쪽 면에 홈을 주축방향으로 새겼다. 먼저 가로 방향에 區畵細線을 긋고 타날부에 11조의 홈을 年輪間 연약한 부분에 새겼다. 홈 단면 형태는 삼각형을 이루며 너비 0.3cm, 깊이 0.2cm 전후이다. 뒷면에는 홈을 새기지 않았다. 양면 모두 마모하였으므로 표면·뒷면 을 모두 사용하였음을 알 수 있다. 현재 상태에서 뒷면을 사용하면 板目狀打捺文이 된 다. 또한, 타날부 끝 부분도 마멸되어 있어 이 부분을 板目狀工具로 사용하였음이 확인 된다.

大阪府 茨木市 東奈良遺蹟 출토품(原口 1977)[11] (도면 9 - 3)은 완성품이며 전체 길이 28.4cm, 타날부 길이 16.5cm, 타날부 너비 5.7cm, 타날부 두께 0.7cm, 손잡이 길이 11.9cm, 손잡이 너비 1.0cm, 손잡이 두께 1.1cm이며, 한 쪽 면에만 주축방향으로 홈 8조 를 새겼다. 이 홈은 나뭇결의 간격과 일치하지 않는다. 홈 단면은 逆사다리꼴 형태이며 너비는 0.3~0.5cm 전후, 깊이는 0.1~0.2cm 정도이다. 타날부 끝 부분은 상당히 마모되어 있어 역시 板目狀工具로서 사용하였음을 알 수 있다.

群馬縣 伊勢崎市 波志江中屋敷東遺蹟 출토품(群馬縣埋藏文化財調査事業團 2002)[12]

9) 藤永照雄씨의 배려에 의한 것이다.
10) 柴田昌兒씨의 배려에 의한 것이다.
11) 奧井哲秀씨의 배려에 의한 것이다.
12) 西田武彦씨의 배려에 의한 것이다.

(도면 9 - 4)은 古墳時代 前期의 溝에서 출토된 완형품이다. 목재는 산뽕나무이다. 전체 길이 32.2cm, 타날부 길이 16.8cm, 타날부 너비 5.5cm, 타날부 두께 1.7cm, 손잡이 길이 15.8cm, 손잡이 너비 1.5cm, 손잡이 두께 1.7cm이며, 한 쪽 면에만 가로 방향의 區畫細線을 긋고 주축방향으로 홈을 8조 새겼다. 홈 너비 0.6cm, 깊이 0.2cm이다. 뚜렷한 마멸흔적은 확인되지 않는다.

彌生時代 後期에 속한 奈良縣 唐古·鍵遺蹟 출토품(田原本町敎育委員會 1992)[13]을 포함하여 일본열도에서 출토된 彌生~古墳時代 前期에 걸친 타날판은 다음과 같은 공통점이 확인된다. 즉, 전장은 30cm 전후, 타날부 길이 15cm 전후, 타날부 너비 6cm 전후이며, 木製 羽子板狀打捺板이다. 타날부 두께는 1.0cm 전후이다. 미제품을 제외하면 완성품의 타날부는 한 쪽 면을 無文으로 하면서 다른 한 면에 문양을 새기고 있다. 문양은 모두 타날판 주축방향과 평행한 平行文이다. 이들 타날판이 갖춘 여러 요소는 松菊里式土器와 彌生土器에 공통되는 타날문의 특징과 일치한다. 따라서 松菊里式土器를 제작한 타날판은 彌生土器나 土師器 제작에서 사용된 타날판과 同種이었다고 추정할 수 있다. 그렇다면 이들 출토 사례를 감안할 때 無文과 有文 타날문은 하나의 타날판에서 표면·뒷면의 관계로, 양면을 함께 사용하고 있었던 것이 판명된다. 또한, 타날부가 얇기 때문에 타날판의 중량을 이용하여 타날한 것이 아니라 손 힘으로 누르듯이 기벽을 加壓한 것과 타날판 끝 부분은 板目狀工具로서 사용한 것도 확인할 수 있다.

⑵ 내박자

• 공통점

① 한반도 虎溪里遺蹟 출토 내박자가 松菊里式土器의 타날기법과 관련이 없다면, 내박자는 圓礫狀내박자였음를 상정할 수 있다.

⑶ 工程

• 공통점

① 1차 타날문이 있다. 이것은 타날문에 문양으로서 시각적 효과를 기대하지 않고 있음을 나타낸다.

② 옹형토기 이외에도 타날기법을 시행하였다.

13) 藤田三郎씨의 배려에 의한 것이다.

③ 타날기법을 平底의 圓底化에 사용하지는 않았다.

• 차이점
① 1차 최종타날문은 松菊里式土器에 한정된다.
② 세로 板目 조정 후의 2차 타날문은 彌生土器에 한정된다.

⑷ **身體技法**

• 공통점
① 토기는 기본적으로 제작대 위에 똑바로 세워놓고 작업하였다.
② 옹형토기에서는 타날문의 중심 높이가 구연부 높이 부근인 것이 主要打捺이었다.
③ 저부 부근에 追加打捺이 있다.
④ 타날할 때 팔꿈치 위치는 고정적이며 단계적으로 이동한다.
⑤ 제작자는 기본적으로 팔을 수평 혹은 내리면서 타날하는 것에 반하여, 저부에서는 팔을 수평으로부터 올리면서 타날한다.
⑥ 圓弧狀打捺文의 중심은 왼쪽에 있어 제작자는 오른손잡이였다.

• 차이점
① 松菊里式土器에는 팔꿈치를 구연부 위쪽에 두고 팔을 내려서 구연부, 체부, 또는 전면을 추가로 타날하는 경우가 있다.

⑸ **松菊里式土器와 彌生土器의 打捺技法**

이와 같이 松菊里式土器와 彌生土器의 타날기법은 圓弧狀打捺文을 이루는 타날기법의 기본적인 부분이 일치하고 있으며, 이외에도 도구, 공정, 신체기법의 각 항목에 있어서 세부적인 면까지 공통되어 있다. 그 중에서도 동일한 主要打捺을 공유하고 있었던 점은 중요하다. 더구나 露天 燒成이었던 점도 공통된다. 이러한 상황은 松菊里式土器 타날기법이 전·중기 彌生土器 타날기법과 技術系譜의 관계였음을 나타내고 있다.
그러면 차이점에 주목하여 선후 관계를 살펴보겠다. 棒狀打捺文·2차 타날문은 彌生土器에 한정되어 발견되고 있다. 棒狀打捺文에 대해서는 앞으로 松菊里式土器에서 발견될 가능성과 함께, 분포범위가 九州地方에 편재되는 점을 고려하여(福岡縣教育委員會 1978; 橋口達也 1982)[14] 한반도에서 일본열도로 파급된 타날기법에 포함되지 않았을 가능성도 있다. 한편, 1차 타날문은 九州地方을 포함한 西日本 전역에 분포하고 있음에 반하여, 2차 타날문은 近畿·東海地方과 西日本의 동쪽 지역에 편재된다. 따라서 2차 타날문은 일본열도에서 공정 변용의 결과라 할 수 있다. 또한, 1차 최종타날문과 □體部 追加打捺文은 松菊里式土器에 한정된다. 1차 최종타날문은 煮沸와 貯藏형태의 일부 기형 체부에서 타날로 끝내는 것으로 중국대륙에 많은 기법[15]이다. 이에 반하여 □體部 追加打捺文에 대해서는 일본열도에서 공정의 생략이 일어났다고 이해하여야 한다. 즉, 1차 최종타날문과 □體部 追加打捺文이 彌生土器에서 존재하지 않는다는 사실은 모두 松菊里式土器 타날기법이 彌生土器에 선행하는 것을 나타내고 있다.

이상으로 양자의 타날기법은 技術系譜의 관계에 있으며, 松菊里式土器 타날기법으로부터 彌生土器 타날기법으로 이행하였다고 결론지을 수 있다.

2. 其他 打捺土器와의 比較

粘土帶土器, 樂浪式土器, 그리고 原三國式 瓦質土器의 타날기법에 대하여 松菊里式土器의 타날기법과 비교·검토하겠다.

粘土帶土器의 타날문은 忠淸南道 保寧市 校成里遺蹟(國立扶餘博物館 1987)[16] 출토 토기에서 관찰하였다. 문양은 모두 平行打捺文이다. 다만, 타날문에 나타난 나뭇결을 관찰한 결과 平行文打捺板 홈에는 주축과 평행하는 것과 직교하는 것의 2종류가 있다. 또한, 구연부의 점토대를 부가하기 전에 타날하고 있다. 이와 같이 粘土帶土器에는 松菊里式土器와 공통되는 주축방향의 平行打捺文이 존재하는 한편, 松菊里式土器에는 없는 주축에 직교하는 平行打捺文이나 점토대 쌓기가 종료하기 전에 타날하는 방법 등 본질적인 차이점도 포함하고 있다.

樂浪式土器와 原三國式 瓦質土器에 대해서는 平壤市 樂浪土城遺蹟(谷 1985),[17] 京畿道 旗安里遺蹟(京畿文化財團附設畿甸文化財研究院 2003),[18] 京畿道 渼沙里遺蹟(高麗

---

14) 일본열도에서의 棒狀打捺文은 福岡縣 太宰府市 吉ヶ浦遺蹟 제4호 甕棺 上蓋 예가 있다. 중기 후반인 KⅢb式에 속한다. 橫田義章씨의 배려에 의한 것이다.
15) 劉慶柱씨, 劉振東씨, 程林泉씨, 趙雪村씨, 焦南峰씨, 韓釗씨의 배려에 의하여 중국 각지의 토기를 관찰할 수 있었다. 白家村遺蹟, 李家村遺蹟, 北首嶺遺蹟, 武功滸西庄遺蹟, 武功趙家來遺蹟, 張家坡遺蹟, 陝西省 西安市 漢長安城, 西安市 滎海遺蹟, 甘肅省 大地灣遺蹟, 靑海省 柳灣遺蹟, 四川省 寶墩遺蹟, 湖北省 劉家灣遺蹟 등에서 출토된 토기를 관찰하였다.
16) 金正完씨의 배려에 의한 것이다.
17) 後藤直씨, 鄭仁盛씨, 谷豊信씨의 배려에 의한 것이다.
18) 金武重씨의 배려에 의한 것이다.

大學校發掘調査團 1994), 慶尙南道 八達洞遺蹟(嶺南文化研究院 2000),[19] 長崎縣 壹岐郡 芦辺町·石田町 原の辻遺蹟(町田 2001; 原の辻遺跡保存等協議會 2000),[20] 福岡縣 前原市 三雲遺蹟(福岡縣教育委員會 1982),[21] 福岡縣 絲島郡 志摩町 御床松原遺蹟(志摩町教育委員會 1983),[22] 福岡縣 絲島郡 二丈町 深江遺蹟(二丈町教育委員會 1994),[23] 福岡縣 築上郡 築城町 十雙遺蹟(福岡縣教育委員會 1992)[24] 출토 토기에서 관찰하였다. 이들 토기에서 관찰된 결과에 의하면 繩打捺文의 출현빈도가 극히 높은 것이 특징이다. 이 繩打捺文의 방향은 구연부에 직교한 1차 최종타날이다. 내박자는 樂浪土城遺蹟에서 버섯형 내박자의 실례가 출토되고 있으며, 또 原三國式土器도 陶質土器와 버섯형내박자가 흔하게 공반되므로 모두 버섯형이었음은 틀림없다. 또, 樂浪式土器 내면에 보이는 내박자 흔적 가운데 나뭇결이 관찰되는 실례가 있기 때문에 土製 내박자 이외에 木製 내박자가 있었음도 확실하다. 그 밖에 樂浪式土器에는 새끼를 감은 내박자도 있었다. 한편, 樂浪式土器와 原三國式 瓦質土器 모두 圓底를 타날기법을 구사하여 제작하였다. 이와 같이 樂浪式土器와 原三國式 瓦質土器는 繩打捺文이 주요한 점, 버섯형내박자를 사용한 점, 圓底 토기를 타날기법으로 다량 만들고 있는 점, 가마를 사용하여 소성한 점 등을 통하여 중국대륙에서 일반적인 타날기법이라 할 수 있다.

한반도 타날기법을 시기별로 보면, 먼저 松菊里式土器에서 나타났으며 다음에 粘土帶土器, 樂浪式土器, 그리고 原三國式土器에서 확인된다. 이들 중에서 松菊里式土器와 粘土帶土器는 모두 羽子板狀打捺板을 사용한 점에서 공통되지만, 타날부 문양을 새긴 방법과 타날기법을 하는 工程에 차이점이 존재한다. 또, 樂浪式土器·原三國式 瓦質土器는 繩打捺文을 사용하였으며 새끼를 타날부에 직교하여 감는 등, 打捺文의 凹部 방향도 松菊里式土器·彌生土器와 다르다. 구연부에 대하여 수직방향으로 打捺文의 凹部를 넣는 것은 回轉臺를 이용하여 체부에 수평방향의 螺旋文을 시문할 필요로부터 발생하였으며, 타날문에 시각적 효과를 기대하는 점에서는 松菊里式土器 1차 최종타날과 공통된다. 내박자 형태는 樂浪式土器·原三國式 瓦質土器가 버섯형내박자임에 반해 松菊里土

19) 朴升圭씨의 배려에 의한 것이다.
20) 安樂勉씨, 町田利幸씨, 宮崎貴夫씨의 배려에 의한 것이다.
21) 岸本圭씨의 배려에 의한 것이다.
22) 河村裕一郎씨의 배려에 의한 것이다.
23) 古川秀幸씨의 배려에 의한 것이다.
24) 岸本圭씨의 배려에 의한 것이다.

器가 圓礫狀이라고 추정된다. 樂浪式土器·原三國式瓦質土器는 繩打捺文이 주로 시문된다는 점, 버섯형내박자를 사용하였다는 점, 토기를 무릎 위에 놓고 바닥을 타날기법으로 圓底化하였다는 점, 가마에서 소성하는 기술을 갖는 점 등 松菊里土器나 粘土帶土器와는 크게 다르다. 이와 같이 松菊里式土器 타날기법은 다른 어느 것과도 다른 특수한 기법이었다. 따라서 彌生土器가 습득한 타날기법은 松菊里式土器의 기법이며 粘土帶土器 이후의 기법일 수 없다.

橋口達也씨는 福岡縣 絲島郡 志摩町 新町遺蹟 1호·2호 甕棺墓 下甕 내면에 보이는 원형 조정흔적을 「타날의 내박자 흔적」이라고 보았다(志摩町教育委員會 1988). 板付 I式에 속한 이들 토기자료에 의하여 타날기법 도입시기가 소급될 가능성이 있는데, 토기 외면에서 확인할 수 있는 확실한 타날문으로는 福岡縣 築紫野市 劍塚遺蹟 제37호 袋狀竪穴에서 출토된 板付 II式 中段階 토기(福岡縣教育委員會 1978; 橋口達也 1982; 田崎博之 1994)[25]부터 나타난다. 이것은 타날판 주축방향과 평행하는 홈을 새긴 平行文이며, 구연부와 거의 평행하게 타날한 후 외면 전면에 세로방향의 판목 조정을 가하였다. 지역별 형식을 뛰어넘는 핵심적인 기술의 이동을 인정하는 技術系譜의 관점으로 보면, 타날 후 세로방향의 판목 조정을 가하는 타날기법이 존재하는 松菊里式 段階와 그 타날기법을 습득한 일본열도 最古段階의 형식이 연대상 병행관계를 갖는 자료가 될 것이다. 보다 소급될 가능성은 있지만, 현재 판명되어 있는 확실한 타날문자료로 볼 때 松菊里式土器 I段階~III段階와 板付 II式 中段階에서 그 첫 번째 接點을 구할 수 있다.

⑶ 其他 製作技法

일본열도에서 타날기법 도입에 전후한 시기에 나타나는 기법으로 充塡法과 깎기수법이 있다.

圓板充塡法은 佐原眞이 高杯形土器나 臺付鉢形土器 등에서 명명한 기법이다(佐原眞 1968). 이것은 側壁을 먼저 쌓아 올린 다음에 底面을 막는 방법으로, 같은 방법이 平底에도 실행되고 있었음이 밝혀진 바 있다(深澤芳樹 1991). 이들을 充塡法이라고 총칭한다. 이 기법이 시작되었을 때까지 일본열도에서는 柱狀部나 저면을 먼저 만들어 놓고 그 후에 측벽을 쌓아 올리는 積上法이 일반적이었다. 한반도에 있어서 松菊里式土器가 積上

---

25) 岸本圭씨, 山野洋一씨, 山村淳彦씨의 배려에 의한 것이다(福岡縣教育委員會 1978, fig. 80-1). 소속 시기에 대해서는 田崎博之씨에게서 교시를 받았다.

法이 아니라 充塡法으로 성형하고 있었던 사실은 古南里貝塚의 저부편에 充塡法을 사용할 때에만 나타나는 擬口緣이 있는 것으로 볼 때 분명하다.[26] 寬倉里遺蹟이나 巢松里遺蹟 출토 토기의 저면에 나타난 접합부나, 松菊里式土器 저부 내면에서 흔히 보이는 물손질 흔적 등도 이러한 기법의 사용을 지지하는 양상이다. 민족지 사례에서 확인되는「바닥이 없는 粘土圓筒」法(深澤 1995)은 타날기법을 시작하기 전 점토의 原形으로서 극히 일반적이다. 이「바닥이 없는 粘土圓筒」은 松菊里式土器와 彌生土器의 器表面에 남은 접합부로 볼 때, 모두 점토띠를 쌓아 올려서 제작하였음이 분명하다. 따라서 松菊里土器와 彌生土器의 제작에 있어서 充塡法과 타날기법은 連動된 일련의 기법이었을 가능성이 높다.

깎기수법은 그 실례가 古南里貝塚, 寬倉里遺蹟, 巢松里遺蹟, 道三里遺蹟에서 발견된

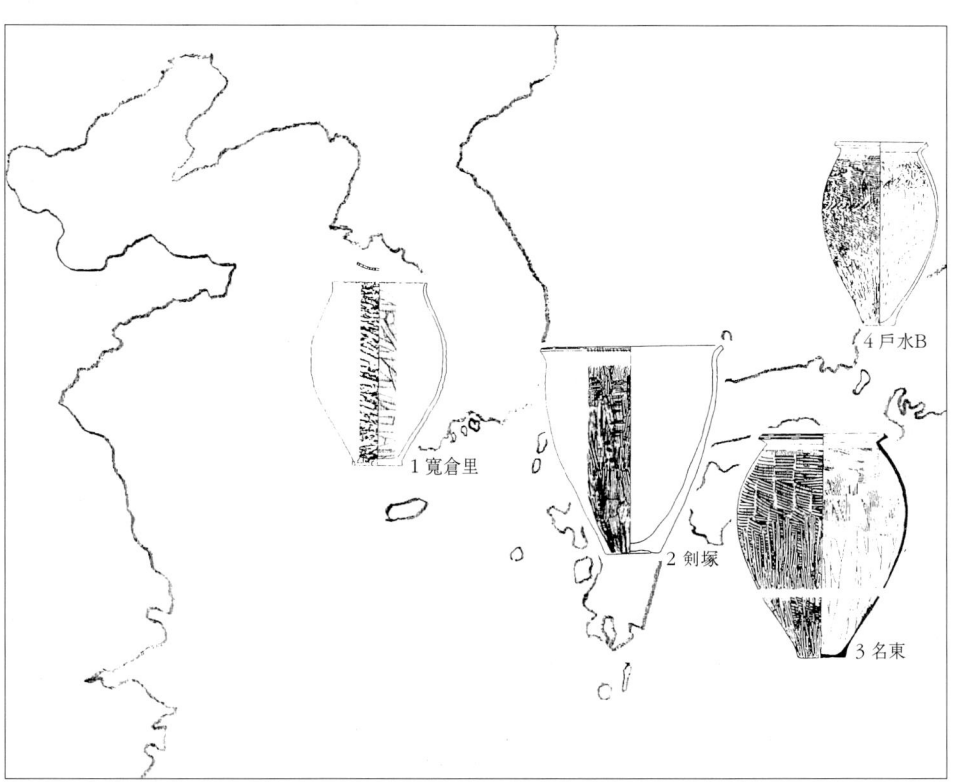

〈도면 10〉 송국리식 타날기법의 범위

다. 발견 빈도로 볼 때 사용빈도가 적은 수법으로 추정되는데, 토기 체부·저부 내외면의 각 부위에 사용되었다. 또한, 지역적으로 광범위하게 사용된 제작수법이다.

타날기법, 充塡法, 깎기수법은 松菊里式土器를 제작하는 장소에서 사용한 技術複合이었다. 九州地方의 充塡法과 깎기수법의 실태는 분명하지 않고, 또 깎기수법은 그리 특수한 기법이 아니기 때문에 松菊里式土器 제작에 사용된 깎기수법을 다른 것과 구별하기는 어렵다. 그러나 瀨戸内地方에서 이들 세 가지가 세트로 나타날 개연성이 높으며, 보다 동쪽으로 세트 관계를 유지하면서 확산된 사실을 근거로 하여, 타날기법이 나타난 무렵에 일본열도의 彌生土器에 출현한 充塡法과 깎기수법도 한반도의 松菊里式土器에서 기원하였을 가능성이 있음을 지적하고 싶다.(深澤芳樹·李弘鍾)

VI. 松菊里式土器 打捺技法의 波及經路 -結語에 대신하여-

이상의 검토를 통하여 松菊里式土器와 彌生土器 타날기법 속성의 공통점과 차이점을 살펴보았다. 松菊里式土器 타날기법은 그 요소 가운데 몇 가지가 제외되면서 海路를 통하여 일본열도에 도달하였으며, 彌生土器가 이것을 수용하였다. 그 시기는 현재까지 확인된 자료로 볼 때 북부 九州지역 板付Ⅱ式 中段階이다. 松菊里式土器 타날기법은 도구, 공정, 신체기법에 이미 일정한 규칙이 성립되어 있었으며, 彌生土器 분석을 통하여 형상을 변화시킬 만큼 고도의 기술수준에 도달해 있었음이 확인되었다. 당시 중국대륙에는 타날기법이 이미 확산되어 있었기 때문에, 그 중에서 일정한 기술수준에 도달하고 있었던 기법이 한반도에 파급되어 松菊里式土器 타날기법을 성립시켰다고 추측된다.

그런데 일본열도를 제외하면 주변 지역에서 아직까지 松菊里式土器 타날기법을 사용한 토기가 발견되지 않고 있어, 이 기법의 출처를 생각할 경우 그 분포가 한반도 남서부에 편재한다는 사실은 매우 중요한 의미를 가진다. 仰韶文化에 선행하는 白家村文化의 타날기법(中國社會科學院考古硏究所 1994)[27]은 繩打捺로 圓底化를 실현하였으며 가마로 소성하는데, 새끼를 주요한 타날문으로 한 같은 기법이 내륙부로부터 浙江省 河姆渡遺蹟(浙江省文管會·浙江省博物館 1976; 浙江省文物管理委員會·浙江省博物館 1978)

---

27) 劉慶柱씨의 배려로 中國社會科學院考古硏究所 西安硏究室에서 출토된 토기를 관찰하였다.

등 해양 연안부까지 넓게 분포한다. 그리고 粘土帶土器와 繩打捺文이 있는 灰陶가 遼寧省 本溪市 上堡遺蹟(魏海波·梁志龍 1998)[28] M1, M2 石棺墓에서 공반 부장되고 있는 등, 지리적 위치로 볼 때 松菊里式土器 타날기법이 陸路를 통하여 북방으로부터 전래되었다고 추정하는 것은 어려운 상황이다. 아직까지 山東半島에서 松菊里式土器와 일치하는 타날기법이 발견되었다는 보고가 없기 때문에 최종적인 결론을 내리는 것은 무리가 있다. 그러나 木製 打捺板에 새긴 意匠의 탁월한 印文陶가 揚子江 下流域을 포함한 중국 남부, 太平洋岸을 중심으로 한 지역에 있는 것(尹煥章 1958; 江西省博物館 1977)을 고려하면, 한반도 남서부에 편재하는 이유를 山東半島 해안부 지역으로부터 직접 바다를 건너 전해진 것에서 구할 수 있다. 이러한 기술 이동에는 단순한 물품 이동과는 다른 상황을 상정하여야 한다. 이 경우 토기 제작의 장소에서 직접 타날기법을 습득한 사람이 이동한 후에 비로소 그 기술을 다른 지역으로 전할 수 있기 때문이다. 그렇다고 하면 이러한 기술을 보유한 인간의 이동을 필연적인 조건으로 하는 이 기술계보를 山東半島 해안부지역 → 한반도 남서부지역 → 일본열도 九州지역으로의 경로로 인정할 수 있다(李弘鍾 2002). 그리고 이 타날기법의 파급경로는 실제적인 기술 수준에 이르는 문화를 전한 경로이기 때문에 水稻農耕에 중점을 둔 文化複合의 전파 경로를 정확하게 따랐다고 생각한다. 본고에서는 松菊里式土器 타날기법을 발생시킨 기술계보의 경로를 山東半島 해안부지역 → 한반도 남서부지역 → 일본열도 九州지역으로 설정하였으며, 이것이 水稻農耕 文化複合의 파급경로라는 가설을 제기한다.(深澤芳樹·李弘鍾)

本稿를 작성하기 위하여 崔完奎, 金武重, 鄭薰鎭, 李康承, 李南奭, 裴基同, 李相吉, 金正完, 朴升圭, 李盛周, 趙榮濟, 鄭仁盛, 鄭京禮, 俞炳隣, 李和鍾, 李賢淑, 吳永贊, 劉慶柱, 劉振東, 程林泉, 趙雪村, 焦南峰, 韓釗, 赤澤秀則, 秋山浩三, 安樂勉, 石神怡, 石黑立人, 伊藤實, 內田正俊, 內田律雄, 大塚充, 奧井哲秀, 蔭山誠一, 金關恕, 河村裕一郎, 岸本圭, 木谷秀次, 北野陽子, 後藤直, 坂元雄紀, 定森秀夫, 柴田昌兒, 高橋工, 高野學, 武末純一, 田崎博之, 田福涼, 谷豊信, 千田剛道, 地村邦夫, 中村淳機, 中村大介, 西田建彦, 橋口達也, 橋本輝彦, 林日佐子, 福岡澄男, 藤田三郎, 藤永照雄, 古川秀幸, 堀內明博, 町田利幸, 三木弘, 宮崎貴夫, 村上恭通, 森下しのぶ, 山野洋一, 山村淳彦, 橫田義章 여러분들에게 교시, 도움을 받았다. 특히, 田福涼씨는 古南里貝塚, 寬倉里遺蹟, 巢松里遺蹟, 鳥石里遺蹟 출

28) 村上恭通씨에게서 교시를 받았다.

토 토기 관찰시에 동행하여 주었고 타날기법, 기타 조정방법에 대해 확인해 주었다. 北野陽子씨는 〈도면 1〉 신체기법의 도면, 그리고 〈도면 4〉에 게재한 도면을 통하여 松菊里式土器를 제작할 당시의 모습을 복원도로서 묘사하여 주었다. 森下しのぶ씨는 〈도면 9〉에 게재한 타날판의 세밀한 트레이싱을 해주었다. 우리는 이상의 분들에게 다시 한번 진심으로 감사의 뜻을 전한다.

한편, 본고는 財團法人大阪府文化財センター 2004년 3월 25일에 발행된 『財團法人大阪府文化財センター・日本民家集落博物館・大阪府立彌生文化博物館・大阪府立近つ飛鳥博物館 2002年度 共同研究成果報告書』에 일본어 논문으로 게재된 것이다.

✣ 참고문헌

━━━ 한국어 ━━━

京畿文化財團附設畿甸文化財研究院, 2003, 『旗安里製鐵遺蹟發掘調査』, 現場說明會資料 14

慶南大學校博物館, 1995, 『金海德山里遺蹟』, 慶南大學校博物館叢書 9

慶尙南道・慶尙大學校博物館, 2001, 『晋州大坪里玉房3地區先史遺蹟』

高麗大學校埋藏文化財研究所, 1997, 『寬倉里遺蹟周溝墓』, 高麗大學校埋藏文化財研究所研究叢書 第6輯

高麗大學校埋藏文化財研究所, 2003, 『舒川 道三里遺蹟』, 現場說明會資料

高麗大學校發掘調査團, 1994, 『渼沙里遺蹟』 5

公州大學校博物館, 1996, 『烏石里遺蹟』

國立扶餘博物館, 1987, 『保寧校成里住居址』

金元龍, 1966, 「水石里先史時代聚落住居址調査報告」, 『美術資料』 11

東義大學校博物館, 1989, 『大也里住居址』 II, 東義大學校博物館學術叢書 3

宋滿榮, 1995, 『中期 無文土器時代 文化의 編年과 性格』, 崇實大學校大學院 碩士學位論文

嶺南文化研究院, 2000, 『大邱八達洞遺蹟 I』, 嶺南文化研究院學術調査報告 第20冊

吳相卓・姜賢淑, 1999, 『寬倉里遺蹟』, 亞洲大學校博物館

李健茂, 1991, 「彌生時代開始期の無文土器」, 『日韓交涉の考古學』, 六興出版.

李亨源, 1999, 「保寧 眞竹里遺蹟 發掘調査 槪報」, 第42回 全國歷史學大會 發表要旨

李弘鍾, 2000, 「無文土器가 彌生土器 成立에 끼친 影響」, 『先史와 古代』 14, 韓國古代學會

_____, 2002, 「松菊里文化의 時空的 展開」, 『湖西考古學』 6・7, 湖西考古學會

_____, 2003, 「松菊里型 聚落의 景觀的 檢討」, 『湖西考古學』 9, 湖西考古學會

李弘鍾・姜元杓・孫晙鎬, 2001, 『寬倉里遺蹟』, 高麗大學校埋藏文化財研究所

全南大學校博物館, 1989, 『住岩댐水沒地區文化遺蹟發掘報告書(IV)』

鄭漢德, 1999, 「「欣岩里類型 形成過程 再檢討」에 대한 討論」, 『湖西考古學』 1, 湖西考古學會

河仁秀, 1989, 『嶺南地方 丹塗磨研土器에 대한 新考察』, 釜山大學校大學院 碩士學位論文

韓國文化財保護財團, 2000, 『西海岸高速道路(藍浦~熊川)建設區內 文化遺蹟發掘調査報告書』, 學術調査報告 第82冊

韓神大學校博物館, 2002, 『華城 泉川里 遺蹟』, 現場說明會資料

漢陽大學校博物館, 1990, 『安眠島古南里貝塚(1次發掘調査報告書)』, 漢陽大學校博物館叢書 第10輯

_____, 1991, 『安眠島古南里貝塚(2次發掘調査報告書)』, 漢陽大學校博物館叢書 第11輯

_____, 1999, 『安眠島古南里貝塚(8次發掘調査報告書)』, 漢陽大學校博物館叢書 第30輯

▨▨▨▨ 일본어 ▨▨▨▨

出雲市教育委員會, 2002, 『海上遺跡』, 出雲市民病院移轉豫定地內埋藏文化財發掘調査報告書

愛媛縣埋藏文化財センター, 1986, 『宮前川遺跡中小河川改修事業埋藏文化財調査報告書』, 埋藏文化財發掘調査報告書 第18集

群馬縣埋藏文化財調査事業團, 2002, 『波志江中屋遺跡北關東自動車道(高崎~伊勢崎)埋藏文化財發掘調査報告書第10集』群馬縣埋藏文化財調査事業團調査報告書 第291集

佐原眞, 1968, 「畿內地方」, 『彌生式土器集成 本編2』, 小林行雄・杉原莊介編

_____, 1972, 「平瓦桶卷き作り-」, 『考古學雜誌』58-2

志摩町教育委員會, 1983, 『御床松原遺跡』, 志摩町文化財調査報告書 第3集

_____, 1988, 『新町遺跡Ⅱ -福岡縣絲島郡志摩町所在墳墓群の調査-』, 志摩町文化財調査報告書

田崎博之, 1994, 「夜臼式土器から板付式土器へ」, 『牟田祐二君追悼論集』

谷豊信, 1985, 「樂浪土城出土の土器(上) -樂浪土城研究その2-」, 『東京大學文學部考古學研究室研究紀要』3

_____, 1985, 「樂浪土城出土の土器(中) -樂浪土城研究その3-」, 『東京大學文學部考古學研究室研室紀要』4

田原本町教育委員會, 1992, 「唐古・鍵遺跡第48次調査」, 『田原本町埋藏文化財調査年報』

中村大介, 2003, 「彌生文化早期における壺形土器の受容と展開」, 『立命館大學考古學論集』Ⅲ

二丈町教育委員會, 1994, 『深江 井牟田遺跡』, 二丈町文化財調査報告書 第8集

橋口達也, 1982, 「甕棺のタタキ痕」, 『森貞次郎博士古稀記念古文化論集』

原口正三, 1977, 「考古學からみた原始・古代の高槻」, 『高槻市史』第1卷 本編 1

原の辻 遺跡保存等協議會, 2000, 『原の辻 遺跡』, 原の辻 遺跡保存等協議會調査報告書 第1集

深澤芳樹, 1991, 「彌生土器の基部成形手法」, 『唐古 -藤田三郎さん・中岡紅さん結婚記念-』

_____, 1995, 「タタキの民族誌」, 『みずほ』15

_____, 1998, 「東海洋上の初期タタキ技法」, 『一色青海遺跡』, 愛知縣埋藏文化財センター調査報告書 第79集, 愛知縣埋藏文化財センター

福岡縣教育委員會, 1978, 『九州縱貫自動車道關係埋藏文化財調査報告』ⅩⅩⅣ

_____, 1982, 『福岡縣調査報告書』第63集

_____, 1992, 『椎田バイパス關係埋藏文化財調査報告』第8卷 下卷

藤口健二, 1986, 「朝鮮無文土器と彌生土器」, 『彌生文化の研究』3, 雄山閣

町田利幸, 2001, 「壹岐における彌生時代の交易」, 『彌生時代の交易 -モノの動きとその擔い手-』, 埋藏文化
　　　財研究會, 第49回埋藏文化財研究會集會

■■■■■■ 중국어 ■■■■■■

江西省文物工作隊, 1990, 「江西鷹潭角山窯址試掘簡報」, 『華夏考古』, 1990年 第1期

江西省博物館, 1977, 「江西地區陶瓷器幾何形拍印紋樣總述」, 『考古學報』, 1977年 第9期

南京博物院, 1958, 「杭州老和山遺址 1953年第一次發掘」, 『考古學報』, 1958年 第2期

魏海波 · 梁志龍, 1998, 「遼寧本溪縣上堡靑銅短劍墓」, 『文物』, 1998年 第6期

尹煥章, 1958, 「關於東南地區幾何印紋陶時代的初步探測」, 『考古學報』, 1958年 第1期

浙江省文管會 · 浙江省博物館, 1976, 「河姆渡發見原始社會重要遺址」, 『文物』, 1976年 第8期

浙江省文物管理委員會 · 浙江省博物館, 1978, 「河姆渡遺址第一期發掘報告」, 『考古學報』, 1978年 第1期

中國社會科學院考古研究所, 1994, 『臨潼白家村』, 中國田野考古報告集考古學專刊丁種 第44號

■■■■■■ 圖面出典一覽 ■■■■■■

〈도면 2-1〉李弘鍾 · 姜元杓 · 孫晙鎬, 2001, 도면 116-5

〈도면 2-2〉李弘鍾 · 姜元杓 · 孫晙鎬, 2001, 도면 317-1

〈도면 2-3〉李弘鍾 · 姜元杓 · 孫晙鎬, 2001, 도면 206-5

〈도면 2-4〉韓國文化財保護財團, 2000, 도면 25-4

〈도면 2-5〉韓國文化財保護財團, 2000, 도면 25-3

〈도면 2-6〉李弘鍾 · 姜元杓 · 孫晙鎬, 2001, 도면 60-11

〈도면 2-7〉李弘鍾 · 姜元杓 · 孫晙鎬, 2001, 도면 30-48

〈도면 2-8〉韓國文化財保護財團, 2000, 도면 42-17

〈도면 3〉韓國文化財保護財團, 2000, 도면 23-1

〈도면 9-1〉出雲市敎育委員會, 2002, 제50도 2

〈도면 9-2〉愛媛縣埋藏文化財調査センター, 1986, 제162도

〈도면 9-3〉原口正三, 1977, 제106도

〈도면 9-4〉群馬縣埋藏文化財調査事業團, 제110도 50

〈도면 10-1〉李弘鍾 · 姜元杓 · 孫晙鎬, 2001, 도면 317-1

〈도면 10-2〉福岡縣敎育委員會, 1978, fig. 180

〈도면 10-3〉德島市敎育委員會, 1993, 「名東遺跡發掘調査概要 -マンション建設工事に伴う發掘調査」,
　　　『德島市埋藏文化財發掘調査概要 3』 제9도 63

〈도면 10-4〉石川縣埋藏文化センター, 1994, 『金澤市戶水B遺跡金澤西部土地區畵整理事業にかかる埋
　　　藏文化財發掘調査報告書』 제35도 3

송국리문화를
통해 본
농경사회의
문화체계

7

寬倉里遺蹟
磨製石器 分析

- 生計類型과 社會組織 復原을 위한 試論的 檢討

孫晙鎬 (高麗大學校 考古環境研究所 先任研究員)

I. 머리말

지금까지 고고학의 주된 관심분야는 유물의 상대편년에 의한 시기 설정과 이를 통한 문화상의 변화과정을 밝히는 데에 있었다. 따라서 청동기시대에 대한 연구 역시 이러한 문화적 속성을 잘 반영하고 있는 청동기나 토기류의 연구에 집중되어 왔다. 이에 반하여 마제석기는 기능적인 측면이 강하기 때문에 속성의 변화가 적고 변화 양상을 살피기가 어려워 연구자의 관심을 받지 못하였다.

그러나 이러한 석기의 기능적 속성이 청동 기시대인들의 실제 생활상을 복원하는 데에 보다 유효하다고 생각한다. 즉, 석기는 청동기 인들의 실제적인 삶의 필요에 의하여 고안되 었기 때문에 기능적 속성 파악을 통한 당시인 의 생활방식이나 생계수단 등의 연구에 있어 서 효과적인 것이다. 마제석기는 시기적 선후 관계에 집착하는 단계를 벗어나 과거의 문화 상 복원이라는 고고학의 근본 목적에 보다 근 접할 수 있는 연구대상으로 판단된다. 이와 같 은 이유에서 필자는 마제석기 분석을 통하여 청동기시대 취락의 생계유형과 사회조직 복 원을 시도하고자 한다.

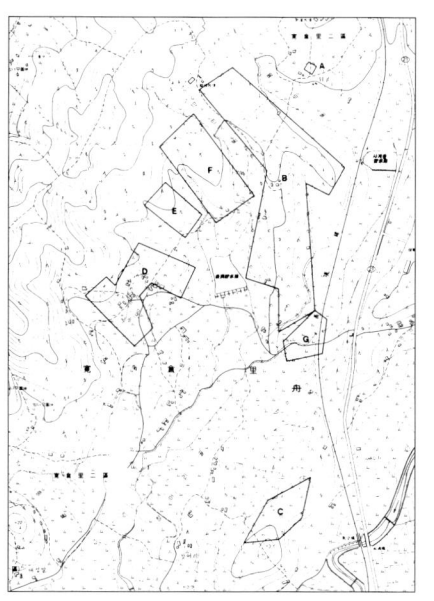

〈도면 1〉 관창리유적 구역별 위치도(1/20,000)

충남 보령시 관창리유적은 한반도에서 발굴 조사된 청동기시대 송국리문화단계의 유적 가운데 가장 큰 규모에 해당하는 대단위 취 락유적이다(忠南大學校博物館 1995; 吳相卓·姜賢淑 1999; 李弘鍾 外 2001; 李殷昌 外 2002). 동일 시기에 해당하는 주거지와 분묘군, 요지, 토광 등과 함께 경제활동의 일면을 살필 수 있는 논유구가 조사되어 청동기시대의 생활상 복원에 중요한 자료를 제공하고 있다.

이 가운데 본고의 검토 대상은 관창리유적 B구역의 주거지 출토품으로 제한하였다. 그 이유는 다음의 세 가지로 요약된다. 먼저, B구역은 약 111,000m²의 면적으로 유적의 전체 면적 가운데 절반 정도를 차지하는 대단위 취락을 형성하고 있다. 마제석기 역시 B 구역에서 가장 많은 출토량을 보이는데(974점 - 전체 출토량의 76.9%), 다양한 성격의 유 구 중에서 주거지 출토품이 압도적인 비율을 차지하고 있다(789점-B구역 출토량의

81.0%). 즉, B구역 주거지 출토품은 관창리유적의 전체 마제석기를 대표한다고 할 수 있다. 두 번째 이유는 필자가 오랜 시간을 두고 관찰할 수 있는 유물이 B구역 출토품이기 때문이다. 마제석기 분석의 기초작업이라고 할 수 있는 석기의 기능별 분류에 있어서는 실제 석기를 면밀하게 살피는 것이 중요하다. 마지막 세 번째는 B구역이 하나의 단위 취락을 형성하고 있다는 점이다. 동일 구릉상에서 99기의 주거지가 거의 중복되지 않고 축조되어 있으며, 출토 유물에 있어서도 뚜렷한 시기적인 차이를 파악할 수 없음을 볼 때, B구역은 고고학적으로 동일 시기에 형성된 취락이라 판단된다.[1] 그러므로 B구역 주거지 출토 마제석기류만을 분석하는 것이 청동기시대 단위 취락 내에서의 주거지간 관계를 파악하고, 이를 통하여 취락의 전반적인 성격을 규명하는 데에 보다 효과적이라 생각한다.

관창리유적 B구역에서 조사된 주거지 가운데 마제석기가 출토된 주거지는 모두 합하여 79기이며, 마제석기가 확인되지 않은 주거지는 20기이다. 이들 99기의 주거지를 분석대상으로 하였으며, KC-002·015호 주거지는 분석대상에서 제외하였다. KC-015호 주거지는 비교적 대형의 장타원형 유구로 내부시설이 확인되지 않는 것을 볼 때, 관창리유적의 일반적 주거지와는 성격이 다른 유구로 판단된다. 한편, KC-002호 주거지는 신석기시대의 유구이다.

II. 磨製石器의 分類

마제석기는 형태에 따라 일차적인 분류가 가능하다. 이는 마제석기 형태의 차이가 곧 기능차의 반영임을 전제로 한다. 석기의 기능을 추정하기 위해서는 유물의 출토상황을 검토하는 한편, 석기의 특징적인 형태로부터 민족지적 연구성과를 이용하거나, 동일한 석기 모형을 제작하여 사용실험을 행하는 방법 등이 있다. 이밖에 최근에 주목받는 것으로 사용흔[2]을 관찰하는 방법도 있다. 보다 객관적인 근거의 확보를 위하여 금속현미경에 의한 사용흔 분석이나 잔존지방산 분석 등의 자연과학적 방법

---

1) 주거지의 중복 축조는 4예 확인되었다. 주거 폐기 후 15년 정도만 지나도 유구의 흔적을 전혀 확인 할 수 없다는 민족지 사례를 볼 때(Gorecki 1985), 중복관계가 조사되었다 하더라도 출토유물이나 주거구조상의 뚜렷한 차이가 확인되지 않는 경우의 시기 구분은 고고학적으로 무의미하다.
2) 사용흔이란 사용에 의하여 석기에 생긴 물리적이고 화학적인 변화를 뜻한다(松山聰 1995, p.2).

이 이용되기도 하지만, 이는 많은 시간과 비용이 소요되는 연구방법으로 아직까지 자료의 축적이 부족한 상태이다. 특히, 한반도 출토 마제석기에 대해서는 이러한 자연과학적 연구는 물론, 사용실험, 민족지적 연구성과 등의 적용 또한 거의 시도된 적이 없다고 할 수 있다. 최근까지 사용된 유사 형태의 도구와 동일한 용도로 사용되었을 것이라는 가정에 기초하여 마제석기의 기능을 추정하거나, 상대적으로 연구가 활발히 진행된 일본측의 연구성과를 그대로 받아들인 경우가 대부분이다. 그러나 동일한 형태의 도구가 반드시 같은 기능으로 사용되었다고 볼 수는 없다.[3] 또한, 일본측의 연구성과가 없는 마제석기류의 경우에는 그 기능 추정에 있어 연구자에 따라 상이한 경우가 발생한다.[4]

이와 같이 기존에 시도된 한반도 출토 마제석기의 기능별 분류는 몇 가지 문제점을 내포하고 있다. 그러나 본고에서 이를 해결할 수 있는 새로운 방법론을 제시한다거나, 또는 앞서 언급한 자연과학적 방법을 적용하여 분류의 객관성을 높이려는 것은 아니다. 다만, 기존에 행하여진 분류상의 문제점을 인식하고 이러한 기능 추정상의 오류를 조금이나마 해소하기 위하여 석기에 대한 면밀한 관찰을 시도하였다. 확대경을 이용하여 사용에 의한 마모흔이나 박리흔 등을 관찰하였으며, 이와 함께 당시인이 사용하였을 가장 효율적인 방법을 추정하여 그 기능을 상정하였다.

하지만 이러한 관찰만으로 모든 석기의 기능을 추정하는 것은 무리가 있다. 그러므로 대다수의 석기류는 기존의 연구성과를 받아들일 필요가 있는데, 일본측의 연구성과도 충분하게 활용하는 것이 바람직하다. 특히, 마제석기의 경우 한반도 출토품과 형태상 유사한 大陸系磨製石器라 불리우는 一群의 석기류가 야요이시대에 확인되고 있는 점을 볼 때, 동일한 기능의 부여가 가능할 것이라 생각한다.

본고에서는 관창리유적 B구역 주거지 출토 석기류를 기능에 따라 石劍, 石鏃, 石刀, 石斧, 砥石, 食糧處理具, 紡錘車, 石錘, 小型透孔石器, 半成品, 不明石器로 분류하였다(표

---

3) 유명한 예로는 야요이시대의 반월형석도를 들 수 있다. 반월형석도의 형태가 에스키모의 조리용 칼과 유사하기 때문에 처음에는 그 기능을 조리용 칼로 파악하여 石庖丁이라는 명칭을 부여하였다. 그 후의 연구에 의하여 수확구임이 밝혀졌는데, 이는 단순한 민족사례의 유추가 반드시 올바른 기능추정에 이르지 못함을 보여주는 예이다(鈴木公雄 1994, p.111).

4) 대표적인 예로 유구석부의 용도를 다목적 도구(尹容鎭 1969, p.15)와 목공구(裵眞晟 2000, pp.79~80), 또는 형태에 따라 이들 양자로 구분해서 보는 견해(盧爀眞 2001, pp.19~22)가 있다. 최근 출토예가 증가하고 있는 부리형석기도 혹요석기 修正具(과학원출판사 1959, p.37), 굴지구(李相吉 1998, pp.253~254), 携帶用砥石(國立昌原文化財研究所 2001, p.210), 수확구(兪炳琭 2002, p.132) 등의 다양한 용도가 상정되고 있다.

〈표 1〉 관창리유적 B구역 주거지 출토 마제석기 일람(마제석기가 출토된 주거지 : 총 79기)

유구번호	면적(m²)	석검	석촉	석도	석부	지석	식량처리구	방추차	석추	소형투공석기	반성품	불명석기	계	유구번호	면적(m²)	석검	석촉	석도	석부	지석	식량처리구	방추차	석추	소형투공석기	반성품	불명석기	계
KC001	54.1	1	1	4	4	5		1		1	1	1	19	KC048	31.6		2	1	4		2					2	11
KC003	44.1		1	1		1	1	2			1		7	KC050	9.8							2	1				3
KC004	47.8		1	1	2	3	3					1	11	KC051	22.5		2					1		1			4
KC005	17.7		2		2	3						1	8	KC052	14.2		1				1	1	1				4
KC006	32.7		2		2			1			1	2	8	KC053	20.2		4	1	1								6
KC007	22.9			1	1	6	2					1	11	KC054	23.0	1	2					1				2	6
KC008	24.3	5		1	2	6	1	3		1		3	22	KC056	30.1							1	1	1			3
KC009	33.5	6		1	2	1	1						11	KC057	22.9		3				3	2				3	11
KC010	36.3	1		4	7	2		1				2	17	KC058	9.0							1		2			3
KC011	30.2	1		4	4	2						1	12	KC059	10.3						2						2
KC012	22.0		2		7	2						1	12	KC060	39.9	1						1			1	1	5
KC013	37.8				1	3	2				1	1	8	KC061	7.8		1					1					2
KC014	29.6	1	7	2	4	4	1	5		1		2	27	KC063	12.2		1		2		3	1		1		1	9
KC016	12.1					1	1				1	1	4	KC069	9.0							1					1
KC017	21.4		1		1	4	1					1	8	KC071	13.5							1		2			3
KC018	21.0			1	1		1			1		2	6	KC072	29.2							1		2			3
KC019	27.8		3		2	8	1				8		27	KC073	34.7	1	1	2	3	4		1			2		14
KC020	14.8			1	9	2	1						13	KC074	12.1							1	1				2
KC021	14.8		1	1		3							5	KC075	10.2						2						2
KC022	7.8		2		1	3		1					7	KC076	43.5		15		1	1					5	1	23
KC023	11.5		1			3						1	5	KC078	55.8		3		1	1						1	6
KC026	33.8		7		6	2	1			4		1	21	KC079	49.0	2	5	1	4	4		2	4		1	2	25
KC027	25.5		3		4		1			1		1	10	KC080	13.4		1		4	1				1	2	1	10
KC028	11.1				2	3	1					1	7	KC081	18.4		2				2						4
KC029	18.1					4	2						6	KC082	14.8						1	2			1	2	6
KC030	41.1	1	1		1	12	2		2			1	20	KC083	17.0	1	1				3						5
KC031	43.5		1		1	3	1		1			3	10	KC084	16.7		1	3			3						7
KC032	51.4		6		3	4	1				1	1	16	KC086	22.0		5	3	2	3	1						14
KC033	18.5				2		1					2	5	KC087	15.2	1	1										2
KC034	17.0											2	2	KC088	13.4										1	2	3
KC035	17.6											2	2	KC089	23.5			1	1	2	1	2				1	8
KC036	14.4			1					1				2	KC090	7.6							1	1				2
KC037	19.4				1								1	KC092	11.5						1					1	2
KC038	25.9	1	7		10	10	6	1	1	3	3	6	48	KC093	10.5		1									1	2
KC039	18.8		2										2	KC095	18.9		5				1					1	7
KC040	44.5	1	28	2	20	15	6	7	1	11		7	98	KC096	10.7		1							1		1	3
KC041	12.6		2		2	2						2	8	KC097	20.2		1										1
KC042	22.5	2	4		3	1	7				1	1	19	KC099	16.8	1	3				4	2	1			2	13
KC043	23.0			1	1	2		1			3	2	10	KC100	20.7	2	4				1	2					9
KC047	24.0		3		2	2	1						8	계		18	170	25	117	196	77	46	7	9	70	54	789
														(%)		2.3	21.5	3.2	14.8	24.9	9.8	5.8	0.9	1.1	8.9	6.8	100

1). 확인된 석기류는 대부분이 파손품 또는 미제품으로 완제품의 출토예는 극히 빈약하다. 이는 조사된 유구의 성격이 생활유구인 것에 기인한다. 따라서 파손품이나 미제품이라 하더라도 석기의 기능을 파악할 수 있는 경우에는 그 기능에 따라 분류하는 것을 원칙으로 하였다. 석기의 재가공으로 인하여 기능의 변화가 상정되는 경우는 변화된 기능에 입각하여 분류하였으며, 두 가지의 기능이 동시에 상정되는 경우에는 주로 사용되는 용도를 추정하여 구분하였다.

분류된 각 석기군의 출토양상과 기능에 대하여 간단히 살펴보면 다음과 같다. 먼저 石劍은 18점이 출토되었다(도면 2 - 1~4). 有莖式과 一段柄式이 확인되었으나, 본고의 분석에서는 세부형식의 구분이 무의미하기 때문에 세분하지 않았다. 다만, 二段柄式이 전혀 출토되지 않았으며, 유경식 석검은 비교적 소형에 경부끝이 좌우로 돌출된 소위 '松菊里型石劍'(趙現鐘 1989, pp.50~52)임을 볼 때 주거지의 축조 시기가 모두 송국리단계에 해당함을 알 수 있다. 석검에서 사용흔은 관찰되지 않았는데, 이는 대부분의 석검이 파손품 또는 미제품이기 때문이다. 그러나 검신부 일부가 파손된 것을 재가공한 KC -001 · 040호 출토품(도면 2 - 2 · 3)이나, 완성품의 검신 일부만이 확인된 KC - 084호 출토품(도면 2 - 1)에서도 날부분에 사용에 의한 흔적은 확인되지 않았다. 이를 통하여 석검의 기능을 실용적 목적의 도구가 아닌 身分象徵儀器로 상정할 수 있다(李榮文 1997, p.61). KC - 084호 출토품의 경우 주거지 바닥 생토면에 박힌 상태로 출토되어 주거지 폐기과정과 관련된 석검의 특수한 기능을 추정하게 한다.

石鏃은 총 170점으로 가장 많은 출토량을 차지한다(도면 2 - 5~17). 석촉의 형식은 一段莖式(中間式 포함)과 二段莖式, 無莖式이 모두 확인되었으나, 아직까지 세부형식의 기능 차이에 대하여 뚜렷하게 밝혀진 연구가 없기 때문에 여기서는 따로 분류하지 않았다.[5] 다만, 이단경식과 무경식은 각 1점씩만 출토되었으며(도면 2 - 5 · 9), KC - 087호 출토 이단경식 석촉도 전형적 형태는 아니기 때문에 대부분의 석촉 형식이 일단경식이라고 할 수 있다. 일단경식은 한강유역을 제외한 중서부 · 영호남지역에서 청동기시대 전기후반 이후부터 주로 이용된 형식으로(宋滿榮 1995, p.51), 석촉의 출토양상도 B구역 주거지의 동시기성을 반증하고 있다. 한편, 석촉의 기능은 일반적으로 수렵용으로 생각

---

5) 황기덕(1965, p.19)은 석촉의 날개 유무를 근거로 하여 날개가 있는 것은 무기, 날개가 없는 것은 수렵용으로 판단하였다. 그러나 현재까지의 연구성과를 통해 볼 때, 석촉의 형태적 차이를 시기적 변화와 지역적 차이에 기인한 것으로 파악한 崔盛洛(1982, p.64)의 견해가 보다 타당한 것으로 판단된다.

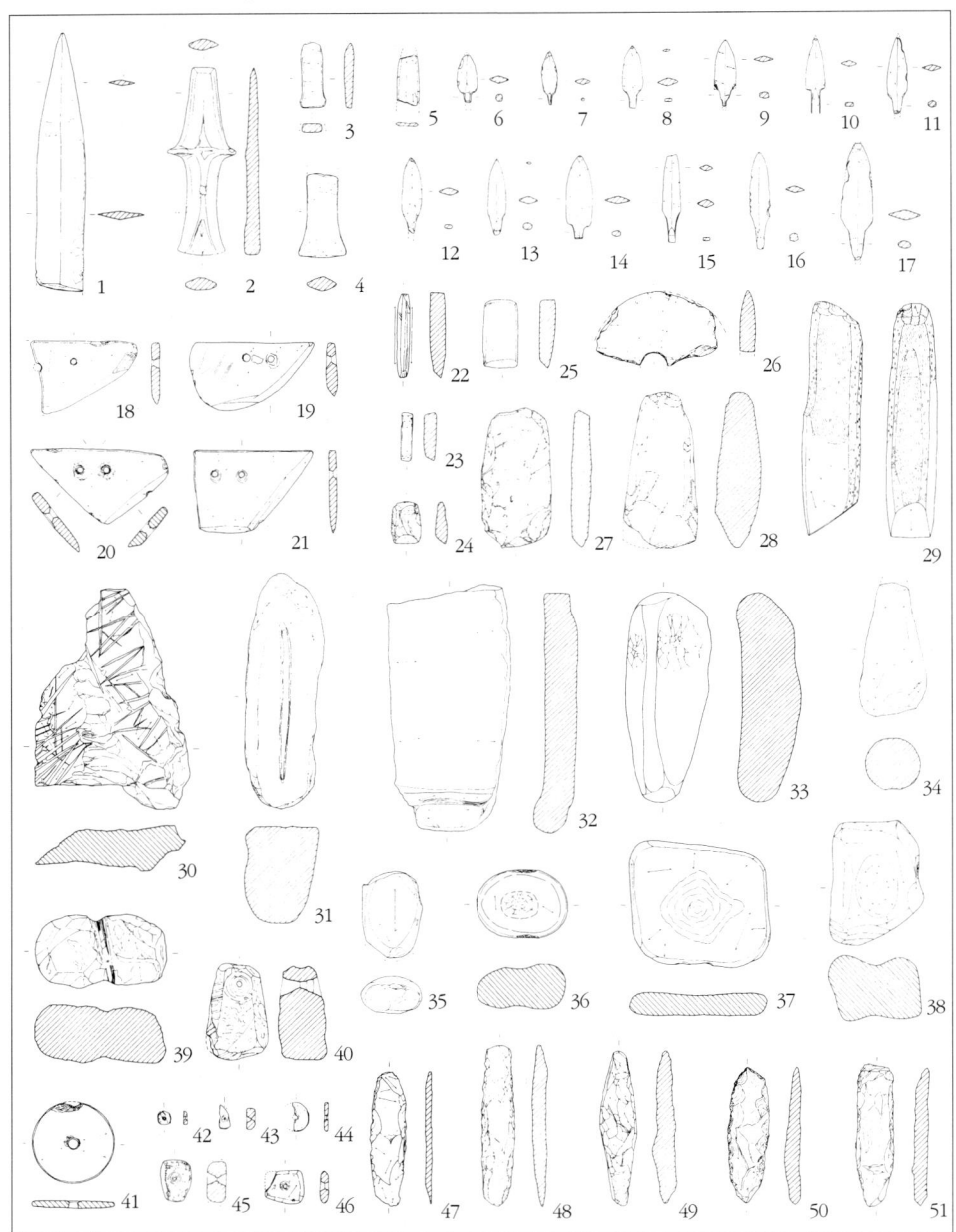

〈도면 2〉 관창리유적 B구역 주거지 출토 마제석기류(1/6)

되지만, 원거리 무기로 사용되었을 가능성도 있다(崔盛洛 1982, p.63). 만약, 관창리유적
에서 출토된 석촉의 대다수가 무기로 이용되었다고 한다면, 출토량이 많은 것을 통하여
관창리유적내, 혹은 다른 지역집단과의 긴장관계가 있었음을 추정할 수 있다. 그러나 관

창리유적에서 살상용으로 추정되는 長身形石鏃이 다수 출토되기는 하지만, 집단간 갈등에 의한 결과물이라 판단되는 환호나 목책시설(鄭澄元 1991, p.38), 또는 화재주거지의 증가 양상(宋滿榮 1996) 등이 확인되지 않는다. 따라서 석촉의 기능은 구릉부에 위치한 유적의 입지조건과 관련하여 주로 수렵 행위에 이용된 것으로 추정된다.

　石刀는 25점이 확인되었다(도면 2 - 18~21). 형태에 따라 三角形과 舟形으로 구분되는데, 삼각형이 대다수를 차지하며 주형은 KC - 001호 주거지에서 1점 확인되었다(도면 2 - 18). 삼각형과 주형은 모두 송국리단계에서 출토되는 형식으로(孫晙鎬 2002, p.120), 석도의 형식에 있어서도 주거지간 출토유물상의 유사함이 간취된다. 석도의 기능이 이삭을 따는 穗摘具임은 石毛直道(1968)의 사용실험에 의하여 확인된 바 있으며, 최근에는 몇몇 특수한 형태의 석도에 대한 사용흔 분석이 행하여져 그 기능이나 사용법이 일부 확인되고 있다(御堂島正 1989 · 1990; 松山聰 1992; 齋野裕彦 外 1999). 한편, 출토량의 대다수를 차지하는 삼각형석도는 대규모의 도작을 행하기 위하여 발생한 석도로(金相冕 1985, pp.47~48), 제작을 간략화하고(金元龍 1987b, p.361) 날의 사용면적을 최대화하기 위하여 고안되었다(安承模 1985, p.54)고 보는 견해가 있지만, 밭농사에 있어서 사용되었을 가능성도 배제할 수는 없다(孫晙鎬 2002, p.133). 아무튼 농경과 관련된 수확용 도구임은 분명하다.

　石斧는 총 117점이 확인되었다(도면 2 - 22~29). 일차적으로 마제와 타제(도면 2 - 27)로 구분되며, 마제석부는 刃部의 형태에 따라 蛤刃(도면 2 - 28)과 片刃으로 세분된다. 편인석부는 다시 柱狀片刃石斧와 有溝石斧(도면 2 - 29), 그리고 비교적 소형 석부인 扁平片刃石斧(도면 2 - 25)와 石鑿(도면 2 - 22 · 23)으로 구분된다. B구역 주거지 출토품 가운데 타제석부는 5점, 합인석부는 3점이 출토되었으며, 나머지 대부분은 편인석부로 확인되었다. 이밖에 환상석부도 1점 출토되었다(도면 2 - 26). 한편, 편인석부 가운데에는 평면형태가 비교적 불규칙하며 소형에 편인을 이루는 것들이 있다(도면 2 - 24). 이러한 석기들을 모두 석부로 명명하는 것은 다소 무리라고 생각하지만, 사용흔의 관찰결과 편평편인석부나 석착과 동일한 기능을 수행한 것으로 판단되어 일단 석부류에 포함하였다. 일반적으로 타제석부는 굴지구로서의 기능이 상정되며(安在晧 2000, p.51), 대형의 합인석부는 벌채용, 편인석부는 목기의 가공용으로 이용되었다고 본다(佐原眞 1985, pp.37~42). 또한, 편인석부 가운데 유구석부를 포함한 주상편인석부는 목기의 1차 가공용 석부이며, 편평편인석부와 석착은 2차 가공용 석부로 인식되기도 한다(裵眞晟 2000, pp.82~83). 결국, 관창리유적 출토 석부류의 대부분은 목기가공용 도구로 볼 수 있는데, 제작된 목기의 대다수가 농경에 이용되었다고 한다면,[6] 타제석부와 합인석부를 포함한 대부분의 석부류를 농경관련 도구로 상정하는 것이 가능하다. 1점이 출토된 환상석부는 무기의 기능을 갖는 棍棒頭로 추정되는데(尹德香 1983, p.19), 전투지휘용이나 族長의 象徵具로 보는 견해도 있다(盧爀眞 1984, p.96).

砥石은 196점이 확인되는데(도면 2 - 30 · 31), 대부분의 주거지에서 출토되고 있다. 지석의 형태는 매우 다양하며, 크기에 있어서도 편차가 크다. 이는 지석이 일정한 형식으로 제한되지 않고 필요에 의하여 적당한 크기와 형태로 사용되었음을 보여준다. 지석의 용도는 석기가공용 도구임이 분명한데, 특수한 형태로 溝狀의 긴 홈이 파여진 지석이 소수 존재한다. 이들 중 몇몇은 옥기 제작과 관련되었을 가능성도 있지만, 일반적으로 옥기 제작용 지석에서 확인되는 나란하게 배치된 다수의 홈은 관찰되지 않는다. KC - 019호 주거지 출토품과 같이 홈의 단면 형태가 반원형인 것(도면 2 - 31)은 나무로 된 화살대를 연마하는 용도가 상정되기도 하지만(潮見浩 1988, p.61), 홈의 단면이 'Ⅴ' 자를 이루는 KC - 038호 주거지 출토품(도면 2 - 30) 등은 별도의 용도가 있었을 것으로 추정된다. 한편, 홈이 있는 지석이라 하더라도 홈 이외의 곳에서 무수한 마연흔이 관찰되는 것을 볼 때, 이들 모두가 기본적으로 석기의 제작에 이용되었음을 알 수 있다.

食糧處理具는 총 77점이 확인되었다(도면 2 - 32~38). 硏石, 磨石, 石皿, 凹石, 敲石 등을 모두 포함한 것으로, 주로 식물식량의 처리에 이용된 석기로 추정된다. 식량처리구는 지석과 마찬가지로 특정한 형태를 이루지 않기 때문에 형태상의 세분이 불가능하다. 다만, 연석(도면 2 - 32)은 마석(도면 2 - 35)과 함께 製粉具로, 석명(도면 2 - 37 · 38)은 요석(도면 2 - 36), 고석(도면 2 - 33 · 34)과 세트를 이루어 견과류 파쇄용구로 각각 상정되는데, 이 또한 명확한 구분을 할 수 없기 때문에 모두 합하여 식량처리구로 분류하였다. 제분구로 추정되는 연석과 마석은 각각 1점, 3점이 확인되어 출토량은 소수에 불과하다. 식량처리구의 대부분을 차지하는 석명은 중앙부가 약간 들어간 형태로 植物質資料의 粉碎에 이용된 받침용 석기이며, 요석은 평면 원형의 양쪽 가운데에 홈이 있는 석기로 周緣에 打擊痕이나 磨痕이 있어 고석과 함께 두드리는 용도가 상정된다(平井勝 1991, p.97). 그러나 이들 석기류가 반드시 식량의 처리에만 이용된 것은 아니다. KC - 007호 주거지 출토 마석의 경우 도면상 좌측 하단에서 적색부분이 관찰되는데(도면 2 - 35), 이

---

6) 송국리문화단계에 이루어진 木材加工技術의 체계화는 벼농사를 중심으로 한 도구체제로의 전환이라 할 수 있다(趙現鐘 2000, pp.50~51). 따라서 이 시기에 비약적으로 증가한 목기제작도구의 대부분은 농경구를 만들기 위한 것으로 추정된다.

를 통하여 마석이 적색 안료를 분쇄하는 데에도 이용되었음이 추정된다.[7] 또, KC - 010·020호 주거지 출토 석명은 지석으로도 사용하였으며(도면 2 - 37·38), KC - 099호 주거지 출토 고석과 같이 지석, 요석, 고석의 기능을 모두 수행한 예도 있다(도면 2 - 33). 이러한 양상은 이들 식량처리구가 특정한 형태를 이루지 않는 동시에 일정한 기능으로 한정되지 않았음을 보여준다. 한편, 고석의 경우 석기제작소로 추정되는 新安 伏龍里遺蹟(李榮文 外 1996)에서 출토된 바 있어 석기제작용 도구로 볼 수도 있지만, 석기 형태나 사용흔 관찰만으로는 구분이 어렵기 때문에 따로 세분하지 않았다.

　錘類는 紡錘車, 石錘, 小型透孔石器를 모두 합하여 62점이 출토되었다(도면 2 - 39~46). 이 가운데 방추차가 46점으로 가장 많은 수량을 차지한다(도면 2 - 41). 토제 방추차도 석제 방추차와 기능상 차이가 없는 것으로 판단되기 때문에 마제석기류에 포함하였다. 석추로 분류된 것은 7점인데, 형태상 끈을 묶기 위하여 홈을 판 것(도면 2 - 39)과 구멍을 뚫은 것(도면 2 - 40)으로 구분된다. 용도에 대해서는 구멍이 뚫린 것은 무게를 다는 權石으로(金元龍 1987a, p.293), 홈을 판 것은 방직시에 사용하는 고드랫돌로 사용되었다는 견해가 있다(吳相卓·姜賢淑 1999, p.170). 이 가운데 구멍이 뚫린 KC - 063호 주거지 출토품의 경우 安眠島 古南里貝塚(金秉模·兪炳隣 1997)과 舒川 漢城里遺蹟(國立扶餘博物館 2000)·堂丁里遺蹟(國立扶餘文化財研究所 1998) 등 서해안 일대의 유적에서만 확인되는 지역성을 보인다.[8] 석추의 무게는 가장 가벼운 것이 115g이며 가장 무거운 것은 502g으로 계측되어 방추차에 비하여 상당히 무거운 편이다. 한편, 석추와 소형투공석기(도면 2 - 42~46)의 石材 가운데 滑石이 반수 이상을 차지하는 것이 주목된다. 관창리유적에서 출토된 석기의 석재 대부분이 유적의 인근에 분포하는 것에 반하여 활석광산은 유적으로부터 북동쪽으로 약 7km 정도 떨어진 지점에 위치한다(도성재 2001, p.603). 따라서 활석으로 제작된 석추와 소형투공석기는 비교적 먼 거리에서의 석재 이동을 상정할 수 있으며, 취득의 容易性과 관계없는 특정 석재에 대한 수요가 있었음이 추정된다.

　半成品은 70점이 확인되었다(도면 2 - 47~51). 본고에서의 반성품이란 석기를 완성하지 못하고 폐기된 미제석기를 뜻하는 것이 아니라, 일정한 형태와 규모를 가진 석기 半

---

7) 日本 長野市 松原遺蹟 출토 마제석기에 대한 X線回折分析 결과 부착된 적색물질은 Bengala - 酸化第二鐵를 주성분으로 하는 붉은 색 안료임이 확인되었다(長野縣教育委員會 2000).
8) 최근 발굴조사가 이루어진 舒川 道三里遺蹟의 송국리형주거지에서도 1점 확인된 바 있다(高麗大學校 埋藏文化財研究所 2003).

製品을 의미한다. 형태는 대체로 세장방형을 이루며, 길이 약 10cm 내외, 폭 약 3cm 내외이다. 석재는 대부분 세일이 많다. 좌우 측면은 타격조정하였으며, 일부 마연흔도 관찰된다. 이러한 석기들은 형태나 규모면에서 소형의 석검이나 석부류, 석촉 등의 미제품으로 추정된다. 일본 내에서의 석기 생산과 유통에 있어서 이와 같은 반성품으로서의 이동이 상정된 바 있기 때문에(酒井龍一 1991, p.62), 이들을 따로 분류하는 것이 가능하다.

마지막으로 不明石器는 용도를 파악할 수 없는 석기류의 파손품 또는 미제석기이다. 불명석기에서도 뚜렷한 인공의 흔적이 확인되기 때문에 석기제작과 관련된 것임은 분명하다. 다만, 석기의 기능별 분류에 의한 조성비를 살필 때에는 석기간의 비율을 왜곡시킬 수 있기 때문에 분석대상에서 제외한다.

III. 組成比 比較를 통한 生計類型(Subsistence Patterns) 復原

전장에서 기능별로 분류된 석기의 조성비를 통하여 관창리취락의 생계유형 복원을 시도해 보고자 한다. 검토대상은 석기의 기능상 생업활동에 이용된 것만으로 한정하였다. 석검, 환상석부, 석추, 소형투공석기는 상징적인 의미가 강한 것으로 판단하여 검토대상에서 제외하였으며, 뚜렷한 기능을 파악할 수 없는 반성품과 불명석기도 제외하였다(표 2).

<표 2> 관창리유적 B구역 주거지 출토 마제석기의 기능별 분류

마제석기 분류	수렵구	농경관련구		석기가공구	식량 처리구	방직구	계 (%)
	석촉	석도	석부	지석		방추차	
계 (%)	170 (27.0)	25	116	196 (31.1)	77 (12.2)	46 (7.3)	630 (100)
		141(22.4)					

마제석기의 기능별 조성비를 통하여 취락 내에서 어떠한 생업활동이 보다 빈번하게 이루어졌는가를 추정할 수 있다. 그러나 고고학적으로 획득된 자료가 당시의 상황을 그대로 반영할 수 없음을 생각하면, 마제석기만을 통하여 당시의 생업활동을 복원하는 것은 무리가 있다. 특히, 석기의 조성비를 고려할 때에는 하나의 유적에서 출토된 유물만을 검토대상으로 하였을 경우 오류를 범할 가능성이 높다.

예를 들면 관창리유적에서는 농경관련구보다 수렵구인 석촉의 출토비율이 조금 높은데, 이를 근거로 수렵행위가 농경행위보다 빈번하게 발생하였다고 말할 수는 없다. 석촉은 원거리 목표물 적중을 목적으로 제작되었기 때문에 그만큼 다른 석기류에 비하여 亡失率이 높다는 점을 상기하여야 한다. 즉, 석촉은 도구의 특성상 망실률을 감안하여 대량으로 제작되었을 가능성이 있으며, 그 결과 다른 석기에 비하여 다량 출토되었을 수도 있다. 그러므로 이러한 각 석기의 특성을 생각한다면, 한 유적 내에서의 석기 조성비보다는 다른 유적의 조성비와 비교하는 것이 바람직하다.

본고에서는 관창리유적과 함께 청동기시대를 대표하는 대단위 취락유적에서 출토된 마제석기의 조성비를 비교·검토하였다. 석기 출토량이 소수인 유적 자료는 당시의 생활상을 왜곡할 가능성이 크기 때문에, 검토대상 유적은 생활유구에서 출토된 마제석기의 총량이 200점을 넘는 것만으로 제한하였다.9) 분묘에서 출토된 마제석기의 경우 생활상을 반영한다고 보기 어렵기 때문에 검토대상에서 제외하였다.

보고서가 출간된 대단위 취락유적 중에서 마제석기 출토량이 200점을 넘는 것은 관창리유적을 포함하여 모두 9개이다(표 3). 시기별로 보면 청동기시대 전기의 유적이 4개, 후기의 유적이 5개이다.10) 유적의 입지환경에 따라서는 구릉지와 충적대지로 구분된다. 각각의 유적에서 출토된 마제석기의 분류는 관창리유적과의 비교를 위하여 동일한 분류기준으로 구분하였다. 관창리유적에서는 출토되지 않았으나 다른 유적에서 확인된 유물에 대해서도 그 기능을 추정하여 분류하였다. 예를 들면 석겸과 부리형석기는 그 기능을 각각 수확구와 굴지구로 추정하여 농경관련구에 포함하였으며, 찰절석기·천공구는 석기가공, 투석은 수렵구로 분류하였다.

유적간의 조성비 비교를 보다 용이하게 하기 위하여 그림으로 나타낸 것이 〈도면 3〉이다. 마제석기 가운데 어구로 구분된 어망추는 여러 개가 모여 하나의 도구를 이루기 때문에 수량상으로 다른 석기와 비교하기 곤란하며, 석기간 비율을 왜곡시킬 가능성이 높다(林尙澤 2001, p.61). 따라서 어구는 조성비의 비교에 있어서는 제외하며, 단지 어망추의 존재를 통하여 어로활동을 추정하는 것만이 가능하다.11)

---

9) 酒井龍一(1986, pp.19~20)은 마제석기 출토량 50~100점 정도를 어느 정도의 신뢰성을 가진 자료로 인정하였다. 단, 50점 정도라면 다른 유적 출토품과의 비교·검토가 필요하다고 한다.

10) 청동기시대의 시기구분은 문화상 전반에 대한 급격한 변화를 기준으로 삼은 李弘鍾(2000a, pp.5~6)의 구분안을 받아들였다. 송국리문화의 등장과 함께 마제석기의 양상이 크게 변화하기 때문에 석기의 연구에 있어서는 이러한 시기구분안을 적용하는 것이 가장 타당하다고 생각한다.

11) 어망추도 방추차와 마찬가지로 토제품과 석제품의 기능이 차이가 없는 것으로 판단되기 때문에 양자 모두를 분석대상에 포함하였다.

〈표3〉 청동기시대 대단위 취락 출토 마제석기의 기능별 분류

유적명	시기	입지	수렵구	농경관련구		석기가공구	식량처리구	방직구	어구	계(%)	참고문헌
				석도	석부						
흔암리	전기	구릉	142 (42.1)	38	101	21 (6.2)	17 (5.0)	18 (5.4)	78	337 (100)	①
				139(41.3)							
미사리	전기	충적대지	46 (22.6)	7	73	50 (24.5)	12 (5.9)	16 (7.8)	128	204 (100)	②
				80(39.2)							
조동리	전기	충적대지	88 (21.3)	26	176	54 (13.0)	50 (12.1)	20 (4.8)	317	414 (100)	③
				202(48.8)							
백석동	전기	구릉	76 (24.6)	35	49	88 (28.5)	16 (5.2)	45 (14.5)	2	309 (100)	④
				84(27.2)							
관창리	후기	구릉	170 (27.0)	25	116	196 (31.1)	77 (12.2)	46 (7.3)	0	630 (100)	⑤
				141(22.4)							
송국리	후기	구릉	79 (24.8)	44	50	107 (33.5)	14 (4.4)	25 (7.8)	0	319 (100)	⑥
				94(29.5)							
대곡리	후기	충적대지	83 (42.8)	28	19	34 (17.5)	6 (3.1)	24 (12.4)	17	194 (100)	⑦
				47(24.2)							
동천동	후기	충적대지	37 (12.3)	37	129	79 (26.3)	13 (4.4)	5 (1.7)	13	300 (100)	⑧
				166(55.3)							
대평리	후기	충적대지	495 (14.4)	234	776	1,556 (45.3)	280 (8.1)	97 (2.8)	178	3,438 (100)	⑨
				1,010(29.4)							
평균 조성비(%)			25.8	35.2		25.1	6.7	7.2		100	

① (金元龍 外 1973; 서울大學校附屬博物館·同考古人類學科 1974; 서울大學校博物館·同考古學科 1976; 任孝宰 1978)

② (渼沙里先史遺蹟發掘調査團 1994; 林炳泰 外 1994; 任孝宰 外 1994; 尹世英·李弘鍾 1994)

③ (李隆助·禹鍾允 2001; 李隆助 外 2002)

④ (李南奭 外 1998; 李南奭·李賢淑 2000)

⑤ (吳相卓·姜賢淑 1999; 李弘鍾 外 2001; 李殷昌 外 2002)

⑥ (姜仁求 外 1979; 지건길 외 1986; 국립중앙박물관 1987; 金吉植 1993; 國立扶餘博物館 2000)

⑦ (全南大學校博物館 1989·1990)

⑧ (嶺南文化財研究院 2002)

⑨ (趙榮濟 外 1999·2001; 李亨求 2001; 鄭義道·崔鐘赫 2001; 國立晉州博物館 2001; 國立昌原文化財研究所 2001·2002; 慶南考古學研究所 2002)

〈도면 3〉의 비교를 통하여 관찰되는 관창리유적 마제석기 조성비의 특징은 식량처리

구가 다른 유적에 비하여 많다는 점을 들 수 있다. 그 밖의 마제석기류 조성비는 다른 유적과 비교하여 큰 차이를 보이지 않고 대체적으로 평균적인 수치를 유지하고 있는데, 이러한 양상이 백석동·송국리유적과 유사하여 주목된다.[12] 관창리유적을 포함한 이들 3개 유적은 구릉에 입지하며, 모

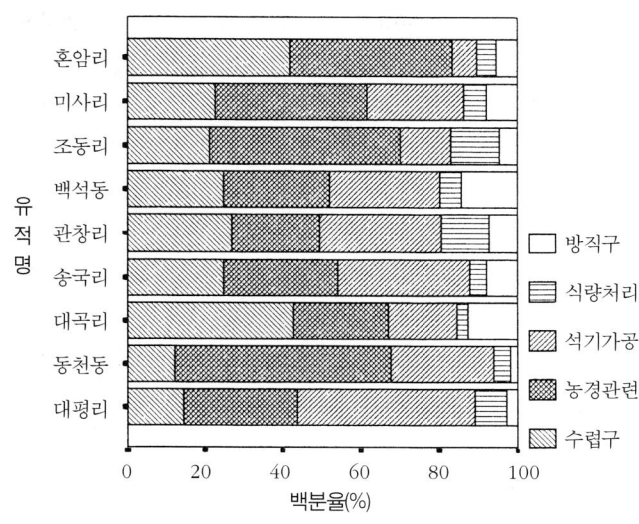

〈도면 3〉 유적별 마제석기 조성비

두 금강유역에서 확인된 유적이라는 공통점이 있다. 생업활동이라는 측면이 입지환경과 상관성이 높다는 점을 감안하면, 이들 3개 유적은 입지와 관련하여 동일한 마제석기 조성비가 확인된 것으로 판단된다.

한편, 구릉에 위치한 혼암리유적의 경우 이들 유적과 조성비에서 큰 차이가 보인다. 이는 유적의 인근에 남한강이 자리하였기 때문으로, 구릉에 입지하면서도 하천자원을 이용한 다양한 생업활동이 존재하였던 것으로 추정된다. 백석동·관창리·송국리유적에서 어구의 출토량이 거의 없는 것과는 대조적으로 혼암리유적에서는 다수의 어구가 출토된 것을 볼 때 이러한 추정이 가능하다. 즉, 하천과 관련된 특수한 생업활동이 추정되는 혼암리유적을 제외하면, 구릉에 입지한 3개 유적의 조성비는 거의 대동소이하다. 이와 달리 충적대지상에 위치한 유적의 경우는 유적별로 석기 조성비의 차이가 심한 편이다. 구릉에 자리한 유적들에 비하여 다양한 생계경제 방식이 존재하였을 가능성이 높다.

결국, 관창리유적을 포함하여 구릉에 입지한 유적들은 환경적인 요인에 의하여 비교적 제한되고 고정적인 생업활동을 영위하였던 것으로 판단된다. 그렇지만 상기한 3개 유적 가운데 청동기시대 전기에 해당하는 백석동유적과 후기에 해당하는 관창리·송국

12) 마제석기 조성비 가운데 80% 이상을 차지하는 수렵구·농경관련구·석기가공구만을 대상으로 하여 유적간 유사성 거리(squared Euclidean distances)를 계산하였다. 백석동·관창리·송국리유적의 상대적 거리가 30.3~61.0인 반면, 다른 유적간 거리는 164.0~2,437.7로 나타나 상기한 3개 유적의 유사도가 가장 높은 것으로 확인되었다.

리유적의 석기 조성비는 세부적으로 차이가 있다. 백석동유적에서는 벌채용으로 추정되는 합인석부의 출토량이 다수를 차지하는 데에 비하여 관창리·송국리유적에서는 목기 가공용인 단인석부가 다수를 점한다. 이렇게 제작된 목기의 대부분은 논농사에 이용되었을 것이다.[13)]

관창리유적에서는 논유구가 확인되었기 때문에 취락의 성격이 논농사를 기본으로 하는 농경사회였음을 알 수 있다(李弘鍾 外 2001, pp.506~511). 물론, 조사 당시 홍수로 인하여 논유구의 전모를 밝히지는 못하였지만, 청동기시대의 논면이 토층상으로 확인되었기 때문에 대단위 취락에서 생활하던 당시인들의 주요한 경제활동이 농경이었을 것으로 추정된다.

그러나 관창리취락의 생업활동이 농경에만 국한되지는 않았을 것이다. 이는 유적에서 가장 많이 출토된 석촉을 통하여 알 수 있는데, 구릉상에 위치한 관창리유적의 입지와 관련하여 대규모의 수렵행위가 있었음이 추정된다. 이러한 석촉을 단순 수렵용이 아닌 집단간 긴장관계에 의하여 발생한 살상용 무기로 볼 수도 있으나, 환호나 목책시설 등이 확인되지 않고 또 석검 등 무기류의 출토량도 빈약한 것을 볼 때, 갈등의 요소는 크지 않았던 것으로 판단된다.

한편, 상기한 농경과 수렵 이외에 채집생활도 당시인들에게는 중요한 경제활동이었을 것이다. 다른 유적에 비하여 높은 조성비를 차지하는 식량처리구 가운데 석명·요석·고석은 견과류 채집과 관련된 석기로, 가래 등과 같이 표면이 견고한 종자를 부수고 내부의 식용부분을 취하기 위하여 제작되었다(李弘鍾 1997, pp.9~10). 이러한 견과류의 채집활동을 통하여 당시인들은 부족한 영양분을 섭취하였을 것이다. 관창리유적의 논유구와 주거지에서 가래나무의 열매가 다수 확인되고 있어 이와 같은 당시의 상황을 어느 정도 추정할 수 있다.

이상의 내용을 정리하면, 관창리유적의 생업활동은 구릉에 입지한 유적이 일반적으로 영위하던 생계경제 방식 즉, 어로활동을 제외한 농경, 수렵, 채집을 병행한 것으로 판단된다. 농경에 기반을 둔 경제생활을 영위하는 동시에 자연지리적인 환경을 최대한 이용하여 수렵이나 채집활동도 행하였을 것이다. 이와 같이 다양한 생업활동이 존재하는 것이 농경사회의 일반적인 모습이다(신숙정 2001, p.25). 그러나 다른 유적과의 조성비 비

---

13) 이들 3개 유적의 토양을 비교한 결과, 관창리·송국리유적이 보다 논농사에 적합한 지역임이 밝혀진 바 있다(이기성 2000, pp.15~16).

교를 통하여 볼 때 수렵이나 농경활동의 비율이 뚜렷하게 높은 것은 아니다. 오히려 채집활동이 상대적으로 활발하였을 가능성이 있다.

IV. 住居址別 出土樣相을 통한 社會組織 (Social Organization) 復原

마제석기의 주거지별 출토양상에서 가장 먼저 주목되는 것은 출토량이 월등하게 많은 주거지의 존재이다. KC - 038호와 040호 주거지에서는 각각 48점과 98점이 출토되었다. 대부분의 주거지에서 10점 이하의 석기만이 확인되는 것에 비하면

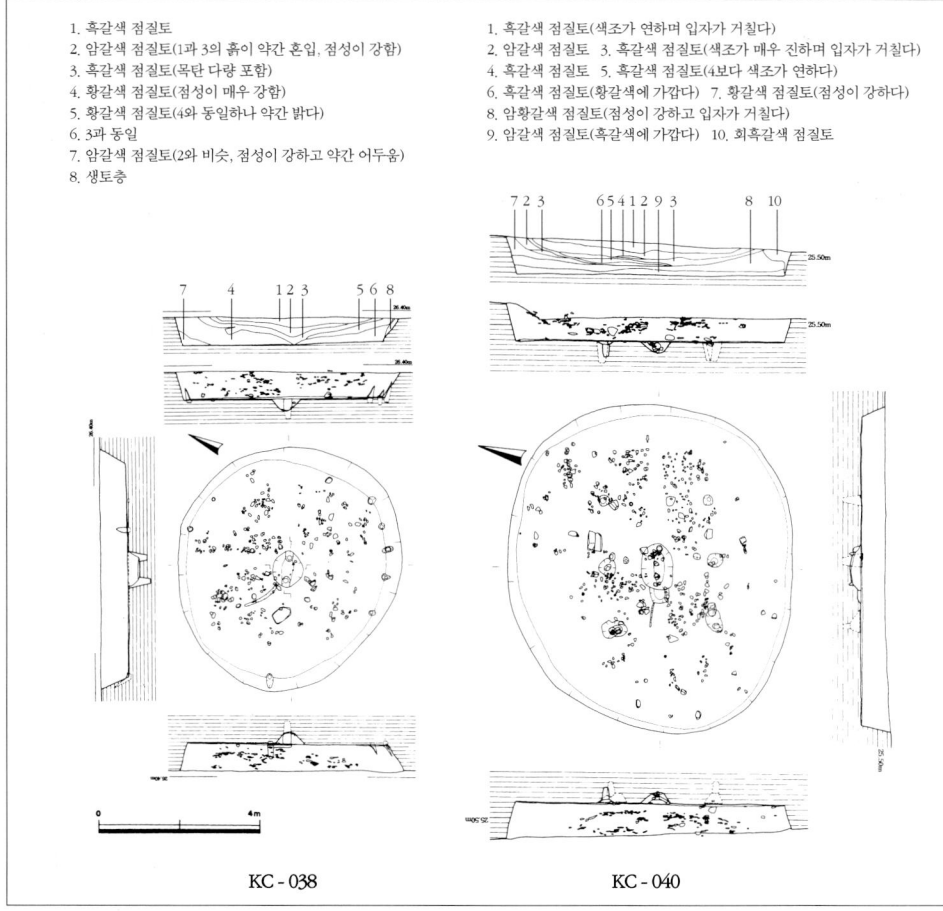

1. 흑갈색 점질토
2. 암갈색 점질토(1과 3의 흙이 약간 혼입, 점성이 강함)
3. 흑갈색 점질토(목탄 다량 포함)
4. 황갈색 점질토(점성이 매우 강함)
5. 황갈색 점질토(4와 동일하나 약간 밝다)
6. 3과 동일
7. 암갈색 점질토(2와 비슷, 점성이 강하고 약간 어두움)
8. 생토층

1. 흑갈색 점질토(색조가 연하며 입자가 거칠다)
2. 암갈색 점질토   3. 흑갈색 점질토(색조가 매우 진하며 입자가 거칠다)
4. 흑갈색 점질토   5. 흑갈색 점질토(4보다 색조가 연하다)
6. 흑갈색 점질토(황갈색에 가깝다)   7. 황갈색 점질토(점성이 강하다)
8. 암황갈색 점질토(점성이 강하고 입자가 거칠다)
9. 암갈색 점질토(흑갈색에 가깝다)   10. 회흑갈색 점질토

KC - 038   KC - 040

〈도면 4〉 KC - 038 · 040호 주거지 실측도(1 / 160)

상당히 많은 출토량이라 할 수 있다. 마제석기뿐만 아니라 토기류 또한 상당량 출토되었는데, 이러한 출토 양상은 주거지의 구조와 폐기과정에 기인한다. 즉, 두 유구는 깊이가 각각 68cm, 91cm로 B구역 주거지 가운데 가장 깊은 편에 해당한다. 또, 두 유구 모두 화재에 의하여 폐기되어 중앙부로 함몰된 목탄층이 확인되었으며, 대부분의 유물이 이 층에서 출토되었다. 화재로 폐기된 다른 주거지의 경우 유구 깊이가 상대적으로 얕기 때문에 유물이 포함된 목탄층이 지표면에 노출된 상태로 확인되었다. 그러나 KC - 038·040호 주거지는 깊은 편이어서 유물포함 목탄층이 유구 내부에서 확인되었으며, 이로 인하여 지표면 삭평에 의한 유물의 결실을 피한 것으로 추정된다. 그러므로 이들 유구에서 출토된 유물은 관창리유적 주거지 출토품 가운데 주거 점유시의 상황을 가장 양호하게 반영한 것이라 판단된다.

이는 전장에서 살펴본 마제석기의 기능별 조성비 비교를 통하여서도 확인된다. 〈표 4〉는 KC - 038·040호 주거지에서 출토된 마제석기의 조성비와 B구역 주거지 출토품 전체에 대한 비율을 비교한 것이다. 이를 보면 KC - 038호와 040호 주거지에서 출토된 석기의 조성비가 관창리유적 B구역 전체 주거지의 양상과 대체로 유사함이 확인된다. 따라서 이들 두 유구에서 출토된 마제석기의 양상은 관창리취락의 전반적인 경향을 나타내는 것으로 볼 수 있다.

〈표 4〉 KC - 038·040호 주거지 출토품과 B구역 주거지 전체 출토품의 조성비 비교

유구번호	수렵구	농경관련구	석기가공구	식량처리구	방직구	계(%)
KC038	7(20.6)	10(29.4)	10(29.4)	6(17.6)	1(3.0)	34(100)
KC040	28(35.9)	22(28.2)	15(19.2)	6(7.7)	7(9.0)	78(100)
B구역 주거지 전체	170(27.0)	141(22.4)	196(31.1)	77(12.2)	46(7.3)	630(100)

〈표 5〉 KC-038·040호 주거지 면적 및 마제석기 출토량

유구번호	면적(m²)	석검	석촉	석도	석부	지석	식량처리구	방추차	석추	소형투공석기	반성품	불명석기	계
KC038	25.9	1	7		10	10	6	1	1	3	3	6	48
KC040	44.5	1	28	2	20	15	6	7	1		11	7	98

일반적으로 주거지에서 출토된 유물이 점유 당시의 고고학적 맥락을 그대로 반영하는 경우는 거의 없다(金承玉 2000, p.38). 따라서 본고에서는 양호한 자료로 판단되는 KC - 038·040호 주거지와 이들 유구에서 출토된 마제석기의 관계를 먼저 살펴본 다음, 여기서 확인되는 양상이 나머지 다른 주거지에서도 관찰되는지를 검토하여 취락의 전반적인

성격을 파악하고자 한다. KC - 038호와 040호 두 주거지의 면적과 마제석기 출토량은 위의 〈표 5〉와 같다.

먼저, KC - 038호와 040호 주거지는 유구의 면적에서 차이가 보이는데, 이는 두 유구의 주거형식 차이에 기인한다. KC - 038호 주거지는 내부 중앙에서 타원형 구덩이만 조사된 것에 반하여, KC - 040호 주거지에서는 타원형 구덩이 주변으로 6개의 주공이 직사각형을 이루며 확인되었다. 일반적으로 이러한 형식의 주거지는 타원형 구덩이 주변에 주공이 없는 주거지보다 면적이 넓은 것으로 확인되고 있으며, 그 집단의 지배계층이 사용하던 주거지로 보고 있다(金正基 1996, p.51).

집단내의 계층분화 과정에서 상위신분을 지닌 자에 의해 점유된 주거지를 나타내는 고고학적 현상으로는 대규모의 주거지, 입지상의 우위, 최상위 계층 주거지들의 상호 밀접성, 공공건물과의 지리적 근접성, 위신재의 존재 등을 들 수 있다(金承玉 1997, p.109). 관창리취락에서도 이러한 양상이 일부 확인되는데, 중심주공이 4개 이상인 대규모의 주거지가 주로 표고 28m 이상의 높은 지점에 밀집 분포하고 있다(金載昊 2000, p.40). 이를 통하여 관창리취락의 주거지 면적이 어느 정도의 위계를 반영하고 있음을 추정할 수 있다.

이와 같이 주거지간의 위계를 반영하는 주거지의 면적에 따라 마제석기의 출토량에도 차이가 보인다. 면적이 큰 KC - 040호 주거지에서 보다 많은 수의 마제석기가 출토되었는데, 주거지 1㎡당 마제석기 출토량을 비교해 보면 KC - 038호가 0.54, KC - 040호가 0.46으로 거의 유사한 수량을 나타낸다. 즉, 출토양상이 양호한 두 주거지의 마제석기 출토량과 면적을 비교해 볼 때, 주거지의 면적이 증가함에 따라 마제석기의 수량 또한 일정한 비율로 증가하고 있음이 확인된다.

〈표 6〉 마제석기 출토량과 주거지 기수 · 평균면적의 관계

석기출토량(점)	주거지 기수(기)	평균 주거 면적(㎡)
0~10	72	17.6
11~20	16	31.5
21~30	6	34.7

이러한 양상은 관창리유적 B구역의 다른 주거지에도 적용된다. 마제석기 출토량과 주거지 기수, 주거지 면적과의 관계를 나타낸 것이 〈표 6〉이다. KC - 038 · 040호 주거지와 면적을 파악할 수 없는 KC - 008-1 · 025 · 065호 주거지는 대상에서 제외하였다. 이 표는 마제석기 출토량이 증가함에 따라 주거지의 기수는 감소하는 반면, 주거지의 평균면적은 증가하고 있음을 보여준다. 이를 통하여 면적이 크고 마제석기의 출토량이 비교적 많

은 소수 주거지가 유적내에 존재하고 있다는 것이 확인된다. 상기한 바와 같이 관창리취락에 있어서 주거지의 면적이 위계를 반영한다고 보면, 주거지 면적과 마제석기의 출토량이 일정한 상관성을 나타내고 있어, 마제석기의 출토양상을 통해서도 주거지간의 위계 설정이 가능하다. 결국, 마제석기의 출토량이 다수인 주거지를 상대적으로 위계가 높은 유구로 상정할 수 있으며, 바꾸어 말한다면 위계가 높은 주거지에서 다수의 마제석기가 출토된다고 할 수 있다.

청동기시대에는 생활의 대부분이 마제석기를 통하여 이루어지기 때문에 이를 이용한 기술은 현재 우리가 아는 상식을 뛰어넘는 단계에 도달했다고 추정된다(김경칠 2003, p.99). 따라서 마제석기의 소유는 당시의 생업경제와 관련된 다양한 기술의 보유라는 측면에서 중요한 의미를 가질 수 있다. 즉, 마제석기를 다량 소유한 주거민의 경우 생업활동에 있어서 주도적인 역할을 할 수 있는 기술력을 확보함으로써 보다 높은 위계를 유지한 것으로 판단된다.

그런데 마제석기 출토량의 多少를 단순한 소유 개념만이 아닌 제작과 관련된 것으로 파악한다면, 상위 계층에서 보다 활발한 석기 제작이 이루어진 것으로도 볼 수 있다. 석기의 제작과 관련된 유물로는 지석과 반성품을 들 수 있는데, KC - 038호에서 지석 10점, 반성품 3점이 출토된 것에 반하여 KC - 040호에서는 지석 15점, 반성품 11점이 확인된다. 이를 통하여 주거지 면적이 확대됨에 따라 석기 제작과 관련된 유물의 출토량도 증가한다고 볼 수 있다. 즉, 주거지간의 위계차에 따라 석기의 제작량에 있어서도 차이가 있었을 가능성이 있다.[14]

그러나 이러한 양상을 통하여 마제석기 출토량의 차이를 반드시 제작과 관련된 것으로만 볼 수는 없다. 석검과 같이 고도의 기술을 요하는 특수한 유물의 경우에는 전문적인 제작집단이 존재하였을 수도 있지만(金仙宇 1994, p.398), 지석이 대부분의 주거지에서 출토되고 있는 것을 볼 때 석기의 재가공이나 단순한 형태의 제작은 구성원 누구에게나 가능하였음이 추정된다.[15] 관창리유적 B구역에서 조사된 대다수의 주거지는 '松菊里型住居址'로, 석기제작과 관련된 유물이 다수 출토되고 있어 工房址로서의 성격이 상정되기도 한다(釜山廣域市立博物館福泉分館 1998, p.93). 물론, 주거지의 문화적 전통성

---

14) 도구의 제작을 담당한 집단이 상위의 위계를 구성하는 것은 Kenneth M. Ames(1995, p.158)의 "Embedded Specialists" 개념과 유사하다.
15) 이러한 砥石의 출토양상은 청동기시대 전기 유적의 예에서도 확인된다(安敏子 2001, p.61).

이라는 측면도 무시할 수 없지만 (李弘鍾 外 2000, pp.102~103), 주거지의 특징적인 형태와 관련하여 석기의 제작 행위가 빈번하게 이루어진 것으로 판단된다.[16]

이상과 같이 관창리취락에 있어서 마제석기의 출토량은 주거지간의 위계를 어느 정도 반영하는 것으로 판단된다. 이를 근거로 하여 관창리취락의 성격을 살펴보자. 취락의 성격에 대해서는 유구의 분포상황을 통하여 이미 추정된 바 있다. B구역 주거지간의 면적 비교를 통하여 주거지간의 위계가 강화되고 있음이 상정되었으며, 대형주거지의 밀집현상을 근거로 취락내 주거배치도 위계에 의하여 이루어졌음이 추정되었다(이홍종 2003, pp.26~27). 또한, B구역에서 조사된 高床家屋과 窯址가 유적 동남쪽에 집중되어 분포하는 양상을 통하여 단독 혹은 가족 공동체를 기본단위로 활동이 이루어지면서도 특정 개인 혹은 취락 중의 중심군에 해당하는 어느 한 가족 공동체가 구성원들의 합의와 강제에

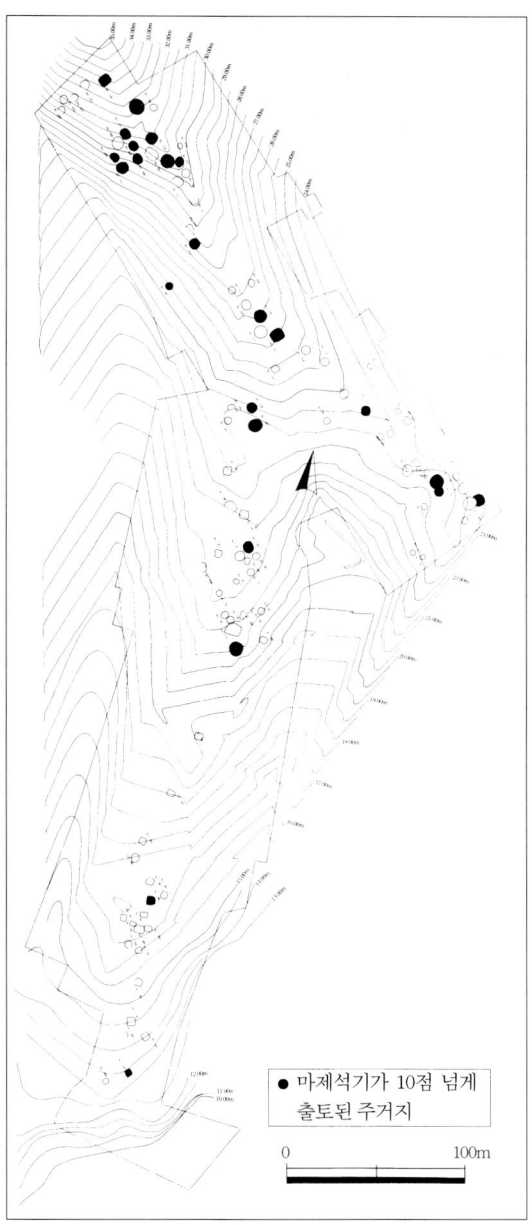

● 마제석기가 10점 넘게 출토된 주거지

0   100m

〈도면 5〉 B구역 주거지 배치도(1 / 4,000)

16) 송국리형주거지의 가장 큰 구조적 특징은 주거지 내부 중앙에 위치한 타원형 구덩이라 할 수 있다. 타원형 구덩이의 기능에 대해서는 지역에 따라 여러 가지의 용도 변경이 이루어진 것으로 추정되지만, 주 기능은 집수구 내지 작업용으로 보인다(김규정 2002, p.18).

의해 취락 전체를 관리·통솔하였을 가능성이 제기된 바 있다(李弘鍾 2000b, p.55).

이러한 유구의 분포상황에 대한 해석과 앞서 언급한 마제석기의 출토양상을 비교하면, 취락 전체를 관리하는 주도적인 집단의 존재를 마제석기의 출토량으로 설명하는 것이 가능하다. 마제석기가 10점 넘게 출토된 주거지를 표시한 것이 〈도면 5〉이다. 이를 보면, 관창리취락은 마제석기가 다량 출토된 주거지를 중심으로 하여 5~8개의 군으로 구분할 수 있다. 구분된 각 군에는 상대적으로 위계가 높은 주거지가 1~2기씩 존재하는데, 이들 주거지를 중심으로 마제석기의 제작을 포함하여 생계와 관련된 다양한 활동이 이루어졌음이 추정된다. 그리고 대형의 주거지 및 마제석기 출토량이 다수인 주거지가 집중 분포하는 유적 북서쪽 구릉 상부는 취락 전체를 관리하는 住居中心群이었을 가능성이 크다.

한편, 이러한 주거지의 분석을 바탕으로 마제석기 가운데에서 위계를 반영하는 유물의 존재를 상정할 수 있다. 위신재의 가능성이 있는 유물로는 마제석검, 환상석부, 무게를 다는 용도의 석추 등이 있다. 이들 유물의 성격이 일반적인 실용구가 아님은 II장에서 밝힌 바 있다. 다량의 유물이 출토된 주거지에서도 출토량이 1~2점에 불과한 것은 이들 유물의 상징적인 의미를 부각하는 측면이라 생각한다. 이미 마제석검의 경우 입지상 우위를 보이는 비교적 대형의 주거지에서 출토된다는 연구도 발표된 바 있다(朴姿姸 2002, pp.67~70). 그러나 관창리취락에 대한 분석에서는 상징적 성격이 강한 유물의 존재가 앞서 언급한 주거지 면적·마제석기 출토량의 분석 결과와 반드시 일치하지는 않는다. 이는 조사된 유구의 성격이 생활유구인 주거지이기 때문으로 판단된다. 생활유적에 있어서 위신재에 대한 연구의 진전을 위해서는 보다 양호한 고고학 자료의 축적을 기대해야 할 것이다.

V. 맺음말

마제석기는 청동기인들의 실제적인 삶의 필요에 의하여 고안되었기 때문에 기능적 속성 파악을 통한 당시인의 생활방식이나 생계수단 등의 연구에 있어서 효과적이다. 따라서 마제석기는 시기적 선후관계에 집착하는 단계를 벗어나 과거의 문화상 복원이라는 고고학의 근본 목적에 보다 근접할 수 있는 연구대상으로 판단된다. 이러한 이유에서 필자는 마제석기 분석을 통하여 청동기시대 취락의 생계유형과 사회조직 복원을 시도하였다. 분석 대상은 청동기시대 송국리문화단계의 대단위 취락유적인 관창리유적 B구역 주거지 출토품으로 한정하였다.

분석 결과는 다음과 같다. 먼저, 마제석기 조성비를 통한 생계유형의 복원 결과, 관창리취락의 사람들은 구릉에 입지한 유적이 일반적으로 영위하던 생계경제 방식 즉, 어로 활동을 제외한 농경, 수렵, 채집을 병행한 것으로 판단된다. 그러나 다른 유적과의 조성비 비교를 통하여 볼 때 수렵이나 농경활동의 비율이 뚜렷하게 높은 것은 아니며, 오히려 채집활동이 상대적으로 활발하였을 가능성이 있다.

다음으로 주거지별 마제석기 출토양상을 근거로 사회조직의 복원을 시도하였다. 분석 결과, 관창리취락에 있어서 마제석기의 출토량은 주거지간의 위계를 어느 정도 반영하는 것으로 판단된다. 관창리취락은 마제석기가 다량 출토된 주거지를 중심으로 하여 5~8개의 군으로 구분할 수 있다. 구분된 각 군에는 상대적으로 위계가 높은 주거지가 1~2기씩 존재하는데, 이들 주거지를 중심으로 마제석기의 제작을 포함하여 생계와 관련된 다양한 활동이 이루어졌음이 추정된다. 그리고 대형의 주거지 및 마제석기 출토량이 다수인 주거지가 집중 분포하는 유적 북서쪽 구릉 상부는 취락 전체를 관리하는 住居中心群이었을 가능성이 높다.

그러나 주거지와 같은 생활유구에서 출토된 유물이 점유 당시의 고고학적 맥락을 그대로 반영하는 경우는 거의 없다(金承玉 2000, p.38). 따라서 이들에 대한 분석만을 행하는 것은 당시의 상황을 왜곡할 가능성이 있다. 하지만 분석대상으로 삼은 유구와 유물이 다수 확보된다면, 어느 정도의 경향성을 파악하는 것은 가능하리라 판단된다. 이러한 시각을 바탕으로 분석을 시도하였으나, 마제석기만의 분석을 통해서는 논지의 전개에 많은 무리가 있었음을 부인할 수 없다. 관창리취락에서 조사된 각종 유구와 다량의 출토유물, 그리고 동일한 문화상을 보여주는 인근 유적들과의 상호비교가 이루어져야만 이러한 오류가 조금이나마 해소될 수 있으리라 생각한다.

* 이 글은 2003년 『韓國考古學報』51집에 게재하였던 「磨製石器 分析을 통한 寬倉里遺蹟 B區域의 性格 檢討」를 수정 · 전재한 것이다.

❖ 참고문헌

姜仁求 · 李健茂 · 韓永熙 · 李康承, 1979, 『松菊里』Ⅰ, 國立中央博物館

慶南考古學硏究所, 2002, 『晋州 大坪 玉房 1 · 9地區 無文時代 集落』

高麗大學校埋藏文化財硏究所, 2003, 『舒川 道三里遺蹟』, 現場說明會資料

과학원출판사, 1959,『회령 오동 원시유적 발굴보고』, 유적발굴보고 7

國立扶餘文化財研究所, 1998,『堂丁里』

國立扶餘博物館, 2000,『舒川 漢城里』

_____, 2000,『松菊里』Ⅵ

國立晉州博物館, 2001,『晉州 大坪里 玉房1地區 遺蹟』Ⅰ·Ⅱ

국립중앙박물관, 1987,『松菊里』Ⅲ

國立昌原文化財研究所, 2001,『晋州 大坪里 漁隱2地區 先史遺蹟』Ⅰ

_____, 2002,『晋州 南江 漁隱2地區 先史遺蹟』Ⅱ

김경칠, 2003,「韓半島 出土 一段石斧에 對한 小考」,『목포대학교박물관 20주년기념논총』, 목포대학교박
         물관

김규정, 2002,「松菊里型住居址內 타원형구덩이 機能 檢討」,『호남문화재연구원 硏究論文集』2, 湖南文化
         財研究院

金吉植, 1993,『松菊里』Ⅴ, 國立公州博物館

金秉模·兪炳隣, 1997,『安眠島 古南里貝塚』, 漢陽大學校博物館

金相晃, 1985,『三角形石刀의 一研究』, 嶺南大學校大學院 碩士學位論文

金仙宇, 1994,「한국 마제석검의 연구 현황」,『韓國上古史學報』16, 韓國上古史學會

金承玉, 1997,「鋸齒文土器: 정치적 권위의 象徵的 表象」,『韓國考古學報』36, 韓國考古學會

_____, 2000,「호남지역 마한 주거지의 편년」,『湖南考古學報』11, 湖南考古學會

金元龍, 1987a,「仁川出土의 一石錘」,『韓國考古學研究』, 一志社

_____, 1987b,「靈岩郡 月松里의 石器文化」,『韓國考古學研究』, 一志社

金元龍·任孝宰·崔夢龍·呂重哲·郭乘勳, 1973,『欣岩里住居址』, 서울大學校附屬博物館·同考古人類
         學科

金載昊, 2000,『松菊里型 住居址의 構造와 分布圈에 관한 硏究』, 東亞大學校大學院 碩士學位論文

金正基, 1996,「靑銅器 및 初期鐵器時代의 竪穴住居」,『韓國考古學報』34, 韓國考古學會

盧爀眞, 1984,「江原地方의 磨製石斧」,『論文集』2, 翰林大學

_____, 2001,「有溝石斧 再檢討」,『古文化』57, 韓國大學博物館協會

도성재, 2001,「忠南 保寧市 舟橋面 寬倉里에서 出土된 石器遺物들에 대한 考古巖石學的 研究」,『寬倉里
遺蹟』, 高麗大學校埋藏文化財研究所

渼沙里先史遺蹟發掘調査團, 1994,『渼沙里』1·2

朴姿妍, 2002,『靑銅器時代 住居址 內의 遺物分布에 대한 研究』, 嶺南大學校大學院 碩士學位論文

裵眞晟, 2000,『韓半島 柱狀片刃石斧의 研究』, 釜山大學校大學院 碩士學位論文

釜山廣域市立博物館福泉分館, 1998,『晋州貴谷洞 대촌 遺蹟』

서울大學校博物館·同考古學科, 1976,『欣岩里住居址』3

서울大學校附屬博物館·同考古人類學科, 1974,『欣岩里住居址』

孫晙鎬, 2002,「韓半島 出土 半月形石刀의 變遷과 地域相」,『先史와 古代』17, 韓國古代學會

宋滿榮, 1995,『中期 無文土器時代 文化의 編年과 性格』, 崇實大學校大學院 碩士學位論文

_____, 1996,「火災住居址를 통해 본 中期 無文土器時代 社會의 性格」,『古文化』51, 韓國大學博物館協會

신숙정, 2001,「우리나라 청동기시대의 생업경제」,『韓國上古史學報』35, 韓國上古史學會

安敏子, 2001,『前期無文土器時代 石器의 特性檢討』, 公州大學校大學院 碩士學位論文

安承模, 1985,『韓國半月形石刀의 研究』, 서울大學校大學院 碩士學位論文

安在晧, 2000,「韓國 農耕社會의 成立」,『韓國考古學報』43, 韓國考古學會

嶺南文化財研究院, 2002,『大邱 東川洞聚落遺蹟』

吳相卓·姜賢淑, 1999,『寬倉里遺蹟』, 亞洲大學校博物館

俞炳琭, 2002,「大邱地域의 初期農耕」,『韓日 初期農耕 比較研究』韓日合同심포지움 및 現地檢討會, 大阪
　　　市學藝員等共同研究 韓半島綜合學術調査團

尹德香, 1983,「石器」,『韓國史論』13, 國史編纂委員會

尹世英·李弘鍾, 1994,『渼沙里』5, 渼沙里先史遺蹟發掘調査團

尹容鎭, 1969,「琴湖江流域의 先史遺跡研究(Ⅰ)」,『古文化』5·6, 韓國大學博物館協會

이기성, 2000,『無文土器時代 住居樣式의 變化』, 서울大學校大學院 碩士學位論文

李南奭·李勳·李賢淑, 1998,『白石洞遺蹟』, 公州大學校博物館

李南奭·李賢淑, 2000,『새천안번영로 白石·業成洞遺蹟』, 公州大學校博物館

李相吉, 1998,「無文土器時代의 生活儀禮」,『環濠集落と農耕社會の形成』九州考古學會·嶺南考古學會
　　　第3回 合同考古學大會, 九州考古學會·嶺南考古學會

李榮文, 1997,「全南地方 出土 磨製石劍에 관한 研究」,『韓國上古史學報』24, 韓國上古史學會

李榮文·金京七·曺根佑, 1996,「新安 伏龍里 出土 石器類」,『碩晤尹容鎭教授 停年退任紀念論叢』

李隆助·禹鍾允, 2001,『忠州 早洞里 先史遺蹟』Ⅰ, 忠北大學校博物館

李隆助·禹鍾允·李承源, 2002,『忠州 早洞里 先史遺蹟』Ⅱ, 忠北大學校博物館

李殷昌·朴普鉉·金奭周, 2002,『寬倉里遺蹟』, 大田保健大學博物館

李亨求, 2001,『晉州 大坪里 玉房 5地區 先史遺蹟』, 鮮文大學校

李弘鍾, 1997,「韓國 古代의 生業과 食生活」,『韓國古代史研究』12, 한국고대사학회

_____, 2000a,「無文土器가 彌生土器 성립에 끼친 영향」,『先史와 古代』14, 韓國古代學會

_____, 2000b,「初期 農耕社會의 住居와 聚落」,『尹世英教授 停年紀念論叢 韓國古代文化의 變遷과 交
　　　涉』, 刊行委員會

_____, 2003,「忠南地域 松菊里型 住居址의 調査成果와 課題」,『충남지역 매장문화재 발굴조사의 성과와
　　　과제』충남역사문화연구소 제7회 워크샵

李弘鍾·孔敏奎·孫晙鎬, 2000,『石谷里遺蹟』, 高麗大學校埋藏文化財研究所

李弘鍾·姜元杓·孫晙鎬, 2001,『寬倉里遺蹟』, 高麗大學校埋藏文化財研究所

林炳泰·崔恩珠·金武重·宋滿榮, 1994,『渼沙里』3, 渼沙里先史遺蹟發掘調査團

林尙澤, 2001, 「中西部 新石器時代 石器에 대한 初步的 檢討 I」, 『韓國新石器硏究』 1, 韓國新石器硏究會

任孝宰, 1978, 『欣岩里住居址』 4, 서울大學校博物館・同人文大考古學科

任孝宰・崔鍾澤・林尙澤・吳世筵, 1994, 『渼沙里』 4, 渼沙里先史遺蹟發掘調査團

全南大學校博物館, 1989, 『住岩댐 水沒地域 文化遺蹟發掘調査報告書』 VI

＿＿＿＿＿＿＿＿, 1990, 『住岩댐 水沒地域 文化遺蹟發掘調査報告書』 VII

鄭義道・崔鐘赫, 2001, 『晋州玉房 7地區先史遺蹟』, 慶南文化財硏究院

鄭澄元, 1991, 「初期農耕遺跡の立地環境」, 『日韓交涉の考古學』, 六興出版

趙榮濟・柳昌煥・李瓊子・孔智賢, 1999, 『晋州 大坪里 玉房 2地區 先史遺蹟』, 慶尙大學校博物館

趙榮濟・柳昌煥・宋永鎭・孔智賢, 2001, 『晋州 大坪里 玉房 3地區 先史遺蹟』, 慶尙大學校博物館

趙現鐘, 1989, 『松菊里形土器에 대한 一考察』, 弘益大學校大學院 碩士學位論文

＿＿＿＿, 2000, 「農工具의 變遷과 生產量의 增大-稻作과 관련하여」, 『韓國 古代의 稻作文化』 국립중앙박물
관 학술심포지움 발표요지, 국립중앙박물관

지건길・안승모・송의정, 1986, 『松菊里』 II, 국립중앙박물관

崔盛洛, 1982, 『韓半島 磨製石鏃의 一考察』, 서울大學校大學院 碩士學位論文

忠南大學校博物館, 1995, 『保寧 寬倉里 住居遺蹟 發掘調査 現場說明會 資料』

황기덕, 1965, 「무덤을 통하여 본 우리나라 청동기시대 사회관계」, 『고고민속』 4, 사회과학원출판사

石毛直道, 1968, 「日本稻作の系譜(上)」, 『史林』 51-5, 史學硏究會

松山聰, 1992, 「石庖丁の使用痕」, 『大阪文化財硏究』 3, 財團法人大阪文化財センタ-

＿＿＿, 1995, 「石器の使用痕分析」, 『硏究紀要』 2, 大阪文化財センタ-

御堂島正, 1989, 「『挾入打製石庖丁』の使用痕分析」, 『古代文化』 41-6, 財團法人古代學協會

＿＿＿＿, 1990, 「『橫刃型石庖丁』の使用痕分析」, 『古代文化』 42-1, 財團法人古代學協會

鈴木公雄(尹煥 譯), 1994, 『고고학입문』, 학연문화사

長野縣敎育委員會, 2000, 『上信越自動車道 埋藏文化財發掘調査報告書』 5

齋野裕彦・松山聰・山村信榮, 1999, 「大型石庖丁の使用痕分析」, 『古文化談叢』 42, 九州古文化硏究會

潮見浩, 1988, 『圖解技術の考古學』, 有斐閣選書

佐原眞, 1985, 「5. 工具-1. 石斧」, 『彌生文化の硏究』 5, 雄山閣

酒井龍一, 1986, 「石器組成からみた彌生人の生業行動パターン」, 『文化財學報』 4, 奈良大學文學部文化財學科

＿＿＿＿, 1991, 「彌生時代の石器生產」, 『季刊考古學』 35, 雄山閣

平井勝, 1991, 『彌生時代の石器』, ニュ-・サイエンス社

Gorecki, P., 1985, Ethnoarchaeology: The Need for a Post-mortem Enquiry, In *World
Archaeology* 17-2

Kenneth M. Ames, 1995, Chiefly Power and Household Production on the Northwest Coast,
In *Foundations of Social Inequality*, T. Douglas Price and Gary M.
Feinman, eds. Plenum

索引 (찾아보기)